普通高等教育“十三五”规划教材

Cases Analysis of China's Listed Company

中国上市公司案例分析

◆秦小丽 王经政 编著

中国石化出版社
HTTP://WWW.SINOPEC-PRESS.COM
教·育·出·版·中·心

图书在版编目(CIP)数据

中国上市公司案例分析 / 秦小丽,王经政编著. —北京 :
中国石化出版社, 2016.6(2025.2重印)
ISBN 978-7-5114-4105-8

Ⅰ. ①中… Ⅱ. ①秦… ②王… Ⅲ. ①上市公司-企业管理-案例-中国 Ⅳ. ①F279.246

中国版本图书馆 CIP 数据核字(2016)第 128755 号

中国石化出版社出版发行
地址:北京市东城区安定门外大街 58 号
邮编:100011 电话:(010)57512500
发行部电话:(010)57512575
http://www.sinopec-press.com
E-mail:press@sinopec.com
北京科信印刷有限公司印刷
全国各地新华书店经销

*

787毫米×1092毫米 16开本 20印张 488千字
2016年6月第1版 2025年2月第8次印刷
定价:48.00元

前　言

上市公司案例分析是一门综合性很强的应用学科，覆盖的专业领域非常广，涉及管理学、经济学、财政与税收、会计学、财务管理、审计学、资产评估、资本运营、经济法、内部控制、金融投资、风险管理等知识。目前，市面上相关的著作以围绕上市公司某一方面的案例进行专题分析的较多，如上市公司财务造假案例分析、上市公司审计舞弊案例分析、上市公司并购重组案例分析等，适用的对象主要是研究生或 MBO 学员。而相关的上市公司案例分析书籍虽有，但涉及的内容大多以上市公司财务报表分析为主，很难使本、专科层次的读者对国内上市公司的总体概况、境内公司上市、上市公司运营、上市公司退出等有一个全面系统的认识。

2013 年以来，我国对规范资本市场与公司上市、上市公司行为、上市公司退出机制等方面的法律、法规及其他相关制度进行了新一轮的修订与完善。在此背景下，熟悉我国资本市场现行的游戏规则、了解目前我国境内上市公司的新动向、掌握对上市公司进行综合案例分析的思路与技巧，对扩大本、专科层次读者视野、提升读者分析问题、解决问题的能力很有帮助。古人云：授之以鱼，不如授之以渔。教给学生或学员系统的、具有普适性的上市公司案例分析的方法，比单纯地讲授上市公司个案更有价值，这也是本书编写的初衷。

本书以企业生命周期理论为依据，以最近几年出现的一些新典型上市公司案例为分析对象，总共分为四篇共计十二章内容。其中，第一篇“上市公司概论篇”，是对我国资本市场与上市公司总体情况的概述，主要涉及两章内容，即上市公司与上市股票、公司上市与上市中介；第二篇“公司上市篇”，包括四章内容，主要针对各种上市方式、各个上市板块情况进行分析，涉及的案例有南京多伦科技上交所主板 IPO 整体上市、康恩贝分拆佐力药业创业板 IPO 上市、神州信息买壳深交所主板上市、XDD 中小板违规上市；第三篇“生存发展篇”主要围绕白酒类上市公司进行案例分析，涉及的四章内容分别是：洋河股份公司治理与内部控制案例分析、古井贡酒并购黄鹤楼酒业案例分析、泸州老窖再融资案例分析、贵州茅台股利分配案例分析；第四篇“暂停上市与退市篇”，主要涉及两章内容，即我国的退市制度及其实施概况、主动退市与强制退市案例分析，通过该篇内容的学习以期使读者对我国上市公司退出及不同退市类型的规定与实务有一个较为深刻的认识。

笔者期望，通过本书的读阅，以使本、专科层次读者在熟悉我国资本市场总体概况的基础上，能综合运用管理学、经济学、公司管理、会计学、金融学、经济法、内部控制、财务报表分析等课程的相关知识，掌握资本市场中公司上市或挂牌、上市公司生存与发展、上市公司暂停上市与退市的基本理论、实务，以及有代表性的案例分析思路与方法，以期有效提高经管类专业学生或经管类实务工作人员综合运用多门学科知识分析问题、解决问题的能力。

本书由秦小丽副教授、王经政讲师合作完成，秦小丽主要负责全书的统编以及第一篇、第三篇共计六章内容的编写工作；王经政主要负责本书第二篇、第四篇共计六章内容的编写工作。南京航空航天大学博导刘益平教授、山西财经大学唐家孝教授对本书的编写工作提出了宝贵意见，WIND(万得)资讯的业务经理孙璇女士为本书分析数据的获得提供了主要的技术支持，全国劳模吴素英女士为本书编写的顺利进行提供了主要的时间保证与物质保障，在此一并感谢。

由于时间和编者水平有限，书中难免有错误和不当之处，恳请读者批评指正。

编　者

2016 年 8 月

目　录

第一篇　中国上市公司概论篇

第二篇　公司上市篇

第三篇　生存发展篇

第四篇　暂停上市与退市篇

第一篇　中国上市公司概论篇

第一章　上市公司与上市股票

上市公司既是资本市场中主要的证券供给者和资金需求者，也是资本市场中最重要、最活跃的因素。在我国，上市公司一般是指所发行的股票经过国务院或国务院授权的证券管理部门批准在证券交易所上市交易的股份有限公司；而上市股票是指已经公开发行并于集中市场公开挂牌买卖的股票。如果公司的股票上市了，这个公司就成为了上市公司；但一家上市公司可能同时发行几种不同类别的上市股票，所以，证券市场上统计出来的上市公司数、上市股票数会有差异。同时，上市公司作为区域优秀公司的代表具有龙头标杆作用，各地区要进一步加强对上市公司的培育，并以资本市场作为助力板，既要关注上市公司的数量，更要注重公司上市后的表现与发展质量，使上市公司在发展壮大的同时带动区域经济发展，提高区域竞争力，实现上市公司与区域经济共同的可持续性发展。

1. 上市公司

1.1　上市公司的概念与类型

在国外，上市公司(Listed Company)也称公众公司(Public Company)，是指可以在证券交易所公开交易其公司股票、债券等的股份有限公司。而在我国，上市公司一般是指所发行的股票经过国务院或国务院授权的证券管理部门批准在证券交易所上市交易的股份有限公司。如我国 2013 年新修订的《公司法》第一百二十条规定："本法所称上市公司，是指其股票在证券交易所上市交易的股份有限公司。"而上海证券交易所(简称上交所)2014 年修订的《上海证券交易所股票上市规则》中，将上市公司释义为其股票及其衍生品种在本所上市的股份有限公司。

综上，上市公司有广义和狭义之分。广义的上市公司有两类：一类是股票型上市公司，一类是债券型上市公司(即公司债券上市交易的公司)；而在我国，通常意义上的上市公司指的是狭义的上市公司，即股票型上市公司。

1.2　上市公司的特点

1.2.1　上市公司具有股份有限公司的一般特点

上市公司是股份有限公司，具有股份有限公司的一般特点。具体而言：公司的股本全部分为等额股份，其总和即为公司资本总额；股东人数没有上限规定，便于集中大量的资本；股东以其所持股份享有权利、承担义务；公司信用的基础是资本而不是股东个人信用，是典型的资合公司；公司的重大事项必须向社会公开；公司的设立有发起设立和募集设立两种，股份以股票的形式表现；股东的股份可以转让，但不能退股。发起人认购的股份自公司成立之日起三年内不得转让，公司董事、监事、经理在任职期间也不得转让所持有的本公司的股份。

1.2.2 上市公司具有不同于非上市公司的鲜明特点

上市公司作为资本市场中主要的证券供给者和资金需求者，也是资本市场中最重要、最活跃的因素；而非上市公司一般是指其股票没有上市和没有在证券交易所交易的有限公司，与非上市公司相比，上市公司的要求更高、监管更严、风险更大。

(1) 公司上市要依法审核批准

按照《公司法》的规定，股份有限公司上市必须经过国务院或者国务院授权的证券管理部门批准，未经批准不得上市。目前，我国的股份有限公司所发行的股票上市交易，也可以由国务院证券监督管理机构授权证券交易所依照法定条件和法定程序核准其上市申请。这样做的目的在于对申请上市公司的价值进行判断，以确保上市公司的质量。

当前我国也在积极推进公司上市制度改革，在 2015 年 12 月 10 日的国务院常务会议上，一项关于资本市场的决定备受关注，会议通过了《关于授权国务院在实施股票发行注册制改革中调整适用<中华人民共和国证券法>有关规定的决定(草案)》，决定将上述草案提请全国人大常委会审议，这意味着中国股票市场从核准制向注册制又迈进了一步。也就是说，在不久的将来，我国股票发行将实行注册制，即由拟上市的公司向证券交易所提出申请，证券交易所对其提交的材料进行完备性审核，只要不出现违规的、不符合上市的条件都可以安排上市。在这种情况下，公司上市或不再通过行政审批，上市公司的发行价会由资本市场决定，上市公司的价值也由资本市场来判断。

(2) 上市公司股份可以在交易所中挂牌交易

上市公司的股份在证券交易所是全流通还是部分流通，每个国家的制度不同。我国由于股市形成的历史条件比较特殊，一家上市公司发行的股票中有很大一部分不能流通(即不能在交易所公开买卖)，这些不能流通的股票就是我们通常所说的非流通股，其主要包括国家股、法人股等。一般投资者购买的是可以流通的流通股，而大股东一般都是非流通股股东，他们不太关心股价的高低(反正不能卖)，可能会做一些对自己有利但对全体股东不利的事而不必担心股价会跌，比如转移利润、为他人贷款担保等，有的大股东甚至将流通股股东看作是自己的“提款机”，这极大地影响了股市的正常发展。目前正在进行的“股权分置”改革就是要让所有的股票都可以自由买卖，也就是实现“全流通”，以便使股市在制度建设中走向完善，从而正常发挥作用。

(3) 上市公司的信息披露要求更高

相对于非上市公司，上市公司的信息披露要求更高更严。通常，上市公司信息披露可分为初次信息披露与持续信息披露，前者主要披露的是招股说明书与上市公告书；后者披露的主要是定期报告与临时报告。而上市公司的定期报告包括年度报告、中期报告和季度报告，上市公司和公司债券上市交易的公司要在每一会计年度的上半年结束之日起 2 个月内，向国务院证券监督管理机构和证券交易所报送中期报告并予以公告；同时要在每一个会计年度结束之日起 4 个月内，向国务院证券监督管理机构和证券交易所报送年度报告并予公告。上市公司的临时报告则要求上市公司对发生的可能对上市公司股票交易价格产生较大影响的重大事件，如经营方针经营范围发生重大变化、重大投资行为重大购置财产决定、重大亏损或重大损失等，在投资者尚未得知时立即向国务院证券监督管理机构和证券交易所报送临时报告并予以公告，说明事件的起因、目前的状态和可能产生的法律后果。而非上市公司的内部信息没有强制要求公开，这样的公司管理权相对集中一些。

（4）上市公司的内部问责制度更严

上市公司的内部问责主要是指对公司董事、监事、高级管理人员及其他相关人员（包括但不限于子公司主要负责人）在其所管辖的部门及工作职责范围内，因其故意或过失的行为违反证券相关法律法规或证券交易所自律规则，被证券监管部门依法采取行政处罚、行政监管措施或者纪律处分等惩戒措施，给公司造成损失或不良影响的，公司应对其进行责任追究。以在深圳证券交易所挂牌交易的上市公司为例，其会按照《公司法》、《证券法》、《深圳证券交易所股票上市规则》、《深圳证券交易所主板上市公司规范运作指引》、《上市公司治理准则》、《企业内部控制基本规范及其应用指引》等法律法规以及自己《公司章程》的有关规定，结合公司实际情况制定内部问责制度，该制度适用的范围包括但不限于公司治理、公司信息披露、财务会计管理、投资者关系管理等事项。而非上市公司的问责制度主要针对公司内部的岗位职能履行情况进行问责，通常比上市公司的要求要低。

（5）上市公司有较多整合社会资源的权利

与非上市公司相比，上市公司可以通过资本市场平台进行筹资，广泛地吸收社会闲散资金，迅速扩大公司规模，增强产品的竞争力和市场占有率；同时上市公司也会因监管的压力和发展的动力积极引进先进的管理方式，不断提高自身的市场能力，使公司在内部管理、人才机制、市场操作、商业模式、规模扩张等方面跨上一个新的台阶。从国际经验来看，世界知名的大公司几乎全是上市公司，如美国500强公司中有95%是上市公司。而非上市公司因其股票不能在证券交易市场中交易，所以其融资渠道相比上市公司要窄一些，整合社会资源的权利要弱一点。但就获利能力而言，上市的公司并不一定都是获利能力很强的公司，不上市的公司也并不代表其没有获利能力或者获利能力很差。当然，获利能力强的上市公司在市场中更容易受到追捧。

1.3 我国大陆境内上市公司的数量和规模

我国大陆境内的证券市场有沪市（上证）、深市（深证）以及新三板之分，但严格来说，我国大陆境内的上市公司主要是指在上证主板、深证主板、深证中小板以及深证创业板上市的股份公司。截至2016年6月1日，在我国上证、深证两个主板上市的公司总计1578家，其中上证1100家、深证478家；在我国深证中小公司板上市的公司共计788家，剔除被ST的11家，深证中小公司板的非ST公司在当天的累计数为777家；而在深证创业板上市的公司则有508家。

1.3.1 我国沪深两市最初的上市公司数量

上海证券交易所成立于1990年11月26日（上证主板设立于1990年12月1日），为不以营利为目的的法人，归属中国证监会直接管理，于1990年12月19日正式营业，当时在该交易所挂牌上市的公司只有8家，俗称老八股，分别是飞乐音响、飞乐股份、延中实业（即方正科技）、爱使电子（即爱使股份）、豫园商场、申华实业、浙江凤凰（即华源制药）、真空电子（即广电电子）；深圳证券交易所成立于1990年12月1日，于1991年7月3日正式营业，当时也只有5家上市公司，俗称老五股，分别是深发展、深万科、深金田（已退市）、深安达（即国农科技）、原野（即世纪星源）。

1.3.2　我国沪深两市目前上市公司数量规模

（1）数量规模与发展趋势

① 数量规模

如表 1-1 所示，从 2010 年起，我国沪深两市的上市公司数量就已经超过 2000 家，截至 2016 年 6 月 1 日，国内沪深两市上市公司数量已达到 2874 家，总股本 52,497.191 亿股，流通股本 45,842.794 亿股，总市值 495,317.451 亿元。

表 1-1　我国沪深两市上市公司数量规模统计

日期(年)	上市公司数(家)	总股本(亿股)	流通股本(亿股)	总市值(亿元)	平均市盈率(倍)	平均市净率(%)
2016	2874	52,497.191	45,842.794	495,317.451	19.985	1.986
2015	2827	50,092.961	44,012.133	584,464.409	23.175	2.496
2014	2613	43,931.081	39,225.533	428,620.565	17.425	2.178
2013	2489	40,662.426	36,714.844	272,499.640	12.408	1.597
2012	2494	38,487.682	31,321.156	267,848.812	13.861	1.761
2011	2342	36,194.879	28,806.119	250,115.896	12.849	1.894
2010	2063	33,281.668	25,226.928	305,214.865	20.061	2.753
2009	1718	26,207.327	19,719.878	290,727.179	34.992	3.554
2008	1625	24,378.224	12,373.680	148,383.091	14.425	2.106
2007	1550	22,312.417	10,181.626	401,296.955	49.026	6.570
2006	1434	14,847.462	5,562.504	103,524.918	38.598	3.160

数据来源：Wind 资讯

② 发展趋势

经过二十多年的发展，我国上市公司的数量快速增长，与 2006 年相比，近十年期间我国沪深两市上市公司数量增加 1440 家，其发展趋势见图 1-1，从中可以看出，除 2012 年、2013 年上市公司数量变动不大外，其它年份上市公司的数量都呈现上增趋势。而这近十年期间，沪深上市的股票数增加 1436 只，总股本增加 37,649.729 亿股，流通股本增加 40,280.29 亿股，总市值增加 391,792.533 亿元，这种过快的发展速度和增长态势也使我国上市公司存在的问题比较多。

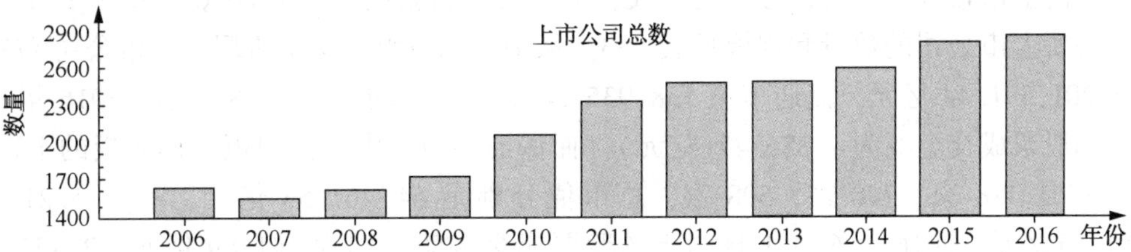

图 1-1　我国沪深两市上市公司数量增长趋势图

③ 上市公司市值的行业分布

从图 1-2 可以看出，我国沪深两市上市公司的市值在行业分布具有鲜明特点，其中制造业类上市公司的总市值最大，其次是金融业，采矿业与信息传输、软件和技术服务业次之。

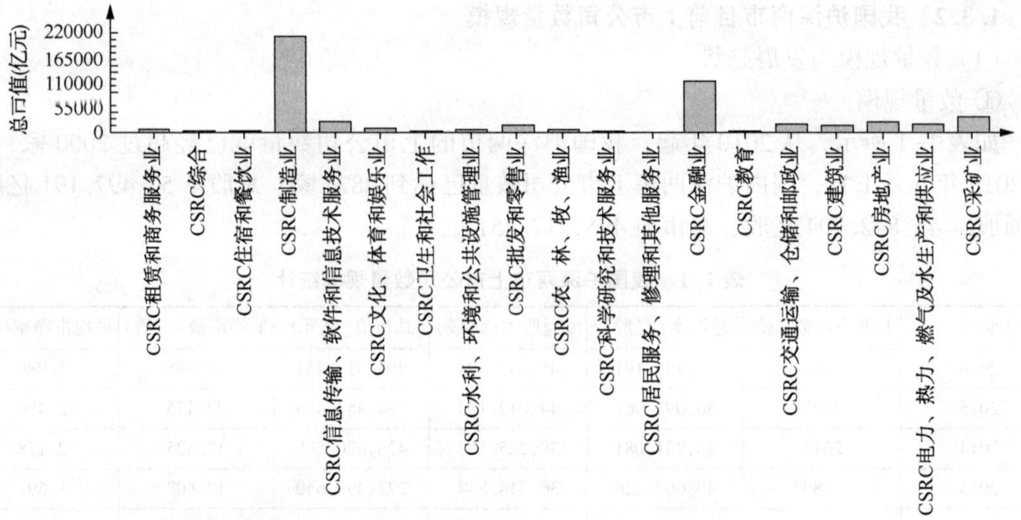

图 1-2　我国沪深两市上市公司市值行业分布图

（2）沪深两市各自的上市公司数量与规模

① 沪市上市公司数量与规模

上海证券交易所秉承“法制、监管、自律、规范”的八字方针，积极致力于创造透明、开放、安全、高效的市场环境，切实保护投资者权益。截至 2016 年 6 月 1 日，上海证券交易所上市公司的数量和规模见表 1-2，从中可以看出，上交所现有上市公司 1100 家，上市股票 1144 只，总市值 248,623.95 亿元，流通市值 216,069.51 亿元，总流通股本28,052.65 亿股，平均市盈率 14.33 倍。

表 1-2　上海证券交易所上市公司数量和规模

上市公司(家)	上市股票(只)	总市值(亿元)	流通市值(亿元)	总流通股本(亿股)	平均市盈率(倍)
1100	1144	248623.95	216069.51	28052.65	14.33

数据来源：Wind 资讯

② 深市上市公司数量与规模

深证的上市板块有 3 类，分别是主板、中小板与创业板，截至 2016 年 6 月 1 日，深圳证券交易所上市公司的数量和规模见表 1-3。从中可以看出，深交所现有上市公司 1774 家，总市值 201,591.44 亿元，流通市值 138,935.24 亿元，平均市盈率 38.4 倍，2016 年 6 月 1 日当天的股票成交金额为 4,386.47(亿元)。而深证主板、中小公司板、创业板的上市公司数量分别是 478 家、788 家、508 家，总市值分别是 64,461.53 亿元、89,015.21 亿元、48,114.70 亿元，2016 年 6 月 1 日当天的股票成交金额分别为 941.89 亿元、2,137.18 亿元、1,307.40 亿元。

表 1-3　深圳证券交易所上市公司数量和规模

指　标	市场总貌	深证主板	中小公司板	创业板
上市公司(家)	1,774	478	788	508
总市值(亿元)	201,591.44	64,461.53	89,015.21	48,114.70

续表

指　标	市场总貌	深证主板	中小公司板	创业板
流通市值(亿元)	138,935.24	51,946.02	58,981.11	28,008.11
平均市盈率(倍)	38.4	23.39	47.03	71.96
股票成交金额(亿元)	4,386.47	941.89	2,137.18	1,307.40

数据来源：Wind 资讯

1.4　新三板挂牌公司数量规模统计

新三板于 2006 年 1 月起试点，其运营机构在北京。我国证券市场的监管层希望将新三板打造成拟上市公司的“练兵场”，这与业界将新三板作为“预备板”的建议不谋而合。

严格来讲，在新三板挂牌交易的公司不是上市公司，但在我国初步构建的多层次资本市场框架中，新三板是其中重要的一层；加上新三板诞生的时间较晚，为此本章内容也对新三板的市场规模进行了相关统计。目前，有关新三板向主板、创业板转板的绿色通道设计仍在探讨中，而新三板挂牌公司中，按照现有规定成功转板，成为真正意义上的上市公司的已有 10 多家。

1.4.1　新三板的由来与发展

(1) 新三板的概念

新三板又称全国中小公司股份转让系统，是经国务院批准，依据证券法设立的全国性证券交易场所，也是第一家公司制证券交易所。全国中小公司股份转让系统有限责任公司为新三板的运营机构，该公司于 2012 年 9 月 20 日在国家工商总局注册，2013 年 1 月 16 日正式揭牌运营，公司注册资本 30 亿元，注册地在北京。

(2) 新三板的由来与发展

新三板起源于我国 2001 年的“股权代办转让系统”。我国在 2000 年为解决主板市场退市公司与两个停止交易的法人股市场公司的股份转让问题，由中国证券业协会出面，协调部分证券公司设了代办股份转让系统，被称之为“三板”(即旧三板)，主要承载原 STAQ(全国证券交易自动报价系统)、NET 系统(简称中证交)挂牌公司和退市公司的公司股权转让。由于在“三板”中挂牌的股票品种少且多数质量较低，要转到主板上市难度很大，因此很难吸引投资者。

为了改变中国资本市场这种柜台交易过于落后的局面，同时也为更多的高科技成长型公司提供股份流动的机会，2006 年 1 月，中关村科技园区非上市股份公司进入代办转让系统，进行股份报价转让，这是“新三板”的开端。由于中关村内的公司数目有限，当时的新三板成交量也非常有限。2012 年，上海张江高新技术产业开发区、武汉东湖新技术产业开发区和天津滨海高新区加入新三板试点，至此新三板扩大到 4 个国家级高新园区。新三板的推出不仅仅是支持高新技术产业的政策落实，或者是三板市场的另一次扩容试验，其更重要的意义在于它为建立全国统一监管下的场外交易市场实现了积极的探索，并取得了一定的经验积累。2013 年年底，证监会宣布新三板扩大到全国，对所有公司开放。2014 年 1 月 24 日，新三板一次性挂牌 285 家，并累计达到 621 家挂牌公司，宣告了新三板市场正式成为一个全国性的证券交易市场。

1.4.2 新三板的功能与作用

(1) 新三板的功能

新三板主要针对中小微型公司，该板块具有低成本、挂牌快、增资快、加快上市、有财政支持的特点，其在实务中主要发挥四大功能，具体情况见图 1-3。从该图中可以看出，新三板具有提高综合融资能力、提高股份转让的流动性、增加品牌价值、形成市场价格等主要功能。

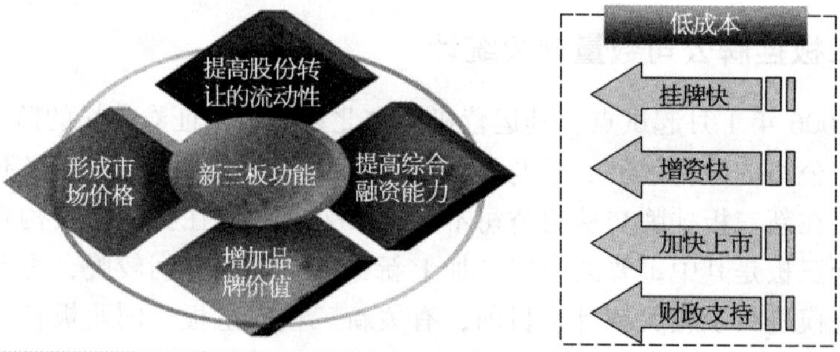

图 1-3 新三板的功能与特点

① 提高公司的综合融资能力

因为中小型科技公司普遍缺乏抵押担保品，股权价值难以量化且变现较为困难，因此普遍存在银行贷款困难，授信不足等情况。而在新三板挂牌可以使公司通过定向发行股票、公司债、可转债或中小公司私募债等方式进行直接融资，这是新三板的最大功能。其次，中小板可以间接提高公司综合融资能力。这主要反映在两方面，一是借助新三板可以提高公司股权融资能力，有效提升公司银行授信，使股权质押贷款更容易；二是公司挂牌新三板后可通过定向增资融资，且融资市盈率较高。

以中海阳能源为例，该公司 2010 年 6 月定向增资募集 1.125 亿元；2010 年 11 月再次进行定向增发，募集资金 2.12 亿元。此后，公司又凭借新三板的挂牌优势频频成功申请银行抵押贷款。

② 反映股份价值，提高股份流动性

新三板作为全国统一场外市场，通过市场价格反映公司股份的价值，一方面使得股东持有股份的价值得到充分反映，另一方面解决了投资者的退出渠道问题。目前新三板能实现股份流动性的基本条件有：新三板账户与深交所账户合并，即持有深交所账户即可进入新三板进行交易；电子化报盘，即投资者可通过主办券商的客户终端自动报盘；主办券商客户终端行情显示。投资者可以在各大主办券商遍布全国的营业网店或通过行情软件方便地查看报价、成交等信息。

以北京凯英信业为例，2012 年 1 月，凯英信业定向增发 1650 万股，其中 1250 万股收购北京中电亿商网络技术有限责任公司的 100%的股权；通过挂牌新三板，凯英信业股权估值大大提升，不仅获得了流动性溢价，同时还受到 VC(Venture Capital，即风险投资)、PE(Private Equity，即私募股权投资)等投资机构的关注，其估值水平较挂牌前明显提升。

③ 规范运作，为后续资本运作打下基础

通过在新三板挂牌，促使挂牌公司建立完善的法人治理结构和合理的信息披露制度，为公司后续资本运作打下基础。比如北京双杰电气，过去重技术、轻管理，在管理理念、治理结构、规范意识等方面滞后，在券商持续辅导、督导下，健全了股东会、董事会、监事会，形成内部制衡机制，还聘请了独立董事，制定关联交易、内控体系等管理制度，使公司规范治理水平大幅提升。

④ 增加公司品牌价值

在全国性的市场中挂牌，有众多关注的目光，可以很好地宣传公司，提高公司的知名度，有利于拓展业务、公司发展。例如2008年在新三板挂牌的京鹏科技，大幅提升了公司形象和认知度，为市场拓展奠定了基础。2009年即得到了投资机构的广泛关注，同年还荣获"中关村最值得PE关注公司"证书；2010年，数十家投资机构先后主动联系公司洽谈合作。而中航百慕新材料则在挂牌新三板后，采取股权激励，吸引大批优秀员工入股，公司人员稳定，核心团队对公司未来充满信心，其业绩稳定增长。

⑤ 创造更多衍生价值和无形资产

现实中，不少地方政府和高新区为了吸引公司挂牌，会对拟挂牌公司提供高额补助，公司基本可以实现"零成本"挂牌。而转板机制一旦确定，挂牌公司就可优先享受登陆主板、创业板的"绿色通道"，这会给挂牌公司带来财富效益，为其创造出更多的衍生价值和无形资产等。

（2）新三板的作用

新三板的意义不仅是对挂牌公司，其对其他相关利益主体也会产生很大影响。总的来说，新三板主要发挥以下五个方面的作用。

一是成为公司融资的平台。新三板的存在，使得高新技术公司的融资不再局限于银行贷款和政府补助，更多的股权投资基金将会因为有了新三板的制度保障而主动投资。

二是提高公司治理水平。依照新三板规则，园区公司一旦准备登录新三板，就必须在专业机构的指导下先进行股权改革，明晰公司的股权结构和高层职责。同时，新三板对挂牌公司的信息披露要求比照上市公司进行设置，很好的促进了公司的规范管理和健康发展，增强了公司的发展后劲。

三是为价值投资提供平台。无论是个人还是机构投资者，投入新三板公司的资金在短期内不可能收回，即便收回，投资回报率也不会太高，因此对新三板公司的投资更适合以价值投资的方式。

四是通过监管降低股权投资风险。新三板制度的确立，使得挂牌公司的股权投融资行为被纳入交易系统，同时受到主办券商的督导和证券业协会的监管，自然比投资者单方力量更能抵御风险。

五是成为私募股权基金退出的新方式。股份报价转让系统的搭建，给投资新三板挂牌公司的私募股权基金提供了一种资本退出的新方式，挂牌公司也因此成了私募股权基金的另一投资热点。

1.4.3 新三板市场规模统计

（1）新三板市场规模总体统计

如表1-4所示，2016年6月1日，新三板挂牌公司新增15家，而且这15家挂牌公司均属于协议转让类。而从表1-5中则可以看到，截至2016年6月1日，在新三板挂牌的公司家数合计为7,451家，其中做市转让1,533家，协议转让5,918家，总股本4,443亿股，其中协议转让股本为3,062.96亿股，比重最高，占68.94%；而流通股本合计1,607亿股，占总股本的36.17%，其中做市转让719.26亿股，协议转让887.94亿股。

表1-4　2016年6月1日新三板新增挂牌公司家数

序　号	交易日期	新增挂牌公司家数		
		合　计	做市转让	协议转让
1	2016-06-01	15	0	15

数据来源：Wind资讯

表1-5　新三板市场规模统计(股转系统)

指标	挂牌公司家数			总股本(亿股)			流通股本(亿股)		
交易日期	合计	做市转让	协议转让	合计	做市转让	协议转让	合计	做市转让	协议转让
2016-6-1	7,451	1,533	5,918	4,443	1,379.93	3,062.96	1,607	719.26	887.94

数据来源：Wind资讯

(2) 新三板增发家数与募资总额

由于当前新三大板流动性不足、挂牌公司估值普遍偏低，该板块对优质公司的吸引力有所下降。图1-4展现了Wind资讯统计的最近一年中，在新三板增发家数的变动趋势，以及募资总额分布情况。从中可以看出，新三板在各月份的增发家数波动较大，尽管2016年3月增发家数达到一年来的高峰，但随后的4月、5月却出现较大下降；而募资总额则在2015年11月达到1年来的最高值，募集资金额接近250亿元。

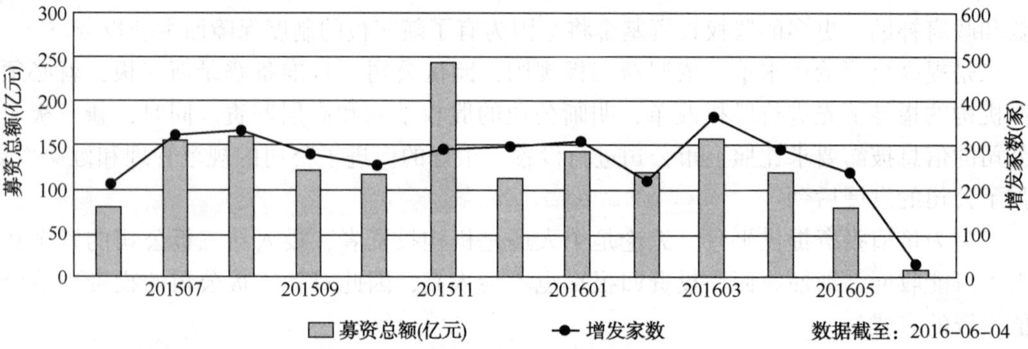

图1-4　新三板增发家数与募资总额变动趋势

(3) 新三板市场规模行业统计

从图1-5的饼状图中可以看到，在新三板市场各行业挂牌家数中，信息技术公司占比最高，为28.56%，工业公司次之，为28.31%，而其他占比超过10%的行业主要是材料行业与可选消费行业。而各行业挂牌家数中占比最低的则是电信服务，仅为0.44%，其次是能源行业，为1.08%。

(4) 新三板市场规模区域统计

图1-6呈现出了截至2016年6月1日在新三板挂牌公司家数超过200家的省市的分布情况，其中北京的挂牌公司数目最多，为1129家；广东、江苏次之，分别是1063家与936家；浙江在新三板的挂牌公司数也超过了500家，为650家；山东次之，是456家；而湖

北、河南、安徽、福建、四川在新三板的挂牌公司数则在 200 家到 300 家之间。

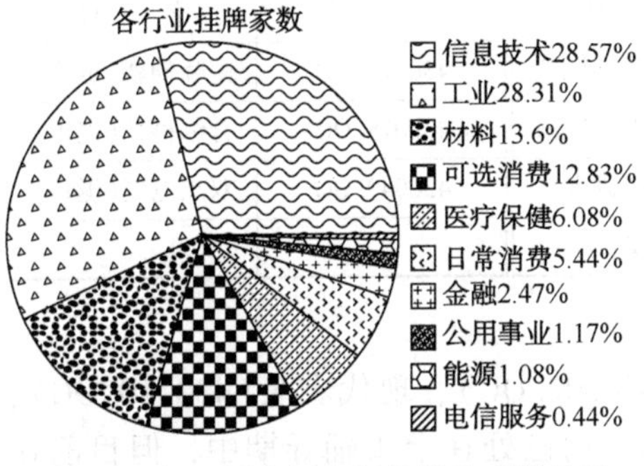

图 1-5　新三板市场各行业挂牌家数比重

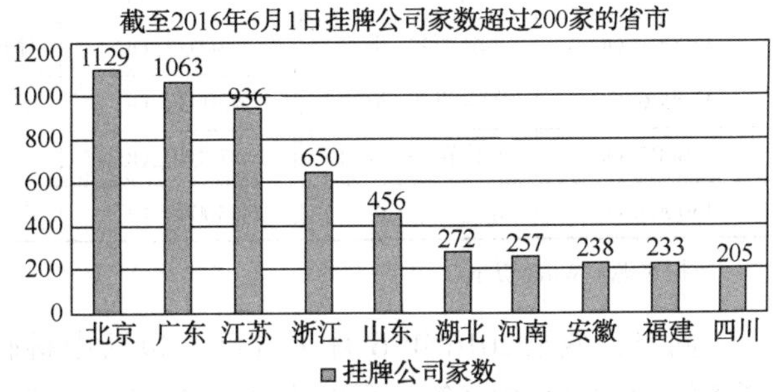

图 1-6　新三板市场挂牌公司区域分布 1

图 1-7 呈现出了截至 2016 年 6 月 1 日在新三板挂牌公司家数低于 50 家的省市的分布情况，其中西藏与青海的挂牌公司数目最少，为 3 家；海南、甘肃次之，分别为 20 家与 22 家；广西为 42 家；贵州、宁夏、山西三省在新三板的挂牌公司数均为 43 家；而内蒙古在新三板的挂牌公司数则为 44 家。

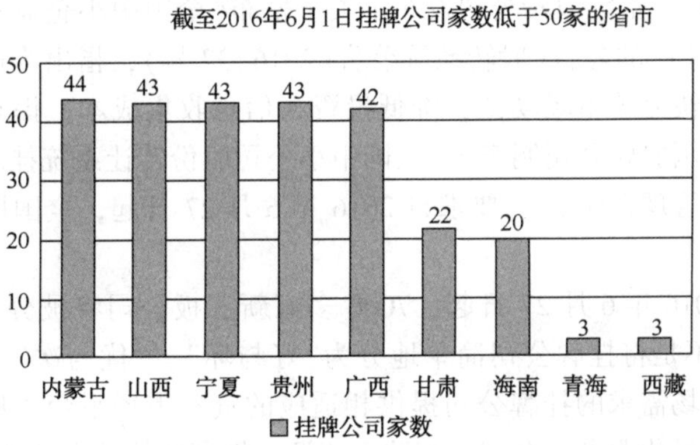

图 1-7　新三板市场挂牌公司区域分布 2

1.4.4　新三板挂牌公司转板情况统计

新三板的转板通道是指新三板挂牌公司在不同层次的证券市场流动的通道。目前我国并不存在真正的转板制度，三板挂牌公司和非三板公司都需要通过首次公开发行的程序才能在场内资本市场的相关板块上市。新三板公司仍只能通过 IPO 的方式首次公开发行并在场内市场上市，且其 IPO 的条件与其他公司无异。在没有绿色通道的情况下，挂牌公司如果要在 A 股上市，需要先从新三板摘牌再走常规 IPO 流程，这是目前转板的唯一途径。

2013 年，《国务院关于全国中小企业股份转让系统有关问题的决定》指出，挂牌公司达到股票上市条件的可以直接向证券交易所申请上市交易；2015 年 12 月，国务院常务会议再次提出研究推出新三板向创业板转板试点。截至 2016 年 6 月 1 日，新三板挂牌公司成功转板上市的共有 11 家。从表 1-6 中可以看出，这 11 家公司的名称分别为世纪瑞尔（退市）、北陆药业（退市）、久其软件（退市）、紫光华宇（退市）、佳讯飞鸿（退市）、安控科技（退市）、康斯特（退市）、东土科技（退市）、博晖创新（退市）、合纵科技（退市）、双杰电气（退市）。

表 1-6　新三板挂牌公司已成功转板上市的名单

代　码	名　称	代　码	名　称	代　码	名　称
430001. OC	世纪瑞尔(退市)	430023. OC	佳讯飞鸿(退市)	430012. OC	博晖创新(退市)
430006. OC	北陆药业(退市)	430030. OC	安控科技(退市)	430018. OC	合纵科技(退市)
430007. OC	久其软件(退市)	430040. OC	康斯特(退市)	430049. OC	双杰电气(退市)
430008. OC	紫光华宇(退市)	430045. OC	东土科技(退市)		

数据来源：Wind 资讯

同时，截至 2016 年 6 月 1 日已有包括中科软(430002. OC)、现代农装(430010. OC)、指南针(430011. OC)等公司在内的 137 家新三板挂牌公司已处在上市辅导期中，但目前在证监会排队申请 IPO 的公司数量在 700 家左右，估计这些排队公司需要 4 年左右才能消化掉，再加上不断涌入的大批新排队公司，挂牌公司从新三板摘牌后也要 3~5 年才有可能实现 IPO，这对应的时间成本非常高，而且最终能不能上市还是未知数，所以挂牌公司摘牌后的融资风险会很大。

1.4.5　关于新三板的市场分层

2016 年 5 月 27 日，全国股转公司发布了关于发布《全国中小企业股份转让系统挂牌公司分层管理办法(试行)》的公告(股转系统公告〔2016〕37 号)，指出为进一步落实国务院和证监会相关精神，加快完善市场功能，降低投资人信息收集成本，提高风险控制能力，审慎推进市场创新，全国股转公司制定了《全国中小公司股份转让系统挂牌公司分层管理办法(试行)》(简称《分层管理办法》)，要求自 2016 年 6 月 27 日起，全国股转公司正式对挂牌公司实施分层管理。

也就是说，从 2016 年 6 月 27 日起，7000 多家新三板公司将被分为“创新层”、“基础层”。挂牌公司分层不是将挂牌公司简单地分为“好与坏”、“优与次”，而是为处于不同发展阶段和具有不同市场需求的挂牌公司提供相适应的资本市场平台，从而更有针对性地提出监管要求和提供差异化服务，合理分配监管资源，提高监管的有效性。

全国股转公司《分层管理办法》第六条指出，满足以下条件之一的挂牌公司可进入创新层。

(1) 最近两年连续盈利，且年平均净利润不少于 2000 万元(以扣除非经常性损益前后孰低者为计算依据)；最近两年加权平均净资产收益率平均不低于 10%(以扣除非经常性损益前后孰低者为计算依据)。该标准也称为“净利润+净资产收益率”标准。

(2) 最近两年营业收入连续增长，且年均复合增长率不低于 50%；最近两年营业收入平均不低于 4000 万元；股本不少于 2000 万股。该标准也称为“营业收入复合增长率+营业收入+股本”标准。

(3) 最近有成交的 60 个做市转让日的平均市值不少于 6 亿元；最近一年年末股东权益不少于 5000 万元；做市商家数不少于 6 家；合格投资者不少于 50 人。该标准也称为“市值+股东权益+做市商家数+合格投资者人数”标准。

根据股转系统发布的标准计算，共有 909 家公司有望进入创新层，占全部新三板公司家数的 12.29%。从图 1-8 中可知，这些创新层公司占新三板的营业收入比例达 30.36%，净利润占比达 42.75%，市值占比为 43.19%，2015 年以来融资占比为 53.67%，这充分体现了创新层的优质属性。

	家数(家)	营业收入（亿元）	净利润（亿元）	总市值（亿元）	融资金额 2015 年至今(亿元)
创新层	909	3507.8	387.19	9603.95	996.4
新三板	7394	11554.28	905.66	22237.31	1856.57
占比	12.29	30.36	42.75	43.19	53.67

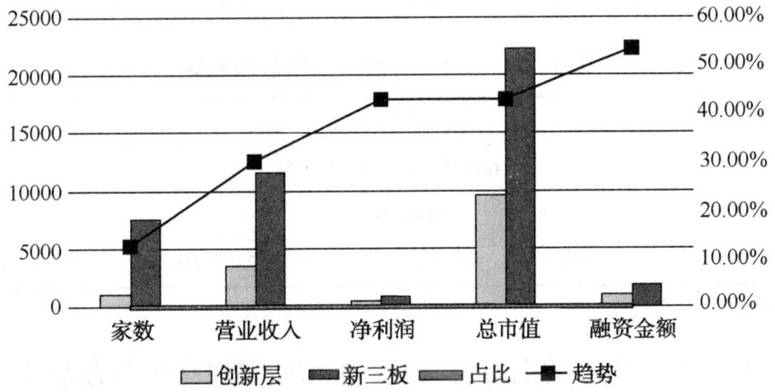

图 1-8　创新层在新三板中的占比

而这 909 家有望进入创新层的公司中，共有 23 家公司同时符合这三项标准，具体情况见表 1-7。其中互联网信息服务公司三家，分别是颂大教育(430244)、银橙传媒(830999)、淘粉吧(834805)；软件开发三家，分别是维珍创意(430305)、麟龙股份(430515)、维恩贝特(8311175)；信息系统集成服务二家，分别是致生联发(830819)、道有道(832896)；节能技术推广服务二家，分别是海德尔(832220)、志能祥赢(832710)。

表 1-7　同时符合分层三项标准的 23 家挂牌公司❶

代　码	名　称	代　码	名　称	代　码	名　称
430140	新眼光	832710	志能祥赢	831397	康泽药业
430358	基美影业	833290	瑞必达	831850	分豆教育
830819	致生联发	833684	联赢激光	832910	伊赛牛肉
830964	润农节水	831562	山水环境	832896	道有道
830999	银橙传媒	430305	维珍创意	834805	淘粉吧
831890	中润油	430505	上陵牧业	430177	点点客
832220	海德尔	430515	麟龙股份	430244	颂大教育
832283	天丰电源	831117	维恩贝特		

数据来源：东方财富 Choice 数据

❶老三板 A 股是 400 开头，B 股是 420 开头(B 股统一用美元交易)；而新三板股票有 43 开头与 83 开头之分，以 2014 年 5 月 19 日做市商改革为分界线，之前的新三板股代码以 43 开头，之后的以 83 开头。

2. 上市股票

2.1 上市股票与上市公司的关系

上市股票是指已经公开发行并于集中市场公开挂牌买卖的股票。如果公司的股票上市了，这个公司就成为了上市公司。但一家上市公司可能同时拥有几种上市股票，如表 1-8 中的中信证券就发行了上证 A 股、港市普通股两种股票，统计时就算一家上市公司、两只上市股票。所以现实中上市公司的数量与上市股票的数量会有一定差别。

表 1-8　上市公司数与上市股票数❶

公司名称	已发行股票	股票类型
中信证券	600030. SH、6030. HK	A 股、普通股
中国联通	600050. SH	A 股
万科	000002. SZ、200002. SZ(已摘牌)、2202. HK	A 股、B 股、普通股

数据来源：Wind 资讯

因此，证券市场上统计出来的上市公司数、上市股票数有时会有差异，如表 1-9 所示，我国沪深两市在 2014 年、2015 年的上市公司数与上市股票数都不相等，而且上市股票数都大于上市公司数，表明有上市公司发行多支股票上市的情形。而上市证券数则是上市公司向社会和投资机构公开或定向发行的公司股票、债券、权证等的数目，只要上市公司发行了股票以外的其他类型证券，上市证券的数目就要比上市股票数目多。

表 1-9　我国沪深两市上市公司数、上市股票数对比

年　份	上市公司数	上市股票数
2015	2827	2909
2014	2613	2696

数据来源：Wind 资讯

2.2 上市股票的分类

2.2.1 按股票上市地点和所面对的投资者进行不同分类

依据此分类标准，上市股票可以分为 A 股、B 股、H 股、N 股和 S 股。

(1) A 股

① A 股的概念与发展趋势

A 股的正式名称是人民币普通股票。它是由中国境内的公司发行，供境内机构、组织或个人(不含台、港、澳投资者)以人民币认购和交易的普通股股票。A 股不是实物股票，以无纸化电子记账，实行“T+1”交割制度，有涨跌幅(10%)限制，参与投资者为中国大陆机构或个人。

❶对于买卖的股票，沪市 A 股代码以 600 或 601 打头，B 股代码以 900 打头；深市 A 股代码以 000 打头，B 股代码是以 200 打头，中小板股票代码以 002 打头，创业板股票代码以 300 打头。而沪市新股申购的代码以 730 打头，深市新股申购代码与深市股票买卖代码一样；配股代码沪市以 700 打头，深市以 080 打头。

从图 1-9 我国近 10 年 A 股发展趋势图中可以看出，除了 2013 年的 A 股数稍有下降外，总体来说我国的 A 股数量呈持续增长态势，特别是 2010~2012 年的增速更快。

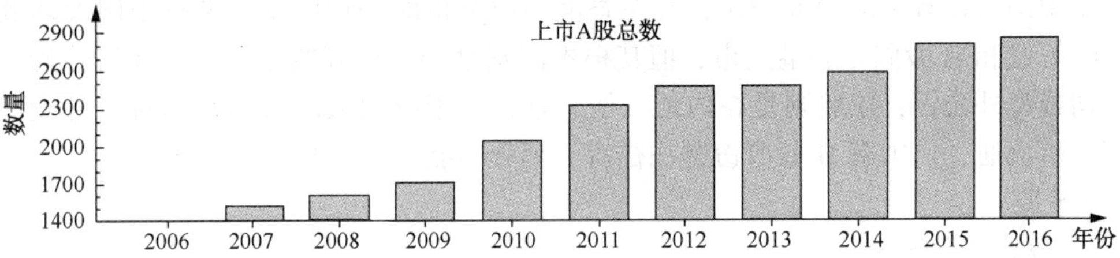

图 1-9　我国 A 股发展趋势图

② A 股的特点

A 股主要有以下几个特点：

一是在我国境内发行只许本国投资者以人民币认购的普通股。

二是在公司发行的流通股中占最大比重的股票，也是流通性较好的股票，但多数公司的 A 股并不是公司发行最多的股票，因为目前我国的上市公司除了发行 A 股外，多数还有非流通的国家股或国有法人股等。

三是被认为是一种只注重盈利分配权，不注重管理权的股票，这主要是因为在股票市场上参与 A 股交易的人士，更多地关注 A 股买卖的差价，对于其代表的其他权利则并不上心。

（2）B 股

① B 股的概念

B 股的正式名称是人民币特种股票。它是以人民币标明面值，以外币认购和买卖，在中国境内(上海、深圳)证券交易所上市交易的境内上市外资股。1991 年年底，我国第一只 B 股——上海电真空 B 股发行上市。后来经国务院批准，中国证监会决定自 2001 年 2 月下旬起，允许境内居民以合法持有的外汇开立 B 股账户，交易 B 股股票。

② B 股的发展趋势

在我国，B 股市场规模要比 A 股市场小很多，如图 1-10 所示，我国的上市 B 股总数在近 10 年呈阶段式下降态势，特别是最近两年在市的 B 股更少。

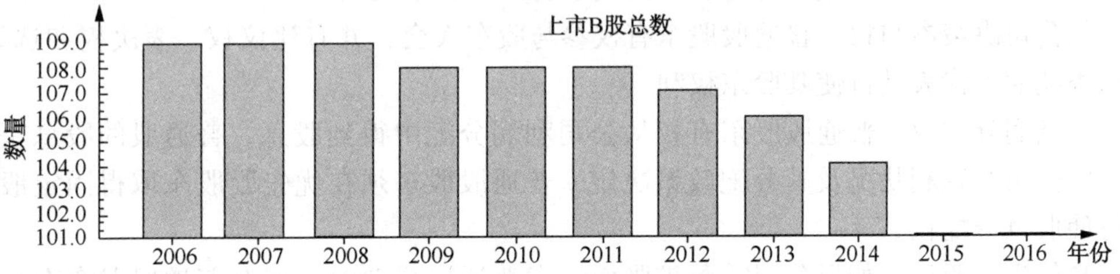

图 1-10　我国 B 股发展趋势图

（3）H 股

① H 股的概念

H 股也称国企股，指注册地在内地、上市地在香港的外资股(因香港英文 Hong Kong 首字母而称为 H 股)。H 股属于境外上市外资股，为实物股票，实行“T+0”交割制度，无涨跌幅限制。我国在香港上市的首家 H 股是 1993 年在港发行的青岛啤酒 H 股。

② H 股与红筹股的区别

容易跟 H 股搞混的是红筹股。红筹股一般是指最大控股权(通常指 30%以上)直接或间接隶属于中国内地有关部门或公司，并在香港注册上市的公司所发行带有中国大陆概念的股票。红筹股和 H 股同在香港上市，但其根本区别是于：红筹股是在境外注册管理，属于香港公司或海外公司；H 股则是在内地注册管理，属于中国大陆公司。同时红筹股股份可以全部上市流通，但国有 H 股股份则往往有一部分不能上市流通。

(4) S 股

① 一般意义上的 S 股

一般意义上的 S 股是指那些主要生产或者经营等核心业务在中国大陆、而公司的注册地在新加坡(Singapore)或者其他国家和地区，但是在新加坡交易所上市挂牌的公司股票。

② 我国证券市场上的 S 股

在我国证券市场上，S 股是指尚未进行股权分置改革或已进入股改程序但尚未实施股权分置改革方案的股票，在股名名称前加 S。此标记从 2006 年 10 月 9 日起启用，日涨跌幅仍为上下 10%，从 2007 年 1 月 8 日起，此类股票日涨跌幅调整为上下 5%。

(5) N 股

N 股是指那些在中国大陆注册、但上市地点在纽约(New York)的外资股。因此，N 股也属于我国公司境外上市外资股的一种。

2.2.2 按股东权利分类

按股东权利分类标准，上市公司的股票可分为普通股、优先股和后配股。

(1) 普通股(Common Stock，Ordinary Share，Equity Stock)

① 普通股的概念

普通股是指在公司的经营管理和盈利及财产的分配上享有普通权利的股份，其代表满足所有债权偿付要求及优先股东的收益权与求偿权后对公司盈利和剩余财产的索取权，它构成公司资本的基础，是股票的一种基本形式，也是发行量最大、对上市公司最为重要的一种股票，目前在上海和深圳证券交易所中交易的股票都是普通股。

② 普通股股东的基本权利

普通股股票持有者按其所持有股份比例享有以下基本权利。

一是公司决策参与权。普通股股东有权参与股东大会，并有建议权、表决权和选举权，也可以委托他人代表其行使其股东权利。

二是利润分配权。普通股股东有权从公司利润分配中得到股息。普通股的股息是不固定的，由公司的赢利状况及其分配政策决定，普通股股东须在优先股股东取得固定股息后才能行使股息分配权。

三是优先认股权。如果公司需要扩张而增发普通股股票时，现有普通股股东有权按其持股比例以低于市价的某一特定价格优先购买一定数量的新发行股票，从而保持其对公司所有权的原有比例。

四是剩余资产分配权。当公司破产或清算时，若公司的资产在偿还欠债后还有剩余，其剩余部分按先优先股股东、后普通股股东的顺序进行分配。

(2) 优先股(Preference Shares，Preferred Stock)

优先股主要是指在利润分红及剩余财产分配的权利方面优先于普通股的股票。优先股的优先权主要表现在两个方面：一是优先股有固定的股息，不随公司业绩好坏而波动，并可以先于普通股股东领取股息；二是当公司破产进行财产清算时，优先股股东对公司剩余财产有先于普通股股东的要求权。但优先股一般不参加公司的红利分配，持股人亦无表决权，不能借助表决权参加公司的经营管理。因此，优先股与普通股相比较，虽然收益和决策参与权有限，但其风险较小。

（3）后配股（Junior Stock，Reserved Stock）

① 后配股的概念

后配股是与优先股相反的一种股票，是指利润分配和剩余财产分配后于普通股的股票。因为这种股票在财产和股息上的权利顺序比普通股还要落后，故称之为后配股。由于后配股股份一般是对公司发起人发行的，因而又称之为创始人股或管理股。

② 后配股股东的权利

后配股作为一种延期付息股，不仅在近期内落后于优先股和普通股分配股利，而且当公司经营状况不好时是可以对后配股免付股息或红利的；但当公司经营状况较好、分配利润较多时，后配股股东可能获得优先股和普通股分配之后的全部红利，从而获得较高的收益。

③ 后配股的发行

后配股一般在以下情况下发行：一是当股份公司为筹集扩充设备、厂房的资金而发行新股时，为避免由于发行新股而导致旧股分红数减少，在新设备、厂房正式使用之前，将新股作为后配股发行可暂时不支付股利；二是当股份公司之间进行联合或兼并时，为了调整合并后的股权比率也可向被兼并公司股东交付一部分后配股，这样既保证被兼并公司股东的权益不受影响，同时又可暂时不支付相应股利，保证兼并公司的利益不受影响；三是当政府为扶持某些产业、行业发展时，政府投入到股份公司的资本作为后配股，在相当一段时间内不收取股利，以刺激这些产业和行业的发展。

2.2.3　按业绩分类

上市公司的股票按业绩划分，一般会有 ST 股、PT 股、垃圾股、绩优股、蓝筹股等。

（1）ST 股（Special Treatment）

ST 是 Special Treatment 的缩写，即特别处理。由于“特别处理”的股票要在简称前冠以“ST”，因此这类股票称为 ST 股。连续亏损是上市公司多项被实施 ST 的指标中的一个重要指标，如果上市公司连续两年亏损会被 ST；如果连续三年亏损就会被 * ST，即实施退市预警。

（2）PT 股（Particular Transfer）

PT 是英文 Particular Transfer 的缩写，意即特别转让。依据《公司法》和《证券法》规定，上市公司出现连续三年亏损等情况，其股票将暂停上市。沪深交易所从 1999 年 7 月 9 日起，对这类暂停上市的股票实施“特别转让服务”，并在其简称前冠以“PT”，称之为“PT 股”。

（3）垃圾股（Trash Sock）

垃圾股指的是业绩较差公司的股票。这类上市公司或者是行业前景不好、或者是经营不善、甚至是进入亏损行列等，其股票在市场上的表现萎靡不振、股价走低、交投不活跃、年终分红也差。投资者在考虑选择这些股票时，要有比较高的风险意识，切忌盲目跟风投机。

（4）绩优股(Income Stock)

绩优股就是业绩优良公司的股票，一般具有较高的投资回报和投资价值。但对于绩优股的定义国内外有所不同。在我国，投资者衡量绩优股的主要指标是每股税后利润和净资产收益率。一般而言，每股税后利润在全体上市公司中处于中上地位、公司上市后净资产收益率连续三年显著超过10%的股票，可称之为绩优股。

（5）蓝筹股(Blue Chip Stock)

“蓝筹”一词源于西方赌场，因为在赌场的三种筹码中蓝色筹码最为值钱，投资者把这些行话套用到股票上就有了“蓝筹股”这一称谓。一般投资者把那些在股市所属行业内占有重要支配性地位、业绩优良，成交活跃、红利优厚的大公司股票称为蓝筹股。由此可见，蓝筹股基本上都是绩效股。

2.2.4 按投资主体不同分类

我国上市股票按投资主体不同可划分为国家股、法人股、社会公众股和外资股等不同类型。

（1）国家股(State Shares)

国家股是指有权代表国家投资的部门或机构以国有资产向公司投资形成的股份，包括公司现有国有资产折算成的股份。在我国公司股份制改造中，原来一些全民所有制公司改组为股份公司，这些公司的资产在改组时就折成国家股。另外，国家对新组建的股份公司进行投资也构成了国家股。国家股由国务院授权的部门或机构持有，或根据国务院决定由地方人民政府授权的部门或机构持有。

（2）法人股(Cooperate Shares，Institutional Shares，Legal Persons Shares，Corporation Shares)

法人股是指由公司法人或具有法人资格的事业单位和社会团体以其依法可支配的资产投入公司形成的股份。法人股票以法人记名，持法人股所形成的是一种所有权关系，是法人经营自身财产的一种投资行为。法人股在认购股份时可以用货币出资，也可以用其他形式的资产如实物、工业产权、非专利技术、土地使用权等作价出资。

（3）社会公众股(Public Shares)

社会公众股是指社会公众依法以其拥有的财产投入公司时形成的可上市流通的股份。在社会募集方式下，股份公司发行的股份除了由发起人认购一部分外，其余部分应该向社会公众公开发行。我国新修订过的《公司法》规定，社会募集公司向社会公众发行的股份，不得少于公司股份总数的25%；公司股本总额超过人民币4亿元的，向社会公众发行股份的比例应在10%以上。

（4）外资股(Foreign Share)

外资股是指上市股份公司向外国和我国香港、澳门、台湾地区投资者发行的股票。外资股按上市地域不同可以分为境内上市外资股(如B股)和境外上市外资股(如H股、N股等)。

（5）公司职工股和内部职工股

公司职工股和内部职工股是两个完全不同的概念。公司职工股是本公司职工在公司公开向社会发行股票时按发行价格所认购的股份，按当时有关规定，公司职工股的股本数额不得超过拟向社会公众发行股本总额的10%。内部职工股是指由内部职工作为投资者所持有的公司股份，其出现在我国股份制试点初期，当时有一批试点公司不向社会公开发行股票、只对法人和公司内部职工定向募集股份，1993年，国务院正式发文明确规定停止内部职工股的审批和发行。

2.2.5　证券市场上存在的特定含义的股票名称

(1) 沪港通、沪股通与港股通

沪港通是指上海证券交易所和香港联合交易所允许两地投资者通过当地证券公司(或经纪商)买卖规定范围内的对方交易所上市的股票，是沪港股票市场交易互联互通机制。沪港通包括沪股通(北向)与港股通(南向)两部分，针对沪港通下的股票交易，中国证监会与香港证监会联合公告于2014年11月17日开始试行。

其中沪股通是指投资者委托香港经纪商，经由香港联合交易所设立的证券交易服务公司，向上海证券交易所进行申报(买卖盘传递)，买卖规定范围内的上海证券交易所上市的股票；港股通是指投资者委托内地证券公司，经由上海证券交易所设立的证券交易服务公司，向香港联合交易所进行申报(买卖盘传递)，买卖规定范围内的香港联合交易所上市的股票。

沪港通对整个市场而言是利好，因为借助该交易机制可以增加市场活跃度，但对大多数中小散户影响不大，因为沪港通门槛较高(50万)，且试行初期主要针对机构投资者。同时沪港通对不同种类股票的影响也有差异，如对一些稀缺资源股和蓝筹股可能是利好，但对概念股可能是利空。从表1-10中可以看出，2016年8月15日，沪股通当天交易的股票有567只，其中涨537只、平27只、跌3只；而在监控屏上涨幅排在前15位的股票中，涨幅超过10%的有6家，分别是美都能源、华发股份、陆家嘴、长江投资、中航资本、华泰证券。而从表1-11中可以看出，2016年8月15日，港股通当天交易的股票有318只，其中涨200只、平25只、跌93只；在监控屏上涨幅排在前15位的股票中，涨幅超过10%的只有1家，即建滔积层板。

表1-10　沪股通2016年8月15日监控屏信息

沪股通(北向)　　涨537　　平27　　跌3　　当日可用余额：121.45亿

序　号	代　码	名　称	现　价	涨　跌	涨跌幅	年初至今	时　间
1	600175	美都能源	5.59	0.51	10.04%	-22.68%	15：00
2	600325	华发股份	14.06	1.28	10.02%	-12.53%	15：00
3	600663	陆家嘴	24.70	2.25	10.02%	-10.34%	15：00
4	600119	长江投资	27.24	2.48	10.02%	38.65%	15：00
5	600705	中航资本	6.59	0.60	10.02%	-13.58%	15：00
6	601688	华泰证券	21.43	1.95	10.01%	11.59%	15：00
7	600570	恒生电子	62.40	5.67	9.99%	2.81%	15：00
8	600606	绿地控股	10.80	0.98	9.98%	-32.66%	15：00
9	600708	光明地产	11.02	1.00	9.98%	-12.87%	15：00
10	600588	用友网络	25.67	2.33	9.98%	-18.67%	15：00
11	600383	金地集团	12.14	1.10	9.96%	-8.43%	15：00
12	600999	招商证券	19.07	1.64	9.41%	-10.69%	15：00
13	600376	首开股份	13.65	1.10	8.76%	9.20%	15：00
14	600007	中国国贸	23.74	1.75	7.96%	27.82%	15：00
15	600571	信雅达	23.52	1.73	7.94%	-20.15%	15：00

数据来源：Wind资讯

表 1-11　港股通 2016 年 8 月 15 日监控屏信息

港股通(南向)　　涨 200　　平 25　　跌 93　　当日可用余额：90.55 亿

序　号	代　码	名　称	现　价	涨　跌	涨跌幅	年初至今	时　间
1	1888	建滔积层板	5.85	0.56	10.59%	70.96%	16：09
2	2727	上海电气	3.56	0.29	8.87%	-13.38%	16：09
3	1336	新华保险	32.65	2.20	7.22%	1.55%	16：09
4	0806	惠理集团	7.75	0.44	6.02%	-12.53%	16：09
5	1205	中信资源	0.92	0.05	5.75%	15.00%	16：09
6	1833	银泰商业	6.69	0.34	5.35%	-10.59%	16：09
7	0665	海通国际	5.59	0.27	5.08%	18.24%	16：09
8	6837	海通证券	14.46	0.68	4.93%	10.09%	16：09
9	1788	国泰君安国际	3.19	0.15	4.93%	19.23%	16：09
10	0553	南京熊猫电子股	6.83	0.32	4.92%	-9.17%	16：09
11	0109	天成国际	0.440	0.020	4.76%	-69.80%	16：09
12	0874	白云山	20.50	0.92	4.70%	-6.61%	16：09
13	0958	华能新能源	2.71	0.12	4.63%	18.49%	16：09
14	0604	深圳控股	3.68	0.16	4.55%	5.62%	16：09
15	0966	中国太平	17.46	0.76	4.55%	-27.25%	16：09

数据来源：Wind 资讯

根据 WIND 资讯提供的数据，图 1-11 列示了沪港通总投资余额在 2016 年 5 月 16 日到 2016 年 7 月 14 日变化情况，从中可以看出，这 2 个月内，沪股通的总投资余额稍有下降但变化不大，而港股通的总投资下降幅度较大；图 1-12 列示了沪港通总成交金额变化情况，从中可以看出，2016 年 5 月 16 日到 2016 年 7 月 14 日期间，除偶有波动外，总体上港股通的总成交金额要高于沪股通；图 1-13 是港通 2016 年 8 月 15 日当天的资金净流入额，很明显港股通的当日资金净流入额要高于沪股通。

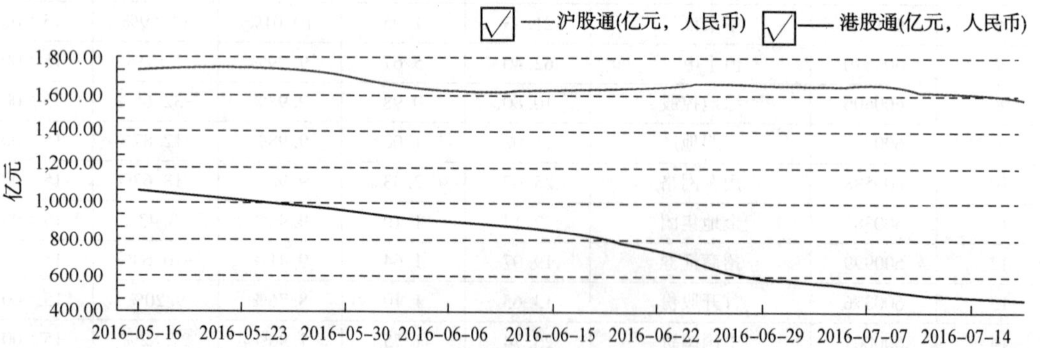

图 1-11　沪港通总投资余额变化图

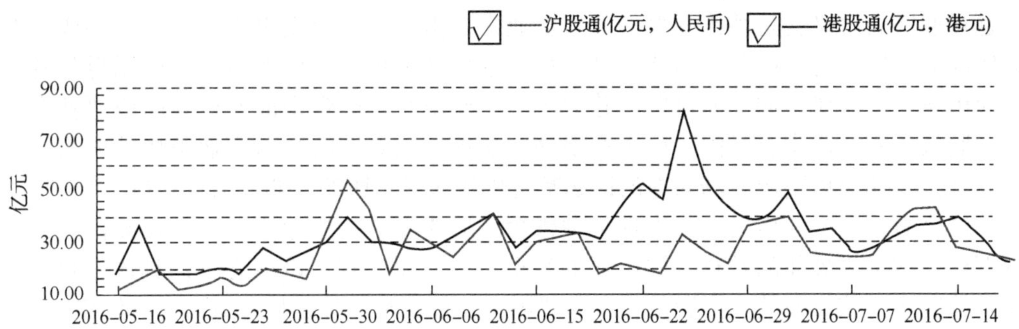

图 1-12　沪港通总成交金额变化图

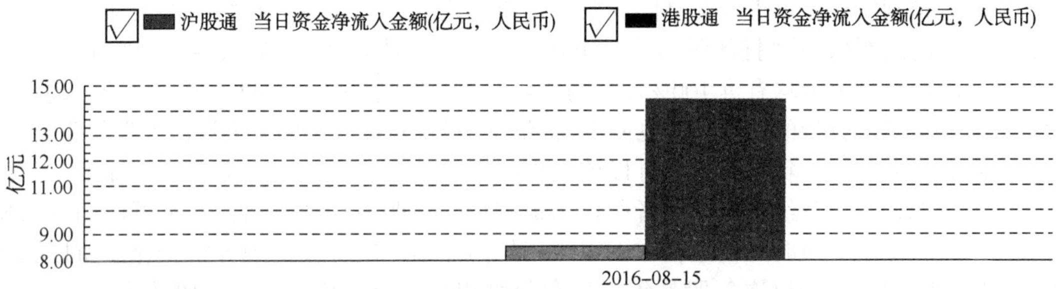

图 1-13　沪港通当日资金净流入额(2016-08-15)

(2) 概念股与题材股

概念股是与业绩股相对而言的，是指具有某种特别内涵的股票，而这一内涵通常会被当作一种选股和炒作题材，成为股市的热点或兴奋点，即概念股可以理解为对股票所在行业经营业绩增长的提前炒作。概念股通常有具体的名称、事物或题材等，如金融股，地产股，资产重组股，券商股，奥运题材股，大数据股、土地流传股、一带一路股、二胎政策股、生物疫苗股、美丽中国股等。表 1-12 列示出了截至 2016 年 8 月 15 日我国沪深两市的二胎政策概念股，总计有 25 家上市公司发行的股票与二胎政策关联性较强，这其中大众比较熟悉的如光明乳业(600597)、伊利股份(600887)、邦宝益智(603398)、贝因美(002570)、中顺洁柔(002511)等。

表 1-12　二胎政策概念股

证券代码	证券简称	证券代码	证券简称	证券代码	证券简称
002329. SZ	皇氏集团	002308. SZ	威创股份	600429. SH	三元股份
002348. SZ	高乐股份	002292. SZ	奥飞娱乐	600527. SH	江南高纤
002301. SZ	齐心集团	002502. SZ	骅威文化	600597. SH	光明乳业
002511. SZ	中顺洁柔	002563. SZ	森马服饰	600763. SH	通策医疗
002570. SZ	贝因美	002612. SZ	朗姿股份	600887. SH	伊利股份
002699. SZ	美盛文化	002762. SZ	金发拉比	603398. SH	邦宝益智
300086. SZ	康芝药业	300106. SZ	西部牧业	002575. SZ	群兴玩具
300235. SZ	方直科技	300314. SZ	戴维医疗	600419. SH	天润乳业
300318. SZ	博晖创新				

数据来源：Wind 资讯(截至 2016-08-15)

题材股顾名思义就是炒作题材的股票，通常指由于一些突发事件、重大事件或特有现象而使部分个股具有一些共同的特征(题材)，这些题材可供炒作者(即庄家)借题发挥，进而引起市场大众跟风。如上海自贸区建立了，一些由其可能带来商业机会的股票就会被炒作；二胎政策刚一出来，国内一些生产婴幼儿奶粉、玩具等的知名企业很快就成为炒作题材。总之，一切可以引起市场兴趣的话题都是炒作题材，所涉及的股票也就成了题材股。

总体来看，一般是市场上先出现某种概念，形成相应的概念股，然后在此概念股下会被挖掘出一些可供炒作的题材，即市场的兴奋点，从而就有了该概念下的具体题材股。相对于业绩股主要依靠业绩支撑股价；概念股则主要依赖某一种题材或概念支撑价格。

(3) 新股与次新股

新股是指刚发行上市正常交易的股票，行业默认的是上市一个月之内的股票。前些年申购新上市的股票(俗称“打新股”)是一个热点，因为当时申购上了新股就如同“白捡”了一笔财富，新股首日上市均有近100%左右的涨幅。近两年“打新股”热度下降，甚至出现了新股上市首日跌破发行价的现象。这也使得“估价机构”重新按照市场价值规律来为新股定价。

次新股一般是指一年前到一个月以前上市的股票。一般来说一个上市公司在上市后的一年之内假如还没有分红送股，或者股价未被市场主力明显炒做的话，基本可以归纳为次新股。次新股由于上市时间较短，在上市第一年内业绩一般不会出现异常变化，所以其年报的业绩风险很小，所以次新股是年报公布阶段相对安全的板块。次新股的优点主要有：次新股套牢资金少，容易被机构炒作，通常有新的利润增长点，购买收益较好。

3. 上市公司/上市股票与区域经济发展

3.1 上市公司会对区域经济增长产生影响

上市公司作为区域优秀公司的代表，具有龙头标杆作用，其在证券市场的表现反映出其所在行业的发展状况和前景，这对维护当地的经济利益和社会稳定发挥十分关键的作用。首先，上市公司获得证券市场直接融资的能力，拓宽了企业融资渠道，减少了企业发展过程中对银行贷款的过度依赖，同时还可以通过增发有价证券进行再融资，获得进一步发展所需的资金，从而带来资金的乘数效应。其次，资本市场也有利于上市公司扩大知名度、提升公司品牌效应、加强内部治理等，进而不断完善现代企业制度，优化经营机制、提高企业经营管理水平，不断推动资源的优化配置，进而提高其自身发展能力与盈利能力，为国家和地方带来稳定的税收。最后，上市公司作为连接实体经济与虚拟经济的桥梁，其能借助资本市场带来的筹资优势，不断带动周围区域相关行业公司的进一步发展；而区域内的经济结构、产业布局、资源优化配置、教育科研等又会受到上市公司经济行为和发展水平的影响，从而推动区域性产业结构调整，拉动地方经济增长。

现实中，不少地方政府有借助本地上市公司推动当地经济发展的欲望，在公司所在地政府的制约和引导下，公司上市后的资金流有很大一部分甚至全部是公司所在地的投资，按照这种投资逻辑推演，区域上市公司数量的增加将会促进本区域经济增长。

3.2 我国沪深两市上市股票的区域分布

3.2.1 各区域总体分布情况

截至2016年6月7日，我国沪深两市上市股票的总数目为2960股，其中A股2859只，

B股101只。这些上市股票在我国的六大区域中的分布情况见图1-14，从中可以看出，经济发达地区如华东、中南、华北地区的上市股票数目比较多。具体而言，华东地区（包括上海、山东、江苏、浙江、江西、福建、安徽）最多，为1252只股，占全部上市股票数的42.30%；中南地区（包括河南、湖南、湖北、广东、广西、海南）次之，为769只股，占全部上市股票数的25.98%；接下来是华北地区（包括北京、天津、内蒙古、河北、山西），为431只股，占全部上市股票数的14.56%；再下来是西南地区（包括重庆、四川、云南、贵州、广西），为213只股，占全部上市股票数的7.20%；排在后数第二位的是东北地区（包括黑龙江、辽宁、吉林），其上市股票数总计157只，占全部上市股票数的5.30%；最后是西北地区（包括陕西、甘肃、新疆、宁夏、青海），其在沪深两市的上市股票数总计138只，仅占全部上市股票数的4.66%。

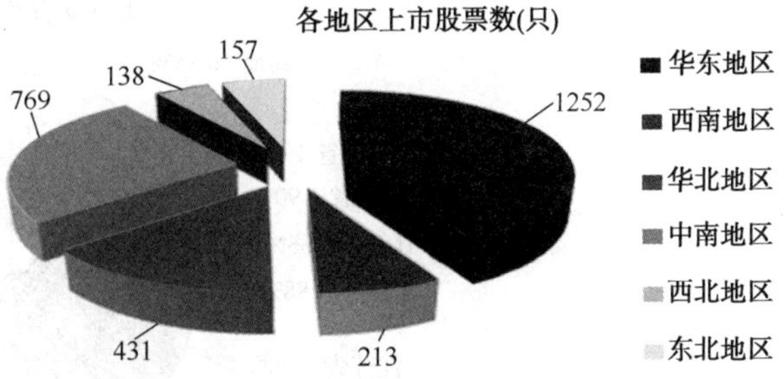

图1-14　我国各区域上市股票分布情况

3.2.2　各区域内部分布情况

而在各区域内部，经济比较发达的省市其上市股票数目较多。如表1-13所示，华东地区的浙江省就有307只上市股票占该区域股票数的24.52%；中南地区的广东省有454只上市股票，占该区域上市股票数的59.04%；华北地区的北京有269只上市股票，占该区域上市股票数的62.41%；西南地区的四川省有106只上市股票，占该区域上市股票数的49.77%；东北地区的辽宁省有79只股票上市，占该区域上市股票数的50.32%；西北地区的陕西省有43只上市股票，占该区域上市股票数的31.16%。就目前经济发展的总体情况来看，上市股票数目大、上市公司数量多、质量好的地区往往是经济较发达的区，这表明一个区域上市公司的发展水平在很大程度上决定着该区域的核心竞争力及经济发展潜力。

表1-13　我国各区域上市股票数目最多的省市

区域名称	上市股票数（只）	该区域内上市股票数目最多的省市	区域名称	上市股票数（只）	该区域内上市股票数目最多的省市
华东地区	1252	浙江：307	中南地区	769	广东：454
西南地区	213	四川：106	西北地区	138	陕西：43
华北地区	431	北京：269	东北地区	157	辽宁：79

数据来源：Wind资讯

3.3　我国沪深两市上市公司融资情况的区域分布

3.3.1　总体融资情况区域分布

2015年，我国沪深两市上市公司地区融资情况见图1-15，从中可以看出，在地区融资总额上，北京占比最高，为33.62%；广东次之，为9.89%；随后是香港特别行政区，其融资总额占比为8.88%。此外，融资总额比重超过5%的省市还有：上海市：8.32%、浙江省：5.25%、江苏省：5.05%。

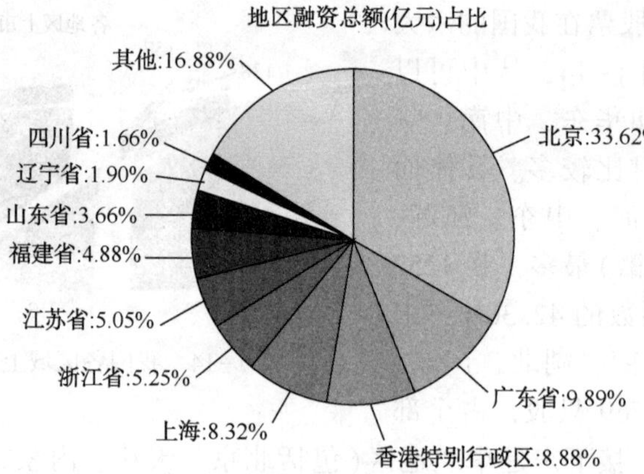

图 1-15　2015 年我国沪深两市上市公司地区融资情况分布图

3.3.2　首发融资情况区域分布

在 2015 年上市公司首发金额地区占比中(见图 1-16)，所占比重超过 5%的省市有 5 个，其中上海市为 31.39%、北京市为 19.82%、广东省为 9.59%、浙江省为 9.28%、江苏省为 6.93%。

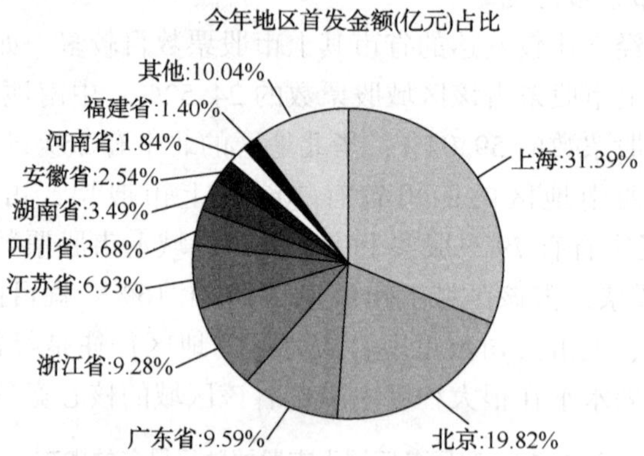

图 1-16　2015 年我国沪深两市上市公司首发金额地区分布图

3.3.3　定向增发金额区域分布

在 2015 年上市公司定向增发(定增)金额地区占比中(见图 1-17)，所占比重超过 5%的省市有 5 个，其中上海市为 14.43%、广东省为 13.57%、北京市为 12.27%、浙江省为 9.27%、江苏省为 8.87%。

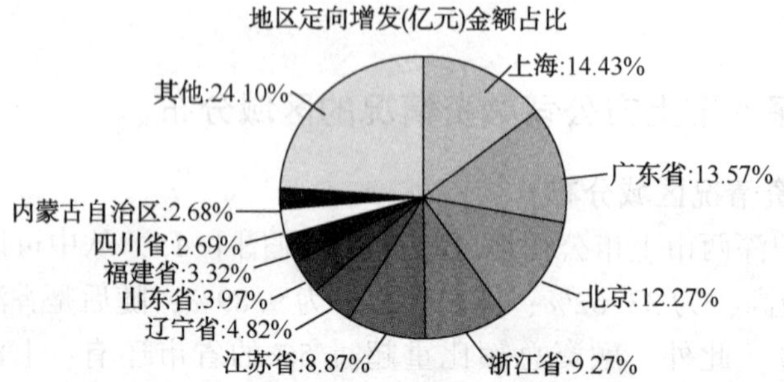

图 1-17　2015 年我国沪深两市上市公司定增金额地区分布图

3.3.4　配股融资情况区域分布

而2015年的上市公司配股融资(见图1-18)主要集中在福建、广东与江苏三省的上市公司身上，在该项金额占比中，福建省最高，为83.89%，广东省次之，为10.07%，江苏省的占比低于10%，为6.04%。

从上面的分析中可以看出，在2015年，江苏省的上市公司不管是地区融资总额占比、定向增发总额占比、首发金额占比、地区配股金额占比都比较靠前。从理论上来讲，如果融来的这些资金用于本地区的再投资，那这些上市公司的发展应该会对当地经济发展起到一定推动作用。

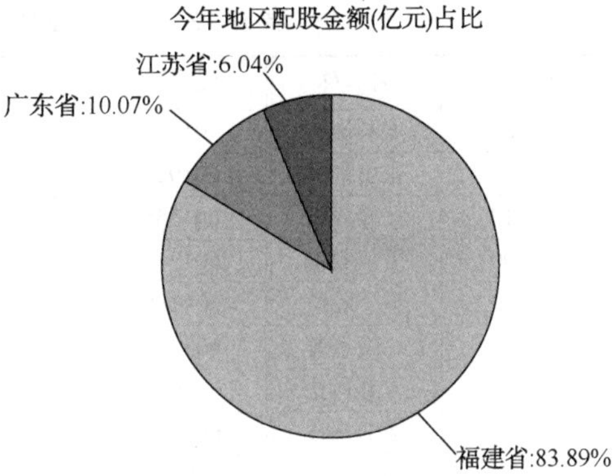

图1-18　2015年我国沪深两市上市公司配股融资地区分布图

3.4　江苏各区域上市股票/上市公司与经济增长

3.4.1　江苏上市股票/上市公司的板块分布

根据Wind资讯统计的数据进行分析，截至2015年12月31日，江苏省在沪深两市的上市股票数总计为279只，对应的上市公司家数也为279家。

(1) 上证主板上市公司

江苏省在上证主板上市的公司共计98家，其中1997~2007年上市的公司共计61家，具体情况见表1-14；1998~2015年上市的公司37家，具体情况见表1-15。

表1-14　江苏上证主板上市公司情况表(1997~2007年)

代　码	名　称	代　码	名　称	代　码	名　称	代　码	名　称
600667	太极实业	600064	南京高科	600533	栖霞建设	600213	亚星客车
600682	南京新百	600074	保千里	600486	扬农化工	600220	江苏阳光
600805	悦达投资	600078	澄星股份	600510	黑牡丹	600268	国电南自
600854	春兰股份	600099	林海股份	600327	大东方	600300	维维股份
600862	中航高科	600128	弘业股份	600557	康缘药业	601009	南京银行
600871	石化油服	600105	永鼎股份	600522	中天科技	600282	南钢股份
600889	南京化纤	600122	宏图高科	600562	国睿科技	600358	国旅联合
600710	*ST常林	600276	恒瑞医药	600370	三房巷	600280	中央商场
600713	南京医药	600398	海澜之家	600513	联环药业	601008	连云港
600716	凤凰股份	600400	红豆股份	600481	双良节能	600981	汇鸿集团
600736	苏州高新	600389	江山股份	600584	长电科技	600973	宝胜股份
600746	江苏索普	600377	宁沪高速	600475	华光股份	600970	中材国际
600775	南京熊猫	600305	恒顺醋业	600487	亨通光电	601007	金陵饭店
600770	综艺股份	600250	南纺股份	600401	海润光伏	600287	江苏舜天
600794	保税科技	600501	航天晨光	600406	国电南瑞	600527	江南高纤
600200	江苏吴中						

数据来源：Wind资讯

表 1-15　江苏上证主板上市公司情况表(1998~2015 年)

代　码	名　称	代　码	名　称	代　码	名　称	代　码	名　称
601688	华泰证券	601028	玉龙股份	603188	亚邦股份	603355	莱克电气
601890	亚星锚链	601928	凤凰传媒	603018	设计股份	603968	醋化股份
601010	文峰股份	601555	东吴证券	603688	石英股份	603066	音飞储存
601700	风范股份	601313	江南嘉捷	603988	中电电机	603117	万林股份
601799	星宇股份	601388	怡球资源	603518	维格娜丝	601155	新城控股
601199	江南水务	603366	日出东方	603017	中衡设计	603800	道森股份
601218	吉鑫科技	603699	纽威股份	603828	柯利达	603299	井神股份
601599	鹿港科技	603005	晶方科技	603519	立霸股份	603111	康尼机电
601222	林洋能源	603369	今世缘	603158	腾龙股份	600959	江苏有线
601100	恒立液压						

数据来源：Wind 资讯

(2)深证主板上市公司

深证主板上市 27 家，上市时间均在 2001 年之前，具体名单见表 1-16。

表 1-16　江苏深证主板上市公司情况表

代　码	名　称	代　码	名　称	代　码	名　称	代　码	名　称
000035	中国天楹	000681	视觉中国	000551	创元科技	000910	大亚科技
000301	东方市场	000700	模塑科技	000570	苏常柴 A	000919	金陵药业
000418	小天鹅 A	000727	华东科技	000581	威孚高科	000936	华西股份
000421	南京中北	000738	中航动控	000584	友利控股	000961	中南建设
000425	徐工机械	000777	中核科技	000626	如意集团	200418	小天鹅 B
000518	四环生物	000816	智慧农业	200570	苏常柴 B	200581	苏威孚 B
000525	红太阳	000890	法尔胜	200468	*ST 宁通 B		

数据来源：Wind 资讯

(3)深证中小板上市公司

深证中小板上市 97 家，其中 2004~2009 年上市的公司共计 39 家，具体见表 1-17；2010 年年上市的公司共计 33 家，具体见表 1-18；2011~2015 年上市的公司共计 25 家，具体见表 1-19。

表 1-17　江苏深证中小板上市公司情况表(2004~2009 年)

代　码	名　称	代　码	名　称	代　码	名　称	代　码	名　称
002002	鸿达兴业	002075	沙钢股份	002150	通润装备	002255	海陆重工
002009	天奇股份	002077	大港股份	002156	通富微电	002262	恩华药业
002015	霞客环保	002079	苏州固锝	002160	常铝股份	002274	华昌化工
002024	苏宁云商	002080	中材科技	002165	红宝丽	002290	禾盛新材
002040	南京港	002081	金螳螂	002172	澳洋科技	002293	罗莱生活
002044	美年健康	002089	新海宜	002182	云海金属	002304	洋河股份
002071	长城影视	002090	金智科技	002201	九鼎新材	002309	中利科技
002074	国轩高科	002091	江苏国泰	002211	宏达新材	002315	焦点科技
002104	恒宝股份	002239	奥特佳	002221	东华能源	002323	雅百特
002127	南极电商	002245	澳洋顺昌	002223	鱼跃医疗		

数据来源：Wind 资讯

表 1-18　江苏深证中小公司板上市公司情况表(2010 年)

代　码	名　称	代　码	名　称	代　码	名　称	代　码	名　称
002333	罗普斯金	002455	百川股份	002413	雷科防务	002514	宝馨科技
002349	精华制药	002463	沪电股份	002426	胜利精密	002516	旷达科技
002367	康力电梯	002464	金利科技	002435	长江润发	002519	银河电子
002380	科远股份	002471	中超控股	002438	江苏神通	002530	丰东股份
002384	东山精密	002478	常宝股份	002445	中南文化	002531	天顺风能
002391	长青股份	002483	润邦股份	002450	康得新	002496	辉丰股份
002394	联发股份	002484	江海股份	002453	天马精化		
002395	双象股份	002491	通鼎互联	002499	科林环保		
002409	雅克科技	002411	必康股份	002513	* ST 蓝丰		

数据来源：Wind 资讯

表 1-19　江苏深证中小公司板上市公司情况表(2011~2015 年)

代　码	名　称	代　码	名　称	代　码	名　称	代　码	名　称
002540	亚太科技	002635	安洁科技	002585	双星新材	002734	利民股份
002546	新联电子	002645	华宏科技	002608	* ST 舜船	002747	埃斯顿
002547	春兴精工	002652	扬子新材	002610	爱康科技	002787	华源包装
002550	千红制药	002659	中泰桥梁	002623	亚玛顿	002692	远程电缆
002553	南方轴承	002680	长生生物	002631	德尔未来		
002559	亚威股份	002685	华东重机	002708	光洋股份		
002564	天沃科技	002576	通达动力	002722	金轮股份		

数据来源：Wind 资讯

(4)深证创业板上市公司

深证创业板上市公司 57 家，具体见表 1-20(截至 2011 年年底 28 家、2012~2015 年 29 家)。

表 1-20　江苏深证创业板上市公司情况表

代　码	名　称	代　码	名　称	代　码	名　称	代　码	名　称
300013	新宁物流	300196	长海股份	300152	科融环境	300240	飞力达
300029	天龙光电	300201	海伦哲	300160	秀强股份	300258	精锻科技
300031	宝通科技	300209	天泽信息	300165	天瑞仪器	300260	新莱应材
300091	金通灵	300211	亿通科技	300169	天晟新材	300261	雅本化学
300128	锦富新材	300215	电科院	300172	中电环保	300265	通光线缆
300135	宝利国际	300217	东方电热	300190	维尔利	300279	和晶科技
300141	和顺电气	300228	富瑞特装	300192	科斯伍德	300280	南通锻压
300284	苏交科	300382	斯莱克	300337	银邦股份	300421	力星股份
300292	吴通控股	300385	雪浪环境	300339	润和软件	300429	强力新材
300295	三六五网	300390	天华超净	300342	天银机电	300447	全信股份
300304	云意电气	300393	中来股份	300346	南大光电	300450	先导智能
300305	裕兴股份	300394	天孚通信	300354	东华测试	300466	赛摩电气
300320	海达股份	300402	宝色股份	300356	光一科技	300495	美尚生态
300325	德威新材	300416	苏试试验	300373	扬杰科技	300420	五洋科技
300331	苏大维格						

数据来源：Wind 资讯

3.4.2 江苏省各地区上市公司数量与区域生产总值

（1）江苏省各区域上市公司数量与区域生产总值

2015 年，江苏省的上市公司在江苏省所辖的苏南、苏中、苏北的分布分别为 210 家、42 家、27 家，而这三大区域的生产总值分别为 41518.78 亿元、13459.46 亿元、16548.61 亿元。从区域上市公司数量与地区生产总值上看(图 1-19)，苏南经济发达，上市公司数量多、区域生产总值大；而苏中的上市公司数量次之，但地区生产总值却低于苏北，而苏北的上市公司数量最少，地区生产总值比苏中稍高。这一方面跟这三个板块所辖区域的大小有关系，另一方面，各地区上市公司的规模有所差异，经济较发达地区的上市公司以在主板、中小公司板上市的居多，而经济欠发达地区的上市公司则多在中小公司板与创业板上市。为此，各地区要进一步加强对上市公司的培育，并以资本市场作为助力板，既要关注上市公司的数量，更要注重其上市后的表现与发展质量，使上市公司在发展壮大的同时带动区域经济发展，提高区域竞争力，实现上市公司与区域经济共同可持续性发展。

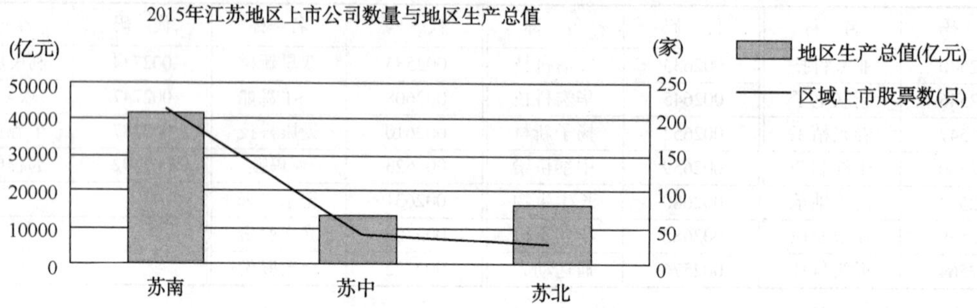

图 1-19　2015 年江苏各地区上市公司数量与区域生产总值分布图

（2）江苏省各地级市上市公司数量与地区生产总值

在各区域内，经济在发展较好的地级市的上市股票数目相应较多，这一结论不仅适用于苏南，苏中、苏北也同样适用。如图 1-20 所示，苏南的苏州市（77 只）、南京市（55 只）、无锡市（47 只）上市股票数目较多，苏中的南通市（27 只）上市股票数目也不少、而苏北的徐州市（10 只）的上市股票数目在本区域则居于首位。从各地级市上市公司数量与地区生产总值的对应关系上来看，苏州、南京、无锡、常州、南通等地级市上市公司的作用发挥较好，上市公司与地方经济相互促进、相互成长，形成一种良性循环。而在镇江、扬州、连云港等市上市公司数量与地区生产总值的关联性较小，表明该区域上市公司的正向作用发挥有限。

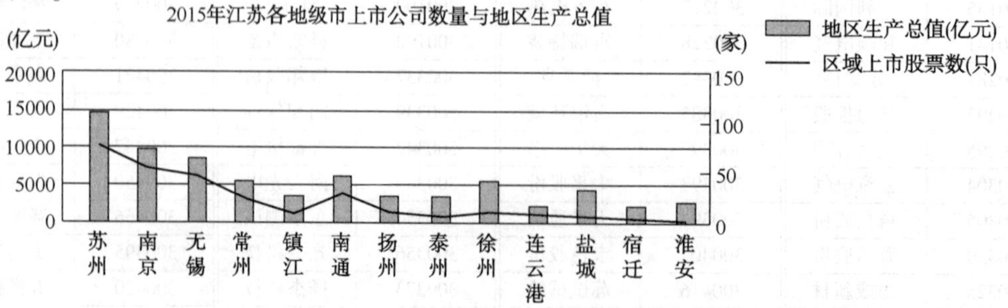

图 1-20　2015 年江苏各地级市上市公司数量与地区生产总值分布图

本章附注

1. 证券交易所(The Stock Exchange)

证券交易所主要是指股票的发行地，其主要是和上市公司打交道，如我国的上海证券交易所、深圳证券交易所。有关证券市场的配置问题，我国的沪深两市各有侧重，其中上海证券交易所以大盘股为主，而深圳证券交易所则以小盘股为主，尤其重视中小公司板块。需要注意的是，在深交所上市的公司不能在上交所交易，在上交所上市的公司不能在深交所交易。

2. 流通股本(Capital Stock In Circulation)

流通股本指在以往指数计算中，只要是在交易所有权利进行场内流通的股票均算作流通股，这样无论是公司发起人、国有股还是战略投资者的股份，一旦获得流通权就可以算作自由流通股。

流通股本具有中国特色，因为在我国上市股票未实行股权分置改革前，个人股、法人股、国家股是不允许上市流通的，只有发行的公众股票可在二级市场流通，这部分就是当时所说的流通股本。2005 年起我国开始实施股权分置改革，新上市的股票都是全流通的，过去的个人股、法人股、国家股也慢慢开始可以在二级市场流通，但却有数量和时间限制，这就是限售流通股。

3. 市盈率(PE ratio-Price/Earning Ratio)

市盈率是每股现行市场价格与每股净利润之比，即：市盈率=每股现行股价/每股净利润。而平均市盈率一般是指股票市场某个有代表性的股价指数的平均市盈率。当然，为了反映不同市场或不同行业股票的价格水平，也可以计算出每个市场的整体市盈率或不同行业上市公司的平均市盈率。如果某个市场市盈率平均为 14 倍，表示如果投资的话平均回本期为 14 年；而按 14 倍的 PE 折合的平均年回报率则为 7%(1/14)。

市盈率通常被作为比较不同价格股票是否被高估或低估的指标。然而，用市盈率衡量一家公司股票质地时并非总是准确的。一般认为，如果一家公司股票的市盈率过高，那么该股票的价格具有泡沫，价值被高估。然而，当一家公司增长迅速以及未来的业绩增长非常被看好时，股票目前的高市盈率可能恰好准确地估量了该公司的价值。需要注意的是，利用市盈率比较不同股票的投资价值时，这些股票必须属于同一个行业，因为此时公司的每股收益比较接近，相互比较才有效。

4. 市净率(PB Ratio-Price/Book Value Ratio)

市净率指的是市价与每股净资产之间的比值，即市净率=每股市价/每股净资产。一般来说，市净率较低的股票风险较小、投资价值较高；但在判断投资价值时还要考虑当时的市场环境以及公司经营情况、盈利能力等因素。总之，当某个证券市场的平均市盈率、平均市净率普遍较高时，该证券市场就会充满泡沫，这时进行投资的话风险就会比较大。

5. 老三板(The Old Three Board)

老三板正式名称为“两网与退市公司股份转让系统”，其中包含了从原来两个法人股市场退下来的“两网股”股票和从主板市场终止上市后退下来的“退市股”。

“两网股”是指 1992 年 7 月 1 日在 STAQ 系统法人股流通转让试点运行和 1993 年 4 月 28 日投入试运行的 NET 系统，并在 1999 年 9 月 9 日关闭 STAQ 和 NET 系统后遗留下来的股票。老三板中的 8 只“两网股”包括：大自然(400001)、长白(400002)、海国实(400005)、京中兴(400006)、华凯(400007)、广建(400009)、鹫峰(400010)、港岳(400013)。

而“退市股”则是因为连续多年亏损等原因主动或被强制性从主板市场终止上市后退到代办系统转让的股票。如 PT 水仙(退市)、ST 长油(退市)、*ST 猴王(退市)等。

6. 新三板股票代码(The New Three Board Stock Code)

43 开头的新三板股票代码是在做市商改革(2014 年 5 月 19 日)之前在新三板挂牌交易的公司股票代码，相当于老的新三板股票，43 开头的股票只从 430 打头，目前到 4307 为止就结束了，最后一只 43 开头的股票是“430764(美诺福)”。

83开头的新三板股票代码是在做市商改革之后在新三板挂牌交易的公司股票代码，当时中国证券登记结算有限责任公司专门在北京设立登记结算公司，独立开通830证券代码替代了原来的430证券代码，所以属于新的新三板股票代码。“83”开头的股票从830一直往后延续，目前已延续到839。

另外，“899001”是新三板成分指数，主要是协议转让股票的指数；而“899002”则是新三板做市商指数，主要是做市商企业的股票指数。

7. VC与PE

VC是Venture Capital的缩写，即风险投资；PE是Private Equity的缩写，即私募股权投资。这两者都是通过私募形式对非上市企业进行的权益性投资，然后通过上市、并购或管理层回购等方式出售持股获利。VC与PE的区别是，VC一般侧重于投资非上市企业前期，即比较青睐投资初创型企业，PE通常侧重于投资非上市企业后期，即比较青睐投资成熟性企业；这使得VC与PE在投资理念、投资规模上不尽相同。

当前实务中，PE对处于各个时期如种子期、初创期、发展期、扩展期、成熟期和首发上市前期(Pre-IPO)的企业或多或少都会进行投资，所以广义的PE包含了VC。

第二章　公司上市与上市中介

在我国，公司上市主要是指公司股票的上市交易。按公司上市途径的不同，可以将公司上市分为直接上市和间接上市。其中，直接上市常见的方式为IPO首发上市，间接上市常见的类型有买壳上市、借壳上市。按照我国相关法律法规的规定，不同上市方式需要满足的条件与难度系数不尽相同。因此，公司上市方式选择的恰当与否会对其上市结果产生重要影响。在公司上市和上市公司的运营发展中，免不了要和具有证监会认可资质的中介服务机构如保荐机构、会计师事务所、律师事务所、资产评估事务所等“打交道”。拟上市的公司或上市公司可根据自身的业务需要，在这些有证券、期货资质的中介机构中进行合理选择。

1. 公司上市

广义的公司上市既包括公司股票的上市交易，也包括公司发行的债券等证券的上市交易；在我国，一般意义上的公司上市通常是作狭义理解，即公司上市主要是指公司的股票上市。

1.1　公司上市的基本条件

上市股票公司或债券上市交易都要满足一定条件，下面结合我国2013年新修订的《公司法》、2014年新修订的《证券法》的有关规定，阐述我国公司上市需要满足的基本条件。

1.1.1　股票型上市公司的上市条件及需要报送的文件

(1) 股票型上市公司的上市条件

2014年新修订的《证券法》第五十条规定，股份有限公司申请股票上市应当符合下列条件：

一是股票经国务院证券监督管理机构核准已公开发行；

二是公司股本总额不少于人民币三千万元；

三是公开发行的股份达到公司股份总数的百分之二十五以上；公司股本总额超过人民币四亿元的，公开发行股份的比例为百分之十以上；

四是公司最近三年无重大违法行为，财务会计报告无虚假记载。

此外，证券交易所可以规定高于前款规定的上市条件，并报国务院证券监督管理机构批准。

(2) 股票型上市公司上市需要报送的文件

我国2014年新修订的《证券法》第五十二条规定：申请股票上市交易，应当向证券交易所报送下列文件：一是上市报告书；二是申请股票上市的股东大会决议；三是公司章程；四是公司营业执照；五是依法经会计师事务所审计的公司最近三年的财务会计报告；六是法律意见书和上市保荐书；七是最近一次的招股说明书；八是证券交易所上市规则规定的其他文件。

我国 2014 年新修订的《证券法》第五十四条规定：签订上市协议的公司除公告前条规定的文件外，还应当公告下列事项：一是股票获准在证券交易所交易的日期；二是持有公司股份最多的前十名股东的名单和持股数额；三是公司的实际控制人；四是董事、监事、高级管理人员的姓名及其持有本公司股票和债券的情况。

(3) 股票上市交易公告示例

关于南京多伦科技股份有限公司人民币普通股股票上市交易的公告

上证公告(股票)〔2016〕16 号

南京多伦科技股份有限公司 A 股股票将在本所交易市场上市交易。该公司 A 股股本为 20668 万股，其中 5168 万股于 2016 年 5 月 3 日起上市交易。证券简称为“多伦科技”，证券代码为“603528”。

特此公告。

上海证券交易所

二〇一六年四月二十九日

1.1.2 债券型上市公司申请债券上市交易的条件及需要报送的文件

(1) 债券型上市公司申请债券上市交易的条件

2014 年新修订的《证券法》第五十七条规定：公司申请公司债券上市交易应当符合下列条件：

一是公司债券的期限为一年以上；

二是公司债券实际发行额不少于人民币五千万元；

三是公司申请债券上市时仍符合法定的公司债券发行条件。

根据《公司法》、《证券法》的规定，公司公开发行公司债券应符合：股份有限公司净资产不低于人民币 3000 万元，有限责任公司净资产不低于人民币 6000 万元(资产条件)；累计债券余额不超过公司净资产额的 40%(累计发行债券的限制规定)；最近 3 年平均可分配利润足以支付公司债券 1 年利息(盈利要求)；公司生产经营符合法律、法规和公司章程规定，募集资金投向符合国家产业政策(用途要求)；债券利率不超过国务院限定利率水平(利率要求)；国务院规定的其他条件。

此外，在上述六项条件外，还规定发行债券所筹集资金必须用于核准用途，不得用于弥补亏损和非生产性支出。而《证券法》第十六条也明确规定，上市公司发行可转换公司债券，除应当符合第一款规定条件外，还应当符合本法关于公开发行股票的条件并报国务院证券监督管理机构核准。

(2) 债券型上市公司申请债券上市交易需要报送的文件

我国 2014 年新修订的《证券法》第五十八条规定：申请公司债券上市交易，应当向证券交易所报送下列文件：上市报告书、申请公司债券上市的董事会决议、公司章程、公司营业执照、公司债券募集办法、公司债券的实际发行数额、证券交易所上市规则规定的其他文件。

申请可转换为股票的公司债券上市交易，还应当报送保荐人出具的上市保荐书。

(3) 债券上市交易公告示例

关于2016年江苏省张家港经济开发区实业总公司公司债券上市交易的公告

上证公告(债券)〔2016〕074号

江苏省张家港经济开发区实业总公司发行的2016年江苏省张家港经济开发区实业总公司公司债券，将于2016年4月6日起在上海证券交易所交易市场竞价系统和固定收益证券综合电子平台上市交易。该债券证券简称为“16张经开”，证券代码为“127408”。

上海证券交易所

二〇一六年四月五日

1.2　公司上市的利弊

尽管公司上市有严格的条件要求，但很多股份有限公司发展到一定规模后，往往将公司股票在交易所公开上市作为其发展的重要战略步骤。

1.2.1　公司上市的优势

公司上市的优势较多，如能实现资产证券化，放大公司价值和股东价值；能提供广阔的后续融资平台，提升公司持续融资能力；有利于改善公司财务状况及运营状况，推动公司布局扩张及行业整合；有利于实现清晰的公司治理结构，促进公司规范运作；有利于吸引优秀人才，提高管理团队战斗力及凝聚力；有利于提高公司知名度与品牌竞争力，增强其抵抗风险的能力。

1.2.2　公司上市的弊端

公司上市也有风险，如政府对上市公司的监管更加严格，公司管理层和控股股东会面临更多法律限制；上市公司商业信息披露会对公司战略和运营产生影响，从而增大经营者压力与信息披露成本；公司老股东的股权会被稀释，甚至可能丧失原控股地位；上市会有较高的上市初始费用和维持成本、较高的内部控制实施成本，同时也会增大公司被第三方收购的可能性。

但总体来说，上市的优点要远大于缺点。对于希望放大公司及股东价值、希望融资扩张、借助证券市场提升公司实力的公司来说，上市是实现这三个目标的最佳途径；而对于实力很强、资金充裕的公司来说，依照其实际控制人的意愿和发展期望，则不一定会选择上市。

1.3　公司上市地点

公司会根据自身情况与上市规则合理选择上市地点，所以上市也有境外上市与境内上市之分。

1.3.1　境外上市

境外上市主要是指在我国大陆以外的其地国家或地区上市，境外上市可选择的证券市场也比较多，常见的如美国纽约证券交易所、美国纳斯达克证券交易所、英国伦敦证券交易所、加拿大多伦多证券交易所、日本东京证券交易所、我国香港联合证券交易所等。表2-1列示了在美国纳斯达克证券交易所上市的部分中国互联网公司，其中2000~2004年有11家在该所上市交易；2005~2009年有8家在该所上市交易；2010~2013年有7家在该所上市交易；2014 年在纳斯达克证券交易所上市的除了表中所列的“新浪微博”以外，还有京东等公司。

表 2-1 美国纳斯达克证券交易所上市的中国互联网公司

	纳斯达克市场上市的中国互联网公司		
2000~2004 年	• 新浪(2000) • 第九城市(2002) • 金融界(2004) • 盛大(2004)	• 网易(2000) • 携程旅行网(2003) • 空中网(2004) • 亚信科技(2000)	• 搜狐(2000) • E 龙(2004) • 前程无忧(2004)
2005~2009 年	• 百度(2005) • 浙江网盛生意宝股份有限公司(2006) • 金山软件股份有限公司(2007)	• 分众传媒(2005) • 巨人网络(2007) • 搜狐畅游(2009)	• 华友世纪(2005) • 完美时空(2007)
2010~2014 年	• 优酷网(2010) • 土豆网(2011) • 58 同城(2013)	• 人人网(2011) • 世纪佳缘(2011) • 新浪微博(2014)	• 世纪互联数据中心有限公司(2011) • 去哪儿网(2013)

数据来源：钱江晚报，2014-05-31

除此之外，也有部分互联网公司选择在纽约交易所(纽交所)上市，如“奇虎 360”于 2011 年年初、“唯品会”于 2012 年 3 月、“阿里巴巴”于 2014 年 9 月分别在纽交所上市。

1.3.2 境内上市

我国大陆境内的四大板块的功能定位有所差异，其中主板主要是大盘蓝筹企业的聚集地；中小板即深圳中小板于 2004 年 5 月 17 日设立，主要是细分领军企业的摇篮；创业板也在深证，2009 年 3 月 31 日，创业板 IPO 暂行办法公布，该板块已成为创业创新的主要助推器；新三板于 2006 年 1 月起试点，主要是小微企业的孵化器、上市资源的蓄水池。

按照有关规定，公司在境内不同板块上市的条件有所差异，所以拟上市公司应结合自身情况恰当选择上市地点与上市板块，以期早日成为上市公司。需要注意的是，我国在大陆境内证券市场上的上市通常是指在国内主板、中小板、创业板上市；新三板虽是我国初步构建的多层次资本市场框架中的重要一层，但一般讲的在新三板上市只是在新三板挂牌，还不是真正意义上的上市。

1.4 公司直接上市方式：IPO 上市

1.4.1 IPO 上市的概念与相关法律制度

(1) IPO 上市的概念

IPO 全称 Initial Public Offerings，即首次公开发行，是指公司通过证券交易所首次公开向投资者发行股票，已经发行的股票经证券交易所批准后，可以在证券交易所或报价系统挂牌交易。一旦股票上市交易，首发股票的公司就完成上市而成为真正意义上的上市公司。

(2) IPO 上市相关法律制度

IPO 上市相关法律制度包括法律、规章、格式准则三个层次，其中相关法律主要是《公司法》、《证券法》；主要规章包括《首次公开发行股票并上市管理办法》、《首次公开发行股票并在创业板上市管理办法》、《证券发行上市保荐业务暂行办法》、《证券发行与承销管理办法》、《中国证券监督管理委员会发行审核委员会办法》；格式准则主要有《首次公开发行股票并上市申请文件》、《招股说明书》、《上海证券交易所股票上市规则》、《深圳证券交易

所股票上市规则》、《深圳证券交易所创业板股票上市规则》、《创业板上市公司规范运作指引》、《尽职调查工作准则》、《上市公司股东大会规则》、《上市公司章程指引》等。

1.4.2　IPO 上市的主要步骤

我国首次公开发行(IPO)一般需要经过五个阶段(见图 2-1)：即改制设立股份有限公司→上市辅导(及尽职调查)→制作材料→发行申报与审核→发行、挂牌上市。

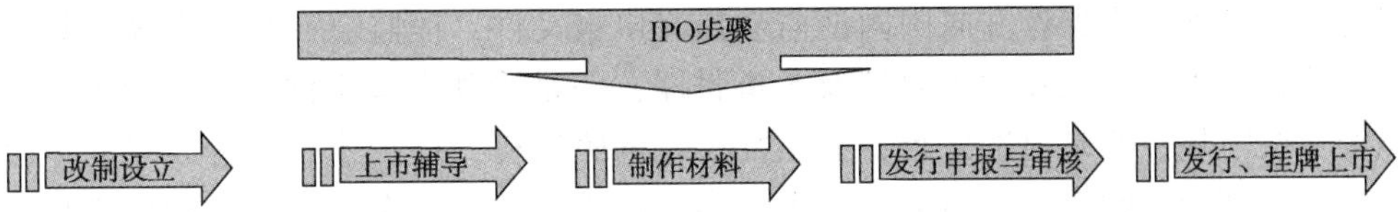

图 2-1　IPO 上市的主要步骤

(1) 改制、设立

改制、设立的方式有三种：第一种是新设设立，即由 5 个以上发起人出资新设立一家股份公司；第二种是改制设立，即公司将原有的全部或部分资产，经评估或确认后作为原投资者出资而设立股份公司。具体又包括部分改制、整体改制、合并改制；第三种是有限责任公司整体变更，即先改制设立有限责任公司或新设一家有限责任公司，然后再将有限责任公司整体变更为股份公司。

其中改制设立的具体流程见图 2-2：即确定改制方案→中介机构出具改制文件→召开创立大会→办理工商登记。

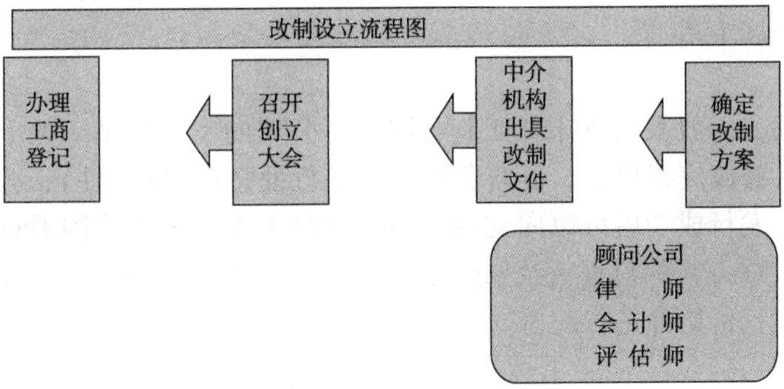

图 2-2　改制设立的具体流程

(2) 上市辅导(及尽职调查)

股份公司在提出首次公开发行股票申请前，应聘请有关中介机构对发行人的基本情况，业务与技术，同业竞争与关联交易，董事、监事与高级管理人员，组织结构与内部控制，财务会计信息，业务发展目标，募集资金运用，股利分配政策，风险因素及其他重要事项进行尽职调查；同时应由其保荐机构就发行人“日常经营规范运作问题、法人治理结构问题、财务问题、纳税和补贴收入问题、募集资金投向问题等”对发行人进行辅导(见图 2-3)，以协助发行人完善改制过程中遗留下来的问题、消除影响公司通过发行审核的潜在隐患。

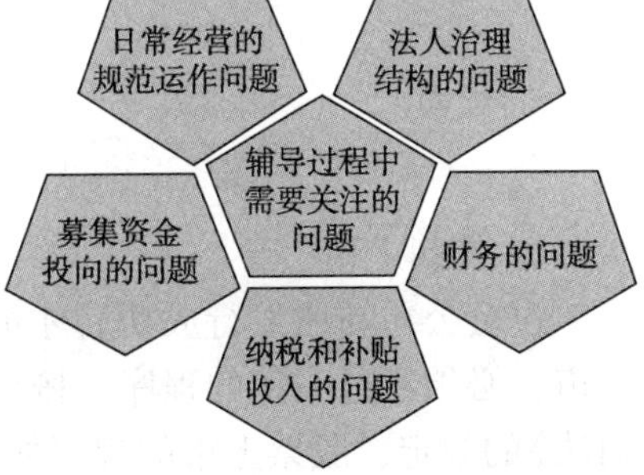

图 2-3　上市辅导的重点内容

(3) 制作材料

发行人应当按照中国证监会的有关规定制作上市申

报材料，保荐人与发行人以及相关中介机构应互相配合，努力发掘发行人的经营亮点，体现发行人的价值，撰写高质量的申报材料。而在有合作关系的中介机构中，证券公司主要负责提供招股说明书，审计机构主要负责出具近三年的财务审计报告、法律咨询机构主要负责出具法律意见书及律师工作报告等。

(4) 发行申报与审核

发行人由其保荐人保荐并向中国证监会提交申报文件，证监会在收到申报资料后会依照有关程序进行审核。该步骤主要涉及5道程序：一是受理申请文件；二是初审；三是发行审核委员会审核；四是核准发行；五是复议。依照流程，首次公开发行股票的审核工作分为受理、见面会、问核、反馈会、预先披露、初审会、发审会、封卷、会后事项、核准发行等主要环节，分别由不同处室负责。而对每一个发行人的审核决定均通过会议以集体讨论方式提出意见，避免个人决断。

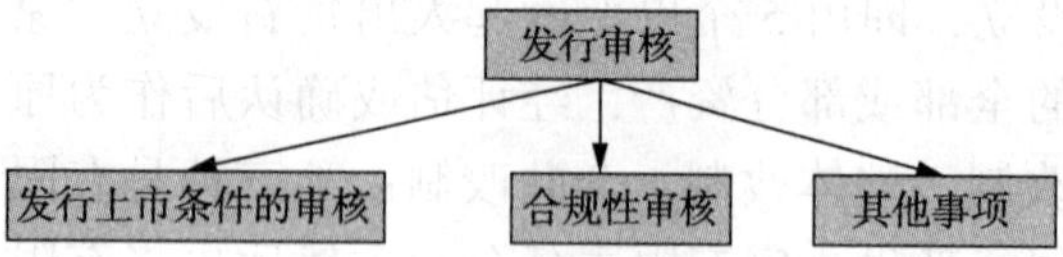

图2-4　大陆境内上市审核的重点

在我国当前制度下，证监会对拟上市公司提交材料审核时主要针对发行上市条件、合规性与其他事项三方面(见图2-4)，审核时重点关注以下问题：一是业绩是否真实可靠，二是会计政策是否稳健，三是经营能力是否持续，四是出资是否真实合法，五是业绩计算是否连续，六是盈利预期是否合理，七是税收优惠是否合法，八是信息披露是否充分，九是其他事项是否合理合法。

(5) 发行、挂牌上市

① 发行股票

通过发审会后，一般来说意味着证监会同意了公司的发行申请。拟上市公司再对申报材料进行一些小的修改完善以后，证监会就会给发行批文(核准文件)，公司拿到核准文件后可以开始发行，发行成功后可以向交易所申请挂牌上市。因为我国IPO的发行政策一直在变化，而有关IPO发行的流程大致如图2-5所示。首先，进行初步询价，其次，正式发行，最后，确定发行价格并进行配售。

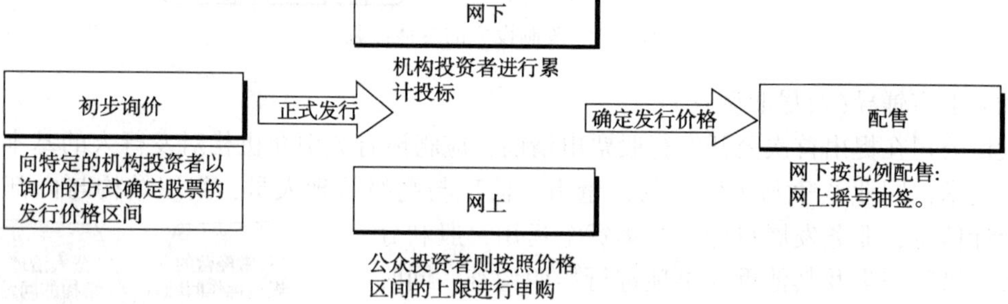

图2-5　大陆境内IPO发行的流程图

② 挂牌上市

过会公司新股发行成功后才可以向证监会申请股票上市交易，股份有限公司申请股票上市，必须经过一定的程序。按照《股票发行与交易管理暂行条例》与《中华人民共和国公司法》的规定，股票上市的程序如下。首先，提出股票上市申请。发行人在股票发行完毕后召开股东大会，完成公司注册登记后向证券交易所提出上市申请。其次，由相关职能部门审查批准。《股票发行与交易管理暂行条例》规定，符合公开发行股票条件的股份有限公司，申请其股票在证券交易所交易应当向证券交易所的上市委员会提出申请；上市委员会应当自收到申请之日起二十个工作日内做出审批，确定上市时间，审批文件报证监会备案，并抄报证券委。

所以，上市公司的上市日通常要比网上发行日、中签结果公告日晚几天。如表 2-2 所示，2016 年 5 月 1 日至 2016 年 6 月 7 日，通过发行新股在我国上海证券交易所正式挂牌上市的公司共计 8 家，分别是多伦科技(603528)、汇嘉时代(603101)、威龙股份(603779)、百利科技(603959)、四方冷链(603339)、三棵树(603737)、中国核建(601611)、上海沪工(603131)。

表 2-2　上海证券交易所正式挂牌上市的公司(2016/5/1~2016/6/7)

代　码	简　称	初始发行总量(万股)	网上发行日	发行价(元)	中签结果公告日	上市日
603016	新宏泰	3705	2016-06-21		2016-06-23	
603958	哈森股份	5436	2016-06-17		2016-06-21	
603909	合诚股份	2500	2016-06-16		2016-06-20	
601127	小康股份	14250	2016-05-31	5.81	2016-06-02	
603131	上海沪工	2500	2016-05-26	10.09	2016-05-30	2016-06-07
601611	中国核建	52500	2016-05-25	3.47	2016-05-27	2016-06-06
603737	三棵树	2500	2016-05-23	15.94	2016-05-25	2016-06-03
603339	四方冷链	5170	2016-05-06	10.19	2016-05-10	2016-05-19
603959	百利科技	5600	2016-05-05	6.03	2016-05-09	2016-05-17
603779	威龙股份	5020	2016-05-04	4.61	2016-05-06	2016-05-16
603101	汇嘉时代	6000	2016-04-25	8.81	2016-04-27	2016-05-06
603528	多伦科技	5168	2016-04-21	9.45	2016-04-25	2016-05-03

数据来源：上海证券交易所官网(http：//www.sse.com.cn/)

1.4.3　我国当前 IPO 上市现状

(1) 实际上市条件水涨船高

根据证监会最新修订的《首次公开发行股票并上市管理办法》(2014 年修订版)与《首次公开发行股票并在创业板上市管理办法》(2014 年修订版)，申报主板 IPO 应符合的净利润条件是“最近 3 个会计年度净利润均为正数且累计超过人民币 3000 万元，净利润以扣除非经常性损益(扣非)前后较低者为计算依据”。相比较而言，创业板上市盈利要求较低，需要符合的净利润条件是“最近两年连续盈利，最近两年净利润累计不少于 1000 万元；或者最近 1 年盈利，最近 1 年营业收入不少于 5000 万元，净利润也是以扣除非经常性损益前后孰低者为计算依据”。

在实务中，我国 IPO 要求审核过会公司的实际盈利水平大多都比基本要求要高。其中，2010 年至 2012 年上半年用的基本是净利润 3000 万以上再加 30%以上的复合增速。在我国 IPO 暂停 2 年之后重启时(2014 年年初重启，之后开开停停)，证监会也没有放松审核条件。2014 年下半年到 2015 年审核条件有所放宽，但一般也就是按照 3000 万划线。2016 年 4 月以来，我国监管窗口指导收紧 IPO，从通过审核的公司情况来看，发审委更加看重拟上市申报公司的盈利性和成长性。

（2）监管收紧 IPO 审核

事实上，监管收紧 IPO 审核，一方面是为了限制各类“不靠谱”的公司上市融资，减少“不干正事就圈钱、玩资本运作”行为的发生，目的是要把钱用到真正有需要的好公司中去。另一方面，这样做在一定程度上也有助于缓解 IPO 的“堰塞湖”问题。从 2013 年到 2014 年的经验来看，因为当时 IPO 停了将近 2 年，加上监管部门又要求公司开展财务自查，排队等待核准上市的公司中大约有 300 家都撤回了材料，最后上会(发审委组织发审委会议进行审核)的也就 400 家左右。而证监会官网最近的统计数据显示，截至 2016 年 5 月 26 日，中国证监会受理首发公司 788 家，其中，已“过会”(如果发审委与会 7 名委员中，有 5 人以上通过就算“过会”)116 家，未过会 672 家；未过会公司中正常待审公司 643 家，中止审查公司 29 家。按照现在排队的数字和发批文的进度看，这些公司消化至少需要 4 年。因此，不少券商建议部分踩线公司撤回材料，先自练内功，待时机成熟时再做上市冲刺。

（3）IPO 审核结果有喜有悲

在 2016 年的前 5 个月内，我国大陆境内上发审会的公司数总共只有 97 家，其在 1 月份至 5 月份上会的公司数量分别为 35 家、3 家、26 家、17 家与 16 家。这 97 家拟上市公司中有 90 家通过发审委审核，其中 2016 年 5 月份通过审核尚未发行公司数总计 13 家，过会率仅为 81.25%。其中主板共通过 7 家(见表 2-3)，中小板共通过 2 家、创业板通过 4 家(见表 2-4)。

表 2-3　沪深两市主板 IPO 审核通过尚未发行公司列表(2016.05)

代　码	公司名称	省　份	审核通过会议日期	上市板块
A14238.SH	杭州海兴电力科技股份有限公司	浙江	2016-5-25	主板
A14392.SH	湖北泰晶电子科技股份有限公司	湖北	2016-5-25	主板
A14399.SH	宁波天龙电子股份有限公司	浙江	2016-5-18	主板
A14414.SH	江苏武进不锈股份有限公司	江苏	2016-5-11	主板
A15002.SH	德力西新疆交通运输集团股份有限公司	新疆	2016-5-11	主板
A14241.SH	苏州科达科技股份有限公司	江苏	2016-5-4	主板
A14429.SH	江苏如通石油机械股份有限公司	江苏	2016-5-4	主板

数据来源：Wind 资讯

表 2-4　深市中小板、创业板 IPO 审核通过尚未发行公司列表(2016.05)

代　码	公司名称	省　份	审核通过会议日期	上市板块
A14363.SZ	深圳市路畅科技股份有限公司	广东	2016-5-27	中小公司板
A14612.SZ	江苏张家港农村商业银行股份有限公司	江苏	2016-5-6	中小公司板
A14500.SZ	沈阳兴齐眼药股份有限公司	辽宁	2016-5-27	创业板
A14247.SZ	无锡路通视信网络股份有限公司	江苏	2016-5-13	创业板
A14558.SZ	浙江和仁科技股份有限公司	浙江	2016-5-13	创业板
A14554.SZ	深圳市雄帝科技股份有限公司	广东	2016-5-6	创业板

数据来源：Wind 资讯

2016 年前 5 个月上发审会的 97 家公司中，有 2 家被取消审核、5 家未通过审核(见表 2-5)，使得这 5 个月的平均过会率约为 92.78%。而 2015 年前 5 个月上发审会的公司共计163家，这比2016同期审核的公司数量多出40.49%；但其平均过会率比2016同期要低，约为90.18%。

表2-5 2016年1~5月沪深两市IPO审核未通过公司列表

代 码	公司名称	审核会议日期	上市板	审核结果
A14099.SZ	南京中油恒燃石油燃气股份有限公司	2016-5-20	中小公司板	未通过
A14546.SZ	吉林科龙建筑节能科技股份有限公司	2016-5-20	创业板	未通过
A14375.SH	吉林省西点药业科技发展股份有限公司	2016-5-18	主板	未通过
A14455.SZ	天津华迈燃气装备股份有限公司	2016-4-15	创业板	取消审核
A14603.SZ	邯郸汉光科技股份有限公司	2016-4-1	创业板	未通过
A14502.SH	上海锦和商业经营管理股份有限公司	2016-3-9	主板	未通过
A14345.SH	辰欣药业股份有限公司	2016-1-27	主板	取消审核

数据来源：Wind资讯

值得注意的是，2016年我国IPO的审核节奏从4月份起明显放缓，发审委审核数量出现不小的减幅。特别是2016年5月16日至5月20日的这一周内，证监会审核的4家公司首发申请中，有3家未获通过，这3家被否决的公司分别是吉林科龙建筑节能科技股份有限公司(科龙股份，创业板)、南京中油恒然石油燃气股份有限公司(南京中油，中小公司板)和吉林省西点药业科技发展股份有限公司(西点药业，主板)。

(4) 过会后IPO发行存在的风险

首先，过会后可能存在发行失败风险。因为是公开发行股票，就存在其股票能否被市场消化的问题；同时也有少数公司或因事后被发现违规申报而被证监会撤销核准决定。如表2-6所示，2002年至2011年期间，我国沪深两市A股过会但IPO发行失败的公司共计5家。

表2-6 过会后发行失败公司情况表

公司名称	代 码	招股日期	发行失败结果公告日
湖南胜景山河生物科技股份有限公司	002525.SZ	2010-11-30	2011-4-6
苏州恒久光电科技股份有限公司	300060.SZ	2010-3-1	2010-6-11
宁波立立电子股份有限公司	002257.SZ	2008-6-18	2009-4-4
杭州富通通信技术股份有限公司	600349.SH	2003-9-1	2003-9-2
吉林通海高科技股份有限公司	000991.SZ	2000-6-30	2002-9-9

数据来源：Wind资讯

这5家企业分别是吉林通海高科技股份有限公司(000991)、杭州富通通信技术股份有限公司(600349)、宁波立立电子股份有限公司(002257)、苏州恒久光电科技股份有限公司(300060)与湖南胜景山河生物科技股份有限公司(002525)。其中胜景山河上市资格被取消是2009年以来，继立立电子、苏州恒久之后，中国证监会第三次撤销已过会公司IPO的核准决定。

其次，过会后也可能出现发行暂缓风险。因为各种原因影响，过会公司可能会自行申请暂缓公开发行新股或证监会决定过会公司暂缓发行新股。以2014年1月为例，我国沪深两市过会公司发行暂缓的公司有三家(见表 2-7)，分别是江苏奥赛康药业股份有限公司(300361. SZ)、慈铭健康体检管理集团股份有限公司(002710. SZ)、甘肃宏良皮业股份有限公司(002720. SZ)。

表 2-7 过会后发行暂缓公司情况表

公司名称	代 码	招股日期	发行暂缓结果公告日
甘肃宏良皮业股份有限公司	002720. SZ	2014-1-9	2014-1-18
慈铭健康体检管理集团股份有限公司	002710. SZ	2014-1-6	2014-1-13
江苏奥赛康药业股份有限公司	300361. SZ	2014-1-2	2014-1-10

数据来源：Wind 资讯

1.5 公司间接上市方式：买壳上市、借壳上市

目前我国企业上市需求很大，但要通过 IPO 方式实现上市并非易事，特别是在当前 IPO 排队遥遥无期，首发审核日益严格，上市注册制什么时候启动还存在很多变数的情况下，拟上市公司好不容易上会也未必能过会，于是坊间就出现了“关上 IPO 之门，打开买壳借壳之窗”之说。

1.5.1 壳资源

(1) 壳资源

一般来讲，壳资源是指上市公司所拥有的上市交易资格。在我国现阶段的保荐制下，一家计划通过首发上市(IPO)的公司从改制、辅导、保荐、审批、发募到上市，不仅需要经历一个较长时间的准备过程，并要完成一系列繁琐的工作程序，而且上市资格的最终获得还要受制于产业政策、宏观经济环境和证券市场需求。因此，在直接通过 IPO 上市道路具有较高成本、重大不确定性和风险性的前提下，“买壳上市”或“借壳上市”则成了一些急于上市的企业的捷径。这样，一些上市公司的“壳”就成了这些公司的首选目标或猎取对象。

“壳”作为一种无形资产，与其他资源一样也具有稀缺性和收益性。在我国证券市场尚存在准入制度的情况下，上市公司的上市资格成为政府授予的垄断权力，拥有这种资格可获得垄断收益。同时，壳资源还具有其自身的特殊性，即虚拟性和再生性。虚拟性是指壳公司因其拥有上市资格而产生的价值，这并不与现实生产中的生产要素相对应，而与特定的制度安排有关；而再生性是指一般的资源经过使用，通常是被消耗掉或发生价值转移，而壳资源在利用过程中却会产生巨大的、远远超过其自身价值的价值增值。

(2) 壳资源的争夺

相对于西方发达国家成熟的资本市场，我国证券市场规模仍然偏小，但每年希望能够上市并获得高溢价发行股票获得稳定融资渠道、享受上市公司品牌效应的企业不计其数。然而，为了保证证券市场的健康稳定发展，证券监管部门也只能对申请上市的企业严格审批，从而使得 IPO 排队的企业越发显得拥挤、上市资格的供求矛盾越发突显。这样，借壳上市或壳资源转让就成了一些非上市公司为节约上市融资经济成本和时间成本而进行并购重组的一个重要动因。

① 政策是影响壳资源争夺的巨大因素

目前我国 IPO 市场完全市场化的时机还不成熟，尽管有注册制的预期，但注册制的推

迟，以及战略新兴板的删除，使得一批急需上市的企业只能另觅它径。而对于那些希望通过上市在资本市场融资，取得企业发展足够资金的企业来说，通过收购一些业绩差的上市公司的“壳”，实现上市就成了一种更现实的选择。在这种大环境下，我国证券市场上的壳资源争夺变得更加激烈，加上壳市场出价不够理性，壳公司的价格也水涨船高，符合借壳条件的壳公司往往门庭若市。

② 拟上市企业产业周期是影响壳资源争夺的重要因素

因为排队上市企业所面对的大环境是资本市场的审核进度，小环境是产业周期变化。如文化类、游戏类的企业目前处于爆发期，但这几年行业洗牌很厉害，如果没有资本市场这个平台的支持，可能很快就会在行业竞争中落伍。相比于排队等待 IPO 而言，买壳或借壳上市的速度较快，如果处理顺利的话一般半年就能完成，所以这种间接上市方式的时间成本要比 IPO 低很多。

③ 证券市场“壳”资源的存在与转让需求使买壳上市成为可能

部分企业在上市参与市场竞争、优胜劣汰的过程中，因先天不足或经营失败等原因，除了拥有上市公司这个“壳”以外已别无优势。而我国的有关法律法规明确规定，上市公司连续三年亏损就要停止挂牌交易，这类公司的现有控股股东在无力回天的情形下，为了避免被摘牌而丧失上市资格这一无形资产而导致股权贬值，就会产生转让自己所持股权的需求。换句话说，作为壳公司控制权的持有方即原大股东，在自身无力继续经营上市公司的前提下，往往乐于待价而沽，将上市公司的控制权在合适的价位予以转让并变现后退出资本市场。

1.5.2　壳公司

(1) 壳公司

通常，拥有壳资源的上市公司被称为壳公司。在我国，随着证券市场的发展，上市公司中陆续分化出一批业绩不佳、难以为继的企业，这些企业因仍保有上市资格被归类为壳公司。

具体而言，壳公司可能表现出以下特点：一是经营业绩差，业务萎缩，净资产报酬率为负；二是所属行业为夕阳行业；三是主导产品和产业无发展前途；四是总股本和流通股本规模小，股本结构不清晰；五是摊子过大，涉足行业过多，投资严重亏损，但主业转换不准；六是企业债务负担过重，连续亏损但还不至于破产；七是股价长期低迷；八是母公司回天乏力，不得不借助外力拯救壳公司。

(2) 壳公司的具体类型

壳公司的类型主要有三种：第一种是实壳公司。即保持上市资格，业务规模小，业绩一般或不佳，总股本和流通股规模小，股价低的上市公司。第二种是空壳公司。即有显著困难或遭受重大损害，公司业务严重萎缩或停业，业务无发展前景、重整无望，股票尚在流通，但交易量和股价持续下跌至很低，或股票已经停牌终止交易的上市公司。第三种是净壳公司。即无负债、无法律纠纷、无违反上市交易规则，无遗留资产的上市空壳公司。

1.5.3　买壳上市、借壳上市

(1) 买壳上市(Reverse Merger)

买壳上市即买壳的一方按照法律规定和股票上市交易规则，通过协议收购或二级市场收购等方式收购一些业绩较差、筹资能力弱化的上市公司(壳公司)的股份获得上市公司的控制权，然后进行资产重组和业务重组，最后通过合法的公司变更手续实现间接上市的目的。

通常，壳公司被收购后并不消失，而是继续存在(名字可以更改)，只是将大部分或相对多数股权交由收购公司所有，收购公司通过资产置换等方式将自己的资产和业务注入上市壳公司，因此买壳上市又被称作“反向收购”。

买壳上市的主体主要为非上市公司。实务中，非上市公司通过购买壳公司国有股、法人股权(股权分置改革后均为限售流通股或流通股)而成为公司大股东，并在取得控制权后展开包括资产剥离、资产置换等一系列资产重组活动和再融资活动，以使并购企业在自身优质资产注入壳公司后实现资产证券化，同时也使自身的资产价值得到证券市场的量化和提升。

需要注意的是，买壳上市中的买壳方并不仅限于自然人或非上市公司，上市公司也可以买壳分拆业务上市，称为“买壳分拆上市”。

(2) 借壳上市(Back-door Listing)

借壳上市有广义与狭义之分。狭义的借壳上市，指的是上市公司的母公司通过将主要资产注入已经上市的子公司中，从而实现母公司间接上市的目的。狭义的借壳上市和买壳上市没有本质的差别，其共同之处在于：它们都是一种对上市公司壳资源进行重新配置的活动，都会牵涉到兼并收购、资产注入与整合重组的问题，都是为了实现间接上市。所以许多学者把买壳上市看作是广义的借壳上市，即广义的借壳上市既包括买壳上市，也包括狭义的借壳上市。

(3) 买壳上市与狭义借壳上市的主要区别

买壳上市与借壳上市之间的一个主要区别在于，买壳上市一般发生在无关联的两个企业之间，因为关联性不大，所以拟间接上市企业需要通过购买获得对一家上市公司的控制权；而借壳上市通常发生在母公司和子公司之间，因为两者联系紧密，拟间接上市企业已经拥有了对上市公司的控制权，属于母公司“假借”子公司实现上市融资的一种方式。

(4) 买壳上市与IPO上市的主要区别

买壳上市与IPO上市的主要区别有两点：一是IPO上市公开发行股票一般先由承销商组成承销团，而买壳上市则要聘请金融公关公司和做市商共同运作，以推动股价上涨，进而进行二次融资；二是IPO上市股票发行一旦完成，公司可立即实现融资，而买壳上市要待收购成功后，即公司成为上市公司后，通过有效运作推动股价，然后才能以公募或私募形式增发新股或配股来进行二次融资，所以承销商在公司二次发行融资时才会开始介入。

1.5.4 买壳/借壳上市的动因

国际上的买壳/借壳上市主要源于非上市公司对低成本、高效率上市融资方式的追求。而在中国，由于上市受到诸多非市场化因素制约，公司想通过IPO直接上市并非易事，于是买壳上市、借壳上市就成为不少公司实现曲线融资的主要途径，这就使得现有的上市公司拥有的壳资源变得稀缺珍贵。

(1) 买壳/借壳方的动因

对于买壳/借壳方而言，直接上市限制较多，通过买壳/借壳可以绕过一些监管要求实现间接上市，从而给买壳/借壳发展带来竞争优势。

① 获得配股等再融资的机会

当前，由于债权融资成本高，而且会恶化上市公司的财务状况，上市公司很少采用债权融资方式。而如果预期的净资产收益率高于上市公司项目投产前的净资产收益率，采用配股资金则可以获得较高的收益。证监会规定，上市公司只有连续三年平均净资产收益率在10%以上(最低为6%)时才有配股资格。买壳上市的主要目的就是配股等再融资，如果失去配股等再融资资格，也就没有买壳上市的必要了。

因为通过买壳或借壳取得壳公司的一方，往往会以更高价格发行新股筹集资金发展公司，而壳公司原有股东也可在二级市场抛出股份获利套现。当然，买壳或借壳方配股等再融资并不总是以增加盈利为目标，有时可能是为了增加上市公司的净资产或总资产以迅速扩大生产规模、提高市场占有率等，从而使上市公司获得规模经济效应。

② 买壳/借壳上市具有巨大的新闻和宣传效应

由于买壳/借壳上市涉及面广，透明度比较高，加上上市估算的资源稀缺性以及壳公司相对严格的预选制度，买壳/借壳方可以通过买壳、借壳行为向市场显示自身实力、扩大公司知名度、提高公司资信，从而为之带来“无声胜有声”的广告效应；买壳/借壳方也可以通过控股一家上市公司的行为产生新闻效应，而随着优质资产的注入，上市公司的行业属性、资产质量、盈利水平都可能发生翻天覆地的变化，从而能引起投资者对控股股东更多的研究和关注。在我国买壳/借壳实务中也出现过不少壳置换“明星”，如阳光集团收购广西虎威时，就使其每股收益从0.141元猛增为0.721元，其股票也成为千万投资者瞩目的对象。

③ 通过买壳/借壳获得上市公司的政策优势或经营特权

上市公司的良性运作、政策环境、盈利状况等通过信息披露不断为广大投资者所了解，从而成为展示地方经济发展、宣传地方投资环境、吸引投资者直接投资的窗口。一个地区上市公司的整体市场表现和股价的高低甚至成为反映当地经济发展状况的一个重要“指数”，为了促进上市公司的发展，地方政府纷纷为其提供各种税收优惠政策，甚至直接减免债务等，这些优惠政策和特许权也成为买壳/借壳方确定目标壳公司的一个主要考虑因素。

④ 实现合理避税的目的

按照有关规定，不同类型的资产适用的税率会有所差异，公司可以据此进行纳税筹划以达到合理避税的目的。最常见的就是亏损递延条款的运用，即公司如果在某一年出现了亏损，该公司不但可以免付当年的所得税，其亏损还可向后递延抵消随后年度的税前利润(最多5年)，从而少交所得税。当一家上市公司连续几年亏损或亏损数额达到一定数量时往往成为买或借的壳，而买壳/借壳交易可以使买壳/借壳方实现的收益达到一定避税目的。同时，我国当前资本市场中股票置换及可转换债券的发行也能降低企业所得税、减少资本收益税。

此外，买壳/借壳还能附带获得壳公司的优质资产和其他资源，如果买壳时参与二级市场的操作，买壳/借壳方还可以获得巨额的投机收益。

(2) 卖壳方的动因

对卖壳方而言，其让壳的主要目的也是为了保壳，因为让壳虽然会失去控股权，但引进优质资产注入有助于保住自身的上市资格以免被暂停上市或退市；同时让壳也可以进一步提高壳公司自身的经营业绩和竞争力，更大限度地发挥壳的功能。所以一些业绩表现差，资产质量、盈利质量和现金流量不佳的上市公司，为了自身发展也有让壳的意愿。

从宏观角度看，一些上市公司如果产品结构不尽合理或所处行业低迷，出现经营亏损，为了向新行业渗透或扩张，也可以通过让壳对公司资产、经营范围以及发展战略进行改造，以利于对产业结构进行整体上的转换。

1.5.5 借壳上市的模式❶

借壳上市没有泾渭分明的具体运作模式，按借壳重组交易标的、重组方式以及控制权是否转移等不同，借壳上市会形成不同模式(见图 2-6)。

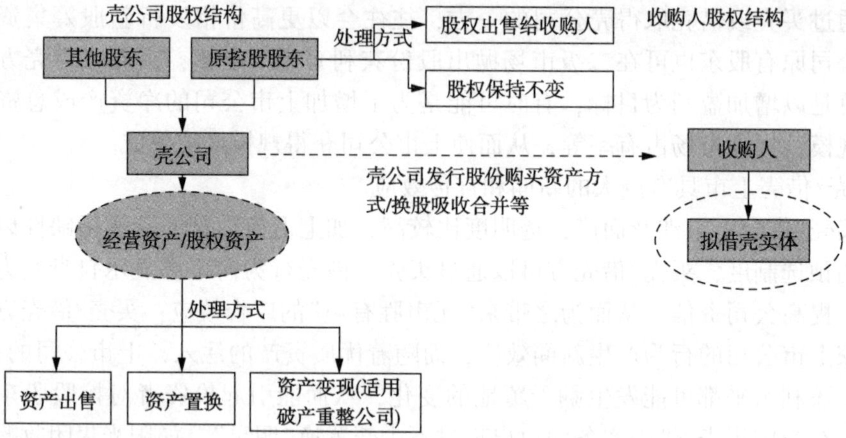

图 2-6　借壳上市的模式

以券商借壳上市为例，海通证券借壳都市股份采用的是“重大资产出售+换股吸收合并❷”模式、广发证券借壳 S 延边公路采用的是“股份回购+换股吸收合并+股改”模式、国金证券借壳成都建投采用的是“资产置换+换股吸收合并+股改”模式。

1.5.6 借壳上市常用的重组方式

在我国，借壳上市常用的重组方式有发行股份购买资产、吸收合并、资产置换、协议收购等。

(1) 发行股份购买资产

发行股份购买资产即“向特定对象发行股份购买资产”、“非公开发行股份购买资产”，是一种私募或非公开发行性质的证券发行方式，主要由《上市公司重大资产重组管理办法》规范。如表 2-8 所示，最新披露日期在 2016 年 1 月 3 日至 2016 年 7 月 3 日期间，我国境内通过发行股份购买资产的重组方式实现借壳上市的公司共计 10 家。

因为发行股份购买资产在注入资产范围上具有灵活性，在维护控股股东利益、保障现金流的稳定上具有较高安全性，这些方面的优势使得在我国目前的证券市场上，采取发行股份购买资产的重组模式更多一些。

表 2-8　通过发行股份购买资产实现借壳上市的公司(2016/1/3~2016/7/3)

序号	股票代码	股票名称	最新披露日期	首次披露日期	重组进度	重组事件
1	002147.SZ	新光圆成	2016-04-15	2015-12-28	完成	方圆支承拟定增收购万厦房产 100% 股权和新光建材城 100%股权
2	000557.SZ	西部创业	2016-02-01	2014-12-30	完成	作价 44 亿元宁东铁路借壳 * ST 广夏
3	000591.SZ	太阳能	2016-03-10	2015-04-17	完成	中节太阳能借壳桐君阁

❶因为在实务中，真正实现狭义借壳上市的成功案例较少，加上广义的借壳上市口径较大，所以借壳上市、买壳上市经常混用，所以本章后面的内容对此不再区分，将买壳上市也作为广义的借壳上市理解。

❷换股吸收合并是吸收合并的一种特殊方式，是合并人以其自身的股份为对价，置换被收购方的股份，从而完成吸收合并。换股吸收合并是不涉及大量现金的直接交易，其已成为过去我国上市公司吸收合并的主要方式。

续表

序号	股票代码	股票名称	最新披露日期	首次披露日期	重组进度	重组事件
4	002558. SZ	世纪游轮	2016-04-19	2015-10-31	完成	世纪游轮拟定增收购巨人网络 100%股权
5	600090. SH	啤酒花	2016-05-25	2015-04-18	完成	同济堂医药借壳啤酒花
6	002127. SZ	南极电商	2016-01-18	2015-08-24	完成	新民科技拟定增收购南极电商 100%股权
7	600828. SH	茂业商业	2016-02-29	2015-06-16	完成	成商集团 85. 6 亿收购和平茂业等 5 家公司
8	600167. SH	联美控股	2016-06-08	2015-11-20	完成	联美控股定增收购沈阳新北 100%股权以及国惠新能源 100%股权
9	600681. SH	百川能源	2016-03-19	2015-11-21	完成	万鸿集团拟收购百川燃气 100%股权
10	600346. SH	*ST 橡塑	2016-03-19	2015-09-01	完成	大橡塑发行股份及支付现金收购恒力股份 99. 99%股份

数据来源：Wind 资讯

（2）吸收合并

吸收合并是指合并方通过公司合并取得被合并方的全部净资产，合并后被合并方的法人资格注销，被合并方原来持有的资产、负债全部由合并后的存续公司承继。与上市公司发行股份购买资产相比较，吸收合并是公司架构的整合，被吸收的公司需要解散，其在登记过户程序等方面具有比较优势；而上市公司收购活动则不改变公司体系的架构，改变的只是被收购公司的股东结构。

在我国证券市场上，最新披露日期在 2013 年 7 月 3 日至 2016 年 7 月 3 日期间，我国境内通过吸收合并重组方式实现借壳上市的公司共计 2 家，分别是神州信息与白云山（表 2-9）。

表 2-9　通过吸收合并实现借壳上市的公司（2013/7/3~2016/7/3）

序号	股票代码	股票名称	最新披露日期	首次披露日期	重组进度	重组事件
1	000555. SZ	神州信息	2013-12-25	2013-08-01	完成	*ST 太光吸收合并神州信息
2	600332. SH	白云山	2013-08-27	2012-03-28	完成	广州药业换股吸收合并白云山并向广药集团发行股份购买资产

数据来源：Wind 资讯

（3）资产置换

资产置换是上市公司资产重组的重要方式之一，被认为是各类资产重组方式当中效果最快、最明显的一种方式。在我国，资产置换主要是指上市公司控股股东以优质资产或现金置换上市公司的存量呆滞资产，或以主营业务资产置换非主营业务资产等行为。如表 2-10 所示，最新披露日期在 2013 年 7 月 3 日至 2016 年 7 月 3 日期间，我国境内通过资产置换的重组方式实现借壳上市的公司共计 4 家，分别是中钢国际、长城影视、新洋丰以及天润乳业。

表 2-10　通过资产置换实现借壳上市的公司(2013/7/3~2016/7/3)

序号	股票代码	股票名称	最新披露日期	首次披露日期	重组进度	重组事件
1	000928. SZ	中钢国际	2014-09-17	2013-08-14	完成	中钢集团优质资产，借壳中钢吉炭上市
2	002071. SZ	长城影视	2014-04-23	2013-08-09	完成	长城影视借壳江苏宏宝上市
3	000902. SZ	新洋丰	2014-03-14	2013-03-08	完成	中国服装与新洋丰肥业资产置换
4	600419. SH	天润乳业	2013-12-27	2012-08-29	完成	新疆天宏重大资产置换及发行股份购买天润科技 96.8%股权

数据来源：Wind 资讯

(4) 协议收购

协议收购是依照法律、行政法规的规定，同被收购公司的股票持有人以协议方式进行股权转让的收购。而上市公司的协议收购，主要是指投资者在证券交易场所之外与目标公司的股东(主要是持股比例较高的大股东)就股票价格、数量等方面进行私下协商(相对公开市场而言，而非黑市交易)，购买目标公司股票以期达到对目标公司的控股或兼并的目的。如表 2-11 所示，最新披露日期在 2013 年 7 月 3 日至 2016 年 7 月 3 日期间，我国境内通过协议收购的重组方式进行借壳上市的公司共计 3 家，分别是神州数码、民生控股、澄星股份。

表 2-11　通过协议收购实现借壳上市的公司(2013/7/3~2016/7/3)

序号	股票代码	股票名称	最新披露日期	首次披露日期	重组进度	重组事件
1	000034. SZ	神州数码	2016-03-01	2015-08-08	完成	深信泰丰拟收购神码中国 100%的股权，神码上海 100%的股权和神码广州 100%的股权
2	000416. SZ	民生控股	2015-12-31	2015-08-14	发审委未通过	民生控股拟收购三江电子 75%股权
3	600078. SH	澄星股份	2015-12-24	2015-12-08	股东大会通过	澄星股份收购雷打摊水电 55%股权

数据来源：Wind 资讯

1.5.7　我国当前借壳/借壳上市的新动向

(1) 中概股借壳回归 A 股上市

随着注册制脚步的放缓和战略新兴板的删除，借壳上市似乎也成为计划回归 A 股的中概股(中国概念股)的最优选择。以分众传媒借壳(作广义理解，实质上是买壳)七喜控股为例：2014 年 11 月 16 日，分众传媒借壳对象七喜控股公告借壳事项获证监会有条件通过；一个月后，七喜控股公告拿到证监会批复文件；12 月底，七喜控股借壳重组增发股份在深交所上市，分众传媒完成了借壳回归 A 股之旅。根据 WIND 数据统计，2015 年到 2016 年 4 月，我国总共有 36 家“中概股”(中国概念股)公司宣布拆除 VIE 结构(即国内所说的协议控制)，私有化回归 A 股上市，其中包括航美传媒、世纪互联、优酷、土豆、艺龙等。

(2) 国有企业(国企)卖壳高潮来临

伴随着国企改革顶层设计制度的完善，从央企到地方国企的资产整合和清退力度都在不断加强。2016 年 4 月 18 日，广东省政府官网公布《关于全省国企出清重组“僵尸企业”促进国资结构优化的指导意见》，部署推动广东全省国有“僵尸公司”出清重组的路径安排，以促进国有资本布局结构优化，加快国有公司转型升级。数据显示，截至2016年4月，已有广东、上海、山东等多个省市制定并出台了国企改革相关细化方案及试点计划。

由于我国国企中传统产业居多，地方国企也是壳资源密集区，随着更多省市国企改革配套细则方案的出台，清理、整顿、重组这些国企壳公司或将成为国企改革的重点。在壳资源+国企改革双重催化下，不少地方国企壳资源有望成为市场进攻之矛，以使上市公司成为国企发展混合所有制经济的主要形式。

据经济参考报2016年4月26日报道，在2016年的前4个月里，我国A股市场上的国企标的停牌数量骤然增加，出现了不少家国企壳资源公开征集受让方的现象。其中，由上海浦东国资委控制的上工申贝拟以公开征集受让方的形式协议转让10.94%的股份；*ST狮头控股股东则计划转让股权，拟将现有的水泥资产置换出上市公司，并同时承接受让方的优质资产；钱江摩托控股股东则采用公开征集方式，协议转让所持钱江摩托29.77%的股份；东方钽业控股股东中色东方将其持有的东方钽业现有总股本的28%的股份转让给大连隆泰创投。此外，还有河池化工、中国嘉陵等几家有国企概念的上市公司也在公开征集受让方。

2. 上市中介

在公司上市和上市公司的运营发展中，具有证监会认可资质的中介服务机构如保荐机构、会计师事务所、律师事务所、资产评估事务所必不可少。拟上市的公司或上市公司可根据自身业务需要在这些有证券、期货资质的中介机构中进行选择。

2.1　上市公司对各类中介机构业务的需求

不管是拟上市公司筹备上市还是已经上市的公司接受监管层的监管和投资者的监督，通常都会跟具有证监会认可资质的中介机构打交道，下面以CHGF收购某上市公司的相关中介服务机构选聘公告为例，说明上市公司对各类中介机构业务的需求。

2.1.1　CHGF关于收购某上市公司的相关中介服务机构选聘公告

CHGF关于收购某上市公司的相关中介服务机构选聘公告

各中介机构：

CHGF有限责任公司是经四川省人民政府批准成立的国有控股公司，由于本公司拟启动收购某上市公司的业务，需要对相关的财务顾问、律师事务所、会计师事务所、资产评估事务所等中介机构进行公开选聘，诚邀具备相关资质的中介机构报名参聘，现将具体报名时间、报名地点、报名条件等相关事项通知如下：

一、报名时间与地点

时间：2015/08/15～2015/08/20（9：00～17：00）；地点：CHGF公司5楼审计与风险控制部。

二、报名条件

（一）财务顾问

具有中国证监会认可的执业资格，连续执业3年以上且具有规范健全的质量管理、风险管理等内部管理制度；项目负责人及相关团队具备为公司提供尽职调查、可行性研究、交易架构设计、商务谈判等顾问服务的经验及能力；有良好的社会信誉，近3年没有违反相关法律法规、职业道德和执业准则的行为，且无其他不良从业记录、未受到相关监管机构及行业协会的任何处罚或公开谴责。

（二）律师事务所

截至目前仍具备证监会认可的证券、期货资质；具有从事法律业务的执业资格；具有规范健全的质量管理、风险管理制度；经司法行政机关2014年度年检合格；项目团队人员对于上市公司并购重组业务具有丰富经验，其中项目组现场负责人具有独立从事上市公司并购重组业务的经验不少于3年、具有推进国企及上市公司并购重组工作经验；近三年无重大业务纠纷、无不良从业记录。

（三）会计师事务所

截至目前仍具备证监会认可的证券、期货资质；具备法定执业资格，连续执业3年以上且具有规范健全的质量管理、内部控制、风险管理等内部管理制度；2014年度年检合格，并有短期完成工作所必需的专业人员；项目组现场负责人独立从事上市公司审计业务不少于5年、具有并购重组尽职调查工作经验；近三年无重大业务纠纷、无不良从业记录。

（四）资产评估事务所

截至目前仍具备证监会认可的证券、期货资质；2014年度年检合格，并有短期完成工作所必需的专业人员；项目组现场负责人独立从事上市公司并购重组业务不少于5年、具有推进上市公司并购重组业务成功的工作经历；近三年无重大业务纠纷、无不良从业记录。

2.1.2 CHGF选聘相关执业人员与中介机构的要求分析

从以上CHGF关于收购某上市公司的相关中介服务机构的选聘公告中可以看出，该上市公司为完成收购业务，需要聘用财务顾问等执业人员以及律师事务所、会计师事务所、资产评估事务所等中介机构(公司上市时还会涉及保荐机构、主承销商等)。

同时CHGF对有应聘意向的执业人员与中介机构提出了相应要求，其中最重要的一条就是要具备证监会认可的相关资质；在此基础上，要有完成相应业务的专业胜任能力与执业经验；信用良好，最近几年无重大违法违纪行为。事实上，CHGF公司关注的这些执业人员或中介机构应具备的条件，也是公司上市或上市公司聘请中介机构时一般会重点关注的方面。除此之外，中介机构在业界的声誉、提供相关业务时的收费标准等，也是公司上市或上市公司选择中介机构的重要影响因素。

2.2 证监会认可的具有证券、期货资质的主要中介机构

2.2.1 具有资质的会计师事务所

（1）具有资质的会计师事务所名单

截至2016年6月5日，我国证监会认可的具有证券、期货资质的会计师事务所共计46个，具体名单见表2-12，其中普华永道中天、安永华明、毕马威华振、德勤华永是2012年实行“四大本土化”转制后在中国大陆地区的名称，其他的都是我国本土发展较好的事务所。

表 2-12　会计师事务所(证券、期货业务)

公司简称	公司简称	公司简称	公司简称
四川华信(集团)会计师事务所	安永华明会计师事务所	北京永拓会计师事务所	立信会计师事务所
北京大公天华会计师事务所	江苏公证天业会计师事务所	京都天华会计师事务所	中汇会计师事务所
普华永道中天会计师事务所	江苏苏亚金诚会计师事务所	天职国际会计师事务所	天健会计师事务所
山东正源和信会计师事务所	江苏天衡会计师事务所	武汉众环会计师事务所	中喜会计师事务所
北京天圆全会计师事务所	江苏天华大彭会计师事务所	希格玛会计师事务所	中准会计师事务所
华普天健会计师事务所(北京)	北京兴华会计师事务所	信永中和会计师事务所	大信会计师事务所
上海众华沪银会计师事务所	亚太(集团)会计师事务所	利安达会计师事务所	中兴华会计师事务所
北京中证天通会计师事务所	毕马威华振会计师事务所	立信大华会计师事务所	中天运会计师事务所
福建立信闽都会计师事务所	山东天恒信会计师事务所	中勤万信会计师事务所	国富浩华会计师事务所
上海公信中南会计师事务所	中兴财光华会计师事务所	中审国际会计师事务所	上海上会会计师事务所
广东正中珠江会计师事务所	上海东华会计师事务所	中审亚太会计师事务所	德勤华永会计师事务所
深圳南方民和会计师事务所	福建华兴会计师事务所		

数据来源：Wind 资讯

(2) 具有资质的会计师事务所业务量排名

表 2-13 列示出了 2015 年为公司上市、上市公司提供审计业务的合计排名在前 15 位的审计机构(会计师事务所)的名单。

表 2-13　2015 年审计业务排名前 15 位名单

公司名称	业务量排名	本期 IPO	已上市公司	合计
瑞华会计师事务所	1	198	441	639
立信会计师事务所	2	192	443	635
大信会计师事务所	3	107	135	242
信永中和会计师事务所	4	58	175	233
北京兴华会计师事务所	5	105	107	212
致同会计师事务所	6	59	140	199
天职国际会计师事务所	7	67	94	161
中兴财光华会计师事务所	8	82	57	139
华普天健会计师事务所	9	41	91	132
中审众环会计师事务所	10	34	96	130
广东正中珠江会计师事务所	11	33	67	100
众华会计师事务所	12	23	68	91
中兴华会计师事务所	13	40	45	85
中汇会计师事务所	14	46	36	82
天衡会计师事务所	15	27	54	81

数据来源：Wind 资讯

从中可以看出，服务总家数超过 100 家的会计师事务所有 11 家，分别是瑞华、立信、大信、信永中和、北京兴华、致同、天职国际、中兴财光华、华普天健、中审众环；而为公司 IPO 提供审计超过 100 家的事务所有 4 家，分别是瑞华、立信、大信、北京兴华；为已上市公司提供审计业务的家数超过100家的会计师事务所有6家，分别是瑞华、立信、大信、信永中和、北京兴华、致同。

2.2.2 具有资质的资产评估机构

截至2016年6月5日，我国证监会认可的具有证券、期货资质的资产评估机构共计72个，具体名单见表2-14、2-15，表中列示出了这些资产评估机构的简称。

表2-14 资产评估机构1(证券、期货业务)

公司简称	公司简称	公司简称
深圳市德正信资产评估公司	浙江勤信资产评估公司	福建联合中和资产评估公司
深圳金开中勤信资产评估公司	浙江天源资产评估公司	福建中兴资产评估房地产土地估价公司
北京北方亚事资产评估公司	浙江万邦资产评估公司	广东联信资产评估土地房地产估价公司
北京国友大正资产评估公司	中发国际资产评估公司	广东中广信资产评估公司
北京恒信德律资产评估公司	中和资产评估公司	江苏立信永华资产评估房地产估价公司
北京京都中新资产评估公司	河南亚太资产评估公司	中京民信(北京)资产评估公司
北京立信资产评估公司	中宇资产评估公司	湖北万信资产评估公司
北京六合正旭资产评估公司	中资资产评估公司	湖北众联资产评估公司
北京龙源智博资产评估公司	安徽国信资产评估公司	湖南湘资源资产评估公司
北京市世纪智源资产评估公司	安徽致远资产评估公司	吉林经纬资产评估公司
北京天健兴业资产评估公司	中联资产评估公司	江苏华辰资产评估公司
北京天圆开资产评估公司	北京亚超资产评估公司	江苏华信资产评估公司

数据来源：Wind资讯

表2-15 资产评估机构2(证券、期货业务)

公司简称	公司简称	公司简称
天津华夏金信资产评估公司	中水资产评估公司	上海东洲资产评估公司
北京岳华德威资产评估公司	中通诚资产评估公司	江苏仁合资产评估公司
中威正信(北京)资产评估公司	北京亚洲资产评估公司	江苏中天资产评估事务所
北京中和谊资产评估公司	重庆华康资产评估公司	开元资产评估公司
北京中科华资产评估公司	天津中联资产评估公司	辽宁源正资产评估公司
北京中企华资产评估公司	中天华资产评估公司	辽宁众华资产评估公司
北京中天和资产评估公司	北京中锋资产评估公司	青岛天和资产评估公司
北京中天衡平国际评估公司	四川华衡资产评估公司	厦门市大学资产评估公司
中铭国际资产评估(北京)公司	上海财瑞资产评估公司	山东正源和信资产评估公司
上海万隆资产评估公司	上海众华资产评估公司	沃克森(北京)资产评估公司
上海银信汇业资产评估公司	上海立信资产评估公司	上海申威资产评估有限公司
深圳天健国众联资产评估土地房地产估价公司	西安正衡资产评估公司	广州立信羊城资产评估与土地房地产估价公司

数据来源：Wind资讯

2.2.3 具有资质的律师事务所

截至2016年6月5日，我国证监会认可的具有证券、期货资质的律师事务所共计982个，因数目太多，本书仅列服务上市公司家数排列前10位的律师事务所，具体名单见表2-16。

表 2-16 2015 年律师事务所排名前 10 位(证券、期货业务)

公司名称	业务量排名	本期 IPO	已上市公司	合计
国浩律师(集团)事务所有限公司	1	222	253	475
北京市大成律师事务所	2	259	135	394
北京德恒律师事务所	3	195	107	302
北京市中银律师事务所	4	165	125	290
北京市中伦律师事务所	5	168	110	278
上海锦天城律师事务所	6	161	107	268
北京国枫律师事务所	7	116	129	245
北京市金杜律师事务所	8	77	147	224
广东信达律师事务所	9	69	88	157
北京市竞天公诚律师事务所	10	61	84	145

数据来源：Wind 资讯

2.2.4 具有资质的保荐机构

(1) 具有资质的保荐机构名单

截至 2016 年 6 月 5 日，我国证监会认可的具有证券、期货资质的保荐机构共计 90 个，具体名单见表 2-17，表中列示出了保荐机构的简称。

表 2-17 保荐机构名单

公司简称	公司简称	公司简称	公司简称	公司简称	公司简称	公司简称
爱建证券	西藏同信证券	华英证券	世纪证券	财通证券	广发证券	国海证券
安信证券	新时代证券	江海证券	首创证券	南京证券	广州证券	国金证券
渤海证券	太平洋证券	金元证券	天风证券	平安证券	国都证券	国开证券
财达证券	国泰君安证券	开源证券	万和证券	齐鲁证券	万联证券	国盛证券
财富里昂证券	长城国瑞证券	联讯证券	西南证券	日信证券	网信证券	浙商证券
中银国际证券	海际大和证券	民生证券	湘财证券	大通证券	华金证券	中德证券
摩根士丹利华鑫证券	恒泰长财证券	川财证券	国信证券	大同证券	华龙证券	中金公司
第一创业摩根大通证券	中国民族证券	德邦证券	海通证券	东莞证券	华福证券	中投证券
瑞信方正证券	中国银河证券	瑞银证券	信达证券	东海证券	华西证券	中山证券
东方花旗证券	中信建投证券	东北证券	兴业证券	东吴证券	恒泰证券	中信证券
申万宏源证券	华泰联合证券	东兴证券	英大证券	光大证券	红塔证券	中原证券
高盛高华证券	华林证券	国元证券	财富证券	长城证券	长江承销	招商证券
宏信证券	华安证券	华创证券	中航证券	华融证券	西部证券	

数据来源：Wind 资讯

(2) 保荐机构(主承销商)募集资金排名情况

图 2-7(数据来源于 WIND 资讯)列示出了 2015 年为公司上市提供中介服务的保荐机构(主承销商)募集资金的排名情况，排在前 10 位的保荐机构(主承销商)募集资金的比例合计达到 62.82%，其排名的先后顺序分别是瑞银证券(9.02%)、光大证券(8.30%)、中信证

券(7.73%)、平安证券(7.66%)、华泰联合证券(7.45%)、国信证券(6.56%)、西南证券(4.89%)、华融证券(3.84%)、中国银河证券(3.84%)、华林证券(3.52%)。

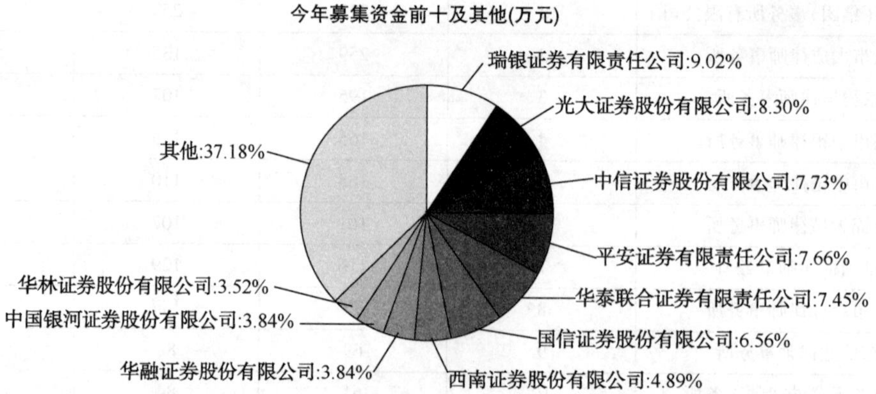

图 2-7　2015 年保荐机构(主承销商)募集资金情况

(3) 保荐机构(主承销商)承销家数排名情况

图 2-8(数据来源于 WIND 资讯)列示出了 2015 年为公司上市提供中介服务的保荐机构(主承销商)承销家数的情况，排在前 10 位的保荐机构(主承销商)承销家数的比例合计达到 51.75%，其排名的先后顺序分别是国信证券(9.65%)、广发证券(6.14%)、招商证券(5.70%)、平安证券(5.26%)、华林证券(4.39%)、国金证券(4.39%)、中信证券(4.39%)、华泰联合证券(4.39%)、海通证券(3.95%)、中国国际金融(3.51%)。

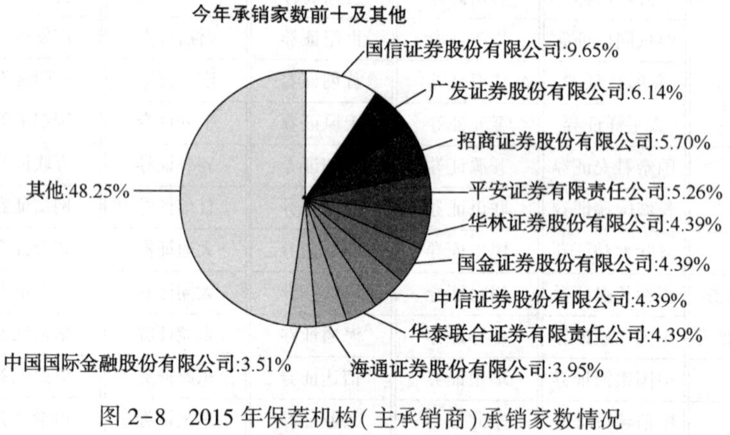

图 2-8　2015 年保荐机构(主承销商)承销家数情况

(4) 保荐机构(主承销商)承销保荐费用及平均费率排名

支付给中介机构的费用是企业上市成本中不小的开支，具体收费金额或收费标准双方应协商确定。图 2-9(数据来源于 WIND 资讯)列示出了 2015 年为公司上市提供中介服务的保荐机构(主承销商)承销保荐费用及平均费率排在前 10 位的证券公司，他们分别是国金证券(承销保荐费用：10.41，平均费率 10.41%)、广发证券(承销保荐费用：10.18，平均费率 10.18%)、中国国际金融(承销保荐费用：9.41，平均费率 9.41%)、招商证券(承销保荐费用：9.12，平均费率 9.12%)、国信证券(承销保荐费用：7.57，平均费率 7.57%)、华泰联合证券(承销保荐费用：7.48，平均费率 7.48%)、平安证券(承销保荐费用：7.31，平均费率 7.31%)、华林证券(承销保荐费用：7.19，平均费率 7.19%)、中信证券(承销保荐费用：7.16，平均费率 7.16%)、光大证券(承销保荐费用：6.66，平均费率 6.66%)。

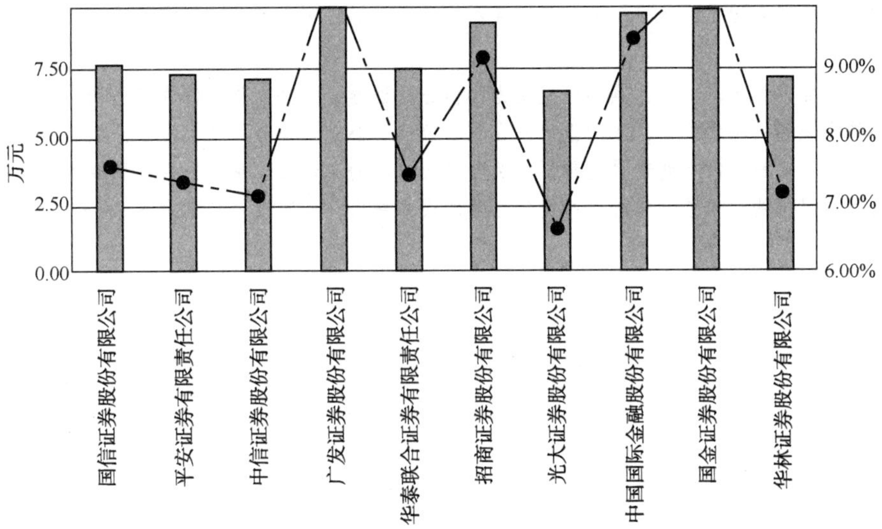

图 2-9　2015 年保荐机构(主承销商)承销保荐费用及平均费率情况

本章附注

1. 可转换公司债券

可转换公司债券是债券的一种，它可以转换为债券发行公司的股票，通常具有较低的票面利率。从本质上讲，可转换债券是在发行公司债券的基础上，附加了一份期权，并允许购买人在规定的时间范围内将其购买的债券转换成指定公司的股票。

2. 保荐制

保荐制即保荐代表人制度，这是我国目前正在推行的一种股票发行监管制度。保荐制的主体由保荐人和保荐机构组成，满足一定条件和资格的人方可担任企业发行股票的保荐人，凡具有两个以上保荐人的证券公司(或资产管理公司)可成为保荐机构并具备推荐企业发行上市的资格。

保荐制对证券发行设立了"第一看门人"即保荐人，凭借其在保荐过程中对拟上市公司的洞察、了解和勤勉尽责，以达到选择优质公司上市、提高上市公司质量的目的。保荐人的保荐责任期包括发行上市全过程以及上市后的一段时期。也就是说，公司的首发上市要由保荐人和保荐机构推荐担保，上市以后保荐机构和保荐人也要负起持续督导责任。如果出现上市公司造假上市或上市后就出现亏损等情况，保荐机构和保荐人可能会受到停办承销业务或被除名等严厉的处罚。

3. 券商

券商就是证券公司、投行一类的证券代理机构，是有一定资质的证券流通、IPO、评估、销售的专业服务机构。在我国，有资格从事股票经纪业务的都称之为券商，比如中信证券、广发证券、银河证券、海通证券、申银万国等。目前国内不同级别的证券公司业务范围不尽相同，全国性的大券商业务范围较广，通常会在各地设立分公司或销售交易部，其中分公司主要针对机构公司客户和业务，销售交易部主要针对零售客户。

事实上，经国务院证券监督管理机构批准，证券公司也可以为客户买卖证券提供融资融券服务，即投资者可以向具有融资融券业务资格的证券公司提交担保品后，向其借入资金买入上市证券(融资交易)或借入上市证券并卖出(融券交易)。

4. 券商股概念

券商股概念主要有三类：一类是直接的券商股，如中信证券、宏源证券等；另一类是控股券商的个股，如陕国投、爱建股份等；还有一类是参股券商的个股，如辽宁成大、通程控股等。

5. 做市商

做市商是指在证券市场上，由具备一定实力和信誉的证券经营法人作为特许交易商，不断向公众投资者报出某些特定证券的买卖价格，双向报价并在该价位接受公众投资者的买卖要求，以其自有资金和证券与投资者进行证券交易。做市商通过这种不断买卖维持市场的流动性，满足公众投资者的投资需求；同时做市商通过买卖报价的适当差额来补偿所提供服务的成本费用，并实现一定的利润。

第二篇　公司上市篇

第三章　南京多伦科技 IPO 整体上市案例分析

理论上讲，IPO 上市有整体上市与分拆上市之分，但现阶段，在我国大陆境内 IPO 上市的公司更多选择整体上市。所谓整体上市，是指一家公司将其主要资产和业务整体改制为股份公司进行上市的做法。随着证监会对上市公司业务独立性的要求越来越高，整体上市也越来越成为公司首次公开发行上市的主要模式，通过这种方式成功上市的公司也为数不菲，本章以南京多伦科技股份有限公司(多伦科技)在上交所 IPO 成功上市为例进行分析。

1. 案例来源与所适用的法律制度

1.1　案例来源

多伦科技 IPO 上市案例搜集的资料来源主要有两个，一个是中国证券监督管理委员会(即中国证监会)官网(http://www.csrc.gov.cn/pub/zjhpublic/)公告中与多伦科技上市有关的说明书、审核结果公告等(见表 3-1)；另一个是上海证券交易所官网(http://www.sse.com.cn/home/enter/company/)公告中与多伦科技上市相关的信息(见表 3-2)。

表 3-1　中国证监会官网公告的与多伦科技有关的信息

序　号	名　称	发文日期	文　号
1	主板发审委 2015 年第 142 次会议审核结果公告	2015 年 07 月 01 日	
2	主板发审委 2015 年第 142 次工作会议公告	2015 年 06 月 26 日	
3	南京多伦科技股份有限公司首次公开发行股票招股说明书(申报稿 2015 年 6 月 2 日报送)	2015 年 06 月 08 日	
4	南京多伦科技股份有限公司首次公开发行股票招股说明书(申报稿 2014 年 4 月 28 日报送)	2014 年 04 月 29 日	

数据来源：中国证监会官网

表 3-2　上海证券交易所官网公告的与多伦科技有关的信息

603528：多伦科技首次公开发行股票发行结果公告 PDF	2016-04-27
603528：多伦科技首次公开发行股票网下初步配售结果及网上中签结果公告 PDF	2016-04-25
603528：多伦科技首次公开发行股票网上中签率公告 PDF	2016-04-22
603528：多伦科技首次公开发行股票投资风险特别公告 PDF	2016-04-20
603528：多伦科技首次公开发行股票招股说明书摘要 PDF	2016-04-20
603528：多伦科技首次公开发行股票发行公告 PDF	2016-04-20

续表

603528：多伦科技首次公开发行股票招股说明书	2016-04-20
603528：多伦科技首次公开发行股票网上路演公告	2016-04-19
603528：多伦科技首次公开发行股票初步询价及推介公告	2016-04-13
603528：多伦科技首次公开发行股票招股意向书摘要	2016-04-13
603528：多伦科技首次公开发行股票招股意向书	2016-04-13

数据来源：上海证券交易所官网

1.2　所依据的法律制度

1.2.1　所适用的公司法、证券法

（1）所适用的《公司法》

《公司法》于1993年12月29日由第八届全国人民代表大会常务委员会第五次会议通过，在1999年、2004年、2005年、2013年分别修订过一次，现行的《公司法》是2013年12月28日由第十二届全国人民代表大会常务委员会第六次会议通过的修订版，自2014年3月1日开始施行。考虑到多伦科技上市案例发生的时间段，其适用的应该是2013年修订的《公司法》。

（2）所适用的《证券法》

《证券法》于1998年12月29日由第九届全国人民代表大会常务委员会第六次会议通过，2005年10月27日第十届全国人民代表大会常务委员会第十八次会议对其进行修订，自2006年1月1日起开始施行。第十二届全国人民代表大会常务委员会第十次会议于2014年8月31日对《证券法》进行再修订，并自2014年8月31日起施行。考虑到多伦科技上市案例发生的时间段，其适用的应该是2006年修订的《证券法》。

1.2.2　所适用的上市管理办法、上市规则

（1）所适用的《首次公开发行股票并上市管理办法》

2006年5月17日，中国证券监督管理委员会令（第32号）指出，中国证券监督管理委员会第180次主席办公会议审议通过《首次公开发行股票并上市管理办法》（旧管理办法），根据2015年12月30日中国证券监督管理委员会《关于修改〈首次公开发行股票并上市管理办法〉的决定》修正，修正后的管理办法（新管理办法）自2016年1月1日起施行。考虑到多伦科技上市案例发生的时间段，其适用的应该是2006版的《首次公开发行股票并上市管理办法》。

（2）所适用的《上海证券交易所股票上市规则》

上海证券交易所股票上市规则于1998年1月实施，在上海证券交易所（以下简称“本所”）上市的股票及其衍生品种，适用本规则。该上市规则于2000年5月第一次修订、2001年6月第二次修订、2002年2月第三次修订、2004年12月第四次修订、2006年5月第五次修订、2008年9月第六次修订、2012年7月第七次修订、2013年12月第八次修订、2014年10月第九次修订。考虑到多伦科技上市案例发生的时间段，其适用的应该是2014修订的《上海证券交易所股票上市规则》。

在2014年10月第九次修订版中，针对发行人首次公开发行股票后申请其股票在上海证券交易所上市，要求符合下列条件：

一是股票经中国证监会核准已公开发行；

二是公司股本总额不少于人民币五千万元；

三是公开发行的股份达到公司股份总数的25%以上；公司股本总额超过人民币四亿元的，公开发行股份的比例为10%以上；

四是公司最近三年无重大违法行为，财务会计报告无虚假记载；

五是本所要求的其他条件。

发行人首次公开发行股票的申请获得中国证监会核准发行后，应当及时向本所提出股票上市申请，并提交相关文件。

2. 案例简介

2.1 公司概况

南京多伦科技股份有限公司（Nanjing Doron Technology Co.，Ltd.）成立于1995年12月25日，首次公开发行股票前的注册资本为15500万元，注册地址为江苏省南京市江宁区天印大道1555号。作为一家致力于推进中国机动车驾驶人智能培训和考试系统、智能交通类产品创新与产业化应用的高新技术公司，在近二十年的发展历程中，南京多伦科技一直以“让交通更安全，让道路更顺畅”为使命，始终致力于推进中国智能交通领域科技创新与产业化应用的多元化发展；特别是以技术创新和科技强警为主线，研制开发了机动车驾驶技能培训及考试系统、汽车模拟驾驶训练系统、智能交通管理应用平台、数字勤务室平台、交通信号控制系统、交通信息发布系统、交通视频监控系统、电子警察系统、卡口监控系统等。

南京多伦科技股份有限公司目前获得国家火炬计划重点高新技术公司、江苏省高新技术公司、江苏省物联网应用示范工程建设单位称号，拥有江苏省道路驾驶智能培训与考试系统工程技术研究中心、南京市北斗卫星应用技术研究院、博士后工作站多伦科技分站等。经中国证券监督管理委员会《关于核准南京多伦科技股份有限公司首次公开发行股票的批复》（证监许可[2016]707号）核准，多伦科技（股票简称）向社会公开发行人民币普通股（A股）5，168万股，并于2016年5月3日在上海证券交易所挂牌上市，其股票代码为603528。目前公司产品已经覆盖全国28个省（直辖市、自治区），公司先后在北京、上海、天津、哈尔滨、长春、沈阳等38个城市设立了技术服务中心，以便为用户提供优质、快速、完善的技术支持和售后服务。

2.2 多伦科技上市历程

南京多伦科技股份有限公司按照我国《公司法》、《证券法》、《首次公开发行股票并上市管理办法》以及《上海证券交易所股票上市规则》等法律制度的有关规定，聘请华泰联合证券有限公司为保荐人与主承销商、天衡会计师事务所（特殊普通合伙）为审计机构、北京市中伦律师事务所为专项法律顾问。在这些中介机构的协助下，多伦科技积极向上证主板A股市场冲刺，经过其自身及有关主体的不懈努力，多伦科技最终以IPO方式成功在上海证券交易所挂牌上市，其上市历程如下：

2011 年 12 月 16 日：整体变更设立为股份公司，股本总额为 10,000 万元人民币；

2012 年 12 月 14 日：股份公司资本增加至 15，500 万元人民币；

2015 年 5 月 21 日：签署首次公开发行股票招股说明书；

2015 年 6 月 2 日：向证监会报送首次公开发行股票招股说明书(申报稿)；

2015 年 6 月 8 日：在证监会官网进行首次公开发行股票招股说明书预披露，证监会给出多伦科技首发申请文件反馈意见；

2015 年 7 月 1 日：主板发审委 2015 年第 142 次会议南京多伦科技(首发)获通过；

2016 年 04 月 13 日：多伦科技发布招股公告；

2016 年 04 月 15 日：多伦科技询价推介；

2016 年 4 月 20 日：多伦科技定价公告刊登日；

2016 年 4 月 21 日：多伦科技股票开始申购；

2016 年 4 月 22 日：多伦科技发布中签率；

2016 年 4 月 25 日：多伦科技公告股票发行中签结果，中签者缴款；

2016 年 4 月 29 日：多伦科技发布首次公开发行股票上市公告书

2016 年 5 月 3 日：多伦科技成功上市，其股票在上交所挂牌交易；

2016 年 6 月 1 日：公司 2016 年第二次临时股东大会召开；

2016 年 6 月 15 日：公司完成首次公开发行股票后的工商变更登记，本次发行完成后公司注册资本变更为 20,668 万元。

3. 案例分析

3.1　多伦科技上市的主要目的

现阶段，多伦科技所处的行业及其在行业内的地位、可持续发展的战略和强大的市场需求对公司实现未来目标具有积极作用，多伦科技选择当前时机上市，能够使公司更好地把握机遇、扩大公司生产规模、优化市场和产品结构、提高公司盈利能力和抗风险能力，从而进一步增强实力，推动公司更好更快的发展。

因为通过股票上市，多伦科技一方面可以有效拓展融资渠道，加快主业发展；另一方面有利于健全自身的公司治理结构，提高公司管理运营水平。未来该公司将以过硬的产品品质、强大的技术研发能力、优秀的营销能力、卓著的业绩表现带给投资者保障，从而在继续保持行业领先地位的基础上确保公司长期可持续性发展。

3.2　多伦科技首发上市主要条件比对

3.2.1　我国主板(中小板)IPO 上市发行的主要条件

2006 版的《首次公开发行股票并上市管理办法》规定，在我国主板(中小板)IPO 上市发行的主要条件包括发行人的主体资格、股本要求、盈利要求、资产要求、主营业务要求、董事、管理层和实际控制人、同业竞争关联交易等方面，这些方面的主要要求见表 3-3。

表 3-3　我国主板(中小板)IPO 上市发行的主要条件

主要条件	条件主要要求
主体基本资格	发行人应是依法设立且合法存续的股份有限公司，自股份有限公司成立后持续经营时间应当在 3 年以上，但经国务院批准的除外
股本要求	发行前股本总额不少于 3000 万元，发行后不少于 5000 万元
盈利要求	(1)最近 3 个会计年度净利润均为正数且累计超过人民币 3,000 万元，净利润❶以扣除非经常性损益(即扣非)前后较低者为计算依据； (2)最近 3 个会计年度经营活动产生的现金流量净额累计超过人民币 5，000 万元，或者最近 3 个会计年度营业收入累计超过人民币 3 亿元； (3)最近一期不存在未弥补亏损
资产要求	最近一期末无形资产(扣除土地使用权、水面养殖权和采矿权等后)占净资产的比例不高于 20%
主营业务要求	最近 3 年内主营业务没有发生重大变化
董事、管理层和实际控制人	发行人最近 3 年内董事、高级管理人员没有发生重大变化，实际控制人未发生变更；高管最近 36 个月内不能受到中国证监会行政处罚，或最近 12 个月内受到证券交易所公开谴责
同业竞争关联交易	除创业板标准(发行人的业务与控股股东、实际控制人及其控制的其他公司间不存在同业竞争，以及影响独立性或显失公允的关联交易)外，还需募集投资项目实施后，不会产生同业竞争或对发行人的独立性产生不利影响

3.2.2　多伦科技 IPO 上市发行的实际条件

(1) 主体基本资格

多伦科技 2011 年 12 月 16 日在南京注册登记为股份有限公司，截至 2014 年 12 月 16 日已持续经营时间 3 年，显然符合主体资格的主要要求。同时，《首次公开发行股票并上市管理办法》发行条件(以下简称发行条件)中还规定，有限责任公司按原账面净资产价值折股整体变更为股份有限公司的，持续经营时间可以从有限责任公司成立之日起计算。而多伦科技采取的正是有限责任公司整体变更设立股份公司的方式，所以按此规定，其法定存续期应该从 1995 年 12 月 25 日成立有限责任公司时开始计算，这样到申请发行上市时多伦科技已持续存续 9 年之久，远远超出 3 年的标准。

此外，多伦科技的注册资本已足额缴纳(未能在批准的期限内缴纳，在办理工商登记一年内缴纳了全部出资，有权部门对该延期出资进行了确认，不会构成对本次上市的法律障碍)，其发起人或股东用作出资的资产财产权转移手续已办理完毕；多伦科技主要资产不存在重大权属纠纷，其生产经营符合法律、行政法规和公司章程规定，符合国家产业政策。因此，多伦科技也符合《首次公开发行股票并上市管理办法》中有关主体资格的其他要求。

(2) 股本要求

从表 3-4 中可以看出，多伦科技首次公开发行股票前的股本公告日期是 2016 年 4 月 13 日，总股本为 15,500 万元，远高于发行条件中“发行前股本不少于 3000 万元”的标准，这些股本全部为非流通股，其中境内法人股 14,949.75 万元，自然人发起人股 550.25 万元。多伦科技发行新股上市后的股本公告日期是 2016 年 4 月 29 日，上市当天的总股本为 20,668 万元，远高于发行条件中“发行后股本不少于 5000 万元”的标准。

---

❶目前我国沪深上市的《股票上市规则》中，净利润是指归属于公司普通股股东的净利润，不包括少数股东损益金额。

表 3-4　多伦科技首发前后股本情况表

指　　标	发行前股本	发行后股本
股本统计时间点	2016-04-13	2016-05-03
总股本(含优先股)	15,500.00	20,668.00
总股本(存量股)	15,500.00	20,668.00

数据来源：Wind 资讯(多伦科技股本结构)

(3) 盈利要求

从表 3-5 中可以看出，多伦科技最近一期(即 2015 年 1～3 月)的净利润为 8891.51 万元，不存在未弥补亏损，所以符合发行条件盈利要求(3)的标准。

而多伦科技 2012 年到 2014 年连续 3 个会计年度的营业收入累计额约为人民币 14.41 亿元，远超过发行条件中盈利要求(2)中该指标累计超过人民币 3 亿元的要求。

同时，多伦科技在最近连续的 3 个会计年度的经营活动产生的现金流量净额累计为人民币 66,793.69 万元，也远超过发行条件盈利要求(2)中该指标累计超过人民币 5,000 万元的要求。

表 3-5　多伦科技与盈利要求相关的财务数据　　单位：万元

报告期	2012 年报	2013 年报	2014 年报	近 3 年累计数
营业收入	29,964.52	45,189.98	66,253.16	141,407.66
净利润	7,534.93	14,079.85	26,250.53	47,865.31
非经常性损益	398.18	365.65	216.43	980.26
扣除非经常性损益后的净利润	7,136.75	13,714.20	26,034.10	46,885.05
经营活动现金净流量	16,681.22	22,844.69	27,267.78	66,793.69

数据来源：Wind 资讯、多伦科技首次公开发行股票招股说明书(申报稿)

由表 3-5 还可以看出，多伦科技 2012 年到 2014 年连续 3 个会计年度扣除非经常性损益(扣非)前的净利润分别为 7,534.93 万元、14,079.85 万元、26,250.53 万元，该净利润最近 3 个会计年度累计额为 47,865.31 万元；而该公司在最近连续 3 个会计年度扣非益后的净利润分别为 7,136.75 万元、13,714.20 万元、26,034.10 万元，该净利润最近 3 个会计年度累计额为 46,885.05 万元。由此可见，多伦科技最近 3 年扣非后的净利润均小于未扣非的净利润，按照发行条件中净利润以扣非前后较低者作为计算依据，多伦科技最近 3 个会计年度净利润均应以扣非后的净利润为准，其累计额 46,973.54 万元，远超过发行条件盈利要求(1)中该指标累计超过人民币 3,000 万元的要求。

(4) 资产要求

多伦科技的无形资产主要由土地使用权、注册商标、专利、计算机软件著作权、软件产品、相关资质许可及认证证书构成，其最近一期期末即 2014 年的无形资产总额为 3,099.94 万元，净资产总额为 42,646.81 万元，无形资产占净资产的比例为 7.27%；而该会计年度无形资产中的土地使用权账面净值为 2,967.65 万元，扣除土地使用权后的无形资产总额为 132.29 万元，其占净资产的比例仅为 0.31%，远低于发行条件中“不高于 20%”的资产比重要求。

(5) 主营业务要求

多伦科技所属行业为计算机、通信和其他电子设备制造业，其主营业务明确，为机动车驾驶人智能培训和考试系统、智能交通类产品、驾驶模拟训练系统等的研发、生产和销售。该公司自成立以来就以提高国人的“安全行”为己任，作为公安部“机动车驾驶人技能考试研究示范基地”，多伦科技的主营业务在最近 3 年并未发生重大变化，完全符合发行条件中有关主营业务的要求。

(6) 董事、管理层和实际控制人

多伦科技最近 3 年内董事人员稍有调整但未构成重大变化，其监事与高级管理人员最近 3 年内未发生变动；实际控制人始终是章××先生，并没有发生变更。同时该公司股权清晰，控股股东和受控股股东、实际控制人支配的股东持有的发行人股份不存在重大权属纠纷；其高管在最近 36 个月内未受到中国证监会行政处罚，在最近 12 个月内也未受到证券交易所公开谴责，符合发行条件中有关董事、管理层和实际控制人的要求。

就多伦科技的董事会(董)、监事会(监)、高级管理人员(高)的构成而言，该公司预披露的首次公开发行股票招股说明书(申报稿)显示，公司董事会成员 7 名、监事会成员 3 名、高级管理人员 4 名(其董、监、高任职人员具体情况见表 3-6)。

表 3-6 多伦科技董、监、高任职人员一览表

姓名	职务	性别	姓名	职务	性别
章××	董事长，董事	男	曹×	监事会主席，监事	女
邓××	董事	男	范××	监事	男
王××	董事	女	随××	职工监事	男
张××	董事	男	张××	总经理	男
李××	独立董事	男	林××	副总经理，财务负责人，董秘	女
路×	独立董事	男	苏×	副总经理	男
秦××	独立董事	男	钱××	总工程师	男

数据来源：多伦科技首次公开发行股票招股说明书(申报稿)

(7) 同业竞争、关联交易

① 同业竞争

多伦科技目前实际从事机动车驾驶人智能培训和考试系统、智能交通类产品、驾驶模拟训练系统等的研发、生产和销售，不存在与控股股东多伦公司及其控制的金伦公司、嘉伦公司间的同业竞争，也不存在与实际控制人章××先生及其控制的香港多伦科技、其夫人王××女士对外投资的安瑞酒店管理之间从事相同或相似业务的情况；而通过首发上市拟募集的资金投向也不会造成多伦科技与其控股股东、实际控制人及其控制的其他公司之间形成同业竞争。同时，本次新股上市募集资金投资项目实施后，不会产生同业竞争或对发行人多伦科技独立性产生不利影响。

② 关联交易

在报告期内，发行人多伦科技与其关联方发生的关联交易主要有经常性关联交易与偶发性关联交易。事实上，多伦科技具有独立的产-供-销系统，在报告期内发生的经常性关联交易、关联销售，主要是向参股公司唐山路通销售驾考系统，配件和维修，具体情况见

表3-7。从中可以看出，2012~2014年该关联交易的金额占当年营业收入的比重均在5%之内，不构成重大影响。天衡会计师事务所通过尽职调查发现，多伦科技发生的这些关联交易价格公允，且不存在利用该等交易转移利润的情形。随着唐山路通考场建设、改造完毕并验收合格，未来多伦科技与其之间的关联交易会逐渐减少。

表3-7　多伦科技在报告期内的经常性关联交易　　单元：万元

关联方名称	类别	2014年度		2013年度		2012年度	
		金额	占营业收入比重	金额	占营业收入比重	金额	占营业收入比重
唐山路通	驾考系统	527.01	0.80%	74.87	0.17%	1,084.88	3.62%
	配件及维修	1.79	0.00%	–	–	4.58	0.02%
合计		528.80	0.80%	74.87	0.17%	1,089.46	3.64%

数据来源：多伦科技首次公开发行股票招股说明书(申报稿)

而发行人多伦科技与其关联方发生的偶发性关联交易，主要是向不存在控制关系的关联方安瑞酒店管理出租房产及设施、向存在控制关系的关联方多伦公司出售房产及设施，这些交易是公司为了更加突出主业，剥离与主业不相关的资产而发生的。天衡会计师事务所通过核查确认上述关联交易是公司正常的经营行为，在交易时遵循了平等、自愿、等价有偿原则，价格公允，不存在损害公司及其他非关联股东利益的情况。

3.2.3　多伦科技首发上市主要条件比对结果评析

由以上分析可以看出，多伦科技完全符合现行规定中有关IPO发行的条件。但需要注意的是，我国首发管理办法规定的发行条件只是基本条件，想要IPO成功这些条件必须满足，但IPO毕竟是获取融资资格行政许可的行为，就算这些条件都符合也未必一定能“过会”。现实中很多IPO企业最终被否决都是缘于细节并没有达到证券监管的要求。基于此，本章接下来将重点探析多伦科技上市公司的强力推进问题。

3.3　多伦科技上市工作的推进

3.3.1　上市地点的选择

公司选择上市地点时一般会考虑以下因素：一是是否符合目标交易所的上市条件；二是在目标交易所上市需要的时间长短；三是不同市场的交投状况、市场容量、资金充沛程度；四是公司产品市场或客户的地域分布情况；五是不同上市地在行业公司中的认同度；六是拟上市地投资者对拟公司的认同度；七是上市初始费用与上市后的合规成本等。

多伦科技作为所属行业的先行者、倡导者和引领者，一直专注于推进我国驾驶员培训与考试的智能化和电子化。该公司考虑行业上市公司的集聚效应，结合自身的发展现状与未来战略，综合各种因素影响，最终选择在上交所首发上市。

3.3.2　相关中介机构的确定

公司上市免不了要和具有证券、期货资格的中介机构打交道，可能涉及的中介机构有保荐机构、会计师事务所、资产评估机构、律师事务所等，各中介机构的职责见图3-1。其中保荐机构主要进行上市辅导、尽职调查及推荐申报、配合中国证监会审核、推荐上市；

注册会计师主要提供财务状况审计并出具审计报告、进行盈利预测审核并出具审核报告；资产评估师主要对资产进行评估并出具评估报告；律师主要审查重大合同等法律文件、审查公司行为、总结机构行为的合法性、出具法律意见书和律师工作报告。

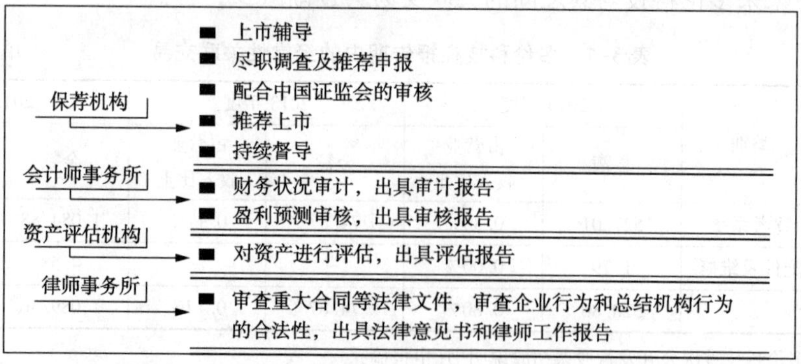

图 3-1　首发上市可能涉及的中介机构及其职责

南京多伦科技有限公司为了首次公开发行并上市，选聘了相关中介机构，其中保荐机构（主承销商）是华泰联合证券有限公司、审计机构是天衡会计师事务所、律师机构是北京市中伦律师事务所，这些中介机构在执业能力、执业经验、商业信用、声誉等方面都在同行业中名列前茅。根据 WIND 资讯提供的统计数据，天衡会计师事务所在 2015 年为公司上市、上市公司提供的审计业务排名中位于第 15 位，当期提供的 IPO 公司家数为 27 家；北京市中伦律师事务所在 2015 年为公司上市、上市公司提供的律师业务排名是第 5 位，当期提供的 IPO 公司家数为 168 家；华泰联合证券在 2015 年为公司上市提供中介服务的保荐机构（主承销商）募集资金排名中位于第 5 位、在承销家数排名中位于第 8 位、在承销保荐费用及平均费率排名中位于第 6 位。

3.3.3　多伦科技上市的主要阶段节点分析

因为多伦科技确定的上市地点是在上交所，所以其需要按照上交所的公司上市流程（见本章文末附注）进行上市推进。

（1）改制设立股份公司

因为中国的公司制公司主要有两种，即有限责任公司和股份有限公司。一般早期的或者中小型公司都是有限责任公司，法律规定上市的必须是股份有限公司，所以要从法律形式上对拟上市的非股份制公司进行改制而设立股份有限公司。该阶段的主要节点是登记设立股份有限公司，其目的是将公司改制为规范的股份公司，为日后的运营及发行上市打下良好的基础。

南京多伦科技有限公司是通过依法整体变更的方式设立的股份有限公司。其前身南京多伦科技有限公司（以下简称“有限公司”）在 2011 年 11 月 28 日召开股东会并通过决议，将有限公司整体变更为股份有限公司，有限公司全体股东签署了发起人协议书，并以有限公司截至 2011 年 8 月 31 日经审计的净资产 152,306,024.34 元扣除向股东分红后的剩余净资产 133,716,024.34 元为依据，按 1.33716：1 的比例折成股份公司股本 10,000 万元，每股面值 1 元，剩余部分 33,716,024.34 元作为资本溢价计入资本公积。2011 年 12 月 5 日，天衡会计师事务所为本次变更设立股份有限公司进行了审验，并出具“天衡验字（2011）112

号"《验资报告》。2011 年 12 月 16 日，股份公司在江苏省南京市工商行政管理局注册登记，注册号为 320100400008026。

（2）尽职调查与辅导

该阶段的关键节点是对拟上市公司进行上市辅导，上市辅导的总体目标是促进辅导对象建立良好的公司治理，形成独立运营和持续发展的能力，督促公司的董事、监事、高级管理人员全面理解发行上市有关法律法规、证券市场规范运作和信息披露的要求，树立进入证券市场的诚信意识、法制意识，并协助拟上市公司对照发行上市存在的问题进行整改等，使其具备进入证券市场的基本条件。

多伦科技的相关中介机构从各自专业领域对公司情况进行了尽职调查，而作为保荐机构的华泰联合证券对多伦科技进行了上市辅导，辅导对象主要是多伦科技的董事（含独立董事）、监事、高级管理人员及持有 5%以上（含 5%）股份的股东（或其法定代表人）。在这些中介机构协助下，多伦科技建立起了比较规范的组织制度与运行机制，其内部组织结构图见图 3-2。

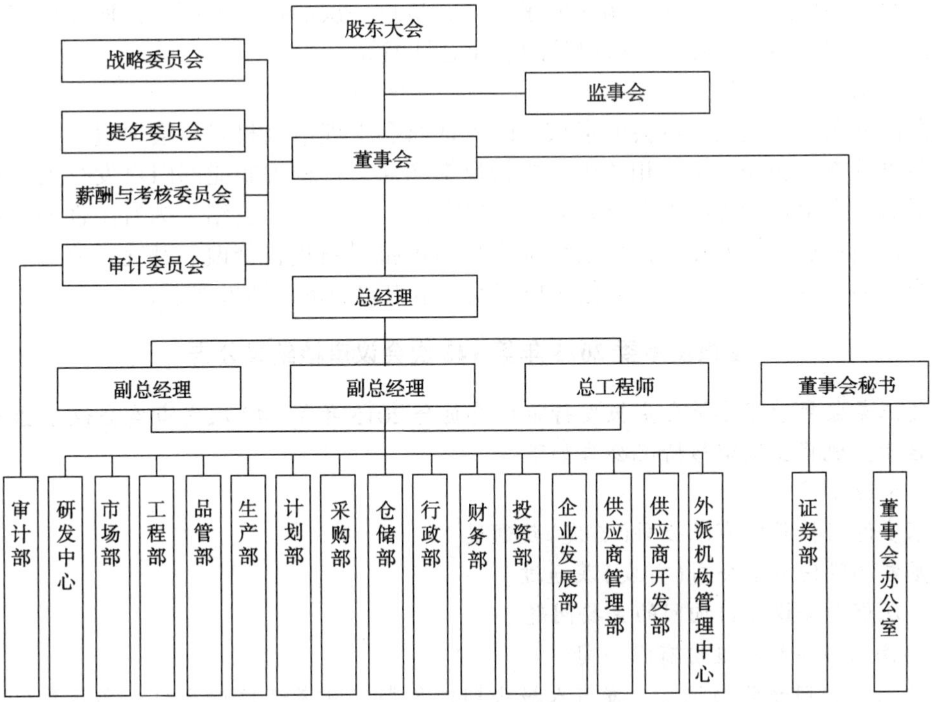

图 3-2　多伦科技内部组织结构图

多伦科技也进一步明确了其首发募集资金的投向，具体情况见表 3-8。这些募投项目将使公司的研发实力进一步增强，产品结构更加合理，能使公司在巩固既有客户的基础上进一步开拓市场空间、扩大售后服务区域。因此，在本次募投项目顺利达产的前提下，多伦科技的生产能力将获得大幅提升，其客户数量和产品覆盖范围也将随之增加。届时，公司将建设一座集驾考系统和城市交通智能化系统开发、测试、检测等功能于一体，配置完善的仪器设备的研发中心。

表 3-8 多伦科技首次公开发行股票募集资金投向　　单位：万元

募投项目名称	计划投资额
机动车驾考，培训系统及城市智能交通系统改扩建项目	19,496.40
研发中心建设项目	4,333.50
基于北斗卫星技术智能交通系统，智能驾驶培训和考试系统研究示范基地建设项目	9,190.40
营销服务网络扩建项目	8,958.80

(3) 申请文件的制作与申报

该阶段的关键节点是对制作的申报材料进行内核，目的是排除影响发行上市的障碍原因，确保发行申报材料符合法律法规及有关政策要求。

按照我国《证券法》及《上海证券交易所股票上市规则》的要求，多伦科技应该制作的申报材料包括以下方面：上市申请书、有关本次发行上市事宜的董事会和股东大会决议；营业执照复印件；公司章程；经具有执行证券、期货相关业务资格的会计师事务所审计的发行人最近三年的财务会计报告；关于董事、监事和高级管理人员持有本公司股份的情况说明和《董事(监事、高级管理人员)声明及承诺书》；发行人拟聘任或者已聘任的董事会秘书的有关资料；控股股东和实际控制人的承诺函；最近一次的招股说明书；保荐协议和保荐人出具的上市保荐书；律师事务所出具的法律意见书等。

(4) 申请文件的审核

该阶段的关键节点是发审会的审核。因为证监会受理申报材料后会通过开见面会、出具反馈意见等方式和公司及其相关中介机构反馈沟通。在相关职能部门对发行人申请文件初审完成后，会由发审委组织发审委会议进行审核(上会)，上会结果为有条件通过或未通过。有条件通过后发行人要按证监会反馈意见对申报材料进行修改、补充、完善。根据中国证监会官网的有关审核公告，多伦科技首发上市申请的审核结果如下。

主板发审委 2015 年第 142 次会议审核结果公告

中国证券监督管理委员会主板发行审核委员会 2015 年第 142 次发审委会议于 2015 年 7 月 1 日召开，现将会议审核情况公告如下：

一、审核结果

南京多伦科技股份有限公司(首发)获通过。

申龙电梯股份有限公司(首发)获通过。

二、发审委会议提出询问的主要问题

(一)南京多伦科技股份有限公司

1. 发行人招股说明书披露，发行人报告期内各期驾驶考试培训系统最高销售价格和最低销售价格差别较大。请保荐代表人进一步说明发行人报告期内各期驾驶考试培训系统最高销售价格和最低销售价格差别较大的原因、核查程序及核查结论。

2. 请发行人代表进一步说明发行人是否存在采用不正当竞争方式取得订单等情形，是否有相关投诉或纠纷；发行人是否有有效的应对防范措施，相关风险是否充分揭示并披露；请保荐代表人发表核查意见。

(二)申龙电梯股份有限公司(略)

发行监管部

2015 年 7 月 1 日

(5) 发行与上市

发行人首次公开发行股票的申请获得中国证监会核准发行后，应当及时向确定的证券交易所提出股票上市申请，并提交相关文件。而在该阶段，特别要关注的关键节点有两个，一个是询价路演，一个是网上发行，其中询价路演的目的是确定询价对象、组建承销团、做好发行前的定价及销售准备，确保发行成功；网上发行的目的主要是为保护和照顾中小投资者的利益。

① 询价与定价

2016年4月15日，发行人多伦科技和保荐机构(主承销商)华泰联合证券通过向符合条件的网下投资者初步询价直接确定发行价格，网下不再进行累计投标。初步询价及网下发行由保荐机构(主承销商)通过上交所网下申购电子化平台(https://120.204.69.22/ipo)组织实施，网上发行通过上交所交易系统进行多伦科技首发网上发行与投资者的网上申购。发行人和保荐机构(主承销商)根据初步询价情况，综合考虑发行人基本面、本次公开发行股份数量、发行人所处行业、可比上市公司估值水平、市场情况、募集资金需求及承销风险等因素，协商确定本次发行价格为9.45元/股。

② 路演

路演是证券发行商发行证券前针对机构投资者的推介活动，是在投融资双方充分交流的条件下促进股票成功发行的重要推介、宣传手段。以多伦科技为例，其路演公告如下：

南京多伦科技股份有限公司首次公开发行股票网上路演公告

南京多伦科技股份有限公司(以下简称“发行人”)首次公开发行不超过5,168万股人民币普通股(A股)(以下简称“本次发行”)的申请已获得中国证券监督管理委员会证监许可[2016]707文核准。

本次发行采用网下向符合条件的投资者询价配售和网上向持有上海市场非限售A股股份市值的社会公众投资者定价发行相结合的方式进行。回拨机制启动前，网下初始发行数量为3,200万股，占本次初始发行规模的61.92%；网上初始发行数量为1,968万股，占本次初始发行规模的38.08%。

为便于投资者了解发行人的有关情况和本次发行的相关安排，发行人和保荐机构(主承销商)华泰联合证券有限责任公司[以下简称：“保荐机构(主承销商)”]将就本次发行举行网上路演，敬请广大投资者关注。

网上路演时间：2016年4月20日(T-1日)14：00~17：00

网上路演网站：上证路演中心：http://roadshow.sseinfo.com,

中国证券网：http://roadshow.cnstock.com。

参加人员：发行人董事会及管理层主要成员和保荐机构(主承销商)相关人员。

《南京多伦科技股份有限公司首次公开发行股票招股意向书摘要》已刊登于2016年4月13日(T-6日)的《中国证券报》、《上海证券报》、《证券时报》及《证券日报》。本次发行的招股意向书全文及相关资料可在上交所网站(www.sse.com.cn)查询。

发行人：南京多伦科技股份有限公司

保荐机构(主承销商)：华泰联合证券有限责任公司

2016年4月19日

③ 网上发行与申购

2016年4月21日，多伦科技采用网下网上发行相结合方式、公开发行新股(A股)5,168万股，每股面值1.00元。若本次发行成功，发行人多伦科技预计将募资总额48,837.60万元，扣除发行费用6,858.50万元后的募资净额约为41,979.10万元。根据多伦科技首发公告，该公司本次网上发行是通过上交所交易系统向持有上海市场非限售A股股份市值的社会公众投资者定价发行。

A. 网上申购时间

网上申购时间为2016年4月21日(T日)9：30~11：30、13：00~15：00。网上投资者应当自主表达申购意向，不得全权委托证券公司代其进行新股申购。如遇重大突发事件或不可抗力等因素影响本次发行，则按申购当日通知办理。

B. 网上申购价格、申购简称和代码

本次发行的价格为9.45元/股，网上投资者须按照本次发行价格进行申购；本次网上发行申购简称为“多伦申购”；申购代码为“732528”。

C. 网上发行对象

网上申购对象是持有上交所证券账户卡的自然人、法人、证券投资基金法人、符合法律规定的其他投资者(国家法律、法规禁止及发行人须遵守的其他监管要求所禁止者除外)，本次发行承销团的证券自营账户不得参与本次发行的申购。2016年4月21日前在中国结算上海分公司开立证券账户，且在2016年4月19日前20个交易日持有上海市场非限售A股市值日均1万元以上(含1万元)的投资者方可参与网上申购。网下投资者配售对象只能选择网下发行或网上发行一种方式进行申购，凡参与初步询价的配售对象无论是否有效报价，均不能再参与网上发行。

D. 网上发行方式

本次网上发行通过上交所交易系统进行，保荐机构(主承销商)在2016年4月21日(T日)9：30~11：30，13：00~15：00期间将网上初始发行数量1，968万股(为本次发行数量的38.08%)的“多伦科技”股票输入其在上交所的专用证券账户，作为该股票唯一卖方，以9.45元/股的发行价格卖出。

E. 网上申购程序

首先，办理开户登记。参加本次网上发行的投资者应已在中国结算上海分公司开立证券账户。接下来，计算市值和可申购额度。其中投资者持有的市值按其2016年4月19日前20个交易日的日均持有上海市场非限售A股股份市值计算。随后，开立资金账户。拟参与本次网上申购的投资者，应在网上申购日2016年4月21日(含当日)前在与上交所联网的证券交易网点开立资金账户。最后，办理申购手续。申购手续与在二级市场买入上交所上市股票的方式相同，网上投资者根据其持有的市值数据在申购时间内通过上交所联网的各证券公司进行申购委托，投资者申购委托一经接受，不得撤单。

F. 网上申购情况及网上发行初步中签率

根据上海证券交易所提供的数据，本次网上发行有效申购户数为8,895,328户，有效申购股数为79,165,688,000股。网上发行初步中签率为0.02485925%。配号总数为79,165,688个，号码范围为100,000,000,000~100,079,165,687。

G. 回拨机制实施及网上发行最终中签率

根据《南京多伦科技股份有限公司首次公开发行股票发行公告》公布的回拨机制，由于本次网上发行初步申购倍数为4,022.65倍，超过150倍，发行人和保荐机构(主承销商)决定启动回拨机制，对网下、网上发行的规模进行调节，将本次发行数量的51.92%由网下回拨至网上。回拨机制启动后，网下最终发行数量为516.8万股，占本次发行数量的10%，网上最终发行数量为4,651.2万股，占本次发行数量的90%。回拨机制启动后，网上发行最终中签率为0.05875273%。

H. 网上摇号中签结果

根据《发行公告》，多伦科技和其保荐机构(主承销商)于2016年4月22日(T+1日)上午，在上海浦东东方路778号紫金山大酒店四楼会议室主持了多伦科技首次公开发行股票网上发行摇号中签仪式。摇号仪式按照公开、公平、公正的原则进行，摇号过程及结果已经经过上海市东方公证处公证，具体中签结果如见表3-9。凡是参与网上发行申购多伦科技A股股票的投资者持有的申购配号尾数与上述号码相同的，则为中签号码。中签号码共计46，512个，每个中签号码只能认购1000股。

表3-9　多伦科技首次公开发行网上摇号中签结果

末尾位数	中签号码
末“4”位数	8448，6448，4448，2448，0448
末“5”位数	32095，44595，57095，69595，82095，94595，19595，07095
末“6”位数	936154，736154，536154，336154，136154，869282，369282
末“7”位数	8819837，6819837，4819837，2819837，0819837
末“8”位数	01587209，30192555

数据来源：《多伦科技首次公开发行股票网下初步配售结果及网上中签结果公告》

I. 放弃认购股票的处理

多伦科技的保荐机构(主承销商)华泰联合证券根据上海证券交易所和中国结算上海分公司提供的数据，对多伦科技本次网上、网下发行的新股认购情况进行了统计。以网上发行为例，该公司首发新股网上认购情况如下：网上投资者缴款认购的股份数量为46,310,810股，对应缴付认购款的金额为437,637,154.50元；网上投资者放弃认购数量201,190股，对应的放弃认购金额为1,901,245.50元。最终，多伦科技网上、网下投资者共放弃认购股数212,932股，全部由华泰联合证券包销，包销金额合计2,012,207.40元，包销比例为0.41%。

4. 多伦科技上市后的表现及其限售股解禁问题

4.1　多伦科技上市后的表现

2016年4月29日，多伦科技发布首次公开发行股票上市公告书暨2016年第一季度财务报告，公告书显示：多伦科技每股发行价格9.45元，发行市盈率6.41倍，发行市净率1.85倍，发行后预计每股净资产5.11元。由此可见，IPO发行对公司股东是有对价摊薄的，即能够按照较高的发股价格实现融资，这对公司及全体股东是非常有益的，这在多伦科技身上也得到印验。

2016年5月3日，多伦科技首发股票正式挂牌交易，至此，多伦科技正式成为上证主板上市公司。上市当天，多伦科技股票开盘后顶格涨逾 44%，报 13.61 元收盘，股东总户数为 48,323 户。在随后的一个月内，多伦科技股票收盘价呈持续上涨态势(见图 3-3)，并先后在 5 月 4 日、5 日、9 日、10 日、11 日、12 日等交易日实现涨停；6 月份多伦科技股票收盘价出现了稍许回落，但相比同行业其他上市公司，其市场表现依然强劲。

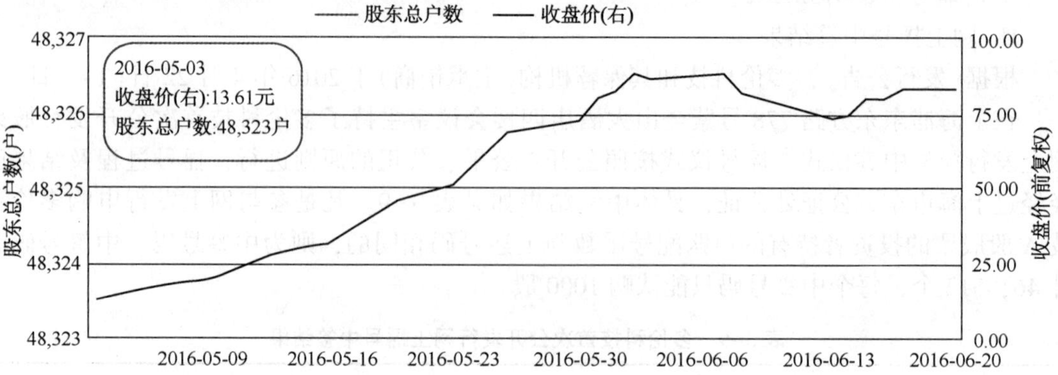

图 3-3　多伦科技上市后收盘价趋势图

根据 Wind 资讯统计的多伦科技股票市场表现(见表 3-10)可以看出，在上证指数下跌的市场行情下，多伦科技股票的涨幅远远高于行业水平，其相对于行业的涨跌幅在 2016 年 6 月 24 日为 8.58%、本月为 24.97%、近三月为 663.49%。

表 3-10　多伦科技股票市场表现

时间	最新收盘(2016-06-24)	本月	近三月	近六月
开盘价	96.000	83.000	13.610	13.610
最高价	105.250	105.250	105.250	105.250
最低价	95.700	73.000	13.610	13.610
收盘价	103.690	103.690	103.690	103.690
换手率(%)	32.15	378.27	562.33	562.33
涨跌	8.010	23.650	90.080	90.080
涨跌幅(%)	8.37	29.55	661.87	661.87
行业涨跌幅(%)	-0.21	4.57	-1.63	-25.27
相对行业涨跌幅(%)	8.58	24.97	663.49	687.14
上证指数涨跌幅(%)	-1.30	-2.14	-5.17	-21.50
相对大盘涨跌幅(%)	9.67	31.68	667.04	683.37

数据来源：WIND 资讯(多伦科技阶段性市场表现)

4.2　多伦科技限售股解禁问题

在股权分置改革之前，我国境内的国家股、法人股、内部职工股是不能上市流通的。对已完成股权分置改革的公司，按照股份流通受限与否可以分为限售流通股和非限售流通股，限售流通股只有在解禁后才有上市流通的权利。

4.2.1　多伦科技限售流通股的构成

多伦科技上市后的总股本中非限售流通 A 股即流通股 5,168.00 万股，占比 25%；限售流通 A 股 15,500.00 万股，占比 75%（见图 3-4）。

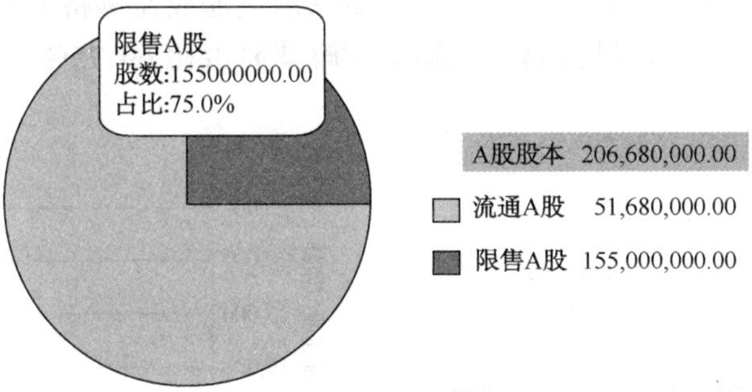

图 3-4　多伦科技 A 股股本构成

而多伦科技的限售流通 A 股不存在国家持股、国有法人持股问题，全部为其他内资持股，其中境内法人持股 14,949.75 万股，占比 96.45%，高管持股 201.50 万元，占比 1.30%，其他境内自然人持股 348.75 万元，占比 2.25%（见表 3-11）。

表 3-11　多伦科技限售流通股构成

指标名称	股数	占比(%)
限售 A 股	15，500.00	100
国家持股	0.00	0
国有法人持股	0.00	0
其他内资持股合计	15，500.00	100
其中：境内法人持股	14，949.75	96.45
机构配售股份	0.00	0.00
高管持股	201.50	1.30
其他境内自然人持股	348.75	2.25

数据来源：WIND 资讯（多伦科技股本构成）

4.2.2　多伦科技限售流通股在未来的解禁

根据《上海证券交易所股票上市规则（2012 年修订版）》的有关规定，首次公开发行股票并上市的发行人，首次公开发行股票前已发行的股份，自发行人股票上市之日起一年内不得转让。发行人向本所申请其首次公开发行股票上市时，控股股东和实际控制人应当承诺：自发行人股票上市之日起三十六个月内，不转让或者委托他人管理其直接和间接持有的发行人首次公开发行股票前已发行股份，也不由发行人回购该部分股份。但转让双方存在控制关系，或者均受同一实际控制人控制的，自发行人股票上市之日起一年后，经控股股东和实际控制人申请并经本所同意，可豁免遵守前款承诺。同时，发行人还应当在上市公告书中披露上述承诺。

多伦科技按照此规定，在其招股说明书摘要中明确了公司本次发行股份的流通限制及锁定安排；其相关股东、董事、监事、高级管理人员并就此安提排做了重要承诺，多伦科技也在其上市公告书中对公司董、监、高级管理人员的这些承诺做了详细披露。按照有关承诺，多伦科技上市后总股本中的限售流通股将在未来规定时点逐步解禁并流通，所以其流通股数在未来会逐渐增多。如图 3–5、3–6 所示，多伦科技当前流通股占比 25%；2017 年 5 月 3 日其限售流通股第一次解禁 5.25%，解禁后流通股比例将上升为 30.25%；2019 年 5 月 3 日多伦科技限售流通股进行第二次解禁，解禁股占比 69.75%，届时，多伦科技的 A 股股票将实现全流通。

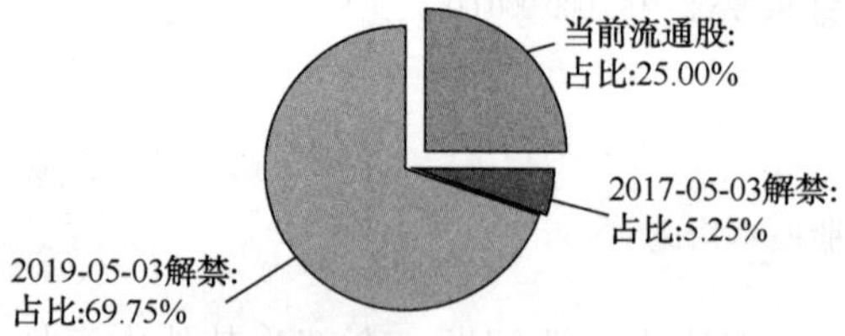

图 3–5　多伦科技已流通、待解禁股份占总股本比重情况

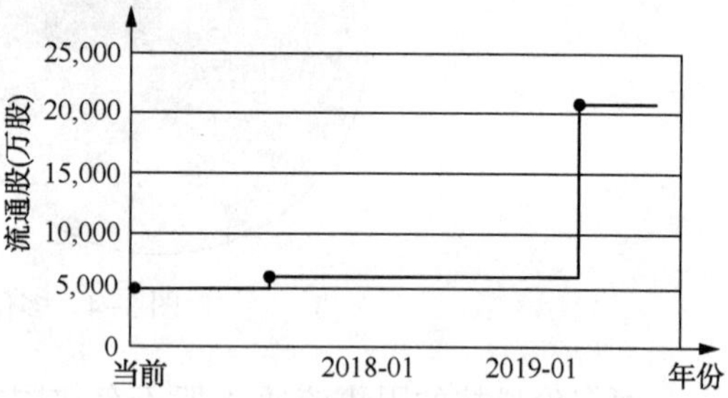

图 3–6　多伦科技待解禁股份未来解禁时点与流通股数量变化

5. 案例启示

公司上市乃兵家大事，要谋定而后动。多伦科技作为一家成立二十余年的高科技公司，最终能成功在上证主板上市，这与多伦科技自身的努力以及相关中介机构的经验与资源密不可分。

5.1　选择合适的上市地点与时机，选聘合适的中介机构

5.1.1　选择合适的上市地点和上市时机

公司上市地点和时机选择的恰当与否会对其上市成败产生重要影响，当前国内国外众多的证券交易所、多样化的上市板块为不同融资需求、不同行业公司提供了个性化选择空间。但需要强调的是，公司选择上市地点的核心并不是选择交易所，而是选择公司自己的股东和市场，这样才能使产业发展与资本市场相得益彰。目前我国上证主板、深证主板、深证中小板适用的发行条件完全一样，首发公司可根据自身意愿选择上市地点与上市板块，沪深交易所将按照均衡原则审核首发公司。同时，公司上市时如果选择大盘攀升、行业看好和公司高速发展时期，往往可以提高上市的成功率和市盈率。

5.1.2　选聘合适的中介结构

股票发行上市是发行人以及各中介机构“合力”的结果，中介机构之间应该良好合作，尤其是保荐机构与律师、会计师等之间要团结协作。因此，选择合适的中介机构至关重要。首先，要选择具有从事证券业务资格的中介机构。其中，会计师事务所和资产评估师事务所要具备从事股票发行上市业务必须具有的证券从业资格，证券公司必须具有保荐承销业务资格。其次，公司需要对拟聘用的中介机构的执业能力、执业经验和执业质量进行了解，建议选择具有较强执业能力、熟悉公司所在行业情况、声誉(综合反映整体实力)良好的中介机构。

以多伦科技为例，其聘请的审计机构天衡会计师事务所(特殊普通合伙)在2015年的公司上市、上市公司审计业务量排名中位于第15位，其当年IPO服务的家数为27家；律师机构北京市中伦律师事务所在2015年的公司上市、上市公司业务量排名中位于第5位，其IPO服务家数为168家；而其聘请的保荐机构(主承销商)华泰联合证券在2015年保荐机构(主承销商)募集资金排名中位于第5位，在保荐机构(主承销商)承销家数排名中位于第8位，在保荐机构(主承销商)承销保荐费用及平均费率排名中位于第6位。总体来看，多伦科技上市聘请的主要中介机构无论是执业能力、经验还是声誉都在同行业中处于较好地位，这为多伦科技成功IPO上市起到了重要的保驾护航的作用。

5.2 突出公司的持续发展能力，解决公司的“五独立”问题

5.2.1 突出公司的持续发展能力

首先，可持续发展能力是决定公司能否上市的一个核心要素，公司的核心竞争力包括研发能力、资产盈利能力、持续创新能力等。以多伦科技为例，其参与制定1项国家标准、8项行业标准，有2项发明专利、36项实用新型及外观设计专利、32项计算机软件著作权、17项软件产品；同时，公司有10项产品获得省部级“科技示范推广”等称号和表彰奖励。目前，公司已被评为江苏物联网应用示范工程建设单位，拥有江苏道路驾驶智能培训与考试系统工程技术研究中心、南京市北斗卫星应用技术研究院、博士后工作站多伦科技分站。这些都表明该公司核心技术很强，拥有的知识产权自主性和先进性很高，有利于公司的持续研发、持续创新、持续盈利。

其次，是要强调公司未来盈利的相对稳定性、展现出公司未来发展的明朗前景，这主要包括两块内容：一是公司所在行业在社会中的定位须与国家宏观调控相适宜，为国家产业政策所鼓励；二是公司在所处行业中是否处于领先地位，能否在激烈竞争中保持优势而持续发展。以多伦科技为例，其市场定位为：公司是一家致力于推进中国机动车驾驶人智能培训和考试系统、智能交通类产品创新与产业化应用的高新技术公司，公司未来的总体战略目标是“把公司打造成国内一流的系统智能化专家，实现公司跨越式发展”。

5.2.2 解决公司的“五独立”问题

公司要上市，其应当具有完整的业务体系和管理结构，具有直接面向市场独立经营的能力，具体为：资产完整、人员独立、财务独立、机构独立和业务独立。尤其是业务独立方面，证监会对关联交易的审核非常严格，要求报告期内关联交易总体呈现下降趋势。因此对关联交易要有完整业务流程的规范，还要证明其必要性及公允性。

以多伦科技为例，其首发招股说明书(申报稿)中关于与唐山路通的关联交易有这样的记载：保荐机构核查了发行人与唐山路通的销售合同、定价原则，并与销售同类产品的第三方进行了比较，认为发行人销售给唐山路通的产品具有真实合理的商业背景，价格与第三方价格相比并不存在重大差异，定价公允，发行人对该交易不存在重大依赖；发行人报告期内对唐山路通的关联交易履行了必要的决策程序，已经由董事会、股东大会审议通过。

5.3 健全公司治理结构，明确募集资金用途

5.3.1 健全公司治理结构

拟上市公司应按照《公司法》的要求建立独立的董事会、监事会和组建董、监、高职业

团队，从完善公司治理结构的方案和措施上加大改革力度，从立法上明确董事会的性质地位，明确董事会和总经理的权限，发挥好监事会和全体股东的作用。同时还要搭建公司治理结构所需的平台，不断优化股权结构，有效激励和约束公司管理层。

以多伦科技为例，其首发招股说明书(申报稿)第九节关于公司治理中有这样的记载：2011年12月5日，公司召开了创立大会暨第一次股东大会，严格按照《公司法》、《证券法》、《上市公司治理准则》、《上市公司股东大会规则》和《上市公司章程指引》等法律法规的要求，结合本公司的实际情况，审议通过了《公司章程》、《股东大会议事规则》、《董事会议事规则》、《监事会议事规则》、《独立董事制度》、《股东大会累积投票制实施细则》、《关联交易制度》、《对外担保管理办法》等，并选举产生了股份公司第一届董事会、监事会成员。2011年12月5日召开的一届一次董事会审议通过了《总经理工作细则》、《董事会秘书工作细则》、《对外投资管理办法》，2012年8月11日召开的一届七次董事会议审议通过了《募集资金管理办法》和《信息披露管理办法》，公司已逐步建立健全了符合上市公司治理要求的、能够保证中小股东充分行使权利的公司治理结构。

5.3.2 明确募集资金用途

募集资金投资项目要符合国家产业政策，符合公司发展战略，通常应注意以下事项：一是要对投资项目的可行性，风险可控和持续盈利清晰阐述；二是募集资金不宜投资于全新产品，如果投资于全新产品，可能给投资者带来一定的不确定性；三是募集资金投资于研发项目或营销网络要进行充分研究调查，不宜一步大规模投资到位，要循序渐进；四是募集资金投资项目导致公司生产模式发生重大转变时，要做具体财务测算，应比较两种不同盈利模式对公司盈利能力、发展前景的不同影响；五是募集资金不可以大量补充流动资金，一般不宜超过募集资金的10%；六是募集资金投资项目不应产生同业竞争，也不应对公司独立性产生影响。

以多伦科技为例，其首发招股说明书(申报稿)第十节关于募集资金运用中有记载(摘录)：为巩固和提升公司竞争优势，并充分考虑行业政策支持，客户基础，技术保障等因素，经公司股东大会慎重决策，确定了本次募集资金投资项目。本募投项目均符合公司主营业务的发展方向，将新增驾驶考试与培训系统350套的产能、新增城市智能交通系统模板500套的产能。为保障本次募集资金投资项目在达产后能顺利消化新增产能，发行人在客户资源、技术升级、销售渠道拓展、品牌推广和客户服务等方面实施了多项举措。

本次募集资金运用能改善公司财务状况，增强公司未来盈利能力；新增固定资产投资折旧不会造成公司主营业务利润下降，不会对公司未来经营成果带来不利影响；本次募投项目直接产生的效益为“机动车驾考，培训系统集成及城市智能交通系统改扩建项目”，该项目达成后的投入产出比与公司2012~2014年的平均投入产出比基本相匹配。

5.4 加强财务风险控制，有效防范重大财务风险

在公司财务风险控制方面，中国证监会颁布的主板和创业板发行上市管理办法均作了禁止性规定，包括不存在重大偿债风险，不存在影响持续经营的担保、诉讼以及仲裁等重大或有事项；不存在为控股股东、实际控制人及其控制的其他公司进行违规担保的情形；不得有资金被控股股东、实际控制人及其控制的其他公司以借款、代偿债务、代垫款项或者其他方式占用的情形。

对此，多伦科技在其首发招股说明书(申报稿)第十五节其他重要事项中记载(摘录)：截至本招股说明书签署日，发行人正在例行的诉讼或仲裁事项如下：2014年2月28日，发行人已离职员工丁某(原告)向南京市江宁区人民法院提起诉讼，诉称发行人以原告严重违反公司规章制度为由解除原告劳动合同，原告认为被告无故辞退员工，请求法院判决“被告支付原告劳动合同经济补偿金171,832元，被告支付原告未足额支付工资115,300元，被告支付原告加班工资37,216元。”因不服一审判决，原告与发行人分别于2014年10月8日、10月11日向南京市中级人民法院提起诉讼，截至本招股说明书签署日，南京中院已经受理上述劳动争议案件，该案件正在审理中。

保荐机构和发行人律师认为，上述劳动争议纠纷涉及金额不大，不会对发行人生产经营、资产状况造成重大影响，不会对本次发行上市构成法律障碍。除上述诉讼外，公司不存在其他对公司财务状况、经营成果、声誉、业务活动、未来前景可能产生较大影响的诉讼或仲裁事项。同时，截至本招股说明书签署日，未发生本公司控股股东或实际控制人、控股子公司作为一方当事人的重大诉讼或仲裁事项；根据公司全体董事、监事、高级管理人员及核心技术人员的声明，上述人员目前均不存在重大诉讼或重大仲裁事项，也无涉及刑事诉讼的情况。

本章附注

1.《证券法》中有关保荐人的规定

证券法第四十九条规定：申请股票、可转换为股票的公司债券或者法律、行政法规规定实行保荐制度的其他证券上市交易，应当聘请具有保荐资格的机构担任保荐人。

上市保荐人应当遵守业务规则和行业规范，诚实守信，勤勉尽责，对发行人的申请文件和信息披露资料进行审慎核查，督导发行人规范运作。

2. 上海证券交易所上市的主要业务流程

在公司IPO上市的五个步骤中，每个步骤都有具体的事情要处理好，否则就无法进入下一道程序。因为多伦科技选择上市的地点是在上交所，而上交所公司上市流程具体如下。

(1) 改制与设立股份公司

改制与设立股份公司所需时间视公司实际情况而定，其具体流程如下：公司确定上市计划或拟定改制重组方案，聘请中介对方案进行可行性论证；对资产进行审计评估签署发起人协议和起草公司章程等文件；设置公司内部组织结构，登记设立股份有限公司。

(2) 尽职调查与辅导

尽职调查与辅导所需时间视公司实际情况而定，具体流程如下：保荐机构和其他中介机构对公司进行尽职调查，问题诊断，专业培训和业务指导；完善组织和内部管理，规范公司行为，明确业务发展目标和募集资金投向；对照发行上市，对存在的问题进行整改，准备首次公开发行申请文件。

(3) 申请文件的制作与申报

申请文件的制作与申报一般需要2~3个月。具体流程如下：公司和所聘请的中介机构，按证监会的要求制作申请文件；保荐机构进行内核并向中国证监会尽职推荐；符合申报条件的，中国证监会在5个工作日内受理申请文件。

(4) 申请文件的审核

申请文件的审核一般需要3~9个月。首先是初审：证监会正式受理申请文件后进行初审，同时征求发行人注册地省级人民政府及国家发改委意见；接下来是沟通反馈：证监会向保荐机构反馈意见，保荐机构组织发行人和中介机构对审核意见进行答复或审核，证监会根据初审意见补充完善的申请文件进一步审核，初审结束后进行申请文件预披露；随后是发审委审核：将初审报告和申请文件提交发行审核委员会审核；最后是核准发行：依据发审委审核意见，证监会对发行人申请做出决定。

(5) 发行与上市

发行与上市一般需要3~4周。具体流程如下：刊登招股意向书；进行初步询价与预路演；确定价格区间网上路演；进行网下申购，网上发行日当天进行网上申购；确定发行价格，申购资金验资，网上申购配号；刊登发行结果公告，网上发行摇号抽签；进行未中签申购资金退款、承销商转账、会计师事务所验资、股份初始登记；提交上市申请材料，上市委员会审核，交易所核准；刊登上市公告书；股票正式上市。

3. 沪深两市《股票上市规则》中相关财务指标的口径

净资产：指归属于公司普通股股东的期末净资产，不包括少数股东权益金额。

净利润：指归属于公司普通股股东的净利润，不包括少数股东损益金额。

每股收益：指根据中国证监会有关规定计算的基本每股收益。

净资产收益率：指根据中国证监会有关规定计算的全面摊薄净资产收益率。

4. 高管人员、实际控制人

高管人员即高级管理人员，主要指总经理、副总经理、财务总监及董事会秘书。实际控制人则是指虽不是公司股东，但通过投资关系、协议或其他安排能够实际支配公司行为的人。按照现行法律制度规定，主板与中小板上市最近三年实际控制人不能发生变化，而创业板上市实际控制人最近两年不能发生变化。实务中，要关注拟上市公司股权结构是否发生重大变化，如持股最大股东发生变化就认为是实际控制人发生变化。

5. 中签率

中签的申购单位与参与申购的有效申购单位总额的比率就是申购的中签率，即中签率=(最终网上发行数量/网上有效申购总量)×100%。

由于申购新股的资金一般大大超出新上市公司计划募集的资金，所以需要通过随机的方式在所有申购的资金中分配股份，以保证申购的公平性。沪市规定申购单位为1000股，每一账户申购数量不少于1000股，超过1000股的必须是1000股的整数倍；深市规定申购单位为500股，每一账户申购数量不少于500股，超过500股的必须是500股的整数倍。每一个有效申购单位对应一个配号。通过随机分配的方式决定中签的配号(即申购成功的申购单位)。

6. 有关多伦科技的回拨机制安排

(1) 网上、网下发行均获得足额认购的情况下

网上投资者初步有效申购倍数超过50倍、低于100倍(含)的，将从网下向网上回拨，回拨比例为本次公开发行股票数量的20%；网上投资者初步有效申购倍数超过100倍的，回拨比例为本次公开发行股票数量的40%；网上投资者初步有效申购倍数超过150倍的，回拨后网下发行比例不超过本次公开发行股票数量的10%。

(2) 网上、网下均获得足额认购的情况下

网上投资者初步有效申购倍数未超过50倍的，将不启动回拨机制。

(3) 网上发行未获得足额认购的情况下

网上申购不足部分向网下回拨，由参与网下申购的投资者认购，发行人和保荐机构(主承销商)将按照既定的配售原则进行配售；仍然认购不足的部分，由保荐机构(主承销商)余额包销。

(4) 网下发行未获得足额认购的情况下

不足部分不向网上回拨，并将中止发行。

第四章　康恩贝分拆佐力药业 IPO 上市案例分析

分拆上市有广义和狭义之分。广义分拆上市包括已上市公司或未上市公司将部分业务从母公司中独立出来单独上市；狭义分拆上市(通常意义上的理解)仅指已上市公司将其部分业务或某个子公司独立出来，另行公开发行新股上市。分拆上市不仅流行于美国等发达国家证券市场，也盛行于香港等一些新兴而又逐步步入成熟的资本市场。但在我国，通过分拆真正上市的案例并不多见，康恩贝分拆佐力药业上市就是其中一个。近年来，随着新三板的发展壮大，上市公司分拆子公司到新三板挂牌(与真正意义上的上市还有差距)的案例逐渐增多。

1. 分拆上市

1.1　对分拆的理解

一般来说，公司资产重组有两类重要方式可以选择：一类是使公司资产规模扩张，主要通过收购和兼并实现公司资产的低成本扩张；一类是使公司资产规模收缩，主要通过资产剥离实现公司资产收缩。而公司资产剥离大致又分为两种，一种是资产出售(ell-offs)，即出售剥离资产的所有权以收回现金；另一种是分拆(spin-offs)，即在公司内将权益在两个独立法人实体中进行划分。分拆属于公司资产的收缩策略范畴，在分拆过程中一般不存在股权和控制权向第三方转移的问题，基本不涉及货币的转手，公司的资产也不需要重新评估。因此，分拆可以看成是吸收合并的逆向操作，即吸收合并是运用股权互换的方法，将两个独立的法人合并为一个法人，而公司分拆则是运用股权互换的方法将一个法人分立为两个独立法人。

1.2　分拆上市类型

1.2.1　国外分拆上市类型

国外公司分拆上市一般可分为横向分拆上市、纵向分拆上市和混合分拆上市三种类型。

(1) 横向分拆上市

横向分拆上市是指对母公司的股权进行分离与分立，分拆出与母公司从事同一种业务的子公司，由此实现子公司的首次公开发售(IPO)。

(2) 纵向分拆上市

纵向分拆上市是指由于母公司从事的业务涉及某一行业产业链中的不同环节，例如石油行业有开采、生产、提炼和向最终消费者推销等业务链，将母公司的股权进行分离与分立，分拆出与母公司从事同一行业、但处于产业链中不同业务环节的子公司，把子公司分拆出去并进行 IPO。

(3) 混合分拆上市

混合分拆上市是指由于母公司属于业务经营多元化的公司，其业务范围涉及完全不同的行业或业务类型，使得母公司控制的资产差异性很大，增加了公司经营管理的难度，不利于促进资源的合理有效配置；为此，将母公司业务结构中涉及到与其核心业务关联度较弱的某一行业或某一类型的业务分离与分立出去，重新组建一家可以实施 IPO 计划的公司，以便母公司和子公司可以更好地集中资源优势，做大和做强其核心业务，从而提高核心业务的竞争力。

1.2.2 我国分拆上市的常见类型

但由于公司内部业务往往有较多联系，分拆上市容易导致上市公司和控股股东及其下属公司之间的关联交易以及同业竞争问题，因此监管部门对分拆上市部分的业务独立性有很高的要求。因此，我国分拆到创业板上市的公司多属于混合分拆类型，即母公司是多元化经营的公司，被分拆的子公司主营业务和母公司的主营业务属于不同的行业。

2. 案例来源与所适用的法律制度

2.1 案例来源

因为康恩贝(600572)在上海证券交易所上市，分拆出的佐力药业(300181)在深圳证券交易所创业板上市，基于此，该案例资料来源主要有三个：一个是中国证监会官网公告的与佐力药业有关的说明书、会议公告、审核结果公告等(见表 4-1)；一个是上海证券交易所官网公告的与康恩贝相关的信息；还有一个是深圳证券交易所官网(http://www.szse.cn/)公告的与佐力药业首发上市相关的信息(见表 4-2)。

表 4-1 证监会公告的与康恩贝分拆佐力药业 IPO 上市的相关信息

序号	名　称	发文日期	文号
1	创业板上市公司列表	2014 年 02 年 27 日	
2	关于核准浙江佐力药业股份有限公司首次公开发行股票并在创业板上市的批复	2011 年 01 月 21 日	证监许可[2011]133 号
3	创业板发审委 2010 年第 84 次会议审核结果公告	2010 年 12 月 10 日	
4	创业板发审委 2010 年第 84 次工作会议公告的补充公告	2010 年 12 月 08 日	
5	创业板发审委 2010 年第 84 次工作会议公告	2010 年 12 月 06 月	

数据来源：中国证监会官网

表 4-2 深圳证券交易所官网公告的与佐力药业首发上市相关的信息

佐力药业：上海东方华银律师事务所关于公司首次公开发行股票并在创业板上市之法律意见书 (299k)[2011-01-26]
佐力药业：首次公开发行股票并在创业板上市招股意向书 (3148k)[2011-01-26]
佐力药业：首次公开发行股票并在创业板上市初步询价及推介公告 (155k)[2011-01-26]
佐力药业：上海东方华银律师事务所关于公司首次公开发行股票并在创业板上市之律师工作报告 (842k)[2011-01-26]
佐力药业：审计报告 (3103k)[2011-01-26]

续表

佐力药业：西南证券股份有限公司关于公司首次公开发行股票并在创业板上市的发行保荐工作报告 (708k) [2011-01-26]	
佐力药业：西南证券股份有限公司关于公司首次公开发行股票并在创业板上市的发行保荐书 (1165k) [2011-01-26]	
佐力药业：首次公开发行股票并在创业板上市提示公告 (81k) [2011-01-26]	
佐力药业：中国证监会关于核准公司首次公开发行股票并在创业板上市的批复 (764k) [2011-01-26]	

数据来源：深圳证券交易所官网

2.2　所适用的法律制度

2.2.1　所适用的《公司法》、《证券法》

考虑到康恩贝分拆佐力药业上市案例发生的时间段，其适用的《公司法》是 2005 年 10 月 27 日中华人民共和国第 10 届全国人民代表大会常务委员会第 18 次会议修正，自 2006 年 1 月 1 日施行的《中华人民共和国公司法》；其适用的《证券法》是 2005 年 10 月 27 日中华人民共和国第 10 届全国人民代表大会常务委员会第 18 次会议修正，自 2006 年 1 月 1 日施行的《中华人民共和国证券法》。

2.2.2　所依据的分拆上市法律制度

2010 年 4 月 13 日，创业板发行监管业务情况沟通会明确境内上市公司分拆子公司到创业板上市的"六大条件"。

一是资金使用：上市公司公开募集资金未投向发行人业务；

二是盈利能力：上市公司最近三年盈利，业务运营正常；

三是竞争关系和股权关系：上市公司和发行人不存在同业竞争且出具未来不竞争承诺，上市公司及发行人的股东或实际控制人与发行人之间不存在严重的关联交易；

四是利润占比：发行人利润占上市公司利润不超过 50%；

五是净资产占比：发行人净资产占上市公司净资产不超过 30%；

六是股份限制：上市公司及下属公司董事会、监事会、高级管理人员及其亲属持有发行人发行前股份不超过 10%。

2.2.3　所适用的《首次公开发行股票并在创业板上市管理暂行办法》

被分拆的子公司上市还须满足到相关板块上市所具备的所有条件，因为康恩贝分拆出的佐力药业是在创业板 IPO 上市，而中国证券监督管理委员会令第 61 号：《首次公开发行股票并在创业板上市管理暂行办法》已经于 2009 年 1 月 21 日中国证券监督管理委员会第 249 次主席办公会议审议通过，自 2009 年 5 月 1 日起施行。考虑到康恩贝分拆佐力药业上市案例发生的时间段，该公司适用的应该就是 2009 年的《首次公开发行股票并在创业板上市管理暂行办法》。

2.2.4　所适用的《深圳证券交易所创业板股票上市规则》

《深圳证券交易所创业板股票上市规则》于 2009 年发布，并在 2012 年、2014 年分别进行了一次修订，但就其中规定的发行人申请股票在本所上市的条件仍维持原状。

发行人申请股票在深圳证券交易所创业板上市应当符合的条件如下：

一是股票已公开发行；

二是公司股本总额不少于 3000 万元；

三是公开发行的股份达到公司股份总数的25%以上；公司股本总额超过四亿元的，公开发行股份的比例为10%以上；

四是公司股东人数不少于200人；

五是公司最近三年无重大违法行为，财务会计报告无虚假记载；

六是本所要求的其他条件。

3. 案例简介

3.1 佐力药业概况

浙江佐力药业股份有限公司(Zhejiang Jolly Pharmaceutical Co., LTD)设立于2000年1月28日，是根据浙江省人民政府证券委员会《关于同意设立浙江佐力药业股份有限公司的批复》(浙证委[2000]3号)批准，在浙江佐力药业有限公司整体改组基础上，由上海实业联合集团股份有限公司、浙江北湖集团有限公司、杭州大学德清高新产业发展总公司、浙江荣毅实业发展有限公司等4家法人和自然人陈某如女士共同出资设立的股份有限公司。公司设立之初的注册资本为12,000万元，总股本12,000万股，注册地址为浙江省德清县武康镇志远路。该公司以“辅佐人类身体健康，致力祖国医药发展”为宗旨，专业从事药品的研发、生产和销售。公司立足于药用真菌生物发酵技术生产中药产品，通过多年的研发、改进，实现了珍稀中药材——乌灵参的产业化生产，实现了传统中药材和现代生物技术应用的结合，填补了中药材领域的空白。

3.2 康恩贝分拆佐力药业

2004年5月，佐力药业进行第三次股权转让，浙江康恩贝制药股份有限公司(康恩贝)及其子公司浙江康恩贝医药销售有限公司，通过受让浙江丰登化工股份有限公司、浙江北湖商贸有限公司、浙江荣毅实业发展有限公司所持有的佐力药业股份而成为佐力药业的第一大股东。佐力药业《首次公开发行股票招股说明书》(申报稿)显示，2004年6月至2007年11月期间，康恩贝直接、间接持有佐力药业股份高达63%。如表4-3所示，康恩贝直接持有佐力药业股份57%，通过其子公司康恩贝医药销售公司间接持有佐力药业股份6%，从而成为佐力药业的绝对控股股东。

表4-3 佐力药业第三次股权转让后的股本结构

股东名称	持股数	持股比例
浙江康恩贝制药股份有限公司	6840	57%
德清县佐力商贸有限公司	2760	23%
浙江大学德清高新产业发展有限公司	1200	10%
浙江康恩贝医药销售有限公司	720	6%
董某宇	240	2%
陈某如	240	2%
总计	12000	100%

数据来源：佐力药业《首次公开发行股票招股说明书》(申报稿)

2007 年 11 月，康恩贝为扶持佐力药业单独上市，将康恩贝公司直接持有的佐力药业股份的 31%以及其控股的销售公司持有的佐力药业 6%的股份进行了转让。此次股份转让后，与康恩贝不存在关联关系的原佐力药业法人代表俞某成为控股股东，直接持有佐力药业 41%的股份，康恩贝公司放弃控股权，成为公司的第二大股东，持有佐力药业股份 26%。

3.3　佐力药业上市历程

浙江佐力药业股份有限公司按照我国《公司法》、《证券法》、《首次公开发行股票并在创业板上市管理暂行办法》以及《深圳证券交易所创业板股票上市规则》等法律制度的有关规定，聘请西南证券有限公司为保荐人与主承销商、中汇会计师事务所有限公司为审计机构、上海东方华银律师事务所为专项法律顾问、中联资产评估有限公司为资产评估机构。在这些中介机构的协助下，佐力药业积极向深证创业板市场冲刺；经过其自身及有关主体的不懈努力，佐力药业最终以 IPO 方式成功在深证创业板挂牌上市，其上市历程如下：

2000 年 1 月 28 日：整体变更设立为股份公司，股本总额为 12,000 万元人民币；

2008 年 4 月 16 日：股份公司缩股改制，减少的出资 6,000 万元转为资本公积；

2010 年 12 月 10 日：创业板发审委 2010 年第 84 次会议，佐力药业首发获通过；

2011 年 1 月 21 日：中国证监会给出《关于核准浙江佐力药业股份有限公司首次公开发行股票并在创业板上市的批复》；

2011 年 1 月 27 日：佐力药业开始询价推介；

2011 年 2 月 1 日：佐力药业签署首次公开发行股票招股说明书；

2011 年 2 月 9 日：首次公开发行股票并在创业板上市网上路演公告；

2011 年 2 月 14 日：佐力药业发布首次公开发行股票并在创业板上市网下中签及配售结果公告；

2011 年 2 月 15 日：佐力药业发布首发股票并在创业板上市网上定价发行摇号中签结果公告；

2011 年 2 月 21 日：佐力药业发布首次公开发行股票上市公告书；

2011 年 2 月 22 日：佐力药业成功上市，其股票在深交所挂牌交易。

4. 案例分析

4.1　康恩贝分拆佐力药业上市条件比对

截至目前，我国证监会对在大陆境内分拆上市尚未出具正式的法律法规，所以康恩贝分拆佐力药业上市所依据的唯一标准就是“六大条件”提出的六条框架性规定。

4.1.1　资金使用

分拆上市条件之一是上市公司公开募集资金未投向发行人业务。而根据《浙江佐力药业股份有限公司关于公司设立以来股本演变情况的说明及其董事、监事、高级管理人员的确认意见》中披露的信息发现，上市公司康恩贝与发行人佐力药业业务方向不同，康恩贝主要从事现代中药、天然植物药产品的研制、生产和销售，以心脑血管药、泌尿系统药、镇咳、祛痰药等类产品的研制和销售为主，而佐力药业则是聚焦真菌发酵技术的中药公司，以生产“乌灵菌粉”和“乌灵胶囊”等神经系统疾病中成药为主。双方在主要业务、产品研发、生产、原料采购及销售模式上存在较大差异，原康恩贝及其子公司销售公司拟在其研发、品牌、市场等方面与佐力药业独特的产品品种资源进行整合，但一直未顺利开展。因此，发行人佐力药业在业务、资产、人员、技术、财务、机构、市场销售等方面一直独立于康恩贝，在研发、生产、经营各环节均有独立、完整的体系，具有面向市场自主经营业务的能力。由此可以判断，康恩贝公开募集资金未投向发行人业务。

4.1.2 盈利能力

分拆上市条件之二是要求上市公司最近三年盈利，业务运营正常。根据佐力药业《首次公开发行股票招股说明书》中披露的重要财务数据，上市公司康恩贝的净利润见表4-4，其在2007年度为10613.17万元、2008年度为9197.36万元、2009年度为10121.66万元、2010年1~6月为9719.38万元，完全符合上市公司最近三年盈利的要求；同时，该公司2007~2009年连续三年的年报审计注册会计师也都出具了标准无保留意见，表明其业务运营正常。

表4-4 上市公司康恩贝的净利润

单位：万元

	2010年1~6月	2009年度	2008年度	2007年度
归属上市公司股东的净利润	9719.38	10121.66	9197.36	10613.17
归属上市公司股东扣非后的净利润	7005.61	9249.80	5120.18	5860.33

数据来源：佐力药业《首次公开发行股票招股说明书》(申报稿)，其中扣非是指扣除非经常性损益。

4.1.3 竞争关系与关联交易

分拆上市条件之三是上市公司和发行人不存在同业竞争，且出具未来不竞争承诺，上市公司及发行人的股东或实际控制人与发行人之间不存在严重的关联交易。

(1) 关于竞争关系

根据该条规定，康恩贝在2010年9月16日向发行人出具《承诺函》，主要承诺：本公司及本公司下属全资和控股子公司未来不会直接或间接从事或参与任何以药用真菌乌灵参为原料的相关产品(包括原料、单方制剂以及以乌灵菌粉为菌药的复方制剂)的研发和生产；在本公司作为佐力药业主要股东即持有佐力药业的股权比例5%以上(含5%)期间，本公司及下属全资和控股子公司不直接从事或参与研发和生产以药用真菌发酵为主要技术的药品原料及制剂；本公司保证严格遵守佐力药业公司章程的规定，与其他股东一样平等的行使股东权利、履行股东义务。不利用主要股东的地位谋求不当利益，不损害佐力药业和其他股东的合法权益。

(2) 关于关联交易

总体来说，在报告期内，佐力药业与康恩贝产生的经常性关联交易很少，对公司独立性不构成影响；康恩贝为了扶持佐力药业发展，向其拆出资金用于临时资金周转并为其借款提供担保，发生额逐年减少，且在上市之前半年内已经规范清理，对佐力药业上市后续持续经营发展不构成重大影响。为了深入理解双方的关联交易及影响，下面分别就经常性关联交易、偶发性关联交易进行分析。

① 经常性关联交易

康恩贝与发行人佐力药业的经常性关联交易主要体现在材料采购、产品销售两个方面。

首先，关联采购比例很小。佐力药业采购渠道独立于康恩贝，其原材料乌灵菌粉为自行生产，对外采购主要为空心胶囊和通用内包材等配套材料以及乙酰螺旋霉素原料药，供应商主要为天方药业股份有限公司。因为康恩贝在银杏叶片提取物的生产业务上具有明显优势，在发行人仍属于康恩贝股份子公司期间，其向康恩贝股份采购银杏叶片。由于发行人的银杏叶片产量较小，2007 年至 2010 年 6 月期间，佐力药业与康恩贝发生的经常性关联采购金额每年不到总采购金额的 2%（见表 4-5），采购价格也是基于市价协商定价，涉及的关联交易真实、公平，对发行人经营成果影响较小。

表 4-5　佐力药业与康恩贝的关联采购

关联方名称	2010 年 1~6 月		2009 年度		2008 年度		2007 年度	
	金额（万元）	比重（%）	金额（万元）	比重（%）	金额（万元）	比重（%）	金额（万元）	比重（%）
浙江康恩贝制药股份有限公司	–	–	19.49	0.77	12.82	0.62	10.60	0.47
浙江康恩贝医药销售有限公司	–	–	–	–	–	–	27.50	1.22
合计	–	–	19.49	0.77	12.82	0.62	38.10	1.69

数据来源：佐力药业《首次公开发行股票招股说明书》（申报稿）

其次，关联销售金额小且逐年递减。佐力药业的销售渠道独立于康恩贝股份，报告期主要客户除 2007 年，上海地区是通过上海安康医药实现物流外（自 2008 年始，佐力药业选择上海市医药股份有限公司和上海思富医药有限公司作为配送商，不再与上海安康医药发生关联），其他客户均为佐力药业自身推广的独立第三方。

从销售模式上看，康恩贝以 OTC 品牌药推广为主，而佐力药业则以专业推广为主，这使得佐力药业无法借鉴康恩贝营销方面的经验，也无法应用康恩贝已经建立的销售网络。从表 4-6 可以看出，2007 年至 2010 年 6 月，佐力药业与康恩贝发生的经常性关联销售除 2007 年较高为 1,051.07 万元以外，其他年份均低于 12 万元，而且呈逐年递减态势。同时发行人佐力药业向关联方的销售价格和向第三方的销售价格基本一致，因此关联销售的定价总体上公允合理。

表 4-6　佐力药业与康恩贝的关联销售

关联方名称	2010 年 1~6 月		2009 年度		2008 年度		2007 年度	
	金额（万元）	比重（%）	金额（万元）	比重（%）	金额（万元）	比重（%）	金额（万元）	比重（%）
上海安康医药有限公司					–		1025.79	9.85%
浙江康恩贝三江医药有限公司	1.26	0.09%	6.58	0.30%	10.97	0.76%	25.28	1.13%
浙江康恩贝制药股份公司			–		0.20	1.98	–	
合计	1.26		6.58		11.17		1051.07	

数据来源：佐力药业《首次公开发行股票招股说明书》（申报稿）

② 偶发性关联交易

佐力药业与康恩贝间的偶发性关联交易有两种，一种是资金拆借、一种是借款担保。

从资金拆借来看，报告期内佐力药业向康恩贝及其关联方拆入资金用于临时性周转，2007年至2009年发生额分别为：4,600.00万元、5,200.00万元、2,600.00万元，2010年未借入资金。2007年度，佐力药业仍属康恩贝的子公司，而且资金拆借时间较短，发行人未向对方支付利息。根据佐力药业与康恩贝集团签订的借款协议，2008年度的月借款利率为7.15‰~7.5‰，2009年度的月借款利率为5.3‰，略高于银行借款利率，但由于在国家规定的利率浮动范围之内且借款时间较短，因此对佐力药业影响不大。截至2009年4月24日，上述拆入资金已经全部归还，此后未再发生关联资金拆入情况。

从借款担保来看，报告期内康恩贝向佐力药业提供借款担保，从2009年10月起，康恩贝对佐力药业提供的担保随着借款归还逐渐解除，截至当年12月8日，康恩贝为佐力药业提供的关联担保全部解除，2010年未再发生。会计师针对佐力药业关联担保事项发表如下意见：“康恩贝为佐力药业提供的担保对公司经营和发展产生一定积极影响，但随着公司综合实力、品牌美誉度及财务状况已具备独立融资能力，康恩贝是否能继续提供担保对佐力药业的经营和发展不会构成重大影响。”

4.1.4 利润占比

“六大条件”之四是要求发行人利润占上市公司利润不超过50%。由表4-7可知，在2007~2009年期间，扣除非经常性损益之前，发行人佐力药业净利润占其母公司——即上市公司康恩贝净利润的比重最高为31.20%(2009年)，随后是18.10%(2008年)、13.09%(2007年)；在扣除非经常性损益之后，发行人佐力药业净利润占其母公司——即上市公司康恩贝净利润的比重最高为33.46%(2009年)，随后是29.11%(2008年)、17.79%(2007年)。可见，在报告期连续的三年期间内，佐力药业净利润占康恩贝净利润的比重始终低于50%；同时，在2010年1~6月期间，发行人利润占上市公司利润的比重不管是扣非前还是扣非后也都明显低于50%的标准。

表4-7 佐力药业与康恩贝净利润比较表 单位：万元

	2010年1~6月	2009年度	2008年度	2007年度
佐力药业归属母公司股东的净利润	1910.02	3158.43	1664.27	1389.42
康恩贝归属上市公司股东的净利润	9719.38	10121.66	9197.36	10613.17
发行人利润占上市公司利润比重	19.65%	31.20%	18.10%	13.09%
佐力药业归属母公司股东扣非的净利润	1872.00	3095.06	1490.44	1042.71
康恩贝归属上市公司股东扣非的净利润	7005.61	9249.80	5120.18	5860.33
扣非后发行人利润占上市公司利润比重	26.72%	33.46%	29.11%	17.79%

数据来源：佐力药业《首次公开发行股票招股说明书》(申报稿)，扣非是指扣除非经常性损益。

4.1.5 净资产占比

“六大条件”之五是要求发行人净资产占上市公司净资产不超过30%。由表4-8可知，在2007~2009年期间，发行人佐力药业净资产占其母公司(即上市公司康恩贝)净资产的比重最高为17.07%(2007年度)，随后是16.61%(2009年度)、16.36%(2008年度)，均远低于30%的标准；同时，该比重在2010年上半年度(1~6月)的值也没超过20%，完全符合分拆上市净资产占比的要求。

表 4-8　佐力药业与康恩贝的净资产比较表　　单位：万元

	2010 年 1~6 月	2009 年度	2008 年度	2007 年度
佐力药业归属母公司股东的净资产	18479.52	16569.50	14911.07	14446.80
康恩贝归属上市公司股东的净资产	104594.60	99730.21	91115.75	84611.02
发行人净资产占上市公司净资产比重	17.67%	16.61%	16.36%	17.07%

数据来源：佐力药业《首次公开发行股票招股说明书》(申报稿)

4.1.6　股份限制

“六大条件”之六是要求“上市公司及下属公司董事会、监事会、高级管理人员及其亲属持有发行人发行前股份不超过 10%”。根据佐力药业《首次公开发行股票并在创业板上市招股说明书》记载，经佐力药业保荐机构、律师核查：除了发行人股东姚某春的丈夫陈某系康恩贝董事、康恩贝控股股东康恩贝集团的董事长外，康恩贝及其实际控制人与发行人实际控制人及其他股东之间不存在其他关联关系；也未达成一致行动意向的约定。图 4-1 是佐力药业首发之前的股权结构图，从中可以看出，姚某春作为康恩贝公司及下属公司董事会、监事会、高级管理人员及其亲属中唯一一个持有佐力药业股份的人员，其持有发行人股权比例为 5%，这比分拆上市条件标准中 10%的上限要低。

4.2　佐力药业创业板上市条件比对

4.2.1　我国创业板 IPO 上市发行的主要条件

2009 年出台的《首次公开发行股票并在创业板上市管理暂行办法》将在创业板上市的公司定位为“服务于成长性创业公司、支持有自主创新的公司”，所规定的在该板 IPO 上市发行的主要条件见表 4-9。在当前实务中，创业板部综合处审核时更看重拟上市公司的盈利能力与成长性。

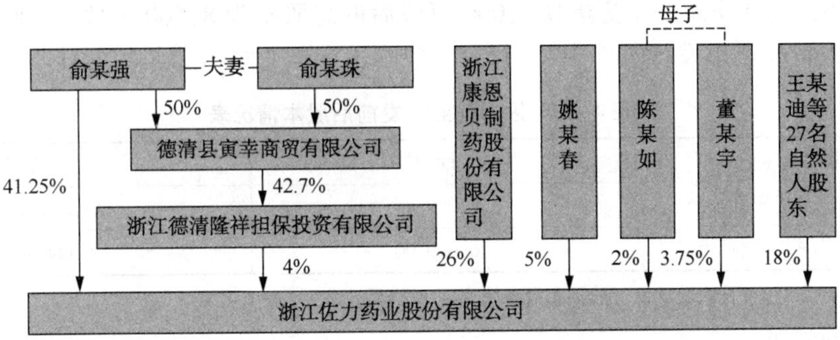

图 4-1　浙江佐力药业首发之前的股权结构图

表 4-9　创业板 IPO 上市发行的主要条件

主要条件	条件要求
主体资格	依法设立且持续经营三年以上的股份有限公司
股本要求	发行后的股本总额不少于 3000 万元

续表

主要条件	条件要求
盈利要求(选择性标准，符合其中一条即可，净利润以扣非前后孰低者为准)	(1)最近两年连续盈利，最近两年净利润累计不少于1000万元，且持续增长；(2)最近一年盈利，且净利润不少于500万元，最近一年营业收入不少于5000万元，最近两年营业收入增长率均不低于30%
净资产要求	发行前(最近一期期末)净资产不少于2000万元，且不存在未弥补亏损
主营业务要求	发行人应当主营一种业务，且最近两年内未发生变更
董事、管理层和实际控制人	发行人最近2年内董事、高级管理人员均未发生重大变化，实际控制人未发生变更。高管最近3年内未受到中国证监会行政处罚或者最近一年内未受到证券交易所公开谴责
同业竞争、关联交易	发行人的业务与控股股东、实际控制人及其控制的其他公司间不存在同业竞争，以及影响独立性或者显失公允的关联交易

4.2.2 佐力药业创业板首发实际条件

(1) 主体基本资格

佐力药业在2000年1月28日通过有限责任公司整体变更设立股份有限公司，截至2010年1月28日已持续经营10年，显然符合主体资格存续时间要求。同时，《首次公开发行股票并在创业板上市管理暂行办法》发行条件(发行条件)中还规定，有限责任公司按原账面净资产价值折股整体变更为股份有限公司的，持续经营时间可以从有限责任公司成立之日起计算。而佐力药业的前身浙江佐力医药保健品有限公司于1995年10月6日就已经成立；1998年3月更名为"浙江佐力药业有限公司"。如果按此计算，其法定存续期还可以向前追溯，这样更是远远超过主体资格3年的要求。

(2) 股本要求

表4-10是佐力药业首发前后的股本情况表，从中可以看出，首发前该公司的总股本为6,000万股(6,000万元)，首发新股2,000万股后的总股本为8,000万股(8,000万元)，远远高于创业板首发上市发行条件中"发行后总股本不少于3000万元"的标准。

表4-10　佐力药业首发前后股本情况表　　单位：万股

指　　标	发行前股本	发行后股本
总股本(含优先股)	6,000.00	8,000.00
总股本(存量股)	6,000.00	8,000.00

数据来源：佐力药业《首次公开发行股票招股说明书》(申报稿)

(3) 盈利要求

从表4-11中可以看见，佐力药业最近两年连续盈利，2008年、2009年连续2个会计年度扣非前的净利润分别为1,664.27万元、3,158.43万元，该指标最近2个会计年度累计金额为4,822.70万元；而该公司最近连续2个会计年度扣非后的净利润分别为1,490.44万元、3,095.065万元，该指标最近2个会计年度累计金额为4,585.51万元。由此可见，佐力药业最近2个会计年度扣非后的净利润均小于未扣非的净利润，按照发行条件中净利润以扣非前后较低者作为计算依据，佐力药业最近2个会计年度的净利润均应以扣非后的净利润为准，该指标呈持续增长态势(2009 年比 2008 年高出 1,604.63 万元)，其近 2 年累计额 4585.51 万元远超过发行条件盈利要求(1)中累计超过人民币 1,000 万元的要求。

表 4-11　佐力药业与盈利要求相关的财务数据　　单位：万元

报　告　期	2008 年报	2009 年报	近 2 年累计金额
营业收入	16,490.25	21,534.98	38025.23
营业收入增长率	30.27%	30.59%	—
净利润	1,664.27	3,158.43	4822.70
非经常性损益	173.84	63.38	237.22
扣非后的净利润	1,490.44	3,095.07	4585.51

数据来源：万得资讯(佐力药业科技 2012-2014 年的财务报表摘要)

根据盈利要求(2)的规定，在创业板首发上市要求最近一年盈利且净利润不少于 500 万元，最近一年营业收入不少于 5000 万元，最近两年营业收入增长率均不低于 30%。从表 4-11 中可以看出，佐力药业 2009 年扣非后的净利润为 3,095.065 万元，远远超过 500 万元的标准；同时佐力药业 2009 年的营业收入为 21,534.98 万元，最近两年即 2008 年、2009 年的营业收入增长率分别为 30.27%、30.59%，也都超过了 30%的要求。因此，按照此款标准，佐力药业的盈利情况也符合创业板首发上市要求。

(4) 净资产要求

按照此项规定，公司在创业板首发上市最近一期期末净资产不少于两千万元，且不存在未弥补亏损。佐力药业最近一期期末即 2010 年 6 月 30 日的净资产为 18,479.5167 万元，最近一年末(2009 年 12 月 31 日)的净资产为 16,569.5004 万元；均明显高于 2000 万元。而佐力药业最近一期期末的利润总额为 2,131.5590 万元，最近一年末的利润总额为 3,455.8729 万元，不存在未弥补的亏损，因此符合创业板发行有关净资产的要求。

(5) 主营业务要求

佐力药业归属于证监会行业分类中的制造业(医药制造业)，其主营业务明确，专业从事药品的研发、生产和销售；同时，公司自成立以来主营业务和主导产品均未发生变化。佐力药业自设立以来，始终立足于药用真菌生物发酵技术生产中药产品，通过多年的研发、改进，目前已拥有自主知识产权的两个国家一类新药“乌灵菌粉”和“乌灵胶囊”，其中乌灵胶囊近 3 年(2007~2009 年)1 期(2010 年上半年)销售收入占公司营业收入的比例分别为 82.33%、91.18%、89.88%和 88.59%。

根据 SFDA 南方经济研究所《2009 年度中国医药市场发展蓝皮书》统计数据，乌灵胶囊在我国医院神经系统疾病中成药用药市场占有率为 9.45%，总排名第二，口服剂型市场占有率排名第一；根据中国医药经济信息网对全国临床用药终端竞争格局统计数据，2007~2009 年乌灵胶囊均居安神补脑药类第一名。这些统计信息与数据表明，佐力药业主营业务符合创业板首发上市要求。

(6) 董事、管理层和实际控制人

佐力药业《首次公开发行股票并在创业板上市招股说明书》第八节“董事、监事、高级管理人员与其他核心人员”中记载：公司现任董事、监事、高级管理人员符合《中华人民共和国公司法》和国家有关法律法规规定的任职资格，且不存在下列情形：被中国证监会采取证券市场禁入措施尚在禁入期的；最近36个月内受到中国证监会行政处罚，或者最近12个月内受到证券交易所公开谴责的；因涉嫌犯罪被司法机关立案或者涉嫌违法违规被中国证监会立案调查、尚未有明确结论意见。同时，佐力药业近3年的实际控制人始终是俞某，没有发生变更；佐力药业董、监、高成员有少数职务变动，但均系任期届满或正常工作变动，公司董事会成员、监事会成员及核心管理层稳定，不影响公司持续经营。在首发之前，佐力药业的董事会成员有9人，监事会成员有3人，高级管理人员有6人，具体见情况表4-12。

表4-12　佐力药业首发前董、监、高成员一览表

姓　名	职　　务	性　别	姓　名	职　　务	性　别
俞某	董事长，董事	男	陈某	监事会主席，监事	女
董某	董事	男	郭某	监事	男
陈某	董事、副总经理兼财务总监	女	嵇某	职工监事	男
郑某	董事、副总经理	男	董某	总经理	男
杨某	董事	男	陈某	副总经理兼财务总监	女
陈某	董事	男	陈某	副总经理	女
沈某	独立董事	男	朱某	副总经理	男
汪某	独立董事	男	郑某	副总经理	男
宋某	独立董事	男	郑某	董事会秘书	男

数据来源：佐力药业《首次公开发行股票招股说明书》(申报稿)

(7) 同业竞争、关联交易

创业板首发条件要求发行人的业务与控股股东、实际控制人及其控制的其他公司间不存在同业竞争，以及影响独立性或显失公允的关联交易，根据4.2.3竞争关系与关联交易中的分析，以及佐力药业上市中介机构发表的与同业竞争、关联交易相关的意见可以判断，佐力药业符合该项要求。

① 同业竞争

发行人三名独立董事就发行人与发行人控股股东是否存在同业竞争问题发表如下意见："公司与控股股东及其控制的其他公司不存在同业竞争情况，控股股东做出了关于避免同业竞争的承诺，公司关于避免同业竞争的措施是积极有效的"。本次发行的律师对发行人的同业竞争情况进行了核查，发表意见如下："经本所律师核查，发行人的控股股东及其控制的其他公司目前均不从事与公司相同、相似的业务，因此与发行人不存在同业竞争关系"。

② 关联交易

发行人三名独立董事对公司报告期内发生的关联交易发表如下意见："公司与关联方间的关联交易活动均按一般市场经济原则进行，执行市场价格。公司近三年进行的关联交易行为履行了相应的关联交易决策程序，是合法公允的，未发现有失公平之处，不存在损害公司及非关联股东利益的情况。公司为保护中、小股东权益采取了相应的措施，为避免不正当交易提供了适当的法律保障。"

本次发行的律师对报告期内发生的关联交易核查后发表如下意见："发行人的上述关联交易审议过程中，关联董事和关联股东均按照公司章程、首次公开发行股票并在创业板上市招股说明书的规定进行了回避，关联交易审议程序符合法律法规和公司章程的规定；上述关联交易公允，不存在损害发行人及其他股东利益的情形”。

本次发行的会计师对报告期内发生的关联交易发表如下意见：“佐力药业的关联交易符合企业会计准则的有关规定，如实反映了佐力药业公司的重大关联交易情况。重大关联交易的会计处理符合《企业会计准则》的有关规定。”

5. 康恩贝分拆佐力药业案例启示

2010年4月13日，创业板发行监管业务情况沟通会传出消息，证监会明确境内上市公司分拆子公司到创业板上市的“六大条件”，引起了业界热议，不少公司想抓住机会筹备上市，康恩贝分拆佐力药业上市就是其中很有代表性的一个。2011年1月21日，中国证监会批准佐力药业首发股票并在创业板上市的申请，据此佐力药业发行2,000万股，募集资金1.67亿元，从而成为我国证券市场上为数不多的境内上市公司分拆子公司成功上市的案例。

5.1 康恩贝分拆佐力药业上市自身条件硬朗

浙江康恩贝是在2003年至2004年期间通过股权受让成为佐力药业的控股股东，但为了把佐力药业推上资本市场，在2007年时开始筹备分拆时，为了确保万无一失，康恩贝主动放弃对佐力药业的控股权，将其持有的佐力药业大部分股份转让给自然人，从而使其直接持有佐力药业股份的比例从57%下降至26%。随后，佐力药业自练内功，不断发展壮大自己。在证监会“六大条件”提出后，佐力药业因为准备充分，条件过硬而通过创业板发审会首发上市审核。

纵观康恩贝及佐力药业披露的财务信息，佐力药业在首发上市前尽管仍属于康恩贝的子公司，但其在2007年脱离康恩贝的控股到2010年期间，已经减少并终止关联交易，同时其财务数据也符合“发行人净利润不超过50%”，“净资产不超过30%”等分拆上市的条件。同时结合上述案例分析，能看出佐力药业完全符合证监会《首次公开发行股票并上市管理办法》对拟上市公司的资质要求，具备独立自主持续经营的能力，分拆方康恩贝对佐力药业不构成重大影响，因此其分拆上市从政策角度看是可行的。同时也应看到，在康恩贝分拆佐力药业上市的案例中，分拆上市的发行人并非是上市公司的控股子公司，而是将原为控股的子公司逐渐通过股权转让、减资等方式变为上市公司的参股公司，这样做在一定程度上是为了规避政策的限制。

5.2 康恩贝分拆佐力药业上市及时抓住了机遇

事实上，证监会要求的“六大条件”对于已经上市的主板公司来说并不苛刻，尤其是最近三年盈利、发行人净利润、净资产等财务性指标也比较容易达到，这也可以看出监管层对与上市公司主营业务不同的子公司、对上市公司业绩贡献不大，但又成长迅速的子公司有提供新融资平台的倾向。但这一附条件的分拆上市政策在提出后在国内引起较大争议，到了第四期(2010年9月3日至9月4日)、第六期(2010年11月11日至12日)保荐人培训会上，证监会针对分拆上市作了简要说明，认为分拆上市社会争议较大，操作难度较高，因此对此种上市方式持保留态度，政策要求“对于拟分拆到创业板上市的公司，即使发行人不是上市公司控股，而是由上市公司实际控制人控制的也需要从严把握”。这表明监管层对分拆上市的态度从“明确允许”转为“从严把握”。

在此背景下，康恩贝、佐力药业以及为此次分拆上市提供中介业务的机构，团结协作、各尽其能，使得佐力药业首发在2010年12月10日获创业板发审委2010年第84次会议通过。根据佐力药业发行上市披露文件内容初步判断，在当时环境下，上市公司分拆资产只要履行了必要的审核批准程序(按照交易所相关规定及公司章程规定召开了董事会、股东会等)，且批准过程合法有效，不存在争议与纠纷，证监会即认定分拆上市对原上市公司造成的影响不构成审核障碍，当然这并不能排除申报过程中证监会各职能部门要求发行人、原上市公司及各中介机构详细分析说明分拆上市对原上市公司的影响。而之后，证监会又多次说明：创业板原则上也不鼓励分拆上市，只有主板一些大的公司满足特定条件才可申请在创业板分拆上市，可见监管层对分拆上市的态度在后来又转变为“不鼓励”。所以佐力药业能成功上市除了自身条件硬朗外，能适时抓住上市时机也是其实现上市目标的一个重要原因。在此后，随着A股走熊，IPO政策收紧、暂停、重启，A股分拆子公司创业板上市的成功案例几乎再也没有出现过。

5.3　分拆上市有利有弊，建议理性对待

5.3.1　分拆上市的有利方面

不同业务的子公司从原上市公司中独立出来予以上市融资，一方面能够使子公司获得融资机会，有利于调整母子公司之间的经营架构及业务规划；另一方面也能使原上市公司获得不菲的“投资收益”。此外，对于投资者来说，在上市公司旗下的子公司尤其是控股子公司，其法人治理、信息披露、关联交易等等方面都更为透明和规范。

(1) 改变公司市场形象，提高公司市场价值

上市公司普遍存在规模性扩张或多元化经营扩张的内在冲动，但当扩张到一定阶段后就会出现规模报酬递减现象，而分拆上市则能在一定程度上消除这种负协同效应。加上母、子公司在分拆后信息披露透明，这便于投资者正确估值。如果母公司市场认可度、美誉度较高，分拆上市的子公司就更容易获得较高发行价与上市市盈率，所筹资金的金额也会高于同类普通新上市公司；据此，母公司所持有的资产数额、市值将增加。如1988年5月，美国雷克尔集团(Racal)让其旗下雷克尔电讯公司分拆上市；雷克尔董事长宣布电讯公司分拆上市消息后，雷克尔集团的市值由15亿美元迅速爬升至20亿美元，待雷克尔电讯公司分拆上市后，其市值高达17亿美元。

此外，分拆还有利于简化公司组织结构，使独立后的子公司管理层获得更大自主权，能使公司更快适应外部经营环境变化。所以，对于一些多元化经营的公司，通过分拆使母、子公司重新定位，确定各自的比较优势，使其集中力量发展自身的优势项目，这有利于增强其主营业务盈利能力，进而为公司股东创造更大的价值。

(2) 能更好地把管理人员与股东利益结合起来

目前不少公司主要采取公司股份、股票期权以及与股票价值相关的业绩奖励等措施来解决高管人员利益和股东利益的一致性，但这些方法在驱动和激励分支机构经理时可能并不是十分有效。因为在一个多部门公司或多元化发展的公司中，基于整个公司价值之上的股权激励措施其实并不与处于分支机构内的经理的决策或业绩密切联系，从而导致对分支

机构经理激励的弱化；另一方面，由于分支机构经理和高级管理人员之间信息不对称和偏好差异，可能导致低效率的内部资源分配和不利于公司整体战略的投资决策，从而给股东带来意料不到的成本和费用。

而分拆可以将公司的不同业务按其特点划分成两个或更多的有着不同管理人员的独立实体，子公司作为独立实体直接进入资本市场接受严密审视，从而将子公司经管人员的报酬与公开交易的股票市场表现联系在一起，有利于强化子公司激励机制，使对分拆出去的子公司管理人员和其他重要员工的激励和报酬制度与他们直接从事的活动相联系，这有利于有效推动期权计划在子公司的实施。

(3) 有利于公司更好地利用相关法规增强发展后劲

在我国当前资本市场上，不同地区、不同类型的上市公司所适用的税率或税收优惠条款有所差异。而在分拆上市过程中，原有股东可以自行决定是保留其在母公司的股份还是转换为子公司的股份。而将所持有的母公司股份转换为子公司的股份可以被视为一种股票股利和免税交易，能有效节省交易成本。同时，对于那些整体经营稳定、经营业绩尚佳的上市公司来说，通过分拆既可以开辟新的筹资渠道、拓展融资空间、促使公司融资格局多元化，又可以满足那些发展前景广阔的高科技子公司的持续融资需求，增强自我发展后劲，并为风险投资提供有效的退出通道。

5.3.2　分拆上市的不利方面

子公司分拆上市对母公司的影响与子公司所处的行业及该行业的市场前景密切相关，子公司 IPO 后的市场表现与公司所处行业的发展趋势也紧密相关。如果子公司所处行业的发展趋势不好或市场表现不佳，也会造成母公司的经营业绩下滑，股价下跌，使得投资者的信心受到影响。因此，在分拆之前，一定要对未来子公司所处的行业及其产品的市场前景进行全面深入的分析研究。需要注意的是，如果内地上市公司纷纷将盈利能力较强的资产分立出去，而一味地追求分拆上市融资，则会降低母公司的资产营运质量和运作效率。这正是质疑分拆上市的投资者所担心的，他们认为母公司的优质资产分拆出来上市，不利于母公司做大做强，损害了母公司投资者的利益；同时分拆出来的相关资产，在估值高时用以融资圈钱，价格回落之后再予以 MBO(管理层收购)[1]，这种作法潜在的道德风险亦令分拆上市行为饱受舆论诟病，并引发监管层关注。可见，我们在看到公司分拆上市所具有的积极作用的同时，还应当保持一份清醒和冷静，理性分析这种业务分拆上市对母公司的业务整合及其长远发展到底是产生正面影响还是负面影响。

6. 现阶段我国境内上市公司分拆子公司上市的动态

尽管 2010 年前后我国境内产生了一波“分拆行情”，但因为分拆上市条件相对严苛、IPO 排队过长等原因，这些概念股最终在聒噪之后归于平静。在目前大环境下，A 股分拆子公司到境内创业板上市很难实现，到现在为止成功的案例主要有两个，一个是中兴通讯参股国民技术分拆上市、一个是康恩贝分拆佐力药业上市。鉴于此，不少拟分拆子公司上市的上市公司另辟捷径，选择在海外或新三板实现分拆目的。尽管不同公司分拆的侧重点、

[1] MBO 即 Management Buyer-outs，即管理层收购，是一种以所有权结构变更为特色的企业并购活动。

目的地不尽相同，但无论是境内分拆挂牌还是境外分拆上市一般都有一些共性目标：如提升估值、增加流动性、集中资源、引进新投资者等。

6.1 上市公司分拆子公司境外上市

现阶段，A 股上市指标紧张，挤进去排队也没有效率上的优势，境外市场就是另一个不错的选择。事实上，早在证监会出台《关于规范境内上市公司所属公司到境外上市有关问题的通知》(证监发[2004]67 号)后不久，就有不少境内上市公司如同仁堂、青鸟天桥、TCL 集团、新疆天业、海王生物、华联控股、用友软件等通过分拆方式在香港联交所创业板成功上市。从这些成功案例来看，境内上市公司分拆后到境外(香港)上市并无明确的政策性限制。因此，如果上市公司旗下子公司业务成长前景较好且有分拆意向，又符合证监会的相关监管要求以及境外上市的条件，那么上市公司将子公司分拆后到境外上市就是一种值得尝试的路径。

但是，即使是境外分拆上市，也并非多数上市公司都有能力筹划。因为证监会《关于规范境内上市公司所属公司到境外上市有关问题的通知》也设定了多重条件，如上市公司在最近三年连续盈利、上市公司最近三个会计年度内发行股份及募集资金投向的业务和资产未作为对所属公司的出资而申请境外上市、上市公司与所属公司不存在同业竞争，且资产、财务独立，经理人员不存在交叉任职等。这些规定对大公司肯定更加有利，而且在 H 股市场上，大盘股可能会获得不错的估值，但如果是小盘股的话，情况可能就没有那么乐观了。

6.2 上市公司分拆子公司到新三板挂牌交易

虽然 A 股分拆上市不存在明确制度限制，但实际操作上仍有难度。因为分拆与分立类似，本质是再造壳资源的行为，在壳资源极度稀缺的市场，这样的行为显然不可以随心所欲。在 A 股市场上，IPO 和借壳带来的财富效应有目共睹，目前都是需要行政审批的，分拆等于二度发挥这一效应，所以至少目前公司不可能被赋予如此大的自主权。值得关注的是，新三板由于政策力推近年来发展迅速，已引起 A 股上市公司关注，进而使分拆子公司到新三板挂牌成为“热点趋势”。

一般认为，上市公司分拆子公司挂牌主要有如下目的：一是新三板融资便捷，能为子公司抓住更多融资机会，也可以有效调整上市公司本身资产结构及财务状况；二是如果转板机制形成，挂牌公司将获得更便捷的转板机会；三是新三板有一定的流动性，上市公司可通过出售子公司股权实现投资收益，也可以借此调整上市公司整体战略和业务结构；四是上市公司可以利用挂牌子公司的股权作为融资担保；五是能规范和提升子公司治理水平；六是有利于子公司品牌宣传，促进市场开拓。

当然，在新三板“上市”只是挂牌，尚还不是传统意义上的上市。但新三板出现“爆发式”的扩容使得 A 股公司分拆上市增添了境内的新渠道，并迅速呈现规模化趋势，如大族激光(002008)旗下控股子公司元亨光电和大族冠华、参股子公司大族能源分别于 2014 年 1 月、2014 年 6 月、2014 年 8 月挂牌新三板。2014 年 11 月份，中国宝安、新日恒力、中超电缆、达安基因、天马精化等 A 股上市公司旗下的公司也申请或正式在新三板挂牌。其中，中超电缆有两家子公司挂牌，分别为科耐特电缆附件股份有限公司和南京中超新材料股份有限公司。

总之，目前分拆上市受限于IPO制度，案例并不是很多。但在上市注册制预期下，那些熟悉上市公司治理结构、运作方式的子公司，将有望通过一系列运作顺利登陆资本市场，为母公司带来丰厚的投资回报，这对于二级市场的投资者来说也将是一场新的盛宴。基于此，国内一些经济学家开始把分拆上市看作是我国资产重组题材的延续，认为这是公司资产重组向纵深方向发展的标志。

本章附注

1. 创业板上市管理办法的修订

中国证监会令第99号：《首次公开发行股票并在创业板上市管理办法》(旧管理办法)于2014年2月11日经中国证监会第26次主席办公会议审议通过，自2014年5月14日起开始施行；中国证监会令第123号：《关于修改〈首次公开发行股票并在创业板上市管理办法〉(新管理办法)的决定》已经中国证监会第118次主席办公会议审议通过，自2016年1月1日起开始施行。

2. 创业板部各部门职责及创业板审核步骤

创业板部审核一处审核法律问题，审核二处审核会计问题，综合处接收材料、安排见面会、初审会、发审会等。创业板审核主要步骤包括：受理申请文件、初步审核、反馈意见、见面会、反馈意见落实、预披露、初审会、发审会、落实发审会意见、会后事项。

3. 对控制的理解

以上交所《股票上市规则》(2014年修订)为例，其对控制的释义为：能够决定一个企业的财务和经营政策，并可据此从该企业的经营活动中获取利益的状态。

具有下列情形之一的，构成控制：一是股东名册中显示持有公司股份数量最多，但是有相反证据的除外；二是能够直接或者间接行使一个公司的表决权多于该公司股东名册中持股数量最多的股东能够行使的表决权；三是通过行使表决权能够决定一个公司董事会半数以上成员当选；四是中国证监会和本所认定的其他情形。

4. 上市公司控股子公司

上市公司控股子公司是指上市公司持有其50%以上的股份，或者能够决定其董事会半数以上成员的当选，或者通过协议或其他安排能够实际控制的公司。

第五章　神州信息买壳上市案例分析

——即*ST太光吸收合并神州信息案例分析

由于我国的IPO走走停停、目前排队等待首发的队伍庞大，在当前国内上市注册制尚未启动的大背景下，一些急需上市却又不能满足首发条件、或者虽满足首发条件但经不住太长等待而错失发展机会的公司会考虑另辟蹊径。与IPO相比，买壳上市具有上市操作时间较短、费用较低、成功率较高的特点，从而吸引了大量拟曲线登陆资本市场的公司关注。本章以神州信息成功买壳上市(也即*ST太光吸收合并神州信息)为例对我国大陆境内买壳上市进行分析。

1. 买壳上市的流程与估值方法

1.1　买壳上市的基本思路与主要流程

1.1.1　买壳上市的基本思路

通常，买壳上市的基本思路是：拟上市公司选择、收购一家上市公司，然后利用这家上市公司的上市条件，将公司的其他资产通过配股、收购、置换等方式注入上市公司。整个运作途径可以概括为：买壳—借壳，即先买壳，再借壳(如果买来的是实壳公司，在买壳与借壳间还存在一个清壳的环节)。买壳即取得壳公司控制权；清壳即剥离壳公司的不良资产；借壳即壳公司反向收购资产；上市即将代表资产或业务所有权的股份纳入公开的交易系统。而在这一过程中，资产注入是联系买壳与上市之间的纽带，是买壳后实现买壳方上市的必经阶段。所以，买壳上市的总体流程为：买壳—清壳(如果需要)—借壳(即注壳)—上市。

1.1.2　买壳上市的主要阶段与流程

买壳上市一般要经历四个阶段，即准备阶段、协议签订及报批阶段、收购及重组实施阶段、收购后的整理阶段(见图5-1)，在这四个阶段中，会涉及许多具体的流程。

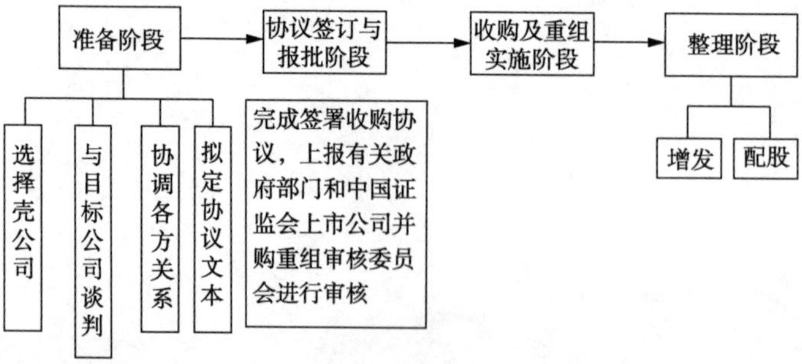

图5-1　买壳上市常见的阶段与流程

(1) 准备阶段

拟定收购的上市公司(壳公司)标准，初选壳对象；聘请财务顾问等中介机构；股权转让双方就壳公司股权收购、资产置换及职工安置方案达成原则性意向并签署保密协议；对壳公司及收购人进行尽职调查；收购方、壳公司完成财务报告审计；完成对收购方拟置入资产、上市公司拟置出资产的评估；确定收购及资产置换最终方案；起草《股份转让协议》；起草《资产置换协议》；收购方董事会、股东会审议通过收购及资产置换方案决议；出让方董事会、股东会审议通过出让股份决议；出让方向结算公司提出拟转让股份查询及临时保管申请。

(2) 协议签订及报批阶段

收购方与出让方签订《股份转让协议》、收购方与上市公司签订《资产置换协议》；收购方签署《收购报告书》并于两个工作日内，报送证券主管部门并摘要公告；出让方签署《权益变动报告书》并于三个工作日内公告；壳公司刊登关于收购的提示性公告并通知召开就本次收购的临时董事会；收购方签署并报送证监会《豁免要约收购申请报告》(同时准备《要约收购报告书》备用并做好融资安排，如不获豁免，则履行要约收购义务)；出让方向各上级国资主管部门报送国有股转让申请文件；壳公司召开董事会并签署《董事会报告书》，并在指定证券报纸刊登；壳公司签署《重大资产置换报告书(草案)》及摘要，并报送证监会，向交易所申请停牌至发审委出具审核意见。

(3) 收购及重组实施阶段

证监会审核通过重大资产重组方案，在指定证券报纸全文刊登《重大资产置换报告书》，有关补充披露或修改的内容应做出特别提示(审核期约为报送文件后三个月内)；证监会对《收购报告书》审核无异议，在指定证券报纸刊登全文(审核期约为上述批文后一个月内)；国有股权转让获得国资委批准(审核期约为报送文件后三到六个月内)；证监会同意豁免要约收购(或国资委批文后)；转让双方向交易所申请股份转让确认；实施重大资产置换；办理股权过户；刊登完成资产置换、股权过户公告。

(4) 收购后的整理阶段

召开壳公司董事会、监事会、股东大会、改组董事会、监事会、高管人员；按照《关于拟发行上市公司改制情况调查的通知》，向壳公司所在地证监局报送规范运作情况报告；聘请具有主承销商资格的证券公司进行辅导，并通过壳公司所在地证监局检查验收；申请发行新股或证券。

1.2　买壳上市中壳公司价值的估算方法

1.2.1　常见的公司价值评估方法

实践中公司价值评估的方法有多种，常见的有成本法、收益法、市场法、资产基础法等。目前在我国公司价值评估中，用的比较多的是资产基础法(类似于成本法)和收益法，市场法仅作为一种单纯的计算技术对其他两种方法起补充作用。

(1) 成本法

成本法又称成本加和法。采用这种方法，是将被评估公司视为一个生产要素的组合体，在对各项资产清查核实的基础上，逐一对各项可确指资产进行评估，并确认公司是否存在商誉或经济性损耗，将各单项可确认资产评估值加总后再加上公司的商誉或减去经济性损耗，就可以得到公司价值的评估值。其计算公式为：公司整体资产价值＝∑单项可确认资产评估值+商誉(-经济性损耗)。

2004 年中国资产评估协会发布的《公司价值评估指导意见(试行)》指出，以持续经营为前提对公司价值进行评估时，成本法一般不应当作为唯一使用的评估方法。因此，对用成本法评估公司价值的结果还应运用其他方法(通常是收益法)进行验证以确保评估结果的科学性、合理性。

(2) 收益法

资产评估的收益法又称收益还原法或收益本金化法，该法应用时主要考虑两种情形：一是，当资产未来收益期有限时，即采用通常的贴现现金流量法(DCF 法)确定公司价值；二是，当资产未来收益无限时，公司评估值可通过"A/r"来确定，其中 A 为平均年收益额，r 为本金化率。

该评估方法主要适用于具有连续较高的收益能力的评估对象，尤其是整体资产价值的评估。在运用收益法时，最关键的内容是对公司有形资产、无形资产未来收益的预测。这就要求评估人员要具有很高的业务素质，尤其要具有很强的综合分析问题和解决问题的能力。

(3) 市场法

市场法是利用市场上同样或类似资产的近期交易价格，经过直接比较或类比分析估测资产价值的各种评估技术方法的总称。进行资产评估，必须要有一个活跃的公开市场，同时公开市场上要有可比的资产及其交易活动。而我国目前公开信息披露的数量、质量不高，市场法的应用受到限制。

(4) 资产基础法

① 国外对资产价值法的界定

美国评估师协会(American Society of Appraisers)定义的资产基础法是"采用一种方法或多种评估方法，根据公司资产扣除负债后的价值确定经营组合、公司所有者权益或公司股票价值的常用评估方式。"该协会认为，从资产基础法这一方法原则来观察，"公司价值评估中的资产基础法，可以类比为其他价值评估科目中的成本法。"

② 我国有关公司价值评估的规定

按照我国《公司价值评估指导意见(试行)》第三十四条的要求，资产评估机构在评估公司价值时需采取两种或两种以上的方法进行评估。事实上，资产价值基础法包括账面价值法、清算价值法、重置成本法、市场价值法、公平价值法，这五种资产评估价值标准的侧重点各有差异，因而其适用范围也不尽相同。

③ 对应用两种或两种以上方法评估的理解

采用资产基础法价值评估的范围是公司的全部资产，这可能涉及采用收益法计算长期股权投资的价值，还可能包括采用市场法或重置成本法计算固定资产价值，而在评估公司的无形资产时，往往采用收益法等。也就是说，对公司的不同资产采用不同方法进行评估时，只能说明对涉及的评估范围采用了多种评估方法，而不能理解为对评估对象——即公司的部分权益或全部权益价值采用了两种或两种以上的评估方法。

④ 资产价值法的评价与应用

总体来看，资产价值基础法仅考虑资产价值，是从静态角度确定公司价值，没有考虑公司未来发展与现金流量的折现值，也没有考虑其他未记入财务报表的因素，如行业现状、人力资源、公司文化、组织问题以及契约、协同效应等的影响，往往使公司价值被低估。但这种评估方法计算简单、数据容易获得、操作性较强，目前在我国实务中应用广泛；且主要适用于具有控股权的公司或投资公司、资本密集型的公司、经营不善的公司、非赢利性实体的整体价值评估。

1.2.2　买壳上市中有关壳公司价格的确定方法

壳公司价格的确定是买壳交易中的关键一环，因为卖壳方股东关注的核心是公司价值；而买壳方更关心的却是公司资产价值，这样买卖双方在选择估价方法时就会产生矛盾。一般买卖双方都会选择对自己有利的定价方法，并通过协商谈判产生最终转让价格。在买壳上市过程中，要谨防买壳掏空行为，即先以净资产定价法买入国有股或法人股，然后再利用大股东或控股股东在决策上的优势地位将资产以市盈率定价法卖给上市公司以获取巨大利益的行为。

(1) 市盈率法(是市场法的一种)

市盈率是一家公司股票的每股市价与每股盈余的比率，反映的是投资者愿意为公司盈利能力支付的资金代价。市盈率法能反映一家公司的发展前景，是目前证券市场中对壳公司价值估算最市场化、最合理的方式，但采用这种方法的基本要求是上市公司所有股份要全流通。目前我国资本市场中平均市盈率高估倾向明显，各方对平均市盈率水平认同上有差异，市盈率法难以广泛应用，在我国买壳上市中仅有少数案例如“恒通收购棱光”采用的是市盈率法估值。

(2) 净资产法(资产基础法的一种)

在我国，通过净资产法即账面价值法评估公司购买价格已成为买壳上市中最常用的定价方法。从本质上来看，净资产法是一种原始的静态估价方法，按净资产账面值作为交易价格可以加快交易速度，减少交易成本；但这种方法不能把上市公司的潜在盈利能力、目前公司是否陷入流动性危机等问题体现出来。所以，在利用净资产法定价收购上市公司时，通常买方公司在收购前会聘请注册会计师审查目标公司资产负债表的真实性。

(3) 清算价值估算法(资产基础法的一种)

清算价值法通过估算目标公司的净清算收入来确定并购价格，主要是在目标公司作为一个整体已经丧失增值能力情况下应用。因为买壳公司在买壳成功后通常会对壳公司的资产进行清理或出售，以便获得大量现金购进自己的优质资产。所以，在壳公司众多且公平竞争、待价而沽时，对壳公司的价值估算应采取清算价值法，以有效剔除对公司低效或无效资产的高估，以便合理评价交易底价。

(4) 现金流量法(收益法的一种)

我国不少公司急于上市的主要目的是为了筹资，买壳上市也体现出这一特点，因此运用现金流量法更能反映出交易资产的真实价值。现金流量分析法包涵的内容很广泛，既可以将公司的配股能力折现、也可以将分得的红利或税后利润折现计算现金流量，以确定购买价格是否合适。从国外经验来看，对还没有确定目标的并购方而言，分析具体上市公司的自由现金流量对选择并购那些暂时陷入财务困难而又有盈利能力的上市公司具有重要意义。

(5) 资本资产定价模型(收益法的一种)

利用资本资产定价模型(CAPM 模型)可以计算个股收益率：个股收益率=无风险收益率+β(整个市场组合收益率-无风险收益率)，其中 β 指系统性投资风险，通常根据历史数据确定，用来评估预测未来绩效。一旦评估出了 β 的大小，就可以确定该上市公司所要达到的预期收益率，将这个收益率与根据公司并购价格和未来现金流倒推的内部收益率进行比较，若前者大于或等于后者时就可以认为该买壳定价比较合理。由于我国还没有形成一个有效的证券市场，该方法在我国应用较少。

2. 神州信息买壳上市案例分析

2.1 案例来源与适用的法律制度

2.1.1 案例来源

*ST太光(000555)是在深交所主板上市，而买壳上市要获得证监会的审批。基于此，该案例资料来源主要有两个：一个是中国证监会官网公告的与*ST太光吸收合并神州信息相关的行政许可公告(见表5-1)；另一个是深交所官网公告的与*ST太光吸收合并神州信息、重组新增股份上市(见表5-2)，*ST太光撤销退市预警、变更名称等相关的信息(见表5-3)。

表5-1 证监会公告中与*ST太光吸收合并神州信息相关的行政许可名录

关于核准深圳市太光电信股份有限公司吸收合并神州数码信息服务股份有限公司并募集配套资金的批复	2013年12月13日	证监许可〔2013〕1578号
关于核准神州数码软件有限公司公告深圳市太光电信股份有限公司收购报告书并豁免其要约收购义务的批复	2013年12月13日	证监许可〔2013〕1577号

数据来源：中国证监会官网

表5-2 深交所公告中与*ST太光吸收合并神州信息相关的部分公告名录

*ST太光：关于重大资产重组相关方出具承诺事项的公告 (224k)[2013-12-26]
*ST太光：股份变动暨新增股份上市公告书 (282k)[2013-12-26]
*ST太光：北京市金杜律师事务所关于公司吸收合并神州数码信息服务股份有限公司并募集配套资金暨关联交易之交易实施情况的法律意见书 (322k)[2013-12-25]
*ST太光：关于重大资产重组完成后全额承继未弥补亏损的影响及特别风险性提示公告 (122k)[2013-12-25]
*ST太光：吸收合并神州数码信息服务股份有限公司并募集配套资金暨关联交易实施情况报告书 (422k)[2013-12-25]

数据来源：深交所官网

表5-3 深交所公告中与*ST太光撤销退市预警、变更名称等的公告名录

*ST太光：关于公司名称及证券简称变更的公告 (123k)[2014-03-18]
*ST太光：关于撤销股票交易退市风险警示的公告 (151k)[2014-03-18]
*ST太光：关于申请撤销股票交易退市风险警示并变更证券简称的公告 (185k)[2014-03-06]
*ST太光：第六届董事会2014年第五次临时会议决议公告 (126k)[2014-03-06]
*ST太光：关于工商登记变更完成的公告 (228k)[2014-03-05]
*ST太光：2014年度第二次临时股东大会决议公告 (165k)[2014-02-19]

数据来源：深交所官网

2.1.2 适用的法律制度

(1) 买壳上市的法律法规

买壳上市的法律法规包括基础法规、相关规定、适用意见、备忘录及其他四个层次。其中基础法规包括《上市公司重大资产重组管理办法》、《上市公司收购管理办法》、《上市

公司证券发行管理办法》；相关规定主要是指《关于规范上市公司重大资产重组若干问题的规定》；适用意见主要包括《上市公司重大资产重组管理办法》(2011 年修订版)中第三条有关拟购买资产存在资金占用问题的适用意见，第十二条有关上市公司在 12 个月内连续购买、出售同一或者相关资产的有关比例计算的适用意见，以及第十三条、第四十三条的适用意见。

需要注意的是，最新修订的《上市公司重大资产重组管理办法》(证监会令第 109 号)已于 2014 年 10 月 23 日发布，自 2014 年 11 月 23 日起施行；而 2008 年 4 月发布并于 2011 年 8 月修改的《上市公司重大资产重组管理办法》(证监会令第 73 号)同时废止。在 2014 年修订的重组管理办法中，有关买壳上市的适用意见仍保留，只是在语名表述上更加严谨、在条款排序上有一些调整。

(2) 神州信息买壳上市的适用意见

本案例中，*ST太光此次重组新增的 340,586,334 股在 2013 年 12 月 30 日获准上市；同日，*ST太光第一大股东变更为神码软件；2014 年 2 月 26 日，*ST太光更名为神州信息。至此，神州信息买壳上市圆满完成。所以从时间段上来看，神州信息买壳上市的适用意见主要是《上市公司重大资产重组管理办法》(2011 年修订版)中的有关规定。

(3) 借壳上市(广义)的标准

按照相关法律制度规定，目前我国借壳上市的标准与 IPO 趋同，主要条件见表 5-4。

表 5-4　我国借壳上市(广义)需要满足的主要条件

持续经营	上市公司拟购买的资产应当已在上市公司收购人控制下连续 3 年持续经营，且在此期间主营业务未发生重大变化；经营实体应当是依法设立且合法存续的有限责任公司或股份有限公司
盈利能力	最近两个会计年度净利润均为正数，且累计超过人民币 2,000 万元
重组后的持续经营能力	注入资产的业务经营和盈利能力具有一定的可持续性，能够为上市公司后续可持续发展带来空间
标的资产合规经营	与 IPO 类似，要求标的资产经营合规，不存在出资不实等不规范经营现象
资产权属	资产权属清晰，资产过户或转移不存在法律障碍，相关债权债务处理合法
符合国家产业政策	拟借壳上市资产发展符合国家产业政策，对于不符合国家产业政策，或者限制发展的行业不适合借壳上市，如房地产业等
独立性	业务、资产、财务、人员、机构等方面独立于控股股东、实际控制人及其控制的其他企业
同业竞争及关联交易	借壳上市完成后，上市公司与新的控股股东、实际控制人(重组方)不存在同业竞争及潜在同业竞争，尽量减少关联交易，关联交易规范

数据来源：《上市公司重大资产重组管理办法》(2011 年修订版)

从表 5-4 可以看出，目前借壳上市的规范性要求是要等同于 IPO，但从审核实践来看，证监会对买壳/借壳上市企业的规范性要求还是略低于 IPO。尽管借壳上市对企业规范性要求稍弱，但是对拟借壳企业的盈利能力要求却非常高。因此，拟借壳上市公司在进行买壳运作时，必须按照上述标准规范行为，并力争在盈利能力方面远高于上述审核要求。

2.2 神州信息买壳上市案例背景与上市基本历程

2.2.1 神州信息买壳上市案例背景

(1) 有强烈的上市意愿

在神州信息(即神州数码信息服务股份有限公司)成立之初，神州数码(神州信息的母公司)就已将神舟信息上市的日期定在2012年6月30日之前，称若神州信息在2012年6月30日或之前未能具备符合首次公开招股的条件(IPO)，则投资者有权在2012年6月30日起的90天内行使单方出售权。2011年11月23日，神州数码再次公告，神州信息拟在A股上市，开始接受中信证券的监督和辅导。尽管神州信息的经营业绩持续高速增长，财务状况也一片大好，但由于A股IPO在当时已暂停多日，神州信息决定寻找壳资源在A股上市。

(2) *ST太光已被实施"退市风险警示"

*ST太光即深圳市太光电信股份有限公司，其自2007年以来已无主业，以从关联方采购电子产品并对外销售为日常业务。因其2012年年末经审计的净资产为-13,753.30万元(负值)，*ST太光2013年4月26日被发布退市风险警示公告，并于5月2日正式被"披星"。

根据《深圳证券交易所股票上市规则(2012年修订)》的有关规定，如果该公司2013年经审计净资产仍为负值，公司股票将被暂停上市，若公司2014年年末经过审计的净资产仍为负值，公司股票将被终止上市。

事实上，*ST太光为维持日常经营，自2010年起几乎全部从关联方购入液晶薄膜显示面板产品并对外销售，但最近几年持续欠关联方大额债务，公司的持续经营能力存在问题。在这种状况下，*ST太光仅依靠自身实力已无法扭转亏损与净资产为负的局面。结合前面的理论分析可以看出，*ST太光是一个很典型的空壳公司，具有被收购的潜力，这也是神州信息所看中的。

2.2.2 神州信息买壳上市历程与基本信息

(1) 神州信息买壳上市历程

2013.08.01：*ST太光发布重组预案，拟以向神州信息全部股东发行股份方式吸收合并神州信息，*ST太光与神州信息初步商定合并公司的交易价格为30.17亿元。

2013.08.27：*ST太光公告称，根据江苏省国资委审核意见，北京中同华资产评估有限公司对神州信息母公司评估方法选择、交易标的评估值等进行了调整，其中标的资产评估值、交易标的作价均调整为301,513.50万元，交易对价对应的新增股份调整为31,939.99万股。

2013.09.12：*ST太光公告称，公司2013年度第二次临时股东大会审议通过了关于公司吸收合并神州信息并募集配套资金构成重大资产重组且构成关联交易的议案(修订)。

2013.09.25：*ST太光发布公告称，该公司已收到江苏省国资委出具的《江苏省国资委关于同意深圳市太光电信股份有限公司非公开发行股票有关事项的批复》(苏国资复[2013]106号)，江苏省国资委同意公司实施资产重组、并将控股权转移给神码软件。

2013.09.28：*ST太光发布公告称，证监会认为公司提交的《深圳市太光电信股份有限公司吸收合并神州数码信息服务股份有限公司并募集配套资金暨关联交易》申请材料齐全，符合法定形式，同意受理公司此次的行政许可申请(131256号)。

2013. 11. 25：吸收合并事项获并购重组委有条件通过。

2013. 12. 17：收到证监会《关于核准深圳市太光电信股份有限公司吸收合并神州数码信息服务股份有限公司并募集配套资金的批复》，核准公司新增319,399,894股吸收合并神州信息。

2013. 12. 21：完成本次重组的资产交割。

2013. 12. 25：本次资产重组交易完成，神州信息的全部资产、负债、业务、人员并入*ST太光，神州信息予以注销。

2014. 2. 26：*ST太光完成工商变更登记手续，股票简称变更为神州信息，公司退市风险警示被撤销。

（2）神州信息买壳上市基本信息

上市公司*ST太光为解决其面临的股票将被暂停甚至终止上市的严峻形势，维护上市公司和股东利益，在停牌近3个月之后的2013年8月1日，*ST太光(000555)与神州数码控股有限公司(神州数码，00861. HK)同时发布公告称，神州数码将向*ST太光注资以换取*ST太光的"若干股权"，由此，神州信息买壳上市之路正式开启。

*ST太光的此次重组预案包括定向募集配套资金和发行股份购买资产两部分，其中*ST太光拟以向神州信息全部股东发行股份的方式吸收合并神州信息；同时向其自身控股股东申昌科技定向发行股份募集配套资金2亿元。在资产重组首次公告日(2013年8月2日)后，神州信息买壳*ST太光上市的交易信息变得透明化。

如表5-5所示，本次并购方式是吸收合并，交易目的是买壳上市，交易的财务顾问是西南证券股份有限公司、上市保荐机构是方正证券有限责任公司、会计师事务所是信永中和会计师事务所、资产评估机构是北京中同华资产评估有限公司、律师事务所是北京市金杜律师事务所；标的类型为股权，转让比例为100%。

表5-5　*ST太光吸收合并神州信息交易的基本信息

财务顾问：西南证券股份有限公司	上市保荐机构：方正证券有限责任公司
会计师事务所：信永中和会计师事务所	资产评估机构：北京中同华资产评估有限公司
律师事务所：北京市金杜律师事务所	首次披露日期：2013/8/1
标的类型：股权	股权转让比例：100%
301,513.50(人民币万元)	交易价值：301,513.50(人民币万元)
控制权是否变更：是	现金支付金额：0(人民币元)
并购方式：吸收合并	支付方式：股权
并购目的：买壳上市	行业类别(收购方)：信息技术服务

数据来源：WIND资讯

根据经江苏省国资委核准的中同华评报字(2013)第260号《资产评估报告》显示，截至评估基准日2013年4月30日，神州信息经审计净资产账面价值(母公司)为87,772.10万元，在持续经营假设条件下，神州信息股东全部权益评估值、本次交易价值均确定为301,513.50万元。

2.3　神州信息买壳上市操作流程分析

本案例买壳重组采取的是吸收合并方式，*ST太光为拟吸收合并方和吸收合并后的存续方，神州信息为被吸收合并方，在吸收完成后注销。

2.3.1 买壳与注壳(壳资源重组)

买壳上市通过交易方式即控制权的取得和资产注入来实现。本案例中，江苏省国资委同意国资公司*ST太光定向增发股票并将控股权转移给神码软件，后经中国证监会以证监许可[2013]1578号文《关于核准深圳市太光电信股份有限公司吸收合并神州数码信息服务股份有限公司并募集配套资金的批复》，公司以新增319,399,894股吸收合并神州信息，如表5-6所示，*ST太光针对神州信息原股东神码软件(神州数码软件有限公司)、天津信锐(天津信锐投资合伙公司)、中新创投(中新苏州工业园区创业投资有限公司)、华亿投资[Infinity I-China Investments(Israel), L. P.]、南京汇庆(南京汇庆天下科技有限公司)各定向增发19477.01万股、5951.06万股、5295.66万股、935.84万股、280.43万股。

表5-6 壳资源*ST太光重组关联定增

认购方式	发行价格(元)	发行对象	募集资金(亿元)	发行股份(万股)
资产认购	9.44	神码软件	18.39	19477.01
		天津信锐	5.62	5951.06
		中新创投	5.0	5295.66
		华亿投资	0.8834	935.84
		南京汇庆	0.2647	280.43

数据来源：WIND资讯

本次交易的壳资源重组关联定增关系见图5-2,从中可以看出，*ST太光进行壳资源重组的目的就是通过定增实现*ST太光对神州信息的吸收合并。因为*ST太光吸收合并神州信息的交易标的是股权，认购方式是资产，所以此次吸收合并属于股票购买资产式并购。而神州信息借助吸收合并将自身资产注入上市公司，从而实现将非上市公司资产植入上市公司的目的。

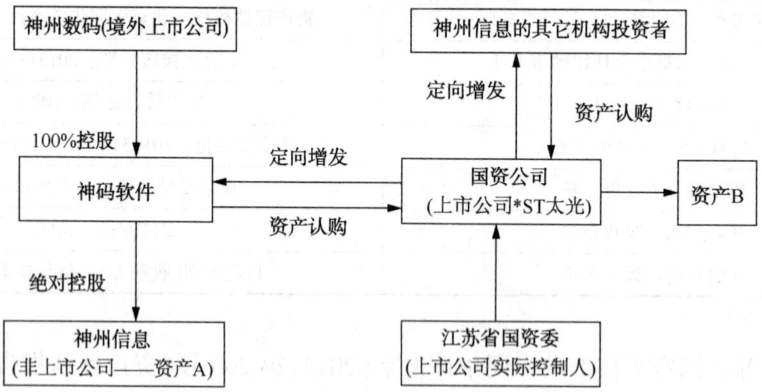

图5-2 *ST太光壳资源重组关联定增关系图

2.3.2 借壳与上市

此次交易涉及的资产于2013年12月18日开始进行交割，于12月21日完成过户，2013年12月25日，神州信息全部资产、负债、业务、人员其与之对应的权利义务并入*ST太光(如图5-3所示)，神州信息予以注销。吸收合并完成之后，*ST太光从贸易商身份转型为IT服务商。

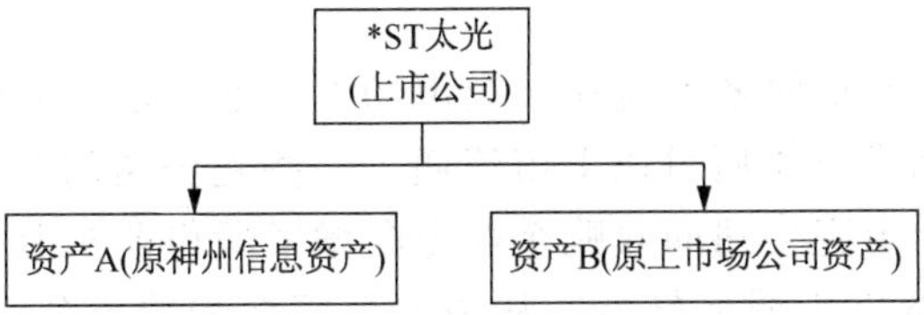

图 5-3　壳资源重组后的上市公司资产

2013 年 12 月 23 日，*ST太光就本次增发股份向中国证券登记结算有限责任公司深圳分公司提交相关登记材料；2013 年 12 月 30 日，*ST太光本次重组新增的 340,586,334 股股份获准上市；同日，*ST太光第一大股东变更为神码软件，其持有公司股份 194,770,055 股，占公司总股本的 45.17%；2014 年 2 月 26 日，*ST太光变更公司名称，其证券简称也变更为神州信息。至此，买壳方神州信息最终实现了登陆 A 股市场的梦想，原上市公司也彻底改变了主营业务，其经营业绩与盈利能力发生重大转变；其他相关利益主体也各得其所，特别是针对申昌科技的配套融资不亚于给其送了一个“卖壳”红包，从而创造出了上市公司、股东、债权人、公司员工、重组方等利益共赢的良好局面。

2.4　买壳上市后的产权及控制关系

2.4.1　买壳上市后的产权及控制关系

同时，*ST太光重组中还有一个配套融资方案，即以每股 9.44 元向其原控股股东申昌科技(昆山市申昌科技有限公司)定向增发 2118.64 万股，以获得配套融资资金 2 亿元。在本次买壳重组更名完成后，上市公司神州信息的股本总额达到 4.3 亿股，而申昌科技合计持有股份数量为 4108.35 万股，虽然持股数量比原来增加了 1 倍多，但其持股比例却由之前的 21.95%下降至 9.53%，成为上市公司神州信息的第三大非自然人股东；而神码软件因持有神州信息 45.17%的股份而替代申昌科技成为神州信息最大股东并处于绝对控股地位。神州信息与实际控制人之间的产权及控制关系见图 5-4，从中可以看出，神州数码间接持有神码软件 100%的股份，神码软件直接持有神州信息 45.17%的股份，而其他的 5 个机构投资者申昌科技、天津信锐、中新创投、华亿投资、南京汇庆分别持有神州信息 9.53%、13.80%、12.28%、2.17%、0.65%的股份。

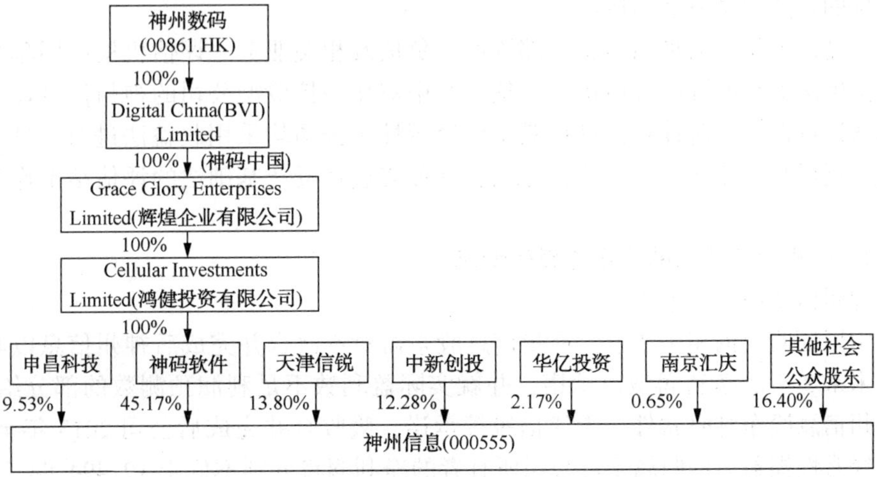

图 5-4　神州信息买壳上市后的产权及控制关系

2.4.2 *ST太光原控股股东的回报

值得一提的是，在股权分置改革之后，大股东原来不能在二级市场上流通的法人股通过股改对价支付变成了限售流通股，在限售期满三年后可以上市流通。一些壳公司的原大股东乐于通过全部或部分保留壳公司股权，而由壳公司向收购企业定向增发股份购买其优质资产，从而达到既能实现上市公司主营业务发生质的转变，从绩差公司变为绩优公司；又能保住原大股东已有股份以实现股权市值增长，并有望在将来限售期满时能够以较高的价格套现。

本案例中，*ST太光的原控股股东申昌科技也沿用了这种思路，在买壳重组后依然持有*ST太光9.53%的股份，这部分股份重组成功后，一旦上市公司基本面发生重大转变、二级市场股价上涨便有机会套现，从而达到其所持有的壳公司股权价值最大化的目的。

2.5 神州信息买壳上市标的资产的评估与承诺履行情况

2.5.1 标的资产的评估

（1）标的资产交易定价依据

中同华评报字(2013)第260号《资产评估报告》显示，此次交易标的资产的定价是根据市场化原则，经公司与交易对方公平协商并考虑多种因素后确定，这些因素包括但不限于：具有证券从业资格的评估机构评估的价值、标的资产的财务和业务状况及发展前景、市场同类公司的交易情况以及A股股东的利益等。

（2）标的资产评估方法选择

中同华评报字(2013)第260号《资产评估报告》显示，此次评估主要是以神州信息母公司报表为主体，采取资产基础法评估结果作为评估值。神州信息母公司主要资产是长期股权投资(采用成本法核算)，本次评估对该资产采用同一评估基准日进行整体评估。由于神州信息母公司账面长期股权投资仅反映基准日对被投资单位的投资成本，本次评估对其持有的主要经营性子公司投资均采取收益法进行评估，由于包含了被投资公司的经营积累并考虑未来收益，致使本次评估增值较多。

（3）标的资产评估方法的运用

本次交易标的资产为神州信息全部资产、负债及相关业务，评估机构中同华采用市场法和资产基础法对标的资产价值进行评估，其中对作为控股型公司的神州信息母公司采用资产基础法进行评估，对神州信息控股主要经营性子公司均采用收益法进行评估，神州信息整体资产仍以收益法作为主要评估方法，并最终选择资产基础法的评估结果作为最终评估结论。

2.5.2 神州信息股东的承诺与履行情况

（1）神州信息股东的承诺

按照中国证监会的相关要求，神州信息股东需对本次合并完成后神州信息以收益法评估的资产未来3年的净利润做出承诺，并就实际盈利数不足利润预测数的部分给予补偿。为此，神州信息股东神码软件、天津信锐等承诺，吸收合并完成后公司2013年至2015年度扣除非经常性损益后的归属于母公司所有者的净利润将分别不低于19,494.84万元、21,926.81万元和24,558.00万元(具体见表5-7)。若相关年度的实际净利润数未达到预测数，重组方将计算“实际股份回购数”并由上市公司回购注销。

表 5-7 神州信息股东对未来 3 年净利润的承诺

承诺报告期	首次公告日	承诺净利润(万元)	是否补偿	补偿方法	补偿内容
2013/12/31	2013/8/2	19,494.84	是	补对价	股份回购
2014/12/31	2013/8/2	21,926.81	是	补对价	股份回购
2015/12/31	2013/8/2	24,558.00	是	补对价	股份回购

数据来源：WIND 资讯

(2) 神州信息股东承诺的履行情况

根据 WIND 资讯中神州信息(000555)财务摘要中的数据，2013 年至 2015 年度扣非后的归属于母公司所有者的净利润分别为 23,144.46 万元、26,488.27 万元和 32,644.39 万元(具体见表 5-8)，均高于神州信息股东原承诺的净利润，所以未发生因此承诺而回购并注销股份的事项。

表 5-8 神州信息股东承诺净利润的实现情况

承诺报告期	承诺净利润(万元)	实际净利润(万元)	完成情况	是否需要补偿
2013/12/31	19,494.84	23.144.46	超额完成	否
2014/12/31	21,926.81	26.488.27	超额完成	否
2015/12/31	24,558.00	32.644.39	超额完成	否

数据来源：WIND 资讯

3. 神州信息成功买壳上市的原因分析

3.1 实力雄厚，上市得到地方政府支持

神州信息作为神州数码的全资子公司，自成立之初就拟定了上市的目标，在不断发展壮大过程中，其实力有目共睹。同时，当地政府的支持以及神州信息在行业内的良好信誉都为其买壳成功提供了重要保证，从而也为神州数码对神州信息买壳上市可行性的确定提供了依据。

3.1.1 资产质量良好、盈利能力较强

神州信息是国内大型的整合信息技术服务提供商之一，拥有 500 多项自主创新的全行业应用解决方案，300 多项自主知识产权的软件著作权及产品技术专利，具有覆盖全国的销售网络和服务网络优势，在金融、电信、政府及制造等行业 IT 服务市场的占有率均名列前茅。2011 年至 2013 年 1~4 月，*ST太光的资产、净资产持续增加，有关资产的获利能力不断增强。如表 5-9 所示，神州信息 2011 年、2012 年实现营业收入分别为 570,509.99 万元、803,679.26 万元，实现净利润分别为 1.8 亿元、3.1 亿元。

表 5-9 神州信息主要财务数据　　单位：万元

指标 \ 年份	2012 年度	2011 年度
总资产	302,280.60	213,41.40
净资产	301,513.50	213,741.40

续表

年份 指标	2012 年度	2011 年度
营业收入	803,679.26	570,509.99
净利润	31,000.00	18,000.00

数据来源：WIND 资讯

神州信息作为我国 IT 服务标准的推动者和先行者，其资金实力也很雄厚，截至 2013 年 4 月 30 日，神州信息资产总额为 488,809.60 万元，归属于母公司所有者权益为 169,029.90 万元。

3.1.2 核心竞争力突出，行业地位显著

神州信息凭借较大的经营规模和完整的业务体系、丰富的行业经验和客户积累、专业化服务、技术团队等核心竞争力，与国家税务总局、工商总局、新华社、中国银行、中国银联、中国联通、中国移动、中国电信、招商银行、工商银行等主要客户保持长期稳定合作关系，这些客户业务规模大、订单金额高、账款回收有保障、合同续签率高。2013 年 5 月，在由北京软件协会指导、商业伙伴咨询机构主办的“2013 中国方案商百强”评选中，神州信息营业额以远超第二名 15 亿元的优势名列第一位。

3.1.3 *ST太光有国资背景，买壳上市得到地方政府支持

实务中，政府会采用行政手段调配资源，推动其控制的优秀非上市企业或上市公司并购重组亏损上市公司，或者对考察和挑选的本地或外地的民营优势企业、外资企业给予政策倾斜，吸引其并购重组亏损上市公司，最终实现亏损上市公司解困、扭亏的目的。

本案例中，*ST太光从 2009 年 11 月起，其实际控制人变更为昆山市国资委，所以该公司具有鲜明的国资成份。为了帮助*ST太光摆脱困境，昆山市国资委积极推动此次并购重组，江苏省国资委通过审核同意*ST太光实施资产重组并将控股权转移给神码软件(民营企业)。这样，亏损上市公司*ST太光最终借助此次并购重组获得新生，这在一定程度上降低了昆山市部分国有资产进一步贬值的风险，同时为消除社会隐患、促进地方社会稳定奠定了基础。

3.2 遭遇 IPO 暂停审核冷局，选择恰当时机果断买壳

神州信息的控股股东神码软件为港股主板上市公司——神州数码的全资子公司，早在 2011 年 11 月 23 日，神州数码就公告过拟分拆神州信息在 A 股上市。作为当时国内规模最大、最具品牌影响力的整合信息技术服务提供商之一，神州信息资产质量良好、盈利能力较强；同时该公司具有覆盖全国的销售网络优势、服务网络优势以及多项突出的核心竞争力，其在行业的地位显著、自身可持续发展能力很强。如果愿意等待，通过 IPO 首发股票上市只是时间早晚问题。但当其信心满满打算直接冲刺 A 股市场时，却遇到了我国 IPO 暂停审核的冷局。

而从 2013 年年底起，我国 A 股开始有走牛迹象，神州信息此时果断买壳上市有利于获得较高发行定价。2014 年，我国股市在经过 5 年熊市和前两年小盘股率先走牛的结构性行情之后，终于迎来了多年难得的牛市行情，神州信息在买壳上市成功后，借着国内股市的利好东风，股价不断上涨(见表 5-10)，从而给投资者带来了不菲的投资收益，也使自身市值明显提高。

表 5-10 神州信息阶段市场表现

时 间	最新收盘	本月	近三月	近六月	近一年	近二年	近三年
开盘价(元)	34.55	32.28	29.18	27.35	58.00	22.30	10.20
最高价(元)	38.13	38.13	38.13	38.13	79.02	125.05	125.05
最低价(元)	34.31	30.64	28.18	24.00	20.85	20.85	10.20
收盘价(元)	37.40	37.40	37.40	37.40	37.40	37.40	37.40
换手率(%)	15.80	104.68	258.07	602.68	1,273.88	1,822.13	2,167.77
涨跌(%)	2.74	5.01	8.27	9.50	14.26	52.63	64.73
涨跌幅(%)	7.91	15.47	28.35	33.99	23.52	236.02	634.64
行业涨跌幅(%)	-0.42	3.22	0.09	11.10	5.26	166.66	254.14
相对行业涨跌幅(%)	8.33	12.25	28.26	22.90	18.25	69.36	380.50
深成指数涨跌幅(%)	-0.28	3.18	0.83	8.25	-10.79	48.17	33.00
相对大盘涨跌幅(%)	8.19	12.29	27.51	25.74	34.31	187.85	601.64

数据来源：WIND 资讯(统计日期：2016-07-16)

3.3 综合权衡影响因素，冷静选择合适壳公司

壳公司选择的恰当与否对收购兼并的成败会产生直接影响，考虑上市公司是否易成为买壳/借壳目标公司，通常需要分析其股本结构、股本规模、股票价格、经营业务、经营业绩、财务结构、资产质量、公司成长性等因素。

3.3.1 股本结构、股本规模、股票价格

(1) 股本结构

一般来说，流通股在总股本中占绝对比例、股权结构比较分散的上市公司容易成为壳公司目标。若流通股在总股本中不占绝对比例，但在绝对控股方愿意出让的前提下，股权相对集中的上市公司也易成为壳公司目标。

*ST太光在吸收合并方案确定之前(2012 年 12 月 31 日)的股份全部为存量非限售流通股(全流通)；其前十大股东的持股比例为 30.02%，其中第一大股东申昌科技持股比例为 21.95%，作为第二大股东的自然人股东持股比例为 2.22%；其他股东的持股比例均低于 1%，这表明*ST太光的股权比较分散，“一股独大”现象比较突出，比较容易成为目标壳公司。

(2) 股本规模

股本规模的大小在一定程度上反映了买壳成本的大小。过大的股本规模有可能使收购公司因收购成本过大而难以完成最终收购目标。因此，股本规模越小的上市公司越易成为壳公司。

*ST太光在 2012 年 12 月 31 日的总股本为 90,627,680.00 股，而与其同处软件与信息技术服务业、同处主板且上市时间离的最近的宝信软件(600845)的总股本为 340,917,291.00 股，南天信息(000948)的总股本为 231,606,046.00 股。通过对比可以发现，*ST太光的股本规模相对较小，容易成为目标壳公司。

(3) 股票价格

股价高低直接影响买壳方的收购成本。一般股价越低的上市公司越易成为买壳对象。

对拟从二级市场购买一定比例流通股收购壳公司的，股价越低收购成本越小；对拟通过协议转让收购壳公司暂未解禁国家股或法人股的，协议转让价确定的主要依据之一也是上市公司股价。

*ST太光的首发价为3.00元，最近3年(2013年6月30日~2016年6月30日)的最低价为10.20元；而与其同处软件与信息技术服务业、同处主板且上市时间离的最近的宝信软件(600845)的首发价为4.00元，最近3年的最低价为16.54元；南天信息(000948)的首发价为8.13元，最近3年的最低价为6.83元。通过对比可以发现，*ST太光的股价相对较低，也易成为目标壳公司。

3.3.2 资产质量、经营业务、经营业绩

(1) 资产质量、经营业务、经营业绩的选择标准

就资产质量而言。由于买壳上市更看重的是“壳”公司的上市公司资格，而非壳公司的有形资产，收购方在对收购目标公司收购后，一般会出售变现原有公司资产。因此，资产质量一般，专业化程度不高的公司，其资产变现相对方便，相对容易成为壳公司目标。

就经营业务而言。一般经营业务单一、产品重复，缺乏规模效益和新利润增长点的上市公司、夕阳产业，根据规划将列入淘汰压缩行业的上市公司较易成为壳公司目标。同时，一些作为地方经济融资窗口，缺乏鲜明主营业务的综合类公司，因为一般有一定的净资产收益率，其综合性的概念也易于同其他产业结合，也易成为壳资源。

就经营业绩而言。经营业绩好坏在一定程度上反映了公司经营管理的能力与水平。经营业绩较差(在行业中位于中下游水平)、在同行业中缺乏竞争力的上市公司往往会成为买壳目标。此外，经营业绩过差(如亏损严重)的上市公司，如果是政府重点扶持对象(收购中会享受税收、融资及债务处理等优惠)也可能会成为目标壳公司。

(2) *ST太光在资产质量、经营业务、经营业绩上的壳优势

2006年，深圳市太光电信股份有限公司的生产经营用厂房被拍卖，主营业务极度萎缩，经营基本处于停顿状态。2007年，公司依靠关联采购后对外销售实现营业收入794.27万元；2008年，公司为改变无主业状态曾向昆山市国资委下属公司发行股份购买资产，但因审核期间标的资产出现巨额亏损等事项重组被迫终止；自2010年起，公司通过与实际控制人控制的其他公司之间的关联交易勉强度日。由表5-11可以看出，在2011年到2013年1~4月期间，*ST太光的总资产不断缩减、净资产持续负向增加，营业收入也日益减少，特别是2012年公司发生较大亏损，净利润变为-829.61万元。由此可以判断，*ST太光的资产质量不佳，其带来预期收益的能力不断减弱；同时该上市公司主业不明，经营业绩较差。在此情形下，公司想扭转长期以来的不利局面，急需借助外力进行资产重组。

表5-11 *ST太光主要财务数据 单位：万元

指标 \ 年份	2013年1-4月	2012年度	2011年度
总资产	1,001.67	1,895.33	2,273.51
净资产	-14,071.93	-13,753.30	-12,923.69
营业收入	385.67	4,573.75	9,986.71
净利润	-318.63	-829.61	61.84

数据来源：WIND资讯

3.3.3　财务结构、公司成长性、产业链关系

（1）财务结构

一般来说，财务结构好的上市公司不易成为买壳对象，而财务结构过差的上市公司可能因收购后资产重组需要付出的代价过大而失去收购意义。因为财务结构好坏通常用资产负债率、每股净资产，以及净资产收益率等来衡量，一般这几个指标适中的上市公司易成为目标壳公司。

*ST太光在财务结构上有优势。如表5-12所示，*ST太光在2011年、2012年以及2013年的第一季度的资产负债率稳中有长，但均在40%左右，没有超过该指标的警戒线❶；每股净资产稳中有降，但没有跌破面值，保持在5~7元；净资产收益率下降明显，特别是在2013年第一季度出现负值，表明股东的投资回报缩水较多。但总体来看，*ST太光的财务结构适中，易作为壳资源被瞄上。

表5-12　*ST太光财务结构指标

指标＼年份	2013年1-3月	2012年度	2011年度
资产负债率(%)	40.63	40.58	40.15
每股净资产(元)	5.3344	5.5805	6.1627
净资产收益率(%)	-4.55	0.49	7.53

数据来源：WIND资讯

（2）公司成长性与产业链关系

就公司的成长性而言，一般成长性较好的上市公司很少会成为目标壳公司，而那些增长率较长时间徘徊不前的上市公司较易成为目标壳公司。表5-13反映了*ST太光的三个成长性指标，分别是营业收入增长率、营业利润增长率以及利润总额增长率；从表中数据可以看出，*ST太光的这三个指标在2011年度均为正值，但在2012年全部变为负值，表明不管是公司的浅层成长能力(营业收入增长率)还是深层成长能力(营业利润增长率、利润总额增长率)均出现严重不足，这种情形下的上市公司虽不是很优质的壳资源，但通常也会被有买壳意向的非上市公司纳入考虑的范畴。

表5-13　*ST太光成长性指标

指标＼年份	2012年度	2011年度
营业收入增长率(%)	-31.25	19.27
营业利润增长率(%)	-116.59	32.23
利润总额增长率(%)	-94.55	31.08

数据来源：WIND资讯

同时，在其他条件相当的情况下，非上市公司会尽量考虑与其有产业链关系的壳资源。神州数码选择在产业链上关联性较强的电子产品贸易行业上市公司注入神州信息资产，一

❶虽然现行法律对拟上市企业资产负债率没有提出具体参考线，但过往法律条文及诸多上市被否案例均表明，70%的警戒上线和20%的警戒下线以及同行业已上市公司的平均水平，对于当前拟上市公司来说具有警示意义。

方面为自身增添一个新的 A 股上市平台，同时也能在一定程度上降低神州信息上市后的资源整合风险，有利于快速增强母、子公司的综合实力。

3.4 买壳上市方式合理，经济效益较好

本案例通过定向增发进行吸收合并，这种买壳重组的操作方式是以股权支付方式为主的创新型并购模式，其通过非对外发行股份不动存量而只做增量，属于目前主流的并购重组方式，能有效遏制企业盲目扩张，突出主营业务并强化核心竞争力。同时这种并购模式不仅比现金并购方式节约交易成本，避免了并购方短期大量现金流出的资金压力，降低了收购风险和难度；而且目标公司的股东自动成为存续公司的股东，可以分享并购后上市公司新增加的收益。此外，由于推迟了收益确认的时间，可以延迟交纳企业所得税，在财务上可合理避税和产生股票预期增长效应。

而从成本效益角度考虑，买壳上市的成本收益分析基本框架见表 5-14。在取得壳公司控制权的过程中，壳公司的股权价值确定比较困难，但在市场行情走牛的大环境下，获取的壳公司的市值通常也会水涨船高；同时从前面的分析中可以看出，*ST太光具有壳股本较小的优势，神码软件仅以作价 18.39 亿元的神州信息股权就换取了*ST太光 45.17%的股份，因此其取得*ST太光控制权的成本较小。所以，从买壳上市的经济效益角度看，买壳*ST太光上市对神州信息是一个相当不错的选择。

表 5-14　买壳上市的成本收益分析基本框架

过　程	成　　本	收　　益	备　　注
买壳	向壳公司原股东支付的价格	壳公司价值	壳公司股权价值确定困难
清壳	向壳公司支付不良资产的价格	所获得不良资产的价值	一般以净资产作为不良资产价值
借壳	优质资产的价值	壳公司所支付的价值	一般用公司目标投资利润估算

3.5 抢占 IT 服务业先机，规避直接上市风险

神州数码本身股权结构分散，不存在实际控制人，其间接控制的全资子公司神码软件（神州信息的直接控股公司）除持有相关公司股权、出租其自有房屋建筑物并获取租金外，并未开展实质性经营活动，所以不符合上市要求。神州信息之所以被其力推上市，主要是因为神州信息主业明确突出，通过上市可以借助资本市场这个大平台迅速提升其品牌知名度，为神州信息自身及其母公司抢占更多发展先机，使其成为国内最具竞争力和最具规模的专业整合 IT 服务商。在当时我国 A 股 IPO 暂停审核的背景下，神州信息若继续排队会承担巨大的时间成本以及可能错失发展时机；加上 IPO 门槛高、成本大，审批严、手续繁，就算神州信息及其母公司耐心等待，但排到时未必就能顺利过会；而买壳上市不涉及保荐、承销等费用支出，审批相对简便、易通过，于是神州信息退而求其次，选择了通过取得上市公司控制权和进行资产注入进而改变上市公司主营业务操作形式的买壳上市方式。

总之，买壳上市一般系股东推动，而上市公司是被收购的对象；买壳上市操作的目的主要是为了获取上市资格，通常不太关注原有上市公司的业务，如果关注也仅限于有关净壳的剥离难度；在买壳上市过程中，大股东与小股东的利益取向不同，大股东本能的有对注入资产高估而挤占中小股东权益的商业利益驱动。所以，买壳交易本质是拟上市企业利

用盈利对上市公司原有股东所做的利益让渡，所以买壳方不仅要有实力，主观上还要有肯创共赢局面的意愿，这样买壳上市成功的机率就会很高。

本章附注

1. 买壳重组

买壳重组即买壳上市，属于重大资产重组的一种，在最新修订的《上市公司重大资产重组管理办法》(2014 版)中，买壳重组在其第十二条中有规定，即自控制权发生变更之日起，上市公司向收购人购买的资产总额，占上市公司控制权发生变更的前一个会计年度，经审计的合并财务会计报告期末资产总额的比例达到 100%以上的，除符合本办法第十条、第四十二条规定的要求外，上市公司购买的资产对应的经营实体持续经营时间应当在 3 年以上，最近两个会计年度净利润均为正数且累计超过人民币 2000 万元。上市公司购买的资产属于金融、创业投资等特定行业的，由中国证监会另行规定。

其中第十条是上市公司实施重大资产重组应当符合的条件，第四十二条是上市公司发行股份购买资产应当符合的条件。

2. 中概股

中概股即中国概念股，就是在国外上市的中国注册的公司，或虽在国外注册但业务和关系在国内公司的股票。现在也有沪深中国概念股一说，指沪深上市的股票名带“中国”字的股票，如中国化学、中国神化、中国国贸等。

3. 重大资产重组

在《上市公司重大资产重组管理办法》(2014 版)中，重大资产重组是指上市公司及其控股或者控制的公司在日常经营活动之外购买、出售资产或者通过其他方式进行资产交易达到规定的比例，导致上市公司的主营业务、资产、收入发生重大变化的资产交易行为。中国证监会依法对上市公司重大资产重组行为进行监管。

该管理办法第十一条明确规定，上市公司及其控股或者控制的公司购买、出售资产，达到下列标准之一的构成重大资产重组：一是购买、出售的资产总额占上市公司最近一个会计年度经审计的合并财务会计报告期末资产总额的比例达到 50%以上；二是购买、出售的资产在最近一个会计年度所产生的营业收入占上市公司同期经审计的合并财务会计报告营业收入的比例达到 50%以上；三是购买、出售的资产净额占上市公司最近一个会计年度经审计的合并财务会计报告期末净资产额的比例达到 50%以上，且超过 5,000 万元人民币。

4. VIE 结构

即 Variable Interest Entities，直译为可变利益实体，在国内被称为协议控制，是指境外注册的上市实体与境内的业务运营实体相分离，境外的上市实体通过协议的方式控制境内的业务实体，业务实体就是上市实体的可变利益实体。

第六章　XDD 违规上市案例分析

上市只是公司发展历程中重要的一步，公司不应为了上市而倾其所有，公司的持续发展才是其基业长青的关键所在。然而现实中，部分拟上市公司为了实现上市目的，有时可能会出现一些不合规的行为，如曾经的 PT 红光就因为违规上市而成为我国公司上市被刑事处罚的第一案。近年来，公司违规上市的行为也偶有发生，XDD 是创业板首家已成功过会但因舆论质疑而被证监会终止审查的案例，本章以 XDD 为例对公司违规上市进行分析。

1. 案例来源与所适用的法律制度

1.1　案例来源

XDD 违规上市案例来源于中国证监会官网（http：//www. csrc. gov. cn/pub/zjhpublic/），根据证监会官网 2012 年 4 月 12 日至 2014 年 7 月 21 日公布的与 XDD 有关的说明书、公告、决定书的资料整理获得。

1.2　所依据的法律制度

1.2.1　所适用的《公司法》、《证券法》

《公司法》于 1999 年、2004 年、2005 年、2013 年分别修订过一次，《证券法》在 2005 年、2014 年各修订过一次，考虑到 XDD 上市案例发生的时间段，其适用的应该是 2005 年修订、2006 年 1 月 1 日起开始施行的《公司法》、《证券法》。

1.2.2　所适用的《证券市场禁入规定》

（1）所适用的《证券市场禁入规定》

中国证券监督管理委员会令第 33 号：《证券市场禁入规定》已经 2006 年 3 月 7 日中国证券监督管理委员会第 173 次主席办公会议审议通过，自 2006 年 7 月 10 日起施行；中国证券监督管理委员会令第 115 号：《关于修改〈证券市场禁入规定〉的决定》已经 2015 年 3 月 2 日中国证券监督管理委员会第 79 次主席办公会审议通过，自 2015 年 6 月 22 日起施行。考虑到 XDD 上市案例发生的时间段，其适用的应该是 2006 年的《证券市场禁入规定》。

（2）可能会被采取证券市场禁入措施的人员

2006 年的《证券市场禁入规定》第三条明确了违反法律、行政法规或中国证监会有关规定可能会被采取证券市场禁入措施的人员：一是发行人、上市公司的董事、监事、高级管理人员，其他信息披露义务人或其他信息披露义务人的董事、监事、高级管理人员；二是发行人、上市公司控股股东、实际控制人或发行人、上市公司控股股东、实际控制人的董事、监事、高级管理人员；三是证券公司的董事、监事、高级管理人员及其内设业务部门负责人、分支机构负责人或其他证券从业人员；四是证券公司控股股东、实际控制人或证券公司控股股东、实际控制人的董事、监事、高级管理人员；五是证券服务机构的董事、监事、高级管理人员等从事证券服务业务的人员和证券服务机构的实际控制人或证券服务机构实际控制人的董事、监事、高级管理人员；六是证券投资基金管理人、证券投资基金托管人的董事、监事、高级管理人员及其内设业务部门、分支机构负责人或其他证券投资基金从业人员；七是中国证监会认定的其他违反法律、行政法规或中国证监会有关规定的有关责任人员。

2. 案例简介

2.1 公司概况

公司全称为广东 XDD 生物科技股份有限公司，成立于 2004 年 6 月 11 日，注册资本为 3800 万元，注册地在广东省梅州市平远县。该公司的主营业务为良种油茶苗的培育与推广及油茶精深加工系列产品的研发、生产和销售。XDD 首次公开发行股票并在创业板上市招股说明书(申报稿)显示，该公司是一家高新技术型公司，先后获得广东省清洁生产公司、广东省循环经济试点单位、广东省健康农业科技示范基地、全国科普惠农兴村先进单位、国家扶贫龙头公司、全国油茶产业重点公司等殊荣。在国家大力发展现代农业的背景下，XDD 秉承“以科技创新为先导，精深加工为核心，打造现代油茶产业体系”的全产业链循环发展理念，认为自身已逐步建立起了包括技术领先、产学研合作研发、油茶全产业链循环发展模式、产品品质、管理团队、区位、品牌等在内的核心优势。

2.2 案例简介

2.2.1 XDD 上市历程

2008 年 8 月 22 日，XDD 进行改制，整体变更设立为股份公司。随后公司加快上市步伐，2011 年 3 月 28 日，中国证监会受理 XDD 发行申请。2012 年 4 月 12 日，XDD 在创业板进行预披露，预披露内容显示，该公司聘请的保荐机构(均用简称)为南京证券，审计机构为大华会计师事务所，律师机构为北京市大成律师事务所，资产评估机构为北京中天华资产评估。2012 年 5 月 14 日，创业板发行部发布公告，定于 5 月 18 日召开 2012 年第 36 次创业板发审委工作会议；5 月 18 日，XDD 上会并获得通过。同年 6 月 28 日，有媒体通过调查质疑 XDD 涉嫌违规上市。

2012 年 7 月 17 日，XDD 与其保荐机构南京证券向证监会提交了终止发行上市的申请；2012 年 8 月 28 日，证监会对 XDD 立案稽查；2013 年 5 月 31 日，证监会通报对 XDD 查处结果，拟对其进行行政处罚；2013 年 7 月 23 日，证监会举行 XDD 案听证会；2013 年 10 月 15 日，证监会下发并公告了对 XDD 及 XDD 案相关责任主体(包括相关中介机构涉案当事人)的行政处罚决定书；随后，部分涉案当事人向中国证券监督管理委员提出行政复议；2014 年 1 月 29 日至 7 月 21 日，中国证券监督管理委员下发并公告了行政复议决定书，做出了维持证监会原《行政处罚决定书》的决定。

2.2.2 媒体《每日经济新闻》提出的质疑

(1) 经销商身份

XDD 唯一一家自营销售公司在 2011 年 8 月 19 日才注册成立，梅州之外没有设立任何销售分支机构，剔除6位无法确认身份的自然人外，30家经销商有将近70%都在公司所在地广东梅州，对于茶油这样的消费品，没有一张强大的销售网络，XDD巨额的收入又是如何实现的呢？

（2）客户身份

在XDD最近3年的前十大客户中，找不到一家大型商超卖场（仅2009年出现了唯一一家当地的小型KA卖场——梅州喜多多，但其在当年仅实现57.48万元的茶油销售后便没了下文），反而是个人大户频频出现，还有一批神秘的法人客户走马灯似的换人。

（3）毛利奇高

毛利率水平不仅远高出食用油加工行业上市公司，甚至超出全国规模以上茶油加工公司80%~142%。据此计算出的生产成本甚至不够购买油茶籽、茶饼等主要原料的成本。

（4）关联交易

首先，在XDD最近3年的前十大客户涉及的22家客户中，有近十家都被查出存在不同程度的关联交易或可能存在虚假交易等问题，甚至有些问题还指向了XDD董秘赵某、验资签字注册会计师赵某宇以及实际控制人黄某江的多位亲属。

其次，作为连续3年贡献突出的北京市场“主力军”，北京和风大地等3家重要客户，则离奇地指向了XDD董秘与验资签字注册会计师。

再次，作为连续3年贡献最为突出的核心客户和最大的茶油客户，梅州曼陀神露2010年曾为黄某江的侄女黄某燕所持有，招股说明书却虚假记载。同时，这家专卖店的出资人邹某，原来不过是没有决策权的XDD公司员工，看似毫无关联的背后，巨额销售暗藏“自买自卖”的嫌疑。

最后，作为连续3年贡献最为突出的一批核心客户，梅州志联、梅州维顺和梅州康之基等3家公司，则指向了另一起蓄意隐瞒的关联方——黄某江的亲戚及其背后的“马家军”。

（5）审计机构不独立

XDD的验资签字注册会计师赵某宇同时担任XDD第三大股东——DA集团的总裁。

3. 案例分析

3.1 根据XDD预披露信息分析其经营情况

XDD及为其上市服务的中介机构努力想把XDD打造成研发能力突出、产业链覆盖面广、资源综合利用能力强”的高新技术型绿色生态农产品龙头公司，为了确认公司的这一定位，同时分析公司是否可能存在媒体质疑的行为，本研究围绕XDD招股说明书（申报稿）预披露的信息进行分析。

3.1.1 原料压力凸显，茶油毛利率三年大跌24.47%

申报稿披露，XDD的主营产品为茶油与茶粕，2011年两个产品的收入占总销售收入的比例高达75.77%，但茶油与茶粕的主要原材料的价格正在不断攀升。仅2009年到2011年的3年期间，茶籽的平均采购价已从5,528.99元/吨上涨到8,573.08元/吨，涨幅达55.06%；茶饼的平均采购价也从1,528.72元/吨上涨到2,044.14元/吨，涨幅达33.72%。主要原材料的大幅上涨必将直接影响公司的毛利率。

而在2009年到2011年期间，XDD茶油的毛利率已从60.66%下跌到36.19%，跌了将近一半；综合毛利率也从41%下滑到38.15%，而综合毛利率下跌幅度不大，只是因为另一主营茶粕的毛利率从-10.22%升至22.06%的缘故。

3.1.2 研发投入甚微，投入额仅占销售收入1.91%

申报稿显示，XDD2009年至2011年的销售收入分别为4,796.39万元、8,756.56万元、1.23亿元，而相应年份的研发费用分别仅为281.12万元、211.56万元、235.57万元，这意味着同期XDD的研发投入占销售收入的比例分别仅为5.86%、2.42%和1.91%，占比本身较低，比例还在逐年减少。而作为获得高新技术公司认证的公司，XDD的员工结构不合理，员工的学历普遍较低。截至2011年年末，XDD的员工总数为91人，其中研发人员8人，占比仅为8.79%。

而我国《高新技术公司认定管理办法》第十条对公司近三个会计年度的研究开发费用总额占销售收入总额的比例规定：最近一年销售收入小于5000万元的公司，比例不低于6%；最近一年销售收入在5000万元至2亿元的，比例不低于4%；最近一年销售收入超过2亿元的，比例不低于3%。同时，《高新技术公司认定管理办法》还规定，具有专科以上学历的科技人员占公司当年职工总数的30%以上，其中研发人员占10%以上。

以上述管理办法中反映高新技术含量的两个重要指标：即研发投入占销售收入的比例、研发人员的比例，发现XDD在2009~2011年的这两个指标都低于参考标准，XDD显然与真正意义上的高新技术公司存在一定差距。

3.1.3 品牌和营销存在短板，销售地域比较狭窄

申报稿显示，XDD的主打品牌“曼陀神露”系列商标2009年10月底至2011年初才陆续注册生效；除了在江西遂川异地建立了初加工基地外，目前没有在全国各地有任何分公司；唯一销售公司于2011年8月19日在公司当地注册成立，公司所在地之外没有设立销售分支机构；唯一专卖店为公司当地“不存在关联关系”的经销商，公司所在地之外尚未建立专卖店等营销网络渠道；公司仅有30家经销商(其中1家关联方已于2009年注销)，剔除无法确认身份的6位自然人经销商外，多达将近70%的经销商均在广东梅州当地；公司近3年的前十大客户以个人客户为主，较少出现的公司客户也是在当地，且销售额不大。2009年至2011年，XDD在广东地区的销售金额占比分别达到96.52%、83.03%和81.05%，虽然其省外销售份额在逐年增加，但增加速度缓慢。

XDD未来三年计划建立的销售分支机构并无大面积拓展，仍是包括广州、深圳在内的4家(另两家在北京和上海)。而XDD预披露信息显示，XDD当时的主要竞争对手包括江西青龙高科技股份有限公司、湖南金浩茶油股份有限公司、江西省上饶恩泉油脂有限公司、江西春源绿色食品有限公司、江西绿海油脂有限公司等，已有几家已经建立起了全国性销售渠道。

3.1.4 生产和销售有短板，但其毛利率却反超同行

XDD招股说明书显示，公司最近3年的茶油毛利率分别高达60.66%、43.50%和36.19%。而公开资料显示，当时国内从事食用油加工业务的上市公司近3年对应的食用油加工业务毛利率普遍在6%上下波动。很显然，XDD的毛利率相比同行高出很多。通常而言，较高的毛利率应该意味着较高的售价和较低的成本，而XDD的实际情况到底如何?

以XDD零售市场的“曼陀神露”系列压榨精炼高山茶油为例，其价格每500ml在27~42元之间。该公司所有产品均实行厂家统一零售价的定价模式，经销商可享受40%的利润空

间。据此，对于两种不同档次的包装，经销商的提货价格分别可低至 16.40 元/500ml、22.20 元/500ml，这一出厂价格已接近当地市场上的花生油价格。而从收入与成本的比对角度看，以 2011 年度为例，XDD 销售单价 52,683.80 元/吨，按照 0.915 的密度折算，每吨茶油约为 1092.90L，对应的销售单价约为 24.10 元/500ml，而公司的油茶籽采购价格为 8,573 元/吨，按照油茶籽两道工序 24%的出油率的保守估计，直接材料成本高达 35,721 元/吨。由此判断，XDD 报表显示的生产成本竟然不够买材料。

3.2 针对证监会查实的 XDD 违规事项进行分析

依据《中华人民共和国证券法》(以下简称《证券法》)的有关规定，证监会对 XDD 违法违规行为进行了立案调查、审理，查明 XDD 在 2012 年 4 月 12 日预披露的招股说明书申报稿以及上会稿中存在重大遗漏、在 2009 年至 2011 年年度报告中存在虚假记载。

3.2.1 XDD 财务造假主要手段

XDD 为了粉饰财务报表，向社会公众营造其经营业绩逐年快速增长的假象，其造假的数额在 2009 年到 2011 年也是逐年攀升。

(1) XDD 通过多种手段虚增利润

XDD 通过多种手段虚增 2009 年利润总额 251.9 万元，占当年利润总额的 14.87%；虚增 2010 年利润总额 289.15 万元，占当年利润总额的 10.89%；虚增 2011 年利润总额 1,521.07 万元，占当年利润总额的 36.13%。

① 以真假销售客户名义虚增收入

一是 XDD 在对真实客户实际销售的基础上虚增部分销售收入，使其造假更具隐蔽性和迷惑性。如 XDD 在 2011 年财务账册中多记向×××超市等 9 家客户的销售，共计虚增 2011 年营业收入 2,246,928.38 元，虚增营业成本 1,169,434.58 元，虚增利润总额 1,077,493.8 元。

二是 XDD 实际虚增销售收入比较分散，在虚增收入过程中存在大量现金交易情况。因为审计通常会重点关注销售前十大客户，但 XDD 虚增销售收入并不集中，而是分散到数量众多的客户中；为了实现这一目的，在其虚增交易过程中存在不少现金交易。如 2011 年 11 月、12 月，XDD 以采购货物、支付劳务费名义向其控制使用的个人账户转入资金，之后全额或部分取出，同时从源源农副等其他账户取现，并先后于取现当日以 178 个客户销售回款的名义存入 XDD 银行账户。合计虚增营业收入 7,996,270.6 元，虚增营业成本 4,979,457.29 元，虚增利润总额 3,016,813.31 元。

三是使用关联交易虚增收入。表 6-1 列示了 XDD 在 2009~2011 三年期间里，与主要关联方发生的主要关联交易情况。其中与北京和风大地、四川蜀酿酒业北京分公司、梅州曼陀神露、梅州绿康、鸿达装饰发生的关联交易金额分别为 405.24 万元、247.16 万元、246.33 万元、62.74 万元、23.41 万元。

表 6-1 2009-2011 年 XDD 与主要关联方的关联交易情况

存在关联交易的客户	关联交易金额	存在关联交易的客户	关联交易金额
北京和风大地	405.24 万元	梅州绿康	62.74 万元
四川蜀酿酒业北京分公司	247.16 万元	鸿达装饰	23.41 万元
梅州曼陀神露	246.33 万元		

数据来源：中国证监会官网

② 将自有资金转化为收入

XDD 不断将自有资金通过虚构业务转到"体外"，然后再以销售的名义"回流"到 XDD，从而虚增收入。如 2011 年 3 月至 5 月、11 月、12 月、2012 年 6 月，由 XDD 提供资金，经梅州志联、梅州三鑫、源源农副账户转款至梅州康之基账户，再转入 XDD；此外以康之基名义向 XDD 存入现金，以上共转入或存入 XDD 资金 2,919,500 元，由 XDD 确认为销售回款，虚增 2011 年营业收入 2,342,035.4 元，虚增营业成本 1,643,835.32 元，虚增利润总额 698,200.08 元。

③ 将外部资金转化为收入

一是将个人向银行贷款获取的资金"转化"成销售收入。如 2011 年 XDD 利用黄某江向吴某平的借款及其子黄某斌获得的贷款，从出借方账户直接转入 XDD 账户或经 XDD 控制使用的账户转账至客户并最终转入 XDD，XDD 据此确认销售回款 917.94 万元，虚增 2011 年营业收入 8,001,161.81 元，虚增营业成本 3,828,530.1 元，虚增利润总额 4,172,631.71 元。

二是将私下的股权转让协议获取的资金"转化"成销售收入。如 2011 年 12 月，凌某兰向天津久丰股权投资基金合伙公司转让 XDD 股份应收的股权转让款 300 万元，经 XDD 控制使用的梅州志联账户，分别转款 30 万元、23.19 万元和 20.44 万元至伟梅商行、鸿隆实业和嘉阳贸易，以上 3 家公司于收款当日转出等额资金至 XDD。XDD 据此确认销售回款，虚增 2011 年营业收入 646,920.66 元，虚增营业成本 341,016.8 元，虚增利润总额 305,903.86 元。

三是将获取的政府补贴款等资金"转化"成销售收入。如 2011 年 1 月至 6 月、9 月、11 月、12 月，XDD 将获取的财政补贴款等多项资金转入梅州三鑫、梅州志联银行账户后，再转入源源农副账户或 XDD 关联方凌某平、黄某燕等个人账户后取现，并先后于取现当日以 129 个客户销售回款的名义直接存入 XDD。合计确认销售回款 10,150,723 元，虚增 2011 年营业收入 8,909,015.58 元，虚增营业成本 5,268,758.14 元，虚增利润总额 3,640,257.45 元。

④ 少计成本费用虚增利润

XDD 在 2009 年、2010 年、2011 年三年中，虚减的成本分别为：1,223,110.93 元、4,256,610.71 元、3,811,340.55 元，从而借助少计成本费用推动虚增利润目的的实现。如 2008 年，XDD 与立信会计师事务所有限公司签订《业务约定书》，约定分期支付中介服务费用，XDD 将已支付的 20 万元中介服务费用记录为预付账款，少计 2009 年管理费用 20 万元，多计预付账款 20 万元。

总之，XDD 通过虚增收入、少计成本费用等造假手段，不但美化了其利润表；同时也使得其现金流量表在最终结果不变的情况下出现内部三大结构异位问题：即经营性活动产生的现金流净流入被虚增、投资性活动产生的现金流净流入被虚减、筹资性现金流活动产生的现金流净流入被虚减。

（2）2009 年至 2011 年虚增固定资产

XDD2009 年至 2011 年以支付工程款的名义划款至平远二轻建，由此形成在建工程，并最终计入固定资产项下，而平远二轻建并未为其实施工程建造。由此，XDD2009 年虚增固定资产 227.68 万元，2010 年虚增固定资产 648.73 万元，2011 年虚增固定资产 264.5 万元。

（3）遗漏部分关联方关系及其交易的披露

首先，由于梅州曼陀神露及其经营者与 XDD 及其实际控制人之间存在特殊关系，该公司实际上是 XDD 的关联方。2009 年至 2011 年，XDD 与梅州曼陀神露交易金额分别为

19.89 万元、122.13 万元和 104.31 万元，该关联方关系及其交易均未在招股说明书申报稿以及上会稿中披露。

其次，鸿达装饰法定代表人黄某光于 2009 年至 2011 年担任 XDD 监事，且黄某光是黄某江的弟弟，鸿达装饰为 XDD 的关联方。2009 年 XDD 与鸿达装饰交易金额为 23.41 万元，该关联方关系及其交易未在招股说明书申报稿以及上会稿中披露。

此外，梅州绿康经营者陈某系凌某洪之妻，凌某洪系凌某兰的哥哥，凌某洪于 2009 年至 2010 年 10 月任 XDD 监事，2010 年 10 月任 XDD 财务总监，梅州绿康为 XDD 的关联方。2009 年、2010 年 XDD 与梅州绿康交易金额分别为 38.86 万元和 23.88 万元，该关联方关系及其交易均未在招股说明书申报稿以及上会稿中披露。

（4）遗漏控股股东股份转让情况的披露

2011 年 12 月 20 日，凌某兰与天津久丰和广东富升投资管理公司签订股份转让合同，将其持有的 300 万股 XDD 股份以 2,100 万元转让给上述 2 家公司，该重大事项未在招股说明书申报稿以及上会稿中披露。

3.2.2 XDD 违规行为的认定及处罚

（1）XDD 违规行为的认定

证监会认定 XDD 上述行为违反了《证券法》第十三条、第二十条第一款、第六十三条的规定，构成了《证券法》第一百九十三条第一款“发行人、上市公司或者其他信息披露义务人未按规定披露信息，或所披露的信息有虚假记载、误导性陈述或重大遗漏的”和第二款“发行人、上市公司或其他信息披露义务人未按规定报送有关报告，或报送的报告有虚假记载、误导性陈述或者重大遗漏的”的行为。同时，证监会认定上述违法行为直接负责的主管人员是黄某江（董事长）和凌某兰（副董事长），其他直接责任人是对 XDD 预披露信息签字承诺的 7 位董事、3 位监事以及 3 位高管。

（2）相关法律制度的规定

①《证券法》的有关规定

第十三条：公司公开发行新股，应当符合下列条件：具备健全且运行良好的组织机构；具有持续盈利能力，财务状况良好；最近三年财务会计文件无虚假记载，无其他重大违法行为；经国务院批准的国务院证券监督管理机构规定的其他条件。

第二十条第一款：发行人向国务院证券监督管理机构或者国务院授权的部门报送的证券发行申请文件，必须真实、准确、完整。

第六十三条：发行人、上市公司依法披露的信息，必须真实、准确、完整，不得有虚假记载、误导性陈述或者重大遗漏。

第一百九十三条第一款：发行人、上市公司或者其他信息披露义务人未按照规定披露信息，或者所披露的信息有虚假记载、误导性陈述或者重大遗漏的，责令改正，给予警告，并处以三十万元以上六十万元以下的罚款。对直接负责的主管人员和其他直接责任人员给予警告，并处以三万元以上三十万元以下的罚款。

第一百九十三条第二款：发行人、上市公司或者其他信息披露义务人未按照规定报送有关报告，或者报送的报告有虚假记载、误导性陈述或者重大遗漏的，责令改正，给予警告，并处以三十万元以上六十万元以下的罚款。对直接负责的主管人员和其他直接责任人员给予警告，并处以三万元以上三十万元以下的罚款。

第二百三十三条：违反法律、行政法规或者国务院证券监督管理机构的有关规定，情节严重的，国务院证券监督管理机构可以对有关责任人员采取证券市场禁入的措施。

前款所称证券市场禁入，是指在一定期限内直至终身不得从事证券业务或者不得担任上市公司董事、监事、高级管理人员的制度。

②《证券市场禁入规定》

第五条：违反法律、行政法规或者中国证监会有关规定，情节严重的，可以对有关责任人员采取3至5年的证券市场禁入措施；行为恶劣、严重扰乱证券市场秩序、严重损害投资者利益或者在重大违法活动中起主要作用等情节较为严重的，可以对有关责任人员采取5至10年的证券市场禁入措施；有下列情形之一的，可以对有关责任人员采取终身的证券市场禁入措施：

一是严重违反法律、行政法规或者中国证监会有关规定，构成犯罪的；

二是违反法律、行政法规或者中国证监会有关规定，行为特别恶劣，严重扰乱证券市场秩序并造成严重社会影响，或者致使投资者利益遭受特别严重损害的；

三是组织、策划、领导或者实施重大违反法律、行政法规或者中国证监会有关规定的活动的；

四是其他违反法律、行政法规或者中国证监会有关规定，情节特别严重的。

（3）证监会做出的行政处罚决定、市场禁入决定

根据当事人违法行为的事实、性质、情节与社会危害程度，依据《证券法》第一百九十三条第一款、第二款，《证券法》第二百三十三条和《证券市场禁入规定》第五条的规定，证监会决定：对XDD给予警告，并处以60万元的罚款（顶格处罚）；对黄某江、凌某兰给予警告，并处以30万元的罚款，采取终身证券市场禁入措施（顶格处罚）；对财务总监凌某洪给予警告，并处以20万元罚款，采取10年证券市场禁入措施；对董事黄某露、董事及董事会秘书赵某给予警告，并分别处以20万元罚款；对其他直接责任人给予警告，并分别处以15万元罚款。

3.3 中介机构及其责任主体违规行为的认定与处罚分析

证监会在对XDD案取证审理过程中，发现为XDD上市提供业务的中介机构也存在违规行为。保荐机构南京证券未做到尽职、勤勉，存在粉饰XDD招股书，包装其上市的嫌疑；为XDD提供验资、审计业务的是立信和大华会计师事务所，其中验资签字注册会计师“赵某宇”为大股东DA集团总裁；同时大华会计师事务所对财务报表审计把控不严；而为XDD提供法律业务的大成律师事务所则对XDD的关联方核查不够深入。

3.3.1 证监会查明的大华所及其注册会计师违规事项及其处罚

（1）证监会查明的违规事项

证监会查明大华所及其注册会计师在为XDD公司IPO提供审计鉴证服务过程中，未能勤勉尽责，出具的审计报告、核查意见等文件存在虚假记载。

在审计XDD2009年主营业务收入时，大华所未对毛利率巨幅波动（3月份为-104.24%，11月份为90.44%）做出审计结论，也未对异常波动原因进行分析。在审计XDD2011年主营业务收入时，在12月份毛利率与全年平均毛利率偏离度超过33%的情况下未保持适当的职业审慎，得出全年毛利率无异常波动的结论；同时在审计2011年应收账款时也未保持适当

的职业审慎，未发现2011年12月XDD现金销售回款占当月销售回款43%的异常情形，也未对上述两项异常进一步查验。

大华所工作底稿显示，2011年10月21日，大华所在深圳对梅州绿康经营者陈某进行了实地访谈，访谈笔录中记载XDD对梅州绿康2010年度销售金额与XDD账面数相同。经查大华所等中介机构及其人员当日并未对梅州绿康进行实地访谈，且2010年XDD向梅州绿康虚假销售34.48万元。而大华所在XDD有关举报问题的核查意见中称，大华所与保荐机构、律师事务所等三家中介机构对梅州绿康进行了实地访谈，其向XDD采购茶油情况与发行人2010年度茶油销售情况一致。

(2) 证监会对大华所行为的认定及处罚

① 对大华所行为的认定

大华所未按照行业标准履行勤勉尽责义务，其做法不符合《中国注册会计师审计准则(2006年)第1313号——分析程序》、《中国注册会计师审计准则(2010年)第1313号——分析程序》等相关规定，所出具的审计报告、核查意见等文件有虚假记载，违反了《证券法》第二十条第二款、第一百七十三条的规定，构成《证券法》第二百二十三条所述违法行为；而对大华所的上述违法行为直接负责的主管人员为王某滨、刘某奎。

②《证券法》的有关规定

第二十条第二款：为证券发行出具有关文件的证券服务机构和人员，必须严格履行法定职责，保证其所出具文件的真实性、准确性和完整性。

第一百七十三条：证券服务机构为证券的发行、上市、交易等证券业务活动制作、出具审计报告、资产评估报告、财务顾问报告、资信评级报告或者法律意见书等文件，应当勤勉尽责，对所依据的文件资料内容的真实性、准确性、完整性进行核查和验证。其制作、出具的文件有虚假记载、误导性陈述或者重大遗漏，给他人造成损失的，应当与发行人、上市公司承担连带赔偿责任，但是能够证明自己没有过错的除外。

第二百二十三条：证券服务机构未勤勉尽责，所制作、出具的文件有虚假记载、误导性陈述或者重大遗漏的，责令改正，没收业务收入，暂停或者撤销证券服务业务许可，并处以业务收入一倍以上五倍以下的罚款。对直接负责的主管人员和其他直接责任人员给予警告，撤销证券从业资格，并处以三万元以上十万元以下的罚款。

③ 证监会做出的行政处罚决定、市场禁入决定

根据当事人违法行为的事实、性质、情节与社会危害程度，依据《证券法》第二百二十三条、第二百三十三条和《证券市场禁入规定》第五条的规定，证监会决定：没收大华所业务收入90万元，并处以90万元的罚款(实施的是没一罚一，而法定罚的上限是没一罚五)；对签字会计师王某滨、刘某奎给予警告，并分别处以10万元、5万元的罚款；认定王某滨、刘某奎为证券市场禁入者，7年内不得从事证券业务或者担任上市公司董事、监事、高级管理人员职务(法定罚的上限：10万罚款，终身禁入)。

3.3.2 证监会查明的大成所及其执业律师违规事项分析

(1) 证监会查明的违规事项

经查明，大成所在为XDD公司IPO提供相关法律服务时，未能勤勉尽责地开展核查验证，其出具的法律意见书等文件存在虚假记载。

① 大成所在未对梅州维运实际控制人廖某梅进行实地访谈的情况下，制作虚假的实地

访谈笔录，并在补充法律意见书(五)中做出对廖某梅进行了实地访谈的虚假记载。

② 大成所在未对梅州绿康经营者陈某进行实地访谈的情况下，在专项核查意见中做出对梅州绿康进行了实地访谈的虚假记载。

③ 大成所未全面收集并认真查验梅州绿康的工商资料，未能发现梅州绿康经营者陈某系 XDD 财务总监凌某洪的配偶，未认定梅州绿康与 XDD 的关联关系，在其出具的补充法律意见书(二)中，称“确认、查阅了发行人主要客户和供应商的工商档案”，并根据 XDD 的 11 名自然人股东的声明及承诺，认为 XDD 股东、财务总监凌某洪与主要客户及供应商(包括梅州绿康)无关联关系。

④ XDD 与梅州曼陀神露之间存在诸多异常情况，大成所律师未履行法律专业人士特别注意义务，并采取进一步的核查措施予以排除或证实，就在补充法律意见书(一)、补充法律意见书(二)以及专项核查意见中，作出曼陀神露与 XDD 不存在关联关系的法律意见。

⑤ 大成所调取了梅州鸿达装饰的工商资料，其法定代表人为 XDD 董事长黄某江之弟黄某光，黄某光在向大成所填报的《公司董监高及其他核心人员在其他公司投资情况调查表》中，表明其持有鸿达装饰 60%的股份。但大成所在出具法律意见时未审慎尽责，在出具的补充法律意见书(一)中称发行人已充分披露关联方，未指出 XDD 并未披露与鸿达装饰存在关联关系的事实。

(2) 大成所行为的认定及处罚

① 大成所行为的认定

依据《律师事务所从事证券法律业务管理办法》、《律师事务所证券法律业务执业规则(试行)》等相关规定，律师事务所所制作、出具的文件之内容并不仅限于结论性意见，也包括对相关事实材料及查验工作的表述，以及作出结论性意见的论证分析。大成所及其经办律师在未对廖某梅、梅州绿康进行实地访谈的情况下，在法律意见书及专项核查意见等文件中对查验方式和查验过程等内容作出虚假表述，构成《证券法》第二百二十三条所述虚假记载的行为。

② 证监会做出的行政处罚决定、市场禁入决定

根据当事人违法行为的事实、性质、情节与社会危害程度，依据《证券法》第二百二十三条、第二百三十三条和《证券市场禁入规定》第五条的规定，证监会决定：没收大成所业务收入 50 万元，并处以 100 万元的罚款(没一罚二，而法定罚的上限是没一罚五)；对丘某良、刘某给予警告，并分别处以 10 万元的罚款；对申某平给予警告，并处以 5 万元的罚款；对刘某给予警告，并处以 3 万元的罚款；认定刘某为证券市场禁入者，5 年内不得从事证券业务或者担任上市公司董事、监事、高级管理人员职务(法定罚的上限：罚款 10 万，终身禁入)。

3.3.3　证监会查明的南京证券保代违规事项及处罚

(1) 证监会查明的南京证券保代违规事项

① 南京证券未按规定对 XDD2011 年度、2011 年 1 至 6 月、2010 年度主要原材料茶籽、茶饼前十大供应商进行核查，仅随机抽查了 10 个并非前十大供应商的农户，就在对 XDD 上市申请文件反馈意见的回复等文件中称，通过实地走访、发询证函或查阅工商档案等方式对 XDD2011 年度、2011 年 1 至 6 月、2010 年度主要原材料茶籽、茶饼前十大供应商进行了核查，并作出 XDD 对主要原材料茶籽、茶饼前十大供应商的采购情况符合实际的结论。

② 南京证券未按规定对 XDD 招股说明书上会稿中披露的 2009 年度销售前十大客户中的梅州喜多多超市、梅州绿康销售金额的真实性进行审慎核查，从而未能发现当年 XDD 向喜多多超市、梅州绿康虚假销售的事实。

③ 南京证券未按规定全面收集并认真查验梅州绿康的工商登记资料，未能发现梅州绿康经营者陈某系 XDD 财务总监凌某洪的配偶。南京证券在 2011 年 6 月 10 日出具的反馈意见回复说明中发表了梅州绿康与 XDD 不存在关联关系的意见。

④ 南京证券在未对梅州绿康经营者陈某作实地访谈的情况下，在出具的专项核查意见中，作出对梅州绿康进行了实地访谈的虚假记载。

⑤ 南京证券工作底稿中收集的 XDD 原材料明细表显示，XDD2009 年至 2011 年度煤炭采购账面金额分别为 89. 46 万元、180. 04 万元、273. 26 万元，与 XDD 招股说明书上披露的金额 85. 83 万元、159. 92 万元和 294. 61 万元分别相差 3. 63 万元、20. 12 万元、21. 35 万元；上述差额分别占 XDD 当年披露煤炭采购金额的 4. 23%、12. 58% 和 7. 25%，南京证券对上述事项的尽职调查未勤勉尽责。

（2）南京证券行为的认定及处罚

① 南京证券行为的认定

南京证券的上述行为，违反了《证券法》第十一条第二款的规定，构成了《证券法》第一百九十二条所述“保荐人出具有虚假记载、误导性陈述或者重大遗漏的保荐书，或者不履行其他法定职责”的情形，对此直接负责的主管人员为胡某、廖某。

②《证券法》的有关规定

第十一条第二款：保荐人应当遵守业务规则和行业规范，诚实守信，勤勉尽责，对发行人的申请文件和信息披露资料进行审慎核查，督导发行人规范运作。

第一百九十二条：保荐人出具有虚假记载、误导性陈述或者重大遗漏的保荐书，或者不履行其他法定职责的，责令改正，给予警告，没收业务收入，并处以业务收入一倍以上五倍以下的罚款；情节严重的，暂停或者撤销相关业务许可。对直接负责的主管人员和其他直接责任人员给予警告，并处以三万元以上三十万元以下的罚款；情节严重的，撤销任职资格或者证券从业资格。

③ 证监会做出的行政处罚决定、市场禁入决定

根据当事人违法行为的事实、性质、情节与社会危害程度，依据《证券法》第一百九十二条、第二百三十三条和《证券市场禁入规定》第五条的规定，证监会决定：对南京证券给予警告，因其未取得业务收入，不再给予罚款处罚(法定罚的上限：撤销保荐资格)；对胡某、廖某华给予警告，并分别处以 15 万元的罚款，并分别采取终身证券市场禁入措施(法定罚的上限：30 万元，撤销从业资格)。

4. 案例启示

4.1 公司内控制度要健全，内控执行要到位

在 XDD 公司为上市所做的三年连续财务造假中，公司高管随意挪动公司资金，公司资金随意转入个人账户，严重违反了货币资金的内部控制制度。事实上，如果内控制度本身

有问题，那无论怎么样执行都不会有好的结果；但如果设计良好的制度不能有效实施和执行，其实就只是一纸空文，谈不上防止或发现并纠正错误或舞弊带来的重大错报风险。

4.2 强调审计独立，谨慎运用审计程序

审计独立性包括实质上的独立和形式上的独立。实质上的独立是一种内心状态，形式上的独立是一种外在表现。大华所注册会计师兼任股东，与被审计单位有经济利益关系，这违背独立性要求，使得审计沦为公司上市造假的工具。而独立审计准则要求注册会计师在执业过程中要保持合理的职业质疑态度，注重审计程序运用的谨慎性，努力将审计风险降到能够接受的低水平。但大华所及其注册会计师在为 XDD 公司 IPO 提供审计鉴证服务时却未能勤勉尽责，存在重大过失，其出具的审计报告、核查意见等文件存在虚假记载，从而对 XDD 违规上市起到了推波助澜的作用。

4.3 注重验资的合法性，拒绝虚假验资

“独立、公正、客观”是会计事务所等中介机构应遵循的基本原则，也是中介机构重要的职业道德要求。会计事务所若违背职业操守，陷入商业潜规则，不仅会扰乱市场经济秩序，也会直接损害自身的形象。正是由于以赵某宇为代表的违法操作行为，导致虚假的验资报告出炉，给原本并不具备资质的 XDD 经济主体以合法的外衣，为后来的违法犯罪行为创造了条件。

4.4 拓宽融资渠道，缓解 IPO 发行上市压力

随着 XDD 面纱逐渐被解开，IPO 过程中的生态链也再次曝光到台前。在这条生态链中，有小券商接单的无奈、也有会计师事务所、律师事务所面对利益时的诱惑。这中间一个很重要的原因就是在我国当前的金融市场上，中小公司、民营公司融资非常难，如果其融资需求能通过其他融资渠道解决，那需要资本的公司也就不至于如此迫不及待想上市，而那些具有证券、期货资质的相关中介机构的寻租空间就会大大降低，此时证监会也许能从容地挑选出一些优质的公司上市。

4.5 证监会提高审核力度，加强对中介机构的监管

XDD 的财务报告与验资报告，都存在着极大的不合理性与违规性。但是证监会并未发现其不妥，在 2012 年 5 月 18 日，XDD 上会并获得通过。而一个多月后，当有媒体通过调查发现了 XDD 大量与招股书不符的事实，XDD 迫于压力主动撤回首次发行申请文件时证监会才采取行动。因此，证监会必须进行反思，其财务审核力度要继续加强。此外，证监会还要加强对具有其认可资质的中介机构如会计师事务所、律师事务所、资产评估机构、保荐机构等的监督管理，加大对其违规执业的处罚力度，促使这些中介机构公平竞争、诚信立业，其执业人员遵守基本的职业道德，积极履行勤勉尽责义务，努力提高中介服务的水平与质量。

第三篇　生存发展篇

第七章　洋河股份公司治理与内部控制案例分析

因为涉及公司权力安排和利益分配问题的公司治理(Corporate Governance)会对公司绩效产生重要影响，目前许多国家都视公司治理为公司发展的头等大事。洋河股份是最近几年迅速崛起的白酒公司，公司的迅猛发展受到普遍关注。2015 年 8 月，洋河股份以总市值 187 亿美元、销售额 24 亿美元位列《福布斯》2015 亚太最佳上市公司 50 强第 12 位、中国上市公司第 5 位，被福布斯评为“业绩极佳、具有企业家精神”的亚太地区最优秀公司之一(唯一一家中国白酒公司)。2015 年 12 月，公司凭借卓越的公司治理、不俗的经营业绩、丰厚的资本回报荣获“2015 年中国中小板上市公司卓越董事会”奖。为此，本章选择洋河股份公司治理与内部控制进行分析，以期对其他公司提升公司治理水平、提高公司内部控制的有效性有所启示或借鉴。

1. 公司治理与内部控制

1.1　对公司治理的理解

随着现代股份公司所有权与控制权的分离，公司治理的需求应运而生。因为现代公司普遍存在因所有权与经营权分离而引发的代理问题，而部分公司还存在控股股东与中小股东之间的代理问题。为了合理保证包括中小股东在内的所有股东财富最大化，需要引入包含一系列结构和机制的公司治理制度，即公司治理主要包括治理结构和治理机制两个方面。

1.1.1　有关公司治理的界定

OECD(Organization for Economic Co-operation and Development)即经济合作与发展组织，其在《公司治理结构原则》中给出了一个有代表性的定义：公司治理结构是一种据以对工商公司进行管理和控制的体系，其明确规定了公司的各参与者的责任和权利分布。

柯林·梅耶(牛津大学管理学院院长)把公司治理定义为：公司赖以代表和服务于它的投资者利益的一种组织安排，它包括从公司董事会到执行人员激励计划的一切东西。

斯坦福大学的钱颖一教授认为：公司治理机制是一套制度安排，用来支配若干在公司中有重大利害关系的团体，包括投资者、经理、工人之间的关系，并从这种安排中实现各自的经济利益。常见的治理机制包括：如何配置和行使控制权，如何监督和评价监事会、经理人员和职工，如何设计和实施激励机制等。

经济学家吴敬琏教授指出：公司治理是指由所有者、监事会和高级执行人员即高级经理人员三者组成的一种组织结构，其中股东大会、董事会、监事会和经理相互制衡共同实施对公司的治理，称之为内部治理机制。

1.1.2　有关公司治理的类别

通过对有关公司治理界定的代表性观点的分析可以看出，不同学者在理解公司治理时的口径有所差异，所以就出现了不同类别的公司治理。

(1) 公司治理有内部治理与外部治理之分

内部治理是指公司的出资者为保障投资收益，就控制权在出资者、经营者组成的内部结构之间的分配所达成的安排。内部治理机制则是主要通过股东大会、董事会、监事会和经理层等公司内部的决策、监督和执行机制发生作用。

而公司的外部治理则是公司的出资者包括股东和债权人通过市场体系对经营者进行控制，以确保出资者收益的安排。外部治理机制则是指产品市场、资本市场和人力市场等市场机制对公司利益相关者的权力和利益的作用及影响。

(2) 公司治理有狭义治理与广义治理之分

狭义的公司治理即内部治理，其以委托代理理论为基础，主要通过一套制度安排用以支配若干在公司中有重大利害关系的团体，并依靠激励机制、约束机制等监控来实现治理目的。但随着“经理人”革命的完成，经理层逐渐成为公司的实际控制者，该理论已经无法从根本上解决信息不对称引起的公司治理失效问题。

广义的公司治理应运而生并逐渐发展起来，其建立在利益相关者理论基础之上，是内部治理与外部治理的有效融合。广义的公司治理对影响公司发展因素的分析更为全面、更为系统，主要通过一套正式或非正式的内外部制度来协调公司与所有利益相关者之间的利益关系，以期实现股东价值长远最大化。

1.1.3　从组织结构角度看公司治理

(1) 组织结构与治理结构的关系

从组织结构角度看，治理结构是公司组织结构的一个组成部分。治理结构是侧重于权、责、利关系的确定来形成有效的激励和约束机制，但仍然要借助于一定的组织结构形式来体现。从机制关系上看，组织结构是公司治理结构的实现载体。对于公司治理结构，人们更关注的是机制的形成；对于组织结构，人们更关注的是机构与部门的设置。实际上，机制的形成必须以组织机构为依托，而机构的运行必须要有良好的机制，这表明公司治理制度的运作效果要受到公司管理体制的极大影响。

(2) 从组织结构视角对公司治理的理解

公司的组织结构通常包括股东大会、董事会、监事会、经理层(高级管理人员)、职能部门、业务部门等。而在公司治理中，股东大会、董事会、监事会、经理层之间往往会形成如图 7-1 中所反映的相互制衡关系。

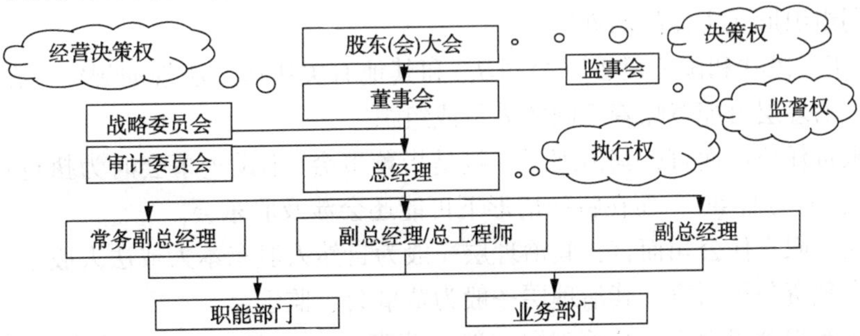

图 7-1　公司组织结构与公司治理

股东大会是公司的最高权力机构，股东通过股东大会行使重大决策、选择管理者等权利。但在现代公司制度下，由于股权分散使得股东通过股东大会行使权利的成本很高，所以股东的决策权以及对经理层的有效监督，在很大程度上通过董事会和监事会这一内部治理机制，以及通过控制权市场的争夺这一外部治理机制来实现。

董事会是股东的代理人，代表股东行使决策和选拔、监督经理层的职能；在极端情况下，董事会有权撤换公司的主要执行官员。董事会通常由内部董事与外部董事组成，其中外部董事（Outside Director）亦称外聘董事，指不是本公司职工的董事。独立董事（Independent Director）是外部董事的一种，指除董事关系外与公司没有任何其他关系的外部董事，而外部董事还有一种是灰色董事，是指那些除了董事关系外与公司还有其他联系的外部董事。

监事会作为现代公司治理结构中的重要制衡机构，在其职权范围内，代表股东（即出资者）依法行使对公司董事、经理或其他人员的监督权力并对股东大会负责。监事会的行为对防止董事会独断专行、维护公司及其股东财产安全、监督公司财务会计状况，维护公司健康稳定发展发挥重要保证作用。

经理层是公司的经营者，主要是指公司的高层管理人员，即总经理、副总经理、总工程师、总会计师（或财务总监）等。经理层与董事会存在委托代理关系，由董事会聘任，并对董事会负责。名义上，经理只拥有决策执行权，但在实际运作中，由于股东大会和董事会作用机制的残缺，经理层实际拥有的权力远大于公司法设定的“纸面上”的权力。

1.1.4 公司治理层

（1）公司治理层的构成

在公司治理涉及的机构中，股东大会（股东会）一般具有选举董事和监事、进行重大决策以及审议批准公司财务预算、决算方案和利润分配（亏损弥补）方案等法定职责，显然属于重要的治理机构；但由于其是以会议形式存在的公司权力机关而并非常设机构，所以一般可以不把它列为工作中应予沟通的治理层。

实务中归属于治理层的主要是董事会和监事会。因为董事会的主要职责是制定战略、进行重大决策、聘任经理并对管理活动进行监督；而监事会的主要职责是对公司财务以及公司董事、经理的行为进行监督。针对不少公司董事兼任高管人员的情形，可以理解为“治理层对管理的参与”。

经理层的主要职责是管理公司，即主持公司的生产管理，组织实施董事会决议等。因而其属于管理层而非治理层。

（2）不同组织形式主体的治理层

结合《中华人民共和国公司法》（公司法）和其他有关法律、法规的规定，在不同组织形式的主体中，治理层可能意味着不同的人员或组织。

对于有限责任公司而言，其治理层一般是指董事会（不设董事会时为执行董事）、监事会（不设监事会时为监事），而在特殊情形下可能还会涉及股东会。

对于一人有限责任公司而言，其治理层一般为自然人股东本人或法人股东的代表。

对于国有独资公司而言，其治理层一般为董事会、监事会。

对于股份有限公司而言，其治理层一般为董事会、监事会；而在特殊情形下可能还涉及股东大会。对于在证券交易所上市交易的股份有限公司即上市公司而言，其治理层一般为董事会、监事会以及特殊情形下的股东大会；同时，上市公司董事会一般设有若干专门委员会，其中审计委员会的重要职责之一就是与注册会计师进行沟通。

1.1.5　公司管理层

(1) 理论界有关管理层的认识

理论界对管理层的概念有很多不同的看法。有的学者认为，管理层可以简单等同于企业的法人。有的学者将公司的管理层理解为由“董、监、高”人员组成的一个有机团队。也有不少学者认为管理层应该分为高、中、基三个不同的层次(即“三层次理论”)：基层管理人员直接指导并监督现场的员工，主要负责公司具体业务执行和公司任务操作，他们最关心的是具体计划的完成情况；中层管理人员承上启下，正确传达高层管理者的意思和精神，结合本部门具体情况，创造性的指导基层管理者开展工作，主要履行生产或服务的监督、调度、审核、提交建议的权利，他们关心的是日常事务的管理；高层管理人员的主要任务是统筹组织安排，侧重于做出重要的方向性决策并沟通组织内部与外界，他们关心的是决策的正确性和创造良好的经营环境，主要负责人事任免、监督和督促中层管理任务完成、协调外事活动等。

(2) 本研究对管理层的理解

本研究所说的管理层指对公司重大经营活动具有实际经营权、决策权的人员总称，具体指公司年度报告摘要中披露的董事、监事、总经理、副总经理、总裁、副总裁、总工程师、总会计师等。这些人员对公司的经营管理都有一定影响，或多或少会对公司治理和经营决策产生作用。加上目前我国不少上市公司中的董事都兼任经理层的职务，所以不好对其进行严格区分。

管理层是公司所独有的经济“器官”，第一要务就是要把公司管理好，能够协助公司盈利。而检验管理成果的重要指标是公司绩效。管理层的第二大职能就是利用人力和物质资源造就一家能创造经济价值的公司，所以管理层要以员工为根本、以客户为中心，借助有效的奖惩机制，通过绩效导向牵引员工做出最好成绩，使他们能够协助团队、公司达到盈利目的。

1.2　对内部控制的理解

公司治理包含内部控制的内容，改进和完善内部控制制度建设及实施对公司强化会计监督、提高管理效率、提升公司治理水平具有重要作用。

1.2.1　内部控制的概念与目标

内部控制(Internal Control)是指由公司董事会(或者由公司章程规定的经理、厂长办公会等类似的决策、治理机构，以下简称董事会)、管理层和全体员工共同实施，旨在合理保证实现公司基本目标的一系列控制活动。

公司内部控制的目标主要涉及五个方面，分别是公司战略、经营的效率和效果、财务会计报告及管理信息的真实可靠、资产的安全完整、遵循国家法律法规和有关监管要求。

1.2.2　内部控制的基本要素

美国的COSO委员会提出的《内部控制—整合框架》分为以下五要素：控制环境、风险评估、控制活动、信息与沟通、监察。我国的《企业内部控制基本规范》借鉴了美国COSO委员会提出的《内部控制—整合框架》，并结合中国国情，要求公司所建立与实施的内部控制应当包括下列五个要素：内部环境、风险评估、控制活动、信息与沟通、内部监督。

（1）内部环境

内部环境是影响、制约公司内部控制制度建立与执行的各种内部因素的总称，是实施内部控制的基础。内部环境主要包括治理结构、组织机构设置与权责分配、公司文化、人力资源政策、内部审计机制、反舞弊机制等内容。

（2）风险评估

风险评估是及时识别、科学分析影响公司战略和管理目标实现的各种不确定因素并采取应对策略的过程，是实施内部控制的重要环节和内容。风险评估主要包括：目标设定、风险识别、风险分析和风险应对。

（3）控制活动

控制活动是根据风险评估结果、结合风险应对策略所采取的确保公司内部控制目标得以实现的方法和手段，是实施内部控制的具体方式和载体。控制活动应结合公司具体业务和事项的特点与要求制定，主要包括职责分工控制、授权控制、审核批准控制、预算控制、财产保护控制、会计系统控制、内部报告控制、经济活动分析控制、绩效考评控制、信息技术控制等。

（4）信息与沟通

信息与沟通是及时、准确、完整地收集与公司管理相关的各种信息，并使这些信息以适当的方式在公司有关层级之间进行及时传递、有效沟通和正确应用的过程，是实施内部控制的重要条件。信息与沟通主要包括：信息的收集机制、在公司内部和与公司外部有关方面沟通的机制等。

（5）内部监督

内部监督是公司对其内部控制制度的健全性、合理性和有效性进行监督检查与评估，形成书面报告并做出相应处理的过程，是实施内部控制的重要保证。内部监督主要包括对建立并执行内部控制制度的整体情况进行持续性监督检查，对内部控制的某一方面或者某些方面进行专项监督检查，以及提交相应的检查报告、提出有针对性的改进措施等。公司内部控制自我评估是内部控制监督检查工作中的一项重要内容。

1.2.3 “两点论”的内部控制

“两点论”的内部控制是指将内部控制划分为内部会计控制（Internal Accounting Control）和内部管理控制（Internal Administrative Control）两类。之所以将内部控制进行此类划分，主要是为了划分注册会计师（CPA）的审计责任，即注册会计师只负责审计内部会计控制的内容。

（1）内部会计控制

2001年，我国财政部印发的《内部会计控制规范——基本规范（试行）》中明确，本规范所称内部会计控制是指单位为了提高会计信息质量，保护资产的安全、完整，确保有关法律法规和规章制度的贯彻执行等而制定和实施的一系列控制方法、措施和程序。内部会计控制常见的方法有：不相容职务分离控制、授权批准制度、会计系统控制、预算控制、财产保全控制、内部报告控制、电子信息技术控制等。

（2）内部管理控制

内部管理控制包括组织规划以及实施管理计划和经营控制的所有方法与程序，以及与管理当局进行经济业务授权的决策过程有关的程序和记录。内部管理控制通常对会计业务、会计记录和会计报表的可靠性没有直接影响。常见的内部管理控制方法和程序有：统计分析、人事管理、技术管理、业绩报告、质量控制等。

1.2.4　内部控制自我评价与内部控制审计

(1) 相关法律规范与要求

为了促进公司建立、实施和评价内部控制，规范会计师事务所内部控制审计行为，根据有关法律法规和《企业内部控制基本规范》，我国财政部会同证监会、审计署、银监会及保监会共同制定《企业内部控制应用指引第 1 号——组织架构》等 18 项应用指引、《企业内部控制评价指引》和《企业内部控制审计指引》，于 2011 年 1 月 1 日起在境内外同时上市的公司施行，自 2012 年 1 月 1 日起在上海证券交易所、深圳证券交易所主板上市公司施行；在此基础上，择机在中小板和创业板上市公司施行；同时，鼓励非上市大中型公司提前执行。

《企业内部控制基本规范》及配套指引明确要求执行公司内部控制规范体系的公司，必须披露年度内部控制自我评价报告，同时聘请有资格的会计师事务所对其财务报告内部控制的有效性进行审计，并出具审计报告；如果注册会计师在审计过程中注意到公司存在非财务报告内部控制的重大缺陷，应当提示相应的利益相关者关注。

(2) 内部控制自我评价与评价报告

通常，建立健全和有效实施内部控制、评价内部控制的有效性是公司董事会的责任。公司内部控制评价是指公司董事会或类似权利机构对内部控制的有效性进行全面评价、形成评价结论、出具评价报告的过程。公司可以委托中介机构实施内部控制评价，但为公司提供内部控制审计服务的会计师事务所不得同时为同一公司提供内部控制评价服务。

公司内部控制评价报告应当分别就内部环境、风险评估、控制活动、信息与沟通、内部监督等要素进行设计，内容要涵盖内部控制评价过程、内部控制缺陷认定及整改情况、内部控制有效性的结论等。公司的年度内部控制评价报告基准日为每年的 12 月 31 日，内部控制评价报告应于基准日后 4 个月内报出。而公司董事会要对内部控制评价报告的真实性负责，所以在该报告对外披露或报送相关部门前应当报经董事会或类似权力机构批准，公司内部控制审计报告应当与内部控制评价报告同时对外披露或报送。

(3) 内部控制审计与审计报告意见

内部控制审计是指会计师事务所接受委托，对特定基准日内部控制设计与运行的有效性进行审计。当然，注册会计师可以单独进行内部控制审计，也可以将内部控制审计与财务报表审计进行整合审计。注册会计师执行内部控制审计工作应当获取充分、适当的证据，以便为发表内部控制审计意见提供合理保证。

注册会计师的责任是对财务报告内部控制的有效性发表审计意见，但对内部控制审计过程中注意到的非财务报告内部控制的重大缺陷，也应当在内部控制审计报告中增加“非财务报告内部控制重大缺陷描述段”予以披露。

内部控制审计报告意见通常可以分为两大类：即标准内部控制审计意见和非标准内部控制审计意见。其中，非标准内部控制审计意见包括：带强调事项段的无保留意见、否定意见和无法表示意见共三种内部控制审计意见类型。内部控制审计报告的意见会直接影响投资者对上市公司的投资信心，进而影响上市公司发展战略的实现。

1.3 公司治理与内部控制的关系

1.3.1 公司治理与公司管理的关系

① 从公司财富创造机制角度看

公司治理与公司管理都是为了实现财富的有效途径，只是扮演角色的层次不同，管理是指如何创造更多财富的问题，而治理是确保这种财富的创造合乎各方利益要求的一种制度安排。换言之，公司治理是财富创造的基础和保障，公司管理则是在既定的治理模式下，管理者为实现公司目标而采取的行动，是财富创造的源泉和动力。

② 从公司制度安排的结构内容和层次看

公司治理规定了整个公司运作的基本制度框架，公司管理是在这个限定的框架下规范公司趋向既定目标。具体而言，在制度内容构成中，公司治理是股东大会、董事会、监事会、经理层的相互制衡机制、结构和联系的体系；公司管理是管理层及其下属人员确定目标以及实现目标所采取的行动，主要包括计划、组织、领导和控制活动，其实质是控制活动；而在管理层次上，公司治理主要负责公司战略规划、重大项目投资决策、治理模式和制度设计等；公司管理主要负责战略管理、中层管理和作业管理。

③ 公司治理与公司管理的联结点

公司治理与公司管理密不可分，二者通过内部控制和战略管理两个联结点相互作用(见图7-2)。从制度构成内容看，公司内部控制是公司治理与公司管理的内部联结点，主要调整公司内部诸利益主体的利益关系，即公司治理基于股东与经营者之间的委托代理机制，来负责公司内部控制制度的基础构建工作；公司管理则为了实现股东等利益主体的利益最大化，而承担公司内部控制制度的具体运行。从管理层次看，战略管理构成公司治理与公司管理的外部联结点，较多涉及公司外部诸利益主体的利益调整。因为公司治理负责公司战略的制定、控制监督和实施效果评估，公司管理则主要承接公司战略实施过程的管理。可以说，公司治理结构的有效性影响着公司战略过程的效率，影响投资者的利益和公司的长期健康发展。

1.3.2 公司治理与内部控制的关系

关于内部控制与公司治理之间的关系，我国不少学者提出了各自的观点。阎达五和杨有红(2001)提出了“环境论”，即内部控制框架与公司治理机制的关系是内部管理监控系统与制度环境的关系。李连华(2005)提出了“嵌合论”，即内部控制与公司治理之间存在着相互交叉与重叠的区域，是一种嵌合的关系；与其观点类似的还有程新生(2004)、杨有红和胡燕(2004)等。杨雄胜(2005)提出了“基础论”，即内部控制是实现公司治理的基础设施。

现阶段，我国公司治理同内部控制实务具有较大的交叉或重叠，公司内部控制主体和公司治理主体之间的交叉重合，直接反映了两者之间的嵌合关系，而嵌合接口是公司董事会或总经理，即公司的核心管理层(见图7-3)。以“嵌合论”观点分析公司治理和内部控制之间的关系，便于在公司治理下对内部控制发展情况进行动态把握；同时避免出现公司治理意义边缘化，防止出现内部控制的反向促进作用被忽视的现象。

(1) 公司治理与内部控制目标趋向一致

为确保公司遵循相关规章制度，公司内部控制确定五大目标，这五大目标最终是为了实现公司价值最大化这一最终目标。而通常公司治理的目的就是为了确保公司的正常运行，防止董事及经理层等代理人损害公司股东的利益。因此，健全完善的公司治理是公司价值最大化目标得以实现的前提保障。从这个角度来说，内部控制与公司治理的目标具有一致性，都是服务于公司价值最大化。

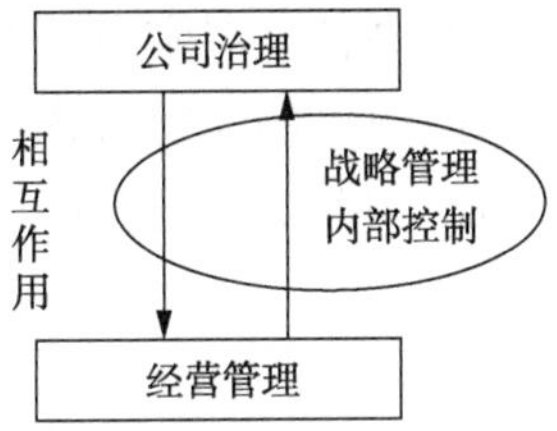

图 7-2　公司治理与公司管理的关系

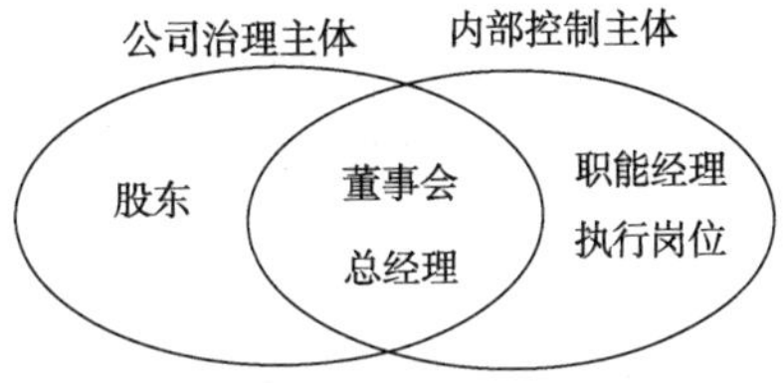

图 7-3　公司治理以及内部控制嵌合示意图

（2）公司治理与内部控制理论基础同源

委托代理理论解释的是委托人与代理人由于利益诉求一致，在追求个人目标实现时产生的冲突及公司利益损失。从公司治理视角来看，董事会结构、监事会设置及公司经理人的权责分配，本质上是为了缓解大小股东、股东与债权人、股东与经理人之间的代理冲突，即公司治理产生于委托代理问题。内部控制作为公司系统的内部制约机制，包括所有者对经理人及公司生产运营各环节代理人的控制，其产生的基础也是为了缓解各层面利益追求不一致可能带来的生产效率损失。只不过相对公司治理，内部控制处理的对象除了包括股东及经理人之间的冲突，也包括经理人与普通管理者、员工的代理冲突。因此，公司治理与内部控制的目标是一致的，都源自于委托代理冲突，都是为了降低代理成本，提高公司的经营效率。

（3）公司治理与内部控制有效性的作用机理

① 公司治理是内部控制的基础和前提

内部控制制度的设立，是在权力主体之间给予不同的控制与约束。这种权力制衡的结构设置，是以有效的公司治理结构为基础和前提的。公司只有建立了相对平衡的委托代理关系，降低代理成本的公司治理结构，才可能设计行之有效的、可靠的内部控制制度，发挥好内部管控体制。所以，合理、高效的公司治理方式可以确保内部控制获得较好效果。

② 公司治理是内部控制的起点

现代契约理论认为公司是一系列契约的结合，这些契约的有效组合形成了公司的治理结构。在经济实践中，公司运营管理的全过程面临复杂的内、外部因素，这就要求公司要仔细探究出现的状况及问题，添加契约来健全完善公司治理层面的契约关系。内部控制是对公司治理契约关系的补充。解决的是公司治理契约缺陷在制度设计时未能处理的问题。因此，内部控制的控制对象、措施及手段等是以公司治理为前提条件的，公司治理是内部控制的起点。

③ 公司治理是内部控制的保障

内部控制要想得到彻底的实施，要有有效合理的公司治理安排为前提。公司治理在完成有效的权利分配及约束控制后，才能为内部控制实施建立扎实的平台。内部控制制度的建立涉及公司各个层面，会触碰单位各部门、各环节可能的利益。内部控制的实施需要强有力的推动与监督。公司只有在建立了较好的公司治理结构，有较高公司治理水平后，才可能有效推动内部控制制度的执行。

总之，内部控制与公司治理相辅相成，相互影响，某种程度上具有“工具与目的”的关系。内部控制和公司治理思想均起源于委托代理论，从本质上讲，两者都是为解决公司内部不同主体之间的委托代理问题而产生的。差别在于，公司治理的关键是用来处理好所有权人同管理者相互之间的委托代理关系；内部控制关键是解决管理层和下属员工之间的委托代理问题。从公司治理的高度认识内部控制、健全内部控制机制、完善内部控制制度是规范公司经营行为、有效防范经营风险的主要措施，也是衡量公司管理水平高低的重要标志。

2. 案例资料来源与案例公司简介

2.1 案例资料来源

洋河股份(002304)是在深交所中小板上市的大型白酒类公司，本案例在分析时所收集和利用的资料来源主要有三个：一个是深交所官网(http：//disclosure. szse. cn)公告的与洋河股份公司治理、年度报告相关的信息披露资料(见表 7-1、表 7-2、表 7-3)；一个是由 WIND 资讯提供的洋河股份股票的深度资料；还有一个是洋河股份的官方网站(http：//www. chinayanghe. com/)中披露的相关公告与媒体评论信息。

表 7-1 洋河股份公司治理相关资料名录(1)

洋河股份：2015 年度社会责任报告 (397k)[2016-04-26]
洋河股份：2015 年度内部控制评价报告 (252k)[2016-04-26]
洋河股份：关于举行 2015 年度报告网上说明会的公告 (164k)[2016-04-26]
洋河股份：2015 年度监事会工作报告 (142k)[2016-04-26]
洋河股份：内部控制规则落实自查表 (174k)[2016-04-26]
洋河股份：2015 年度财务决算报告 (195k)[2016-04-26]
洋河股份：关于聘任证券事务代表的公告 (163k)[2016-04-26]
洋河股份：第五届董事会第五次会议决议公告 (243k)[2016-04-26]
洋河股份：2015 年度董事会工作报告 (264k)[2016-04-26]
洋河股份：关于公司董事到龄退休的公告 (108k)[2016-04-12]
洋河股份：关于公司控股股东、现任董监高人员承诺不减持公司股份的公告 (115k)[2016-01-15]

数据来源：深交所官网

表 7-2 洋河股份公司治理相关资料名录(2)

洋河股份：2015 年度股东大会决议公告(169k)[2016-06-01]
洋河股份：2015 年度股东大会的法律意见书(105k)[2016-06-01]
洋河股份：关于 2015 年度股东大会延期召开的公告(237k)[2016-05-17]
洋河股份：关于召开 2015 年度股东大会的通知(230k)[2016-04-26]
洋河股份：2014 年度股东大会决议公告(168k)[2015-05-27]
洋河股份：2014 年度股东大会的法律意见书(97k)[2015-05-27]

续表

洋河股份：关于召开 2014 年度股东大会的通知(327k)[2015-04-29]
洋河股份：2015 年第一次临时股东大会决议公告(178k)[2015-02-1]
洋河股份：2015 年第一次临时股东大会的法律意见书(117k)[2015-02-11]
洋河股份：关于召开 2015 年第一次临时股东大会的通知(345k)[2015-01-21]

数据来源：深交所官网

表 7-3　洋河股份近 4 年年度报告名录

洋河股份：2015 年年度报告摘要(306k)[2016-04-26]
洋河股份：2015 年年度报告(2680k)[2016-04-26]
洋河股份：2014 年年度报告摘要(260k)[2015-04-29]
洋河股份：2014 年年度报告(2900k)[2015-04-29]
洋河股份：2013 年年度报告摘要(260k)[2014-04-23]
洋河股份：2013 年年度报告(2980k)[2014-04-23]
洋河股份：2012 年年度报告摘要(290k)[2013-04-23]
洋河股份：2012 年年度报告(2882k)[2013-04-23]

数据来源：深交所官网

2.2　洋河股份简介

江苏洋河酒厂股份有限公司即洋河股份系经江苏省人民政府(苏政复[2002]155 号)批准，由洋河集团作为主要发起人，以发起设立方式于 2002 年 12 月 27 日设立的股份有限公司。经中国证监会(证监许可[2009]1077 号)核准，公司公开发行 4,500 万 A 股并于 2009 年 11 月 6 日在深交所上市交易。公司位于中国“白酒之都”江苏省宿迁市，其产品洋河大曲、双沟大曲在历史上享负盛名；公司目前下辖洋河、双沟、泗阳三大酿酒生产基地，是白酒行业唯一拥有两大名酒(洋河、双沟)、两个中华老字号的公司。近年来，公司勇于开拓创新，将传统酿酒工艺与现代消费诉求完美结合，开创中国绵柔型白酒先河，推出绵柔型白酒领袖品牌——洋河蓝色经典在白酒市场掀起“蓝色风暴”。公司的出色表现得到社会广泛认可：先后荣获中国白酒行业经济效益十佳公司、中国资本市场 20 年十佳高成长公司、中国上市公司创造价值最快董事会 10 强、年度金牛上市公司百强、年度金牛最高效率公司、最具成长潜力公司等大奖。

2012 年，公司跻身 FT(Financial Times：伦敦金融时报)上市公司全球 500 强排行榜；2013 年，公司在首届中国上市公司百强榜上喜获“最佳社会责任奖”和“最具影响力品牌奖”；2014 年，公司荣获第六届华樽杯“中国绵柔健康型白酒第一品牌”；2015 年，公司入选福布斯“2015 年度全球公司 2000 强”，连续七年上榜“亚洲品牌 500 强”，入选全球领先市场咨询机构 millwardbrown(明略行)“2015 年 brandz 最具价值中国品牌 100 强”，并获得“中国质量诚信公司”等荣誉称号；洋河蓝色经典荣获“中国白酒口感品类领军品牌”，52 度梦之蓝荣获“2015 年中国白酒感官质量奖”，5A 级苏酒和双沟 1955 金标荣获“2015 年中国白酒酒体设计奖”，洋河微分子酒、双沟 1955 摘得“2015 中国国际酒业博览会最佳新产品”奖。

3. 洋河股份的公司治理分析

洋河股份严格按照《公司法》、《证券法》、《上市公司治理准则》和《深圳证券交易所股票上市规则》及《深圳证券交易所中小企业板上市公司规范运作指引》和其他相关法律、法规的有关规定，结合公司实际情况，不断完善公司法人治理结构，健全内部控制体系，提高公司治理水平。公司整体运作规范、法人治理制度健全、信息披露及时充分，公司治理实际状况与中国证监会发布的有关上市公司治理的规范性文件不存在重大差异。

3.1 洋河股份的股权结构与股东大会履职情况

3.1.1 股权(本)结构分析

(1) 股本的总体构成

从图7-4、图7-5可以看出，截至2016年4月26日，洋河股份对外发行的全部是A股普通股，总股本为1,506,988,000.00股，其中流通A股1,233,738,108.00股，占总股本的81.9%(81.87%)；限售A股273,249,892.00股，占总股本的18.1%(18.13%)。

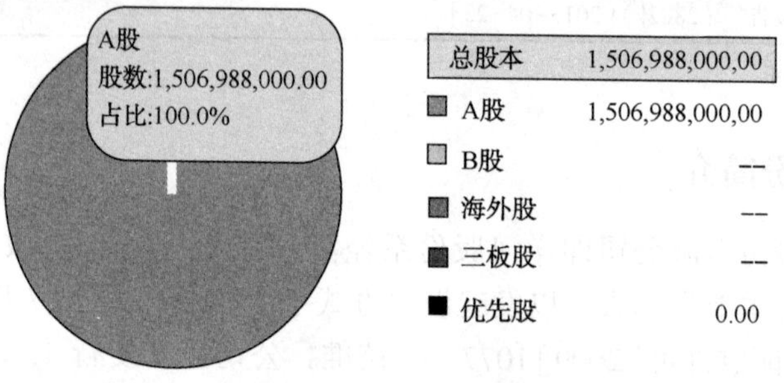

图7-4 洋河股份总股本及其股票类型

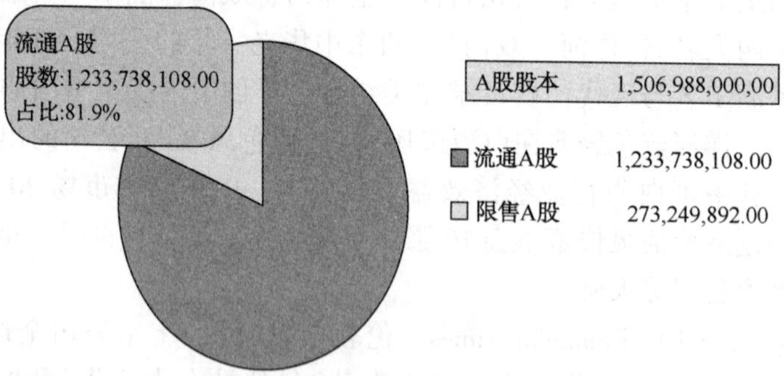

图7-5 洋河股份的股本构成

(2) 前十大流通股东持股情况

在上市公司具体的股本结构中，通常会涉及国家股、国有法人股、非国有法人股、自然人股，而非国有法人股与自然人股又存在境内、境外之分。从表7-4中可以看到：洋河股份的前10大(非限售)流通股持股比例合计为61.16%，其中8个是法人单位，持股比例合计为59.38%。在这些法人股东中，国有法人持股48.23%、非国有法人持股11.15%；境内法人持股57.68%、境外法人持股1.7%。由此可见，洋河股份的国有法人持股比例较高，这主要是因为该公司是由原国有公司改制上市形成的，但洋河股份的国有股并没有被大规模转让，这主要是为了保证国有经济的主体地位以及防止国有资产的流失。

表 7-4 洋河股份前十大流通股东持股情况

排名	股东名称	股东性质	持股数量(股)	占总股本比例(%)
1	江苏洋河集团有限公司	国有法人	514,858,939	34.16
2	上海海烟物流发展有限公司	国有法人	145,708,137	9.67
3	南通综艺投资有限公司	境内非国有法人	68,780,000	4.56
4	上海捷强烟草糖酒(集团)有限公司	国有法人	66,275,429	4.40
5	宿迁市蓝天贸易有限公司	境内非国有法人	37,993,906	2.52
6	宿迁市蓝海贸易有限公司	境内非国有法人	35,664,720	2.37
7	杨某栋	境内自然人	14,000,000	0.93
8	DEUTSCHE BANK AKTIENGESELL SCHAFT(德意志银行)	境外法人	13,784,252	0.91
9	中央汇金资产管理有限责任公司	其他	12,766,400	0.85
10	兴元资产管理有限公司-客户资金	境外法人	11,881,985	0.79
	合计		921,713,768	61.16

数据来源：洋河股份 2015 年年报

(3) 非国有法人股东作用的发挥

由表 7-5 中可知，洋河股份的限售流通股中，境内非国有法人持股 16.55%；其他境内自然人持股 1.58%。结合表 7-4 中非国有法人持有的流通股的比例 11.15%，可以确定洋河股份总的非国有法人股比例要超过 27%。这一持股虽然比国有法人股股东持股比例低一些，但这些重要的非国有法人股股东，如南通综艺投资有限公司、宿迁市蓝天贸易有限公司、宿迁市蓝海贸易有限公司为了维护自身利益，往往会更加关注公司的长远发展，也会更有动力对公司的管理层(特指其公司董事、监事、高级管理人员组成的团队)进行监管；另一方面，由于国有股可能产生代理人缺失问题，而中小股东参与公司治理的积极性往往偏低，这就使得公司的非国有法人股股东实际拥有了较大的控制权，能够更好地对管理层进行监督。

表 7-5 洋河股份限售流通 A 股构成(2016-04-26)

限售流通 A 股	股本数量(股)	占总股本比重(%)
	273,249,892.00	18.13
其他内资持股合计	273,249,892.00	18.13
其中：境内法人持股	249,480,000.00	16.55
其他境内自然人持股	23,769,892.00	1.58

数据来源：WIND 资讯(洋河股份股票深度资料)

3.1.2 控股股东与实际控制人分析

(1) 洋河股份的控股股东

① 控股股东的基本情况

由表 7-6 可知，洋河股份控股股东江苏洋河集团有限公司(洋河集团)是地方国有法人公司，主要经营酿酒机械设备销售，酒出口、进口生产所需的原辅材料、设备和零部件，实业投资；市政公用工程、房屋建筑工程、旅游文化产业投资等。洋河股份与洋河集团实行人员、资产、财务、机构、业务五独立，各自独立核算、独立承担责任和风险。同时，洋河集团本身不从事生产经营，主要通过股权方式对洋河股份进行投资管理。洋河股份与洋河集团之间未发生重大关联交易，不存在洋河集团占用洋河股份资金现象，洋河股份也没有为洋河集团及其子公司提供担保。

表 7-6　洋河股份控股股东洋河集团基本情况

控股股东名称	法定代表人	成立日期与组织机构代码	主要经营业务
江苏洋河集团有限公司	韩某	1997-05-08（14233498-9）	酿酒机械设备销售，酒出口、进口生产所需的各种原辅材料、设备和零部件，实业投资；市政公用工程、房屋建筑工程、旅游文化产业投资
控股股东报告期内控股和参股其他境内外上市公司的股权情况			无

数据来源：洋河股份 2015 年年报

② 控股股东的持股份额

从表 7-7 中可以看出：2011 年洋河集团持有洋河股份 306,453,654 股，占总股本比例 34.05%；2012 年持股数量上升至 367,756,385 股、但持股比例未变，这主要是由洋河股份 2011 年利润分配时每 10 股转增 2 股所致；洋河集团 2013 年持有的股份数量、持股比例与 2012 年相同；而其 2014 年持股数量没有增加，但持股比例上升为 34.16%（由公司回购部分社会公众股份并注销所致）；2015 年洋河集团持股数量增加 147,102,554（367,756,385×0.4）股，主要是由洋河股份 2014 年利润分配每 10 股转增 4 股所致，增加后的股份数量为 514,858,939 股，持股比例仍为 34.16%。同时从 2013 年，洋河集团作为首发原股东持有的洋河股份限售股全部解禁流通。

表 7-7　江苏洋河集团持有洋河股份的股份情况（2011-2015 年）

报告年度	持股数量（股）	占总股本比例（%）	股本性质
2011	306,453,654	34.05	限售流通 A 股
2012	367,756,385	34.05	限售流通 A 股，A 股流通股
2013	367,756,385	34.05	A 股流通股
2014	367,756,385	34.16	A 股流通股
2015	514,858,939	34.16	A 股流通股

数据来源：洋河股份 2011-2015 年的年报

③ 控股股东的影响

一般认为，当第一大股东持股比率超过 50%时，第一大股东对公司拥有绝对控制权；当第一大股东持股比率超过 20%但低于 50%时，第一大股东对公司拥有较大控制权（相对控股）；而当第一大股东持股比率低于 20%时，可认为公司股权比较分散。洋河股份第一大股东洋河集团持股 34.16%，按照上述参考标准，洋河集团相对控股洋河股份，当公司面临市场变化、经理人员投资决策失误时，洋河集团会迅速做出反应，改变公司经营策略、撤换公司经理人员，这有利于发挥公司治理作用，能有效促进经理人员按股东利益最大化原则行事。

（2）洋河股份的实际控制人

上市公司的所有权性质主要取决于其控股股东及其实际控制人，不同的所有权性质会对上市公司股权结构、公司治理效力产生不同影响。通常，当上市公司第一大股东的属性为国有时，控股股东更倾向于监督和控制管理层，而第一大股东的属性为非国有时，则更倾向于联合其他大股东一同侵害小股东的权益。

由图7-6可知，洋河股份实际控制人是宿迁市国有资产管理委员会，其100%持有洋河集团的股份，而洋河集团持有洋河股份34.16%（截至2016年4月26日）。

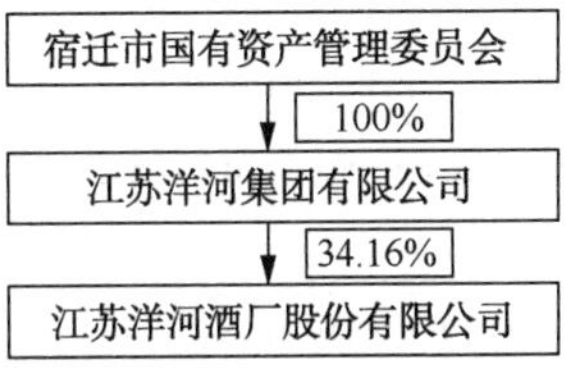

图7-6　洋河股份与实际控制人之间的产权及控制关系图

而从表7-8中可以看出，宿迁市国有资产管理委员会属于地方国资管理的法人机构，代表宿迁市人民政府履行国有公司出资人职责，实施国资国企监督管理。综上，洋河股份控股关系比较简单清晰，公司实际控制人属于国有性质，其控股股东洋河集团通过持有股份，监管和控制洋河股份。

表7-8　洋河股份实际控制人基本情况

实际控制人	法定代表人	成立日期	主要经营业务
宿迁市国有资产管理委员会	叶某	2005-10-22	代表宿迁市人民政府履行国有公司出资人职责，实施国资国企监督管理
实际控制人报告期内控制的其他境内外上市公司的股权情况			无

数据来源：洋河股份2015年年报

3.1.3　股权集中度与股权制衡分析

（1）洋河股份的股权集中度

股权集中度是指全部股东因持股比例不同，所表现出来的股权集中还是分散的数量化指标，其既能衡量公司股权的分布状态，也能作为评价公司稳定性强弱的依据。因为洋河股份的第一大股东洋河集团持有公司34.16%的股权，使得洋河股份的股权相对集中。为了进一步评价洋河股份的股权集中度，根据表7-9提供的数据计算了2015年洋河股份前五大股东持股比例之和与前十大股东持股比例之和。

洋河股份前五大股东持股比例之和 = 34.16% + 11.06% + 10.38% + 9.67% + 4.56% = 69.83%；

洋河股份前十大股东持股比率之和 = 69.83% + 4.40% + 0.93% + 0.91% + 0.85% + 0.79% = 77.71%；

表7-9　2015年洋河股份前10名股东持股情况

股东名称	股东性质	持股比例（%）	报告期末持股数量（股）	报告期内增减变动情况（股）	持有有限售条件的股份数量（股）	持有无限售条件的股份数量（股）
江苏洋河集团有限公司	国有法人	34.16	514,858,939	147,102,554	0	514,858,939
宿迁市蓝天贸易有限公司	境内非国有法人	11.06	166,702,906	47,629,402	128,709,000	37,993,906
宿迁市蓝海贸易有限公司	境内非国有法人	10.38	156,435,720	44,695,920	120,771,000	35,664,720

续表

股东名称	股东性质	持股比例（%）	报告期末持股数量（股）	报告期内增减变动情况（股）	持有有限售条件的股份数量（股）	持有无限售条件的股份数量（股）
上海海烟物流发展有限公司	国有法人	9.67	145,708,137	41,630,896	0	145,708,137
南通综艺投资有限公司	境内非国有法人	4.56	68,780,000	-16,220,000	0	68,780,000
上海捷强烟草糖酒(集团)有限公司	国有法人	4.40	66,275,429	18,935,837	0	66,275,429
杨某栋	境内自然人	0.93	14,000,000	3,279,909	0	14,000,000
DEUTSCHE BANK AKTIENGESELL SCHAFT	境外法人	0.91	13,784,252	12,877,248	0	13,784,252
中央汇金资产管理有限责任公司	其他	0.85	12,766,400	12,766,400	0	12,766,400
兴元资产管理有限公司——客户资金	境外法人	0.79	11,881,985	4,752,784	0	11,881,985

数据来源：洋河股份 2015 年年报

从计算结果来看，洋河股份前五大股东持股比例之和为 69.83%、前十大股东总持股比例之和超过 77.71%，其中机构投资者也持有一定比例。这进一步表明洋河股份在 2015 年的股权结构比较集中，其前五大股东对公司的决策影响很大。同时洋河股份公司目前的第二大股东宿迁市蓝天贸易有限公司、第三大股东宿迁市蓝海贸易有限公司、第四大股东上海海烟物流发展有限公司持股比例比较接近，都在 10%左右，可以适当相互制衡并可以一起制衡控股股东洋河集团。

事实上，由表 7-10 可以看出，洋河股份近 5 年前十大股东的持股比例合计数均在 80%左右，表明洋河股份的股权结构相对稳定且比较集中，同时，公司的稳定性也比较强。

表 7-10　洋河股份前十大股东持股比例统计(2011-2015 年)

户均持股数(股)		前十名股东持股比例(%)	公告日期	报告期
总股本/总户数	流通 A 股/A 股户数			
75,289	61,638	77.71	2016-4-26	2015-12-31
48,292	39,446	82.04	2015-4-29	2014-12-31
20,342	16,628	80.64	2014-4-23	2013-12-31
31,812	14,708	80.93	2013-4-23	2012-12-31
52,497	23,946	82.12	2012-4-21	2011-12-31

数据来源：WIND 资讯(洋河股份股票深度资料)

（2）洋河股份的股权制衡

股权制衡是指通过各大股东的内部利益牵制，达到互相监督并抑制控股股东掠夺行为的股权安排模式。反映股权制衡的指标很多，本研究定义了三个股权制衡指数，即第二大股东持股比例/第一大股东持股比例、第 2 到第 5 大股东持股比例之和/第 1 大股东持股比例、第 2 到第 10 大股东持股比例之和/第 1 大股东持股比例，来评价洋河股份的股权制衡问题。

股权制衡指数[(2)] = 第二大股东持股比例/第一大股东与持股比例之比

= 11.06%/34.16% = 0.3238

股权制衡指数$^{(2-5)}$=第 2 到第 5 大股东持股比例之和/第 1 大股东持股比例

=(11.06%+10.38%+9.67%+4.56%)/34.16%

=(69.83%-34.16%)/34.16%=1.0442

股权制衡指数$^{(2-10)}$=第 2 到第 10 大股东持股比例之和/第 1 大股东持股比例

=(77.86%-34.16%)/34.16%=1.2793

一般而言，股权制衡指数越大，说明其他股东对第一大股东的约束力越强。从计算的三个股权制衡指数来看，第二大股东对第一大股东的制衡约束力相对有限(0.3238)；股权制衡指数$^{(2-5)}$为 1.0442,表明第二到第五大股东联合起来可以抗衡第一大股东，说明这四大股东对第一大股东的约束力很强；而股权制衡指数$^{(2-10)}$为 1.2793,表明第二到第九大股东联合起来完全可以制衡第一大股东，但股权制衡指数$^{(2-10)}$仅比股权制衡指数$^{(2-5)}$多出 0.2351，表明第六到第九大股东在公司决策中尽管也能发挥一定作用，但影响力有限。

3.1.4 股权结构分析结论

综上，近年来洋河股份股权结构相对稳定且比较集中，股权制衡作用较为明显。其中，洋河股份第一大股东洋河集团处于相对控股地位；该上市公司的前五大股东拥有的股份比例较大，其有动力也有能力发现公司经营中的问题并进行改进，而其他股东由于也拥有一定股权，其对上市公司管理和大股东行为也有监督动力和制衡力，不会像小股东一样产生“搭便车”动机。当然，洋河股份的这种相对控股模式也有不利之处，即除第一大股东外，公司前几大股东特别是第二、第三、第四大股东的持股比例比较接近，使得代表不同股东利益的各董事均没有绝对决策权，可能导致重大决策或管理方面出现分歧或扯皮现象；造成时机贻误、内部监控成本提高、经营风险管理程度降低等负面影响。

3.1.5 股东大会履职情况

(1) 洋河股份 2015 年召开的股东大会

洋河股份在 2015 年度共召开了 2 次股东大会(见表 7-11)，审议通过了 10 项议案。本年度的两次股东大会均采用现场记名投票和网络投票相结合的方式，其具体信息也按证监会要求在公司指定媒体披露:《证券时报》、《上海证券报》、《中国证券报》、《证券日报》以及巨潮资讯网(www.cnifno.com)上进行了披露。

表 7-11 洋河股份 2015 年度股东大会召开情况

会议届次	会议类型	投资者参与比例	召开日期	披露日期	披露索引
2015 年第一次临时股东大会	临时股东大会	0.02%	2015-02-10	2015-02-11	《2015 年第一次临时股东大会决议公告》(公告编号：2015-006)
2014 年度股东大会	年度股东大会	0.07%	2015-05-26	2015-05-27	《2014 年度股东大会决议公告》(公告编号：2015-019)

数据来源：洋河股份 2015 年年报

(2) 洋河股份股东大会的具体情形

出席洋河股份 2015 年第一次临时股东大会的股东及股东代表共计 36 人，代表股份 847,847,359 股，占公司有表决权股份总数的 78.77%；而参与本次会议的中小投资者(上市公司董事、监事、高级管理人员以及单独或合计持有公司 5%以上股份的股东以外的其他股东，下同)共 24 人，代表股份 62,820,809 股，占公司有表决权股份总数的 5.84%。本次股东大会审议通过了 4 项议案，即《关于修改<公司章程>的议案》、《关于修改公司〈股东大会议事规则〉的议案》、《关于公司董事会换届选举的议案》、《关于公司监事会换届选举的议案》。

出席洋河股份 2014 年度股东大会的股东及股东代表共计 71 人，代表股份 848,653,536 股，占公司有表决权股份总数的 78.84%；而参与本次会议的中小投资者共 60 人，代表股份 110,936,578 股，占公司有表决权股份总数的 10.3061%。本次股东大会审议通过了 6 项议案，即《2014 年度董事会工作报告》、《2014 年度监事会工作报告》、《关于公司 2014 年度利润分配的议案》、《关于公司 2014 年度利润分配的议案》、《2014 年度报告》及摘要、《关于续聘江苏苏亚金诚会计师事务所(特殊普通合伙)为公司 2015 年度财务报告审计机构的议案》。

(3) 对洋河股份股东大会履职情况的评价

经国浩律师(南京)事务所律师现场见证并出具《法律意见书》，确认洋河股份在 2015 年度召开的两次股东大会的有关事项符合法律、法规、规范性文件以及《公司章程》的规定，会议形成的股东大会决议合法、有效。总之，洋河股份能按照相关规定，规范公司股东大会的召集、召开程序，提案的审议、投票、表决程序，会议记录及签署工作；同时，公司根据《深圳证券交易所上市公司股东大会网络投票实施细则(2014 年 9 修订)》要求，向股东提供股东大会网络投票方式，平等对待所有股东，确保全体股东尤其是中小股东能充分行使自己权利。

3.2 洋河股份的董事会特征与履职情况

董事会是公司治理结构的核心部分，其作为股东代表行使部分重大决策权，并对经理层的行为进行监督、评价与控制。

3.2.1 董事会规模与现任董事

(1) 董事会规模

董事会的人数通常由公司章程规定，一般公司规模越大，董事会人数相对越多。我国上市公司常见的董事会规模有三类，即 9 人、11 人、15 人，其中以 11 人董事会居多。洋河股份严格按照《公司法》、《公司章程》等规定的董事选聘程序选举董事，根据公司 2013 年度、2014 年度、2015 年度年报中有关“董事、监事、高级管理人员和员工情况”的信息，确定该上市公司董事会规模、执行董事(Executive Directors，即参与公司经营的董事)情况见表 7-12。从中可以看出，洋河股份董事会规模稳定，近三年均为 11 人，符合《公司法》中股份有限公司董事会人数 5 到 19 人的规定。而其执行董事人数相对稳定，维持在 3~4 人，在董事会中的占比在 40%以内；同时，其董事在管理层中的占比稳中有升，这有利于更好地监督控制经理层。

表 7-12 洋河股份董事会规模

报告年度	管理层规模	董事会规模		执行董事情况	
	人数	人数	占管理层比重(%)	人数	占董事会比重(%)
2013	27	11	40.74	3	27.27
2014	25	11	44.00	4	36.36
2015	23	11	45.83	4	36.36

数据来源：洋河股份 2013-2015 年年报，WIND 资讯

(2) 独立董事规模

表7-13中列示了洋河股份董事会中有关独立董事的规模，从中可以看出，近三年洋河股份的独立董事规模比较稳定，独立董事人数保持在4人，其在董事会中的比重为36.36%。因为独立董事独立于公司经理层，与公司没有生意或某种关系能影响其独立判断的执行，加上这类董事还具有专家性、兼职性的特点，所以有较多独立董事有利于给公司董事会带来客观的、有专业见解的观点，能够使董事会更加有效的发挥监督作用，限制管理者的机会主义行为。

表7-13 洋河股份董事会独立董事规模

报告年度	董事会规模	独立董事规模	
	人数	人数	占董事会比重(%)
2013	11	4	36.36
2014	11	4	36.36
2015	11	4	36.36

数据来源：洋河股份2013-2015年年报

(3) 现任董事情况

洋河股份2015年第一次临时股东大会选举成立了由10名董事组成的公司第五届董事会，因董事会人数可以定期调整，在2016年4月26日公告的公司第五届董事会第五次会议决议中，汤某先生成为公司新董事。结合上面董事会规模的分析，洋河股份现任董事中执行董事4人，非执行董事(Non-executive Directors)3人，独立董事4人，具体情况见表7-14。

表7-14 洋河股份现任董事基本情况

姓　名	职　务	董事类别	任职单位
王某	董事长，董事	非执行董事	洋河股份
钟某	副董事长，董事	执行董事	洋河股份
韩某	董事	非执行董事	洋河集团(公司第一大股东)
钟某叶	董事	执行董事	洋河股份
丛某年	董事	执行董事	洋河股份
周某虎	董事	执行董事	洋河股份
汤某	董事	非执行董事	上海海烟物流(公司第四大股东)
蔡某清	独立董事	独立非执行董事	南京医科大学
陈某广	独立董事	独立非执行董事	扬州大学扬达公司
季某庆	独立董事	独立非执行董事	用友网络科技股份有限公司
徐某坚	独立董事	独立非执行董事	南京大学商学院

数据来源：WIND资讯

其中非执行董事又称为非常务董事，其不在公司经理层担任职务，主要对执行董事起监督、检查和平衡作用。中国社会科学院公司治理研究中心的研究结果(2007)表明，中国百强上市公司董事会的构成中，执行董事、非执行董事和独立非执行董事有“三三制”，即各占三分之一的倾向，按照这一标准来衡量，洋河股份目前的董事会构成总体比较合理。

3.2.2 独立董事出席董事会的情况

我国《公司法》(2005 年修订版)将选任独立董事制度正式纳入法律范畴，独立董事对增强董事会决策的科学性、透明性，公正维护中小股东利益意义重大。由表 7-15 可知，不管是已离任独立董事王某、蒋某心、刘某华、屠某华，还是现任独立董事徐某坚、蔡某清、季某庆、陈某广，都能依据《董事会议事规则》、《独立董事工作制度》、《中小企业板块上市公司董事行为指引》等规定出席董事会、列席股东大会，没有出现缺席或连续两次未亲自参加会议情形。所有独立董事勤勉尽责，不仅对部分议案提出合理化建议；并同其他董事一起认真审议议案，一起对公司重大事项做出科学、合理决策，切实维护公司利益和全体股东合法权益。

表 7-15 2015 年独立董事出席董事会情况

独立董事姓名	应参加董事会次数	现场出席次数	以通讯方式参加次数	委托出席次数	缺席次数	是否连续两次未亲自参加会议
王某	1	1	0	0	0	否
蒋某心	1	1	0	0	0	否
刘某华	1	1	0	0	0	否
屠某华	1	1	0	0	0	否
徐某坚	4	4	0	0	0	否
蔡某清	4	4	0	0	0	否
季某庆	4	3	0	1	0	否
陈某广	4	4	0	0	0	否
独立董事列席股东大会次数	2					

数据来源：洋河股份 2015 年年报

3.2.3 洋河股份董事会 2015 年履职情况

2015 年，公司董事会依照有关法律法规、规范性文件以及公司制度的规定，切实履行股东大会赋予的董事会职责，勤勉尽责地开展各项工作，推动公司持续健康稳定发展。

(1) 董事会会议召开、股东大会决议执行情况

2015 年度，公司共召开 5 次董事会会议，会议的召集与召开程序、出席会议人员资格、会议表决程序、表决结果和决议内容均符合法律法规和《公司章程》的规定。

2015 年度，公司董事会召集并组织了 2 次股东大会会议，均采用现场与网络投票相结合的方式，为广大投资者参加股东大会表决提供便利，切实保障了中小投资者的参与权和监督权。

(2) 董事会信息披露情况

信息披露是上市公司应履行的最基本的义务，依据有关法律法规规定，洋河股份制定了《信息披露管理制度》、《年报信息披露重大差错责任追究制度》等相关制度。公司董事会严格按照要求，切实加强信息披露事务管理，强化公司治理信息披露，依法勤勉、诚信、认真履行信息披露义务。2015 年公司在指定信息披露媒体共发布定期报告、临时公告等披露材料 49 份，信息披露做到了真实、准确、完整、及时、公平，不存在选择性信息披露和

私下披露、透露或泄露未公开重大信息，不存在有意选择披露时点、强化或淡化信息披露效果问题。在 2015 年 6 月深交所发布的 2014 年度信息披露考核结果中，公司结果为 A。

（3）投资者关系管理情况

2015 年，洋河股份董事会继续优化投资者关系管理，公司在官方网站设有“投资者关系”专栏，扩展与投资者的沟通渠道，并以专线电话和证券事务专用电子邮箱、投资者关系互动平台等形式，及时向投资者、分析师、财经媒体传递有关公司各类信息。2015 年通过投资者热线电话回答投资者提问 260 多个，通过邮件及投资者关系互动平台回答投资者问题 140 多个，接待调研人员 148 人次。通过充分沟通，使投资者对公司的经营模式、竞争优势、发展规划等有了更为深刻的认知。2015 年 2 月，公司荣获“2014 年度最受投资者尊重的上市公司”；同年 11 月，公司被评为“2015 年中国最受投资者尊重的百家上市公司”。

3.2.4　洋河股份董事会下设委员会 2015 年履职情况

董事会的运作机制是会议制，即通过定期或非定期会议的方式来履行职责，这种机制在对公司日常事务或者是突发事件的管理中发挥的作用有限。而专业委员会可在董事会闭会期间发挥其战略和监督的职责，弥补董事会运作机制的不足。

洋河股份董事会下设战略委员会、提名委员会、审计委员会、薪酬与考核委员会四个专业委员会(由部分独立董事与非独立董事组成)，各委员会分工明确，权责分明，有效运作，充分发挥专业职能作用，这为董事会的决策提供了科学、专业的意见。

（1）战略委员会职责履行情况

报告期内，战略委员会共召开 1 次会议，对公司 2014 年度董事会工作报告进行预审，结合白酒行业发展形势，对公司 2015 年度工作计划提出了科学合理的建议。

（2）提名委员会职责履行情况

报告期内，提名委员会共召开 1 次会议，就公司第五届董事会第一次会议拟聘任的高级管理人员进行审查并达成一致意见，切实履行了提名委员会的职责。

（3）审计委员会职责履行情况

报告期内，审计委员会共召开 4 次会议，积极审议公司定期报告、内审部门日常审计和专项审计等事项，详细了解公司财务状况和经营情况，严格审查公司内部控制制度及执行情况，发挥了有效的指导和监督作用。

（4）薪酬与考核委员职责履行情况

报告期内，薪酬与考核委员会共召开 1 次会议，对 2014 年度董事、高管薪酬执行情况进行监督和检查，公司所披露的 2014 年度董事、高管薪酬真实、准确，与考核结果一致。

3.3　洋河股份的监事会特征与履职情况

3.3.1　洋河股份的监事与监事会特征

（1）监事会的规模与构成

我国现行的是平行双会制——董事会与监事会平行，即监督功能和管理功能分设。董事会主要执行管理功能，同时负有对经理层的监控职能；监事会没有管理功能，只是执行对董事会和经理层的监督功能。监事会作为公司的监察机关，通常由股东代表和职工代表构成。洋河股份严格按照《公司法》、《公司章程》等规定的监事选聘程序选举监事。由表 7-16 可知，近 3 年来，洋河股份每年都有 5 名监事，其中职工代表监事 2 名，在监事会中的占比为40%；而监事会人数在管理层的比重近3年也都在20%左右，表明该上市公司监事会规模稳定，监事会成员构成符合法律法规要求。

表 7-16 洋河股份监事会规模与构成

报告年度	管理层规模	监事会规模			监事占管理层比重(%)
	人数	总人数	职工监事人数与比例		
2013	27	5	2	40%	18.52
2014	25	5	2	40%	20.00
2015	23	5	2	40%	21.74

数据来源：洋河股份 2013-2015 年年报

（2）现任监事构成

为了确保监督的效率和效果，董事会成员与经理层成员都不能担任监事。在洋河股份现任的5名监事中，冯某台为公司监事会主席，是职工监事；陈某松是非职工监事，同时兼任苏酒集团党委副书记、纪委书记、监事会主席；陈某勤是非职工监事，同时兼任宿迁产业发展集团监事会主席；周某琦女士是非职工监事，同时兼任上海捷强烟草糖酒集团财务总监；陈某清先生是职工监事，同时兼任公司党委副书记，双沟酒业总经理。如表7-17所示。

表 7-17 洋河股份监事会规模与构成

姓　名	职　务	任职日期	性　别	国　籍
冯某台	监事会主席、职工监事	2012/2/9	男	中国
陈某松	监事	2012/2/9	男	中国
陈某勤	监事	2014/3/28	男	中国
周某琦	监事	2015/2/10	女	中国
陈某清	职工监事	2012/1/13	男	中国

数据来源：洋河股份 2015 年年报、WIND 资讯

同时，洋河股份的监事会成员中，有两位从洋河股份关联方领薪；三位从洋河股份领薪。与其他一些上市公司监事会成员都来自单位内部相比，洋河股份的监事行为受制于管理层的程度较小，履行监督职能时的独立性较强。

3.3.2 监事会履职情况

（1）监事会会议的举行

2015年，洋河股份监事会严格按照《公司法》、《公司章程》和国家有关法规政策的规定，忠实履行自己的职责。报告期内(2015年度)，洋河股份监事会分别在2015年1月20日、2015年2月10日、2015年4月28日、2015年8月28日、2015年10月29日共计召开了5次会议。公司监事会严格按照《公司法》、《公司章程》等相关规定议事运作，公司监事能够按照《监事会议事规则》等要求出席监事会，认真履行自己职责，对公司重大事项、财务状况、董事和总裁的履职情况等进行有效监督并发表独立意见，维护公司及股东的合法权益。

（2）监事会报告期内发表的核查意见

监事会作为我国公司治理结构中一个重要的监督机构，其重要职责之一就是对董事会

与管理层执行公司职务的行为进行监督。

① 公司依法运作方面

公司监事会依法对公司决策程序、内部控制制度建立与执行以及公司董事、高管履行职务等进行了监督。监事会认为：公司依法经营，决策程序和内部控制制度符合《公司法》、《证券法》等法律法规及《公司章程》的相关规定；董事会认真执行了股东大会决议，董事、高管人员执行职务时忠于职守、勤勉尽责，无违反法律法规、公司章程或损害公司利益的行为。

② 公司财务状况方面

监事会对公司 2014 年度、2015 年前三个季度的财务状况、财务管理等进行了认真的监督和审核，认为：公司财务制度较健全、财务运作规范、财务状况良好。2014 年度、2015 年前三个季度财务报告真实、客观地反映了公司的财务状况和经营成果。

③ 募集资金使用和存管方面

监事会审议了《募集资金 2014 年度使用情况专项报告》，认为：公司募集资金的管理、使用及运作程序符合《中小企业板上市公司募集资金管理细则》和公司《募集资金管理办法》的规定，募集资金实际使用合法、合规，不存在违反法律、法规及损害股东利益行为。

④ 重大关联交易与重大资产处置方面

报告期内，公司无重大关联交易情况发生，公司也没有发生重大收购和出售资产情况。

⑤ 内部控制自我评价方面

监事会审阅了公司内部控制的自我评价报告，认为公司基本建立健全了内部控制体系并将其有效执行，自我评价报告真实、客观地反映了公司内部控制制度的建设及运行情况。

3.4　洋河股份管理层的聘任与激励约束

3.4.1　管理层聘用公开、通明

洋河股份根据公司治理、公司经营、公司业务发展需要合理聘用管理层人员，其董事、监事和高级管理人员的聘任公开、公平、透明，符合《公司法》、《证券法》等相关法律法规以及《公司章程》的规定。以表 7-18 为例，公司在 2014 年 3 月因经营发展需要，聘任林某为公司副总裁；因完善治理结构需要，补选陈某勤为公司监事。

表 7-18　洋河股份新聘的管理层人员(2014-03)

姓　名	担任的职务	类　型	日　期	原　因
林某	副总裁	聘任	2014 年 03 月 12 日	经营发展需要，聘任高级管理人员
陈某勤	监事	被选举	2014 年 03 月 28 日	完善治理结构，补选监事

数据来源：洋河股份 2014 年年报

3.4.2　管理层的考评与激励

洋河股份目前已建立了公正、透明的管理层绩效评价标准和激励约束机制，公司对管理层的考评及激励主要体现在年度薪酬上。董事会主要按照财务指标、安全指标、质量指标、客户满意度等对公司高管进行考评与激励。管理层实行年薪制，年薪中的基础部分按月平均发放，其余部分在年终时按考核情况发放，未达到考核指标则不予发放。

2015 年，公司薪酬与考核委员会按照上述制度，对公司管理层 2014 年履行职责情况进行了审查。薪酬与考核委员会认为：报告期内，公司管理层紧紧围绕“稳中求进，持续向

好”的年度总目标，积极推进落实“三化制胜”的总体工作举措，认真履行了相应的职责，较好的完成了各自工作目标。

3.4.3 管理层持股与薪酬的实际发放

(1) 管理层持股

洋河股份现任与已离任管理层人员共计 8 人持有公司股份(见表 7-19)，截至 2015 年 12 月 31 日，这 8 名管理层人员共计持有公司股份 35,311,790 股，而公司该时点总股本为 150,698.8 万股，公司管理层持股约占公司总股本的 0.2343%，其持股参考市场值合计约为 2,420,270,086 元。这一方面间接提升了管理层的酬劳，有利于稳定公司核心团队；另一方面因为管理层持股比例很低，不会对中小股东利益造成侵害，也不会出现内部人控制压低利润和股价的情形。

表 7-19 洋河股份管理层人员的持股情况

姓名	职 务	任职状态	期末持股(股)	期末参考持股市值(元)
钟某叶	董事、执行总裁	现任	5,912,011	405,209,234
丛某年	董事、副总裁、董秘、财务负责人	现任	3,378,291	231,548,065
周某虎	董事、副总裁、总工程师	现任	3,378,291	231,548,065
冯某台	监事会主席	现任	5,677,986	389,169,160
郑某军	副总裁	现任	71,400	4,893,756
张某柏	董事长	离任	10,979,448	752,531,366
龚某杰	监事	离任	2,352	161,206
朱某生	副总裁	离任	5,912,011	405,209,234
合计			35,311,790	2,420,270,086

数据来源：洋河股份 2015 年报、WIND 资讯

(2) 管理层薪酬实际发放

根据公司 2008 年 12 月 29 日公司第二届董事会第九次会议通过的《总经理年薪制试行办法(修改稿)》、2009 年 1 月 18 日公司 2009 年第一次临时股东大会通过的《关于公司董事长年薪制试行办法(修改稿)的议案》的规定，管理层人员的薪酬根据公司本年经营情况，同时参考地区经济水平、行业及市场水平确定，并依据公司绩效考核结果与薪酬制度安排按时支付。

2015 年，洋河股份共支付管理层人员薪酬 1,448.96 万元。其中现任管理层报酬总额 1,090.49 万元，其报酬排名前 5 位的情况见表 7-20,共计占到现任管理层薪酬的 44.57%。而其他 18 位管理层成员(有 3 位不从洋河股份领薪)的薪酬比例为 55.43%。事实上，上市公司管理层的薪酬差距作为一种激励手段，有利于提升公司绩效。此外，洋河股份本年度没有对公司董事、监事、高级管理人员授予股权激励的情况。

表 7-20 洋河股份现任管理层人员报酬前 5 名

姓名	职务	任职状态	从公司获得的税前报酬(万元)	占现任管理层薪酬比
王某	董事长，董事	现任	100.4	9.21%
钟某	副董事长，董事	现任	100.19	9.19%

续表

姓名	职务	任职状态	从公司获得的税前报酬(万元)	占现任管理层薪酬比
钟某叶	董事、执行总裁	现任	112.78	10.34%
陈某清	监事	现任	86.44	7.93%
朱某	副总裁	现任	86.16	7.90%
合计	-	-	485.97	44.57%

数据来源：洋河股份 2015 年报

3.5　洋河股份履行社会责任，与利益相关者互利共赢

洋河股份充分尊重和维护相关利益者合法权益，不断强化社会责任意识，按照有关要求履行社会责任义务，坚持与相关利益者互利共赢，实现了社会、政府、股东、公司、员工等各方利益的协调平衡，有利推动了公司的和谐稳健发展。

3.5.1　保护职工权益，重视员工利益

公司始终坚持以人为本的理念，把员工发展和公司发展紧密联系，不断完善公司用工机制，通过多种措施激发员工的工作热情和创造力，为员工提供可持续发展的机会和空间。

(1) 贯彻劳动法，完善薪酬体系

公司与员工签订劳动合同，保护员工合法权益。同时依法制定并实施《公司职工带薪年休假实施办法》等管理制度，根据不同岗位职责及行业相关岗位薪酬水平，建立了规范化、动态化的薪酬福利体系。公司按时、足额向员工发放劳动报酬，为员工缴纳五险一金，伴随着公司的发展，广大干部员工的工资收入水平也在不断提高，充分享受到了公司发展的成果。

(2) 为员工搭建展示才能的平台

公司建立了公开、平等、竞争、择优的选人用人机制，努力为员工搭建展示才能的平台。

① 建立健全考核激励机制

2015 年，公司以绩效考核为抓手，修订并完善了《营销人员薪酬绩效考核方案》、《O2O 项目专员考核方案》等多项绩效考核制度。同时启动“薪酬绩效、新业务合伙人机制及奋进者识别与发展体系”咨询，有序开展岗位梳理、岗位评估及职级确定，进一步完善和优化公司薪酬及激励体系。根据公司制定的《中基层管理人员考评和竞聘上岗管理办法》，公司进行中、基层管理人员 360 度考评，根据考核结果进行绩效挂钩奖励。公司 2015 年选拔中基层管理人员 55 人，从而提升了中、基层管理人员的综合素质，强化了该群体的总体执行力。

② 不断加大员工培训力度

近 3 年，洋河股份的员工岗位构成、学历构成见表 7-21、表 7-22。从中可以看出，洋河股份是一个员工人数过万的大公司。反映在岗位构成上，其生产人员、销售人员占绝大多数；反映在学历构成上，其专科及以下人员占绝大多数。所以公司的员工培训不仅要面向管理人员、技术人员，更要面向生产、销售等一线人员；同时，针对一线人员的培训形式、培训内容不求高大上，但应注重多样性、针对性、实用性，以便使员工的技能水平不断提升。

表 7-21 洋河股份员工岗位构成　　单位：人

截止日期	2015-12-31	2014-12-31	2013-12-31
生产人员	5,897	4,948	4,626
销售人员	4,088	3,834	3,541
技术人员	1,753	1,782	1,818
行政人员	1,399	1,922	1,519
财务人员	154	143	164
员工总人数	13,291	12,629	11,668

数据来源：洋河股份 2013-2015 年年报、WIND 资讯

表 7-22 洋河股份员工学历构成　　单位：人

博士	1	1	1
硕士	167	166	189
本科	2,906	2,830	2,674
专科	3,774	3,567	3,252
高中及以下	6,443	6,065	5,552
员工总人数	13,291	12,629	11,668

数据来源：洋河股份 2013-2015 年年报、WIND 资讯

2015 年，公司以洋河大学为平台，不断强化各项培训，提升公司员工业务技能与综合素质，全年公司共安排 33 名中高层管理者参加清华、复旦等著名高校的各类资源拓展性培训课程，同时和长江商学院联合开办“新常态、新思维、新格局，苏酒集团生态圈高管领导力学习项目”，组织公司 40 名公司中高层管理人员参加学习。

公司同时开展各类“骨干变小专家培训”活动，全年完成酿酒操作小专家认定 1033 人，维修小专家认定 114 人，包装小专家认定 829 人，营销业务小专家认定 288 人。此外，公司组织开展“千人计划”培训，全年共培养公司三级评酒委员 1772 人、公司二级评酒委员 662 人、公司一级评酒委员 120 人，省级评酒委员 51 人。

（3）为员工搭建参与公司管理的平台

公司采取多种途径与员工沟通，发扬民主、采纳民意，构建和谐稳定的关系。依据《公司法》和《公司章程》等的规定，公司建立职工监事选任制度，确保职工在公司治理中享有充分的权利；公司还设立员工合理化建议箱，不定期召开员工座谈会，听取员工的意见和建议，了解其思想动态；《洋河酒报》成为搭建公司和员工沟通的桥梁，成为公司交流经验、展示成就、表彰先进，鼓舞士气的重要平台。

（4）完善保障体系

2015 年，公司成功开展“弘扬抗战精神，勇做苏酒奋进者”系列活动，有力激发了员工的爱国爱企热情；公司组织“十大杰出青年”评选活动，树立楷模，引导激励员工开拓进取。同时，公司持续开展“金秋助学”活动；并通过“梦之蓝”基金会实施长效救助，2015 年共有 33 名大病大灾员工受益。此外，公司严格执行生产、生活安全管理制度，公司针对女员工实行“五期保护”政策，在作息时间、考勤管理等各方面实行特殊待遇；而在员工伤病、婚丧、困难时，公司领导必定会到现场，体现公司对员工的关心和人性化管理。

总之，洋河股份的薪酬福利体系规范合理，员工报酬在同行业中有竞争优势；公司营造的“能者上、庸者让”的人才竞争氛围，有利于优秀人才脱颖而出。公司围绕各级员工开展有针对性的培训，培训形式注重多样性，培训内容注重实用性，提升了员工的专业技能和水平，使公司发展有了强有力的人才保障。而公司对员工生产、生活保障体系的完善，则加深了员工与其家属的荣誉感和存在感，提高了员工的满意度和忠诚度，更好地激发了员工的工作热情与创造力。

3.5.2　真诚回报股东，重视债权人权益保护

(1) 重视股东投资回报

洋河股份在经济效益稳步增长的同时，重视对投资者的合理回报，积极构建与股东的和谐关系。公司在《公司章程》中明确，“除特殊情况外，公司在当年盈利且累计未分配利润为正的情况下，采取现金方式分配股利，每年以现金方式分配的利润不少于公司当年实现的可供分配利润的百分之三十”。如图 7-7 所示，自 2009 年上市以来，尽管洋河股份在 2013、2014 年实现的净利润有所下降，但其股利支付率依然稳中有增，累计已派发现金红利 7 次，共计 1,134,541.77 万元(是公司上市募集资金净额的 3.31 倍)，平均股利支付率为 36.4%。此外，公司在部分年份还配套了资本公积转增股本的方案，共计送转增股份 106,056.8 万股，从而让广大投资者分享了公司成长所带来的收益。

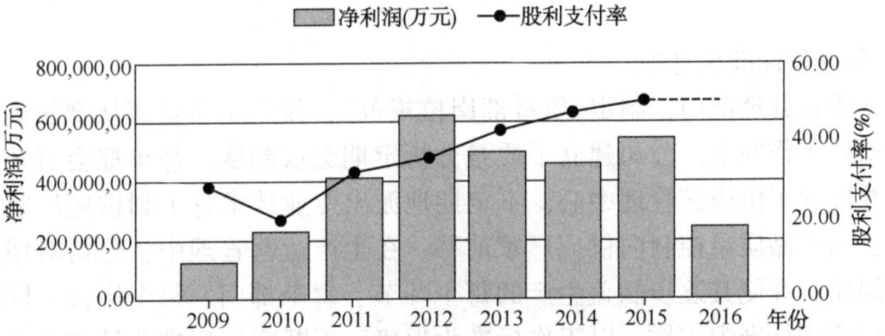

图 7-7　洋河股份上市以来各年的净利润与股利支付率

(2) 注意债权人权益保护

公司在注重对股东权益保护的同时，高度重视对债权人合法权益的保护。在生产经营过程中，公司严格遵守相关合同及制度，充分考虑债权人的合法权益，及时通报与其权益相关的重大信息，保证与相关方良好的合作关系，为公司的长远发展提供了必要条件，并被公司基本户开户银行中国工商银行评为 AAA 级信用公司。

3.5.3　关注供应商、客户利益，注重消费者权益保护

一直以来，洋河股份坚持诚信、互利、平等协商原则，严格履约，与供应商、客户、消费者建立并维持良好关系，创建沟通交流平台，特别是与各合作伙伴优势互补，构筑共赢格局。

(1) 高度重视反商业贿赂工作

公司设立纪委领导反商业贿赂工作，对重点项目、重点岗位、重点人员进行自查自纠。为健全防治商业贿赂的长效机制，公司不断完善法人治理结构，建立健全各项管理制度，进一步加强财务资金管理、合同管理、内部稽核管理和风险控制管理，构筑坚固有效的商业贿赂防范网络。同时，公司与所有供应商签订“廉洁交易协议”，并定期召开供应商业务

人员会议提醒信守协议，规范业务运作；公司采供物流中心敏感岗位人员需签订廉洁自律承诺书，若被投诉并经查实的相关员工将被调离岗位并由公司纪委介入调查，视情节严重情况进行处理。

（2）产品质量和安全控制到位

公司根据自身发展实际情况，积极把现代科学技术的一些最新成果应用到管理领域，如全面质量管理、统计分析、卓越绩效等。由于产品质量过程控制到位，质量管理涵盖生产的每一环节，保证了产品的内、外在质量，近年来公司未发生过一起产品质量重大责任事故，未给消费者或市场带来任何不良影响，确保了公司持续稳健发展。

① 推动全员参与质量管理

公司始终把产品质量放在首位，不断完善生产质量管理流程，实现质量管理的全员、全方位、全过程参与。一是遵循内部用户原则，即每一道工序是前道工序的用户，每道工序坚持做到“三不”——不接收不合格品、不制造不合格品、不让不合格品流出。二是实行“三检”制，即检验员巡检、作业者自检、下道工序为上道工序检验。通过建立 PDCA 循环（又名质量环或戴明环，是 Plan（计划）、Do（实施）、Check（检查）、Action（行动）的首字母组合），形成了发现问题、不断寻求解决措施、不断实施质量改进、不断优化质量标准的良好机制和氛围，使公司质量保证能力、质量改进能力不断巩固和加强，公司产品质量得到了稳步提高。

② 建立全过程标准化管理

公司设立质量管理部门，制定《质量部岗位规范》，规定了质量部从部长到员工每个岗位的任职要求和工作职责。公司建立了质量分析定期会议制度，每年都会召开供应厂家质量分析会，并成立了供应链管理中心，不定期地派出专业技术骨干到供应厂家进行现场指导，从而将公司产品质量控制向供应厂家前移。在生产运营管理中，公司对精益生产成果不断总结、固化，并使其逐步涵盖生产的每个环节、每个部门、每个岗位；同时以技术标准为核心、以管理标准为支撑、以工作标准为保障，不断完善标准化管理体系，使公司实现了良好的标准化管理。

③ 建立产品防护体系和产品召回制度

公司建立了产品防护体系，控制各个生产环节和供应链的食品安全。2013 年，公司检测中心实验室顺利通过 CNAS（China National Accreditation Service for Conformity Assessment，即中国合格评定国家认可委员会）认可评审，进一步完善产品质量检测的组织架构和体系，正式取得了 CNAS 认可资质，并取得了国际互认资格，检测报告可在美国、欧盟、日本等全球 72 个国家得到认可，产品质量的检测技术水平和规范管理达到国际先进水平。同时，公司自 2005 年起建立了“标识和可追溯性及产品召回管理程序”，由 HACCP（Hazard Analysis Critical Control Point，即危害分析临界控制点）小组负责对召回产品分析质量事故原因并采取对策，并在每年组织产品召回演练，提高市场应急响应能力。

④ 管理方式方法不断创新

公司导入卓越绩效管理模式，使得公司管理更加科学规范，并先后荣获江苏省质量奖、宿迁市市长质量奖；公司同时引入精益生产，在产品改善质量方面取得显著成效。2015 年，公司持续推进“三性九化”工作，以点带面做精细、求极致。同时，公司制定了《全员参与持续改进管理办法》，包装、酿酒、物流、质量、管理等五大系统每月组织项目评审并公告结果，并通过专业培训、看板展示、协同宣传、微信交流、对标学习、外部培训等形式营造浓烈的改进氛围，由员工自发改进并组织实施的项目覆盖了公司经营运作的各个环节，涉及质量改进、成本降低、效率提高等方面，不断带动公司操作标准精细化和生产管控精细化水平的提升。

⑤ 建立完善的售后管理体系

公司制定了《关于质量事故处理的规定》，规定了各类内部、外部质量事故的定义和处理措施。公司设立专门的客服部门，配备专职的客服专员接受顾客咨询和投诉。同时在产品上标注服务热线，便于顾客联系。此外，为进一步明确职责，规范客户投诉的受理、处理行为，公司制订了《产品质量投诉与处理管理办法》，从投诉的受理、反馈至市场处理、处理结果反馈、原因分析、整改，责任人的追究等进行了明确规定，并由公司管理中心、集团贸易客服部对各环节的执行情况予以检查、考核。

⑥ 建立维权机制为品牌保驾护航

公司专门设立了秩序管理部负责维权和打假工作，并建立了维权机制，每年都召集全体打假人员进行法律、法规理论以及识别真假酒、打假技巧的实践培训与学习。此外，公司还积极构建打假网络，提供一定的打假经费等措施，加深和各级工商、质监及公安等执法部门的沟通，把打假工作重点放在打击制、售假酒的源头上。

3.5.4 环境保护与可持续发展

公司将自身发展与资源节约、环境保护相结合，不断建立健全环境管理制度，推行ISO14001环境管理体系，加大环境综合治理投资。同时，公司利用先进工艺技术和设备持续推进公司清洁生产、废物循环利用，连续多年获得环保信用评价“绿色”等级评价。

（1）实施清污分流工程

公司将各酿酒车间污水经专门管道排入污水处理站集中处理，处理后进入冷却水循环利用系统，将水的利用率由原来的22%提高到50%，被国家发改委列为“淮河流域工业废水污染治理国债资金补助和示范项目”。

（2）实施废气治理

公司投资350万元建设的“35T/H锅炉脱硫除尘一体化工程”项目于2008年11月竣工并通过验收正式运行，新增二氧化硫削减量216.82吨。2015年公司投资40余万元改造烟气除尘系统，使二氧化硫排放浓度下降50%以上，极大降低了二氧化硫、氮氧化物、烟尘的污染。

（3）确保污水达标排放

2014年，公司编制完成首部《环保运行管理手册》，这为提升环保运行管理能力提供了制度保障。同时，为适应业务快速发展需要，公司新建日处理量为一万吨的大型污水站，通过改造加碱装置、引进滗水系统和生物除臭装置等措施，保障污水处理达标排放并循环利用。

（4）实施清洁生产

公司贯彻循环经济理念和清洁生产原则，不断加强生产管理和环境管理，采用先进工艺技术和设备进行生产，使清洁生产指标达到《清洁生产标准白酒制造业》先进水平。2013年7月，公司顺利通过宿迁市环保局验收组进行的清洁生产审核验收，此轮清洁生产共投入资金1986.6万元，提出并完成12项清洁生产方案，共计产生经济效益817.2万元/年，节水 26.8 万吨/年，节约蒸汽 4.11 万吨/年，减少二氧化硫排放 0.26 吨/年。

（5）重视“三废”的综合利用

公司本着高效节能的原则，回收沼气、无害化处理污泥，这既提升了公司空气质量，也改善了周围居民生活环境。同时，公司在线监测锅炉燃烧脱硫除尘过程，投入使用数字化窖池管控系统，建立酿酒全流程监控体系，这在江苏省两化融合项目评审过程中荣获 2014 年度省工业和信息产业转型升级专项引导资金扶持。

总之，洋河股份认真落实科学发展观，大力发展循环经济、低碳经济、绿色经济，积极推进以循环、降耗、增效为重点的公司管理，坚持走可持续发展道路，进行了一系列管理创新、技术创新，实现了资源的高效、循环利用，提高了公司经济效益与社会环境效益，这对当前发展创新型经济、促进社会和谐与进步具有重要意义。

3.5.5 发展公共关系，热心社会公益事业

洋河股份考虑公共利益，注重构建和谐、友善的公共关系，在兼顾公司和股东利益的情况下，不忘回报社会，积极关注并支持社会公益事业，树立了良好的公司社会形象。公司的公益态度与公益坚持，也得到社会各界的广泛好评。

（1）规范运作推动经济建设

作为经济建设的主体，公司有责任也有义务创造更多的财富为国家财政提供支持、为社会和谐稳定做出更大贡献。多年来，洋河股份一直都是当地的纳税大户，特别是自 2009 年上市以来，公司已累计向国家缴纳税款 301.28 亿元，从而较好地推动了当地的经济建设。

（2）发展公共关系营造和谐的外部环境

公司将公共关系视为公司发展的资源，主动接受并积极配合政府部门的监督检查，积极做好各级领导部门布置的工作，热情接待参观、考察、调研等社会活动，不断推进公司与兄弟酿酒公司的业务交流，积极加强与地方社团、事业单位的联系，真诚地向有关单位提供帮助。

（3）积极投身各项公益事业

公司积极参加社会公益事业，除了对一些重大天灾、人祸奉献爱心外，公司还对“中国六艺节”、“全国旅交会”、“全民健身与奥运同行”等重大活动鼎力相助，对宿迁市重要古迹整修、宿迁学院建设等拨款扶持。公司设立“暖基金”、“护苗基金”等捐资助学项目帮助大批贫困学子，赢得社会各界高度评价。公司参与 CCTV“寻找最美乡村医生”、央视《梦想星搭档》、浙江卫视《中国梦想秀》等大型公益活动；同时针对雾霾频发情况，公司积极策划“全民寻找天之蓝”公益活动，在全国多个省份进行公益宣讲，呼吁号召全民提升环保意识。

4. 洋河股份内部控制自我评价与内部控制审计

公司治理中包含着内部控制，公司审计委员会对公司财务报告、内部控制的有效性、公司治理的合理性与有效性进行全面审查和监督。而公司审计部门作为内部审计单位，则为内部控制体系的完善及实施情况进行常规、持续的监督检查，及时发现内部控制的不足并加以改进，保证内部控制的有效性，使公司治理水平和风险防范能力得到提高。

4.1　洋河股份内部控制自我评价

根据《企业内部控制基本规范》及其配套指引的规定和其他内部控制监管要求，在内部控制日常监督和专项监督的基础上，洋河股份对其2015年度的内部控制有效性进行了评价。

4.1.1　公司内部控制的评价范围

公司按照风险导向原则确定纳入评价范围的主要单位、业务和事项以及高风险领域。纳入评价范围的主要单位包括：江苏洋河酒厂股份有限公司、江苏双沟酒业股份有限公司、苏酒集团贸易股份有限公司、苏酒集团江苏财富管理有限公司，纳入评价范围单位资产总额占公司合并财务报表资产总额的90.32%，营业收入合计占公司合并财务报表营业收入总额的98.96%。纳入评价范围的内容涵盖了内部控制框架的五大要素；涉及的主要业务和事项包括：组织结构、人力资源、社会责任、公司文化、财务管理、生产质量控制管理、基础管理、对子公司管控、风险评估、信息与沟通、内部监督等方面。

（1）内部环境方面

① 组织结构

公司严格按照《公司法》、《企业内部控制基本规范》及相关法律法规的要求，建立健全公司治理架构，规范公司组织运作。公司明确股东大会、董事会、监事会、管理层的职责权限，确保决策、执行和监督相互分离，形成制衡。公司根据行业特点及集团化运营需要，设立了相应的分子公司和职能部门(单位)，并制定了相应岗位职责。各单位各司其职、各负其责、相互配合、相互制衡，确保公司生产经营活动的有序健康运行。

② 人力资源

公司秉承“尊重个性，唯贤适用”的人才理念，重视人才的培养，建立健全有利于公司可持续发展的人力资源管理体系。为进一步加强人才管理，2015年公司对《洋河股份管理人员考评和竞聘上岗管理》、《洋河分公司酿酒工全员考评管理办法》等制度进行修改完善。公司严格遵照《劳动法》及其他劳动法律、法规的规定，制定了有利于公司可持续发展的人力资源政策，并加强员工绩效考核机制，实施多样化薪酬激励方式，有效调动了员工积极性。

③ 社会责任

公司秉持“领先领头领一行、报国报民报一方”的核心理念，积极参加社会公益事业，勇担社会责任。2015年公司继续联手央视大型公益娱乐节目《梦想星搭档》，为听障儿童传递温暖正能量。另外，2015年公司通过《中国梦想秀》等节目，致力于帮助平民百姓实现心中梦想。报告期内，公司严格遵循法律法规，合规经营，不存在重大环保和安全事故，未被列入环保部门的污染严重公司名单，不存在被环保、劳动等部门处罚等问题。

④ 公司文化

公司注重加强公司文化建设，着力构建“以人为本、以奋进者为纲”的“羊本文化”，培养员工自觉地把自我价值和公司价值、个人命运和公司命运紧密联系在一起。同时，为提升员工对公司文化的认知水平，公司不定期对公司文化理念进行抽查，并组织“员工基地游”、“敬老爱老文化基地游·员工亲属文化传播活动”、“3. 8妇女节”运动会等文体活动，丰富员工日常生活，充分调动员工积极性，为员工创造轻松的工作环境。

（2）风险评估

公司根据不同发展阶段和业务拓展情况，持续收集与风险变化相关的信息，进行风险识别和风险分析，确保重大风险在发生前均可得到适度预警和防范，避免内部控制失控。公司对人力资源、经济法律环境、技术进步、经营方针及投资计划、重大资产购置及出售、关联交易、募集资金等重要事项中存在的内部和外部风险建立了识别、收集与分析机制。

（3）信息与沟通

公司实行重大信息实时报告制度。公司各部门、各所属子公司初现、发生或即将发生风险时，内部信息报告义务人应将有关信息告知公司董事会秘书，确保公司披露的信息及时、真实、准确、完整，没有虚假、严重误导性陈述或重大遗漏。公司严格遵守和执行《上市公司信息披露管理办法》和公司《信息披露管理制度》规定，对所有可能对公司股票价格或者投资者决策产生重大影响的信息，按照《证券法》、深交所《股票上市规则》等有关规定，通过公司指定媒介真实、完整、及时进行披露，保证所有股东有平等机会获得信息。

（4）控制活动

洋河股份建立了完善的财务管理内部控制制度，并在 2015 年加强了对往来帐项的管理；公司对生产、质量控制制度进行了修改完善，以使公司产品质量控制向供应厂家前移；公司加强基础管理工作，不断推进管理极致化；公司通过任命和委派高管对控股子公司实行控制管理，将财务、重大投资、人事及信息披露等工作纳入统一管理体系并制定了统一管理制度。公司审计中心对子公司进行定期或不定期的专项检查和审计，及时掌握子公司实际经济运行情况，及时发现可能存在的风险。

（5）内部监督

公司审计中心负责内部审计，并具体开展内部监督工作。通过对公司及子公司所有的经营活动和控制执行等情况开展内部审计，促进公司内控工作质量的持续改善与提高。对监督检查过程中发现的内部控制缺陷，及时分析其性质和产生的原因，提出整改方案，按照既定的程序及时向公司领导汇报，并督促相关部门整改，防止公司资产出现重大损失。

4.1.2 公司内部控制缺陷认定标准

公司依据内部控制规范体系组织开展内部控制评价工作，公司董事会根据内部控制规范体系对重大缺陷、重要缺陷和一般缺陷的认定要求，结合公司规模、行业特征、风险偏好和风险承受度等因素，区分财务报告内部控制和非财务报告内部控制，研究确定了适用于本公司的内部控制缺陷具体认定标准，并与之前年度保持一致。

（1）财务报告内部控制缺陷认定标准

财务报告内部控制缺陷认定标准有定量标准与定性标准两类，内部控制缺陷按影响程度不同可分为三大类，即重大缺陷、重要缺陷、一般缺陷。

① 定量标准

洋河股份评价财务报告内部控制缺陷的定量标准分别从营业收入、利润总额、资产总额三个方面进行规范，具体情况见表 7-23。如当营业收入的错报>营业收入总额的 3%，或利润总额的错报>利润总额的 5%，或资产总额的错报>资产总额的 2%，即可认定为公司存在财务报告内部控制重大缺陷。

表 7-23　洋河股份财务报告内部控制缺陷评价的定量标准

定量标准＼重要程度	重大缺陷	重要缺陷	一般缺陷
营业收入	错报>营业收入总额的 3%	营业收入总额的 1%<错报≤营业收入总额的 3%	错报≤营业收入总额的 1%
利润总额	错报>利润总额的 5%	利润总额的 3%<错报≤利润总额的 5%	错报≤净利润的 3%
资产总额	错报>资产总额的 2%	资产总额的 1%<错报≤资产总额的 2%	错报≤资产总额的 1%

数据来源：洋河股份内部控制自我评价报告。

② 定性标准

洋河股份确定的财务报告内部控制缺陷评价定性标准中，可以认定为财务报告重大缺陷的迹象包括：公司董事、监事或高管人员的舞弊行为；发现当期财务报表存在重大错报，而管理层未能在内控运行过程中发现；内部控制评价重大缺陷未得到整改；审计委员会和内部审计机构对内部控制的监督无效。可以认定为财务报告重要缺陷的迹象包括：未依照公认会计准则选择和应用会计政策；未建立反舞弊程序和控制措施；对非常规或特殊交易的账务处理没有建立相应控制机制或没有实施且没有相应的补偿性控制；对于期末财务报告过程的控制存在一项或多项缺陷且不能合理保证编制的财务报表达到真实、准确的目标。除上述重大缺陷、重要缺陷之外的其他控制缺陷，均可认定为一般缺陷。

（2）非财务报告内部控制缺陷认定标准

非财务报告内部控制缺陷认定标准也有定量标准与定性标准两类。

① 定量标准

洋河股份确定的非财务报告内部控制缺陷评价定量标准主要是按损失占总资产的比例进行确认，当损失≥1% 时认定为重大缺陷；当 0.5%≤损失<1% 时认定为重要缺陷；当损失<0.5% 时认定为一般缺陷；具体情况见表 7-24。

表 7-24　洋河股份非财务报告内部控制缺陷评价的定量标准

定量标准＼重要程度	重大缺陷	重要缺陷	一般缺陷
损失占总资产比例	损失≥1%	0.5%≤损失<1%	损失<0.5%

数据来源：洋河股份内部控制自我评价报告。

② 定性标准

公司确定的非财务报告内部控制缺陷评价的定性标准中，可以认定为重大缺陷的情形包括：缺乏民主决策程序、决策程序不科学，出现重大失误，给公司造成重大财产损失；严重违反国家法律法规；缺乏重要的业务管理制度或制度运行系统性失效；公司的重大或重要内控缺陷不能得到及时整改；公司持续或大量出现重要内控缺陷。除了上述情形之外的其他情形，则按影响程度分别确定为重要缺陷或一般缺陷。

4.1.3　公司内部控制缺陷的认定及整改情况

按照公司内部控制规范体系的规定，建立健全并有效实施内部控制、评价其有效性、如实披露内部控制评价报告是公司董事会的责任。监事会对董事会建立和实施内部控制进行监督。经理层负责组织领导公司内部控制的日常运行。公司董事会、监事会及董事、监事、高级管理人员保证本报告内容不存在任何虚假记载、误导性陈述或重大遗漏，并对报告内容的真实性、准确性和完整性承担个别及连带责任。

(1) 财务报告内部控制缺陷认定及整改情况

根据上述财务报告内部控制缺陷认定标准，报告期内公司不存在财务报告内部控制重大缺陷、重要缺陷，也不存在上年度末未完成整改的财务报告内部控制重大、重要缺陷。

(2) 非财务报告内部控制缺陷认定及整改情况

根据上述非财务报告内部控制缺陷认定标准，报告期内未发现公司非财务报告内部控制重大、重要缺陷，也不存在上年度末未完成整改的非财务报告内部控制重大、重要缺陷。

由于内部控制存在固有局限，故仅能提供合理保证。此外，由于情况变化可能导致内部控制变得不恰当，或对控制政策和程序遵循程度降低，根据内部控制评价结果推测公司未来内部控制有效性具有一定风险。

4.1.4 公司 2015 年度内部控制自我评价结论

根据洋河股份财务报告内部控制重大缺陷的认定情况，在内部控制评价报告基准日即 2015 年 12 月 31 日，公司不存在财务报告内部控制重大缺陷。公司董事会认为，本公司已按照公司内部控制规范体系和相关规定的要求，在所有重大方面保持了有效的财务报告内部控制。根据公司非财务报告内部控制重大缺陷认定情况，在内部控制评价报告基准日，公司未发现非财务报告内部控制重大缺陷。此外，自内部控制评价报告基准日至内部控制评价报告发出日之间，本公司未发生影响内部控制有效性评价结论的因素。

4.2 洋河股份内部控制审计报告

4.2.1 洋河股份内部控制审计结论与披露

江苏苏亚金诚会计师事务所对洋河股份财务报告内部控制的有效性进行审计，认为洋河股份于 2015 年 12 月 31 日按照《企业内部控制基本规范》和相关规定在所有重大方面保持了有效的财务报告内部控制。从表 7-25 中可以看出，苏亚金诚对洋河股份的内部控制出具了标准无保留意见，有关公司此次内部控制审计报告的全文已于 2016 年 4 月 26 日披露在巨潮资讯网上。而洋河股份的非财务报告，在本报告期内也不存在重大缺陷。

表 7-25 洋河股份内部控制审计结论与披露

<table>
<tr><th colspan="2">内部控制审计报告中的审议意见段</th></tr>
<tr><td colspan="2">洋河股份于 2015 年 12 月 31 日按照《企业内部控制基本规范》和相关规定在所有重大方面保持了有效的财务报告内部控制</td></tr>
<tr><td>内控审计报告披露情况</td><td>披露</td></tr>
<tr><td>内部控制审计报告全文披露日期</td><td>2016 年 04 年 26 日</td></tr>
<tr><td>内部控制审计报告全文披露索引</td><td>全文于 2016 年 4 月 26 日披露在巨潮资讯网</td></tr>
<tr><td>内控审计报告意见类型</td><td>标准无保留意见</td></tr>
<tr><td>非财务报告是否存在重大缺陷</td><td>否</td></tr>
</table>

数据来源：洋河股份 2015 年年报。

4.2.2　洋河股份内部控制审计报告评析

内部控制审计报告对应的审计意见有 3 种，即无保留意见、否定意见、无法表示意见；与此相对应的，内部控制审计报告一般有 4 类，即标准内部控制审计报告、带强调事项段的无保留意见内部控制审计报告、否定意见内部控制审计报告、无法表示意见内部控制审计报告。为了对内部控制审计报告有深入的了解，本书结合洋河股份 2015 年 12 月 31 日的内部控制审计报告进行分析。

(1) 洋河股份内部控制审计报告

江苏苏亚金诚会计师事务所(特殊普通合伙)

苏亚审内[2016]9 号

内部控制审计报告

江苏洋河酒厂股份有限公司全体股东：

按照《企业内部控制审计指引》及中国注册会计师执业准则的相关要求，我们审计了江苏洋河酒厂股份有限公司(以下简称洋河股份)2015 年 12 月 31 日的财务报告内部控制的有效性。

一、公司对内部控制的责任

按照《企业内部控制基本规范》、《企业内部控制应用指引》、《企业内部控制评价指引》的规定，建立健全和有效实施内部控制，并评价其有效性是公司董事会的责任。

二、注册会计师的责任

我们的责任是在实施审计工作的基础上，对财务报告内部控制的有效性发表审计意见，并对注意到的非财务报告内部控制的重大缺陷进行披露。

三、内部控制的固有局限性

内部控制具有固有局限性，存在不能防止和发现错报的可能性。此外，由于情况的变化可能导致内部控制变得不恰当，或对控制政策和程序遵循的程度降低，根据内部控制审计结果推测未来内部控制的有效性具有一定风险。

四、财务报告内部控制审计意见

我们认为，洋河股份于 2015 年 12 月 31 日按照《企业内部控制基本规范》和相关规定在所有重大方面保持了有效的财务报告内部控制。

江苏苏亚金诚会计师事务所　　中国注册会计师：李来民
(特殊普通合伙)　　中国注册会计师：许旭珍
中国　南京市　　二〇一六年四月二十五日

(2) 标准内部控制审计报告的构成要素

由上面的苏亚审内[2016]9 号内部控制审计报告中可以看出，标准的内部控制审计报告通常由下面 11 个要素构成，即标题、收件人、引言段、公司对内部控制的责任段、注册会计师的责任段、内部控制固有局限性的说明段、财务报告内部控制审计意见段、非财务报告内部控制重大缺陷描述段(视情况而定)、会计师事务所的名称地址及盖章、注册会计师的签名和盖章、报告日期。

① 标题

内部控制审计报告的标题统一规范为“内部控制审计报告”。

② 收件人

内部控制审计报告的收件人是指注册会计师按照业务约定书的要求致送内部控制审计报告的对象，一般是指审计业务的委托人。内部控制审计报告需要载明收件人的全称，如上述洋河股份内部控制审计报告的收件人为“江苏洋河酒厂股份有限公司全体股东”。

③ 引言段

内部控制审计报告的引言段说明公司的名称和内部控制已经过审计，如上述洋河股份内部控制审计报告的引言段为“按照《企业内部控制审计指引》及中国注册会计师执业准则的相关要求，我们审计了江苏洋河酒厂股份有限公司(以下简称洋河股份)2015 年 12 月 31 日的财务报告内部控制的有效性。”

④ 公司对内部控制的责任段

公司对内部控制的责任段应说明，按照《企业内部控制基本规范》、《企业内部控制应用指引》、《企业内部控制评价指引》的规定，建立健全和有效实施内部控制，并评价其有效性是公司董事会的责任，如上述洋河股份内部控制责任段为“一、公司对内部控制的责任……”。

⑤ 注册会计师的责任段

注册会计师的责任段应说明，在实施审计工作的基础上，对财务报告内部控制的有效性发表审计意见，并对注意到的非财务报告内部控制的重大缺陷进行披露是注册会计师的责任，如上述洋河股份内部控制审计报告中的“二、注册会计师的责任……”。

⑥ 内部控制固有局限性的说明段

内部控制无论如何有效，都只能为公司实现控制目标提供合理保证。因为内部控制实现目标的可能性会受其固有限制的影响，如在决策时人为判断可能出现错误以及因人为失误而导致内部控制失效；控制的运行可能无效；控制可能由于两个或更多的人员进行串通舞弊或管理层凌驾于内部控制之上而被规避；在设计和执行控制时，如果存在选择执行的控制以及选择承担的风险，管理层在确定控制的性质和范围时需要做出主观判断。

因此，注册会计师需要对内部控制的固有局限性加以说明，在上述洋河股份内部控制审计报告中，“三、内部控制的固有局限性……”就是体现了这一要求。

⑦ 财务报告内部控制审计意见段

如果符合下列所有条件的，注册会计师应当对财务报告内部控制出具无保留意见的内部控制审计报告：一是公司按照《企业内部控制基本规范》、《企业内部控制应用指引》、《企业内部控制评价指引》以及公司自身内部控制制度的要求，在所有重大方面保持了有效的内部控制；二是注册会计师已经按照《企业内部控制审计指引》的要求计划和实施审计工作，在审计过程中未受到限制。

在上述洋河股份内部控制审计中，江苏苏亚金诚会计师事务所对该上市公司的内部控制出具了标准无保留意见，意见段即“四、财务报告内部控制审计意见……”。

⑧ 非财务报告内部控制重大缺陷描述段

对于审计过程中注意到的非财务报告内部控制缺陷，如果发现某项或某些控制对公司发展战略、法规遵循、经营的效率效果等控制目标的实现有重大不利影响，确定该项非财务报告内部控制缺陷为重大缺陷的，应当以书面形式与公司董事会和经理层沟通，提醒公司加以改进；同时在内部控制审计报告中增加非财务报告内部控制重大缺陷描述段，对重大缺陷的性质及其对实现相关控制目标的影响程度进行披露，提示内部控制审计报告使用者注意相关风险，但无需对其发表审计意见。

在上述洋河股份内部控制审计中，江苏苏亚金诚会计师事务所未发现该上市公司非财务报告内部控制重大缺陷，所以没有出现非财务报告内部控制重大缺陷描述段。

⑨ 会计师事务所的名称、地址及盖章

会计师事务所的名称、地址及盖章在内部控制审计报告的左下角，其中会计师事务所的地址一般只需要写归属的国家与城市即可，如在上述洋河股份内部控制审计报告中，审计地址为“中国南京市”。

⑩ 注册会计师的签名和盖章

注册会计师的签名和盖章在内部控制审计报告的右下角，其中至少要有两名注册会计师签名并盖章。如在上述洋河股份内部控制审计报告中，注册会计师的签章为“中国注册会计师：李来民；中国注册会计师：许旭珍”。

⑪ 报告日期

内部控制审计报告日期是指注册会计师完成内部控制审计工作的日期，在上述洋河股份内部控制审计报告中，报告的日期为“二〇一六年四月二十五日”。

4. 2. 3　洋河股份内部控制有效性评析

以我国《企业内部控制基本规范》为依据，按照内部控制的五大目标来进行评价，可以得出洋河股份内部控制有效性的初步结论。同时，根据对洋河股份内部控制自我评价报告、内部控制审计报告的分析及其信息披露情况，可以进一步确认洋河股份内部控制有效的结论。

(1) 从内部控制五大目标方面看

2015 年度，面对宏观经济持续下行、白酒行业深度调整的影响，洋河股份董事会严格遵守《公司法》、《证券法》等法律法规，认真履行《公司章程》赋予的各项职责，贯彻执行股东大会的各项决议，督促经理层围绕长远发展战略规划，坚持“热情拥抱新时代，双核驱动新发展”的总体工作思路，扎实推进“三化致胜”总举措，实现了稳中求进、持续向好的发展总目标，营业收入和归属于上市公司股东的净利润等主要指标稳定增长。全年实现营业收入 160. 52 亿元，同比增长 9. 41%，实现归属于上市公司股东的净利润 53. 65 亿元，同比增长 19. 03%，从而较好地实现了经营效率与效果目标。

江苏苏亚金诚会计师事务所对洋河股份 2015 年的年报进行了审计，出具了标准无保留意见的审计报告；该上市公司当年也未发生财务报表重述问题，所以可认为该公司在 2015 年实现了财务会计报告及管理信息真实可靠性目标。同时，2015 年洋河股份未受到证监会、交易所及其他部门的处罚或公开谴责，表明其遵循了国家法律法规和有关监管要求，从而较好地实现了合法合规性目标。此外，洋河股份归属于母公司的股东权益在 2015 年年末、2014 年年末分别是 2，293，709. 64 万元、1，972，473. 41 万元，由此计算其资产保值增值率为 116. 29%，表明其较好地实现了资产保值增值目标。

同时，洋河股份从 2014 起，启动“双核驱动”战略，探索以健康体验为核心的技术创新，做强做大白酒主业，实现主业稳定增长。适应互联网时代新变化，探索新型商业模式，围绕主业开辟新领域的新业务，寻求新业爆发式突破；其更长远的发展目标是把公司做成一个不断超越生命周期的基业长青的伟大公司。2015 年，洋河股份的营业收入增长率为

9.41%、总资产增长率为17.74%、归属于母公司的股东权益增长率即可持续增长率为16.29%[1]，表明该上市公司的战略目标得以较好地向前推动。

(2) 从与内部控制相关信息的披露看

2015年，洋河股份披露的与其内部控制有关的信息主要有《洋河股份内部控制规则落实自查表》、《洋河股份内部控制自我评价报告》、《洋河股份内部控制审计报告》等。公司在内部控制自评中得出结论：即在内部控制评价报告基准日(2015年12月31日)，公司不存在财务报告内部控制重大缺陷；未发现非财务报告内部控制重大缺陷；同时，自内部控制评价报告基准日至内部控制评价报告发出日之间，也未发生影响内部控制有效性评价结论的因素。而苏亚金诚在对洋河股份的内部控制审计后出具了标准无保留意见，表明洋河股份的内部控制质量信息更具可靠性。当然，洋河股份作为业绩优良的上市公司，其也愿意披露其内部控制方面的信息以向信息使用者传递其公司治理水平高、内部控制有效的信号，以便消除交易中的信息不对称性问题，从而更好地推动公司健康、持续、稳定发展。

5. 洋河股份公司治理与内部控制案例启示

上市公司应当不断完善公司治理结构、健全公司治理机制、提升内部控制的有效性水平。尽管世界上没有一种通用的公司治理模式与内部控制制度，但公司治理效果良好的上市公司，如洋河股份的治理经验却可以为其他上市公司提供一定借鉴。

5.1 引导上市公司股权结构向合理方向调整

公司只有拥有合理的股权结构，才能有效解决投资人和控制人(控股股东或经理人)之间的代理问题。因为集中的股权可以令大股东具有较高的权威和信誉，能够有效对管理者进行监督并吸引其他投资者，但同时也可能产生大股东和经理人对公司财产的侵占欲望与自利动机。相反，如果股权过度分散则会造成控制权缺位，反而不利于内部控制有效性的发挥。因此，公司需要正确处理股权失衡问题，以便更好地强化公司治理，合理发挥内部控制效用。

5.1.1 尽量避免“一股独大”和“一言堂”问题

上市公司的第一大股东应该由绝对控股向相对控股转变，在保证股权适度集中、公司具有良好经营状况的前提下，适当降低第一大股东的持股比率。如洋河股份就属于国有相对控股模式，其股权结构较为合理。事实上，欧美等国的不少国企的国有股比重都少于30%，这不但没有削弱国家对这些公司的影响力，相反这样还增加了国有股的收益，使得国企实现了经济效益和社会效益的有机统一。因此，对有国资背景的上市公司，建议结合行业现状以及自身实际确立合理的国有股持股比重，适当降低国有股的规模；同时，适当增加第二至第五大股东的持股比例，在实现股权结构多元化的同时，提升公司股权结构的制衡力，使得上市公司的股权结构逐渐从“一股独大”的集中型股权结构转向适度集中、控制权共享的制衡型股权结构。

5.1.2 增加非国有股比重防止股权过度分散

要通过兼并、收购、股票回购注销等方式，积极引进非国有资本持投，特别是要积极

[1] 数据来源于WIND资讯。

培育机构投资者长期持股，参与公司治理。机构投资者是指那些在证券市场上专业从事投资的投资法人机构，主要包括证券公司、进行投资交易的商业银行、投资银行、信托投资公司、养老基金、共同基金、保险基金等各种基金等。作为战略投资者，机构投资者的加盟能有效克服因股权过于分散而引起的中小股东的短期利益问题，同时凭借其强大的资金规模优势、专业技能优势、信息优势，也能在客观上给公司管理人员造成一定外部压力。此外，他们作为公司直接的利益相关者，存在足够的动力去关注公司治理，甚至有可能会介入直接治理，成为上市公司治理结构的权力制衡者，这不仅有助于改善上市公司股权结构的缺陷，而且能规范投资行为，保护投资环境，促进证券市场成熟。建议政府部门通过政策鼓励推动各类基金组织成为机构投资者的中坚力量，引导机构投资者积极投资并参与上市公司治理问题，集众家之所长，更好地为上市公司发展建言献策，既保证股权适当集中，又有利于大股东监督制衡作用的发挥。

5.1.3 完善股权激励制度

股权激励是一种职业经理人通过一定形式获取公司一部分股权的长期性激励制度，能在一定程度防止经理人的短视行为、防范“内部人控制”、改善公司治理、降低代理成本、提升管理效率、增强公司凝聚力和市场竞争力，从而能促使经理层勤勉尽责地为股东利益、公司的长期发展服务。股权激励包括股票期权、员工持股计划、限制性股票激励计划和管理层收购等。股权激励手段的有效性在很大程度上取决于经理人市场的建立健全。因为股权激励只是各种外在因素的一部分，它的适用需要有各种机制环境，如市场选择机制、市场评价机制、控制约束机制、综合激励机制和政策法律环境的支持。上市公司需要根据不同情况设计其激励机制组合，具体包括工资、奖金、股权激励、晋升、培训、福利、良好工作环境等。其中股权激励的形式、大小取决于激励成本和收益的综合考虑。洋河股份的大部分高级管理人员持有公司股份(限制性股票)，从而较好地保持了管理层和股东利益的一致性，这有助于完善公司治理，使洋河股份能在行业复苏的背景中觅得先机。

5.1.4 关注上市公司股份的流通情况

我国现阶段上市公司股权结构的缺陷不仅是股权过度集中于国有股，还在于流通股比例较低。股权分置改革之前，大量非流通股的存在使得作为外部公司机制的经理人市场和控制权市场很难有效发挥作用，“一股独大”者对于提高公司的实质经济效益没有巨大压力，他们唯一热衷的是规避政策的监管。因此，优化股权结构还需要提高上市公司流通股的比例，如洋河股份目前的流通股比例已高达 80% 以上。随着我国股权分置改革的基本完成，股改过的上市公司的限售股也将逐步解禁，这样，股权结构中有关非流通股的种种弊端也会随之缓解。

5.2 优化董事会结构，建立健全独立董事制度

董事会是现代公司组织机构的核心，在公司内部治理中起着关键作用。强化董事会的职权，充分发挥董事会的作用就必须建立一个独立高效的董事会，积极参与指导公司经营运作，维护全体股东的利益，并对经理层实施有效的监督和激励。

5.2.1 董事会规模要适当，结构要合理

应当积极推动建立一个与公司规模相适应的高效精干的董事会，同时要优化董事会结构，避免董事的形式主义行为。

首先，董事会规模要适当。针对股份有限公司，我国公司法中规定的董事会的法定规模为5~19人，各上市公司应结合自身规模等实际情况，合理确定董事会人数，既不能规模太大影响决策监管效率，也不能规模太小导致少数人操纵董事会，造成内部人控制。我国优秀上市公司的董事会规模一般在9~15人，其中洋河股份的董事会人数为11人且保持相对稳定。

其次，要实行董事长与总经理(或执行总裁)的两权分离。保证董事会监督和管理职责有效履行的一个前提条件，就是董事长与总经理两权分离。只有这两个职位分设，才能减少董事会对公司经营的不合理干涉，杜绝董事会对公司资源和小股东利益的侵占，也能使董事会有效监督公司经理层的经营状况，增加公司管理者的经营压力，减少经营者滥用职权和侵占公司利益的动机，同时也从战略的高度提高公司应对环境不确定的能力。以洋河股份为例，其董事长(Chairman of the Board)由王耀先生担任，其作为股东利益的最高代表，负责监督公司日常运作，公司的董事会、非例行股东大会都由他召集；钟雨先生为副董事长、总裁(President)，负责公司经营全面工作，是最高行政长官；钟玉叶先生为执行总裁(Chief Executive Officer，简称“CEO”)，负责公司日常行政工作，类似于有些公司设置的总经理或常务副总裁。

最后，要优化董事会成员构成。在我国上市公司的董事会构成中，一般认为执行董事、非执行董事和独立非执行董事按“三三制”的原则设立较为合理，同时选聘的董事特别是独立董事要有一定的法律、财务等专业背景，董事会成员中要有能代表中小股东利益、职工利益的代表。洋河股份的董事会构成遵循了上述参考标准，并在实践中确保了董事会职能的履行。当然，为了提高董事会办事效率与效果，建议上市公司董事会结合自身实际需要，在董事会下面设立发挥专业职能的专业委员会，并为其合理配置有相应专业背景的董事人员，以使其更好地履行董事会的决策和监督作用。如在董事会下设置专业的审计委员会，使其对公司内部控制的效率、效果以及盈余管理等行为，进行内部的全过程监督，及时发现问题，及时改进完善。

5.2.2 健全独立董事制度，做好董事绩效考评

董事会要成为有效的决策控制机制，必须保持其独立性，保持独立性的坐标就是董事会中的独立董事，这就意味着公司董事会中应当逐步增加外部独立董事的人数，包括独立董事的人数和“灰色”董事的人数。上市公司应适当提高独立董事比率，保证独立董事的知情权、监督权和决策参与权以及独立发表意见权，充分发挥独立董事在公司治理中的决策参谋和监督保证作用，形成对大股东以及经理层的制衡机制，以保护全体股东利益，使独立董事真正成为向资本市场传递积极信号的使者。

目前，我国上市公司股权结构逐渐转变，应进一步改进并完善独立董事制度。首先，建议运用市场机制甄选独立董事成员。在选聘独立董事时，不妨打破地域限制，聘用能真正有效履职，而不仅仅是因为人情或其他原因在公司挂名拿钱的独立董事；同时，可考虑降低提名独立董事股东的持股比例要求，通过累计投票制度让中小股东也能有机会选举体现自己意愿的独立董事。其次，对初步确定的独立董事人员，上市公司应有专门的机构和人员对其专业背景、业务能力、职业操守等方面进行调查，以确保独立董事的胜任能力。再次，要建立独立董事的轮换制度，严格限制独立董事的连任时间，并将独立董事的任期与公司管理层、董事会任期交错安排，避免产生情面和利益上的依赖，以保证和加强上市

公司独立董事的独立性。

当然，为了促使董事会成员更好地履职，需要建立科学的董事会成员绩效考评体系与培训机制，对董事参加会议的情况进行登记入表，并对其发表的意见及作用进行科学评判，将董事对公司的贡献与所承担的风险与其薪酬挂钩；同时，上市公司应创造条件定期组织公司董事参加各种培训学习，如到董事履职情况好的公司进行参观考察，不断提高其业务素质，促使公司董事更好地发挥其职能。

5.3 合理选举监事，发挥内部监督作用

5.3.1 监事会成员的选举要合理

首先，应确定合适的监事会规模。我国《公司法》中规定，股份有限公司设监事会，其成员不得少于3人，监事会应当包括股东代表和适当比例的公司职工代表，其中职工代表的比例不得低于总监事人数的三分之一，具体比例由公司章程规定。为此，各上市公司应结合自身规模等实际情况，合理确定不少于3人的监事会规模，如洋河股份的监事会成员就有5人。

其次，选举的监事会成员要有履职所需要的能力与素养。由于监事会独立于董事会及经理层，其对公司经营管理不承担直接责任，但要能独立、客观的评价和监督管理层决策的制定及执行情况。所以上市公司对监事会成员的任职资格、推选程序要有明确规定，不管是通过民主选举产生的职工监事，还是由股东大会推选的股东监事，都要具备能胜任监事工作的能力与素质。如洋河股份的职工监事与股东监事，基本上都具有诸如高级经济师、注册会计师、高级会计师、高级政工师等任职资格与任职经验，熟悉财务分析、公司管理等专业知识，了解糖酒行业、粮食行业情况，能及时发现管理层实施决策中的问题。

再次，要优化监事会的人员构成。为此，应当增强工会的影响力和凝聚力，由工会推荐在广大员工中声望良好、工作绩效优异、德才兼备的员工担任职工监事，真正代表全体员工的利益；同时，建议引入中小股东监事，在明确中小股东监事数目、任职资格及推选程序的基础上，通过定期召开股东大会，让中小股东按规定推荐能代表广大中小股东利益的监事。此外，根据《国有公司监事会监事管理暂行条例》等规定，应当严格限制监事会成员随意兼职。在监事会进行换届选举时，要优先推选那些没有兼任职务的人员进入监事会。

最后，应加强对监事绩效的考核和监督，根据监事责任的履行效果和效率确定其薪酬，一旦发现监事存在故意包庇控股股东的行为，应坚决予以惩罚并辞退。

5.3.2 发挥内部监督作用

上市公司监事会的主要职能就是监督公司决策的稳定运行，维护公司内部控制的确立和执行，监管公司董事会与经理层的经营状况，这些间接保障了一个上市公司内部控制的状况。事实上，监事除了要按时出席公司内部监事会议外，还要把公司内部控制的日常情况放到常规监督的范畴之内，发掘上市公司内部控制存在的不足和潜在的风险，并根据重要性原则成立内部控制委员会，负责调查解决内部控制问题，切实保障公司内部控制的长期性与有效性。

同时，监事会还应该与股东大会、董事会、内部审计机构等部门共同联合、相互制约，形成强有力的公司内部监督体系。如为了使监事会更好的履行职责，股东大会应赋予监事会更多与行使监督、审查权利相关的具体职权。当监事会一旦发现有公司董事、经理等管

理人员出现或可能出现有违反公司章程或者是损害公司利益行为的时候，公司股东大会应当协助公司监事会来对董事、经理人员的行为进行纠正。此外，公司监事会要正确牢固树立对公司股东大会负责到底的观念，在完善公司监事会监督、审查、制约、管理等责任机制的基础上，不断提高上市公司监事会的办事效率与监督质量。

5.4 优化管理层结构，完善业绩评价体系

5.4.1 发展混合型的管理层结构

公司管理层结构的选择也没有统一的标准。但通过对我国上市公司管理层结构研究的文献梳理发现，在管理层结构中，存在着纷繁复杂的多重委托代理关系。当存在完全的二级委托代理关系——即董事、监事、经理三职完全分离，或二级委托代理关系消失——即董事和经理两职完全合一时，都不利于公司经营业绩的提高；相反，非完全委托代理框架下的混合型管理层结构——即有一部分董事兼任公司高级管理人员时，有助于改善公司治理绩效。从之前的案例分析中可以看到，洋河股份采用的就是混合型管理层结构，其有效履行社会责任，与利益相关者互利共赢，有力地推动了公司的和谐稳健发展。

5.4.2 建立有效的经理人激励和约束机制

管理层持股作为管理层薪酬激励的重要组成部分，能使管理层利益与公司绩效紧密结合，减少管理层的短期自利行为。但目前我国上市公司管理层持股比例普遍较低，管理层薪酬结构比较单一，使管理层自身价值最大化目标与公司整体价值最大化目标不一致，管理层在追求自身价值最大化目标的过程中可能损害公司价值最大化，不利于公司长远发展。因此，为促进公司经营业绩提高，实现公司价值最大化，建议积极引入股票期权、管理层收购等股权激励措施加大管理层持股比例。

5.4.3 加快职业经理人与控制权市场建设

职业经理人是指职业化的公司经营管理专家，其存在可以让所有者和管理者各司其职、分工合作，有效提高公司运营效率，不断实现公司价值最大化。这样的管理人才一旦被聘用，通常负责公司的日常经营，享有对公司法人财产的独立管理权。从这个意义上讲，发展和完善职业经理人市场对推进我国公司制改革，建立现代公司治理制度等具有重要意义。但职业经理人可能会存在逆向选择或道德风险，所以应加强职业经理人的道德建设，使其能尽职尽责，更加主动地对公司遇到的经营风险采用合理经济和技术手段加以控制，努力实现自身价值与股东财富最大化。此外，控制权市场❶是从外部对工作不称职、绩效表现差的高级管理人员进行强制约束的有利工具，是对公司内部治理机制的有益补充。有效的控制权市场将有利于减少代理冲突，降低代理成本，最终提高公司的运营绩效，所以建议进一步加强控制权市场建设。

5.4.4 完善管理层业绩评价体系

公司的绩效评价体系一般有两种：财务指标评价体系与非财务指标评价体系。目前我国上市公司管理层业绩评价过于偏重财务指标评价体系，尤其是与利润相关的财务指标，使得管理层具有进行盈余管理的动机。上市公司管理层通过盈余管理提升公司的业绩，从

❶公司控制权市场(Market for Corporate Control)，又称接管市场(Takeover Market)。它是指通过收集股权或投票代理权取得对企业的控制，达到接管和更换不良管理层的目的。这种收集可以是从市场上逐步买入股东的股票，也可以是从大股东手中批量购入股票。

而实现薪酬契约所要求的公司盈余水平，但却可能会损害公司的整体利益。因此，上市公司应完善管理层的业绩评价体系，主动引入非财务指标评价体系，如领导能力评价指标、战略规划评价指标、人力资源管理指标、与股东及客户沟通能力指标等，不断汲取财务指标和非财务指标评价体系各自的优点，这样才能有效杜绝管理层的短视行为，最终实现公司价值最大化的财务管理目标。

5.5　做好内部控制的自我评价与内控规则落实自查

2008 年 5 月，财政部联合“三会一署”[1]发布《企业内部控制基本规范》，要求执行该规范的上市公司自 2009 年 7 月 1 日起对本公司内部控制的有效性进行自我评价，披露年度自我评价报告。而为了更好地服务于公司发展大局，内部控制也应与时俱进，为此，企业管理层需要不断复核、更新内部控制制度，不断加强内部控制的执行力度，并通过定期或不定期开展内部控制自我评价对自身内部控制存在的重大、重要缺陷等进行重点关注与整改，以便更好地维持内部控制的有效性。而根据深圳证券交易所中小企业板《关于开展“加强中小企业板上市公司内控规则落实”专项活动的通知》，上市公司应结合自身实际，由董事会认真从公司组织机构建设情况、内部控制制度建设、内部审计部门和审计委员会工作情况、重点核查事项、内部控制的检查和披露等方面进行内控规则落实情况自查，并针对发现的问题进行积极整改，这对加强公司内部控制与内部治理，促进上市公司规范运作能发挥积极推动作用。

本章附注

1. 董事会

根据《公司法》、公司章程的有关规定，公司董事会是公司经营决策机构，也是股东大会的常设权力机构，董事会要向股东大会负责。董事长是公司或集团的最高负责人，是股东利益的最高代表，统领董事会，拥有召开董事会、罢免总经理等最高权力。但董事长的权力在董事会职责范围之内，一般不管理公司的具体业务，也不进行个人决策，只在董事会开会或董事会专门委员会开会时才享有与其他董事同等的投票权。

2. 监事会

监事会也称公司监察委员会，是股份公司法定的必备监督机关，是在股东大会领导下，与董事会并列设置，对董事会和总经理行政管理系统行使监督的内部组织。监事会对股东大会负责，以出资人代表的身份行使监督权力，其监督具有如下特点：一是监事会具有完全独立性。监事会一经股东大会授权，就完全独立地行使监督权不受其他机构的干预。董事、经理人员不得兼任监事；二是监事个人行使监督职权具有平等性，所有监事对公司的业务和账册均有平等的无差别的监督权。

为完成监督职能，监事会成员须列席董事会会议，以便了解决策情况，同时对业务活动进行全面监督；在监督过程中，监事会可以随时要求董事会和经理人员纠正违反公司章程的越权行为。此外，监事会不仅要进行会计监督，还要进行业务监督；不仅要有事后监督，还要有事前和事中监督。而当公司出现重大问题时，如果监事会认为必要，可以提议召开股东大会。

3. 独立董事

独立董事须与公司或公司经营管理者没有重要的业务联系或专业联系，能够对公司事务做出独立判

[1] 这里的“三会一署”指的是证监会、银监会、保监会和审计署。

断。上市公司的独立董事不得在该上市公司担任除独立董事之外的其他职务、不得在该上市公司获取与经营业绩相关的收入；同时独立董事应当认真、独立履行职责，对上市公司及全体股东履行诚信与勤勉义务，维护公司整体利益，尤其是要关注中小股东的合法权益不受损害。独立董事原则上，最多在5家上市公司兼任独立董事，并确保有足够时间和精力有效履行独立董事的职责。

4. 高级管理人员

根据修改后的《公司法》第216条第(一)项的规定，公司高级管理人员是指公司的经理、副经理、财务负责人、上市公司董事会秘书和公司章程规定的其他人员(如市场总监等)。公司高级管理人员简称公司高管，属于企业决策层，不含部门经理；公司高管人员通常是由公司董事会聘任，其薪酬也是由董事会决定。

5. 企业内部控制审计不同意见出具的条件

按照2011年4月15日我国出台的《企业内部控制审计指引》(财会〔2010〕11号)的规定，在对企业内部控制审计中，应根据不同情况出具相应的意见。

(1) 无保留意见

符合下列所有条件的，注册会计师应当对财务报告内部控制出具无保留意见的内部控制审计报告：一是企业按照《企业内部控制基本规范》、《企业内部控制应用指引》、《企业内部控制评价指引》以及企业自身内部控制制度的要求，在所有重大方面保持了有效的内部控制；二是注册会计师已经按照《企业内部控制审计指引》的要求计划和实施审计工作，在审计过程中未受到限制。

注册会计师认为财务报告内部控制虽不存在重大缺陷，但仍有一项或多项重大事项需要提请内部控制审计报告使用者注意的，应当在内部控制审计报告中增加强调事项段予以说明。强调事项段中仅用于提醒内部控制审计报告使用者关注，并不影响对财务报告内部控制发表的审计意见。

(2) 否定意见

注册会计师认为财务报告内部控制存在一项或多项重大缺陷的，除非审计范围受到限制，应当对财务报告内部控制发表否定意见。

(3) 无法表示意见

注册会计师审计范围受到限制的，应当解除业务约定或出具无法表示意见的内部控制审计报告，并就审计范围受到限制的情况以书面形式与董事会沟通。注册会计师在出具无法表示意见的内部控制审计报告时，应当在审计报告中指明审计范围受到限制，无法对内部控制的有效性发表意见。

6. 洋河股份内部控制规则落实自查表

洋河股份内部控制规则落实自查表

证券代码：002304　　　　证券简称：洋河股份

内部控制规则落实自查事项	是/否/不适用	说明
一、内部审计运作		
1. 内部审计部门负责人是否为专职，并由董事会或其专门委员会提名，董事会任免。	是	
2. 内部审计部门是否至少每季度向董事会或者其专门委员会报告一次。	是	
3. 内部审计部门是否至少每季度向董事会或者其专门委员会报告一次。	是	
4. 内部审计部门是否至少每季度对如下事项进行一次检查：	——	——
(1)募集资金存放与使用	不适用	募集资金已使用完毕
(2)对外担保	不适用	不存在对外担保
(3)关联交易	是	

续表

内部控制规则落实自查事项	是/否/不适用	说明
(4)证券投资	是	
(5)风险投资	是	
(6)对外提供财务资助	是	
(7)购买和出售资产	是	
(8)对外投资	是	
(9)公司大额非经营性资金往来	是	
(10)公司与董事、监事、高级管理人员、控股股东、实际控制人及其关联人资金往来情况	是	
5. 董事会或者其专门委员会是否至少每季度召开一次会议，审议内部审计部门提交的工作计划和报告。	是	
6. 专门委员会是否至少每季度向董事会报告一次内部审计工作进度、质量以及发现的重大问题等内部审计工作情况。	是	
7. 内部审计部门是否在每个会计年度结束前2个月内向董事会或者其专门委员会提交次一年度内部审计工作计划，并在每个会计年度结束后2个月内向董事会或其专门委员会提交年度内部审计工作报告。	是	
二、信息披露的内部控制		
1. 公司是否建立信息披露事务管理制度和重大信息的内部保密制度。	是	
2. 公司是否指派或授权董事会秘书或者证券事务代表负责查看互动易网站上的投资者提问，并根据情况及时处理。	是	
3. 公司与特定对象直接沟通前是否要求特定对象签署承诺书。	是	
4. 公司每次在投资者关系活动结束后2个交易日内是否编制《投资者关系活动记录表》，并将该表及活动中所使用的演示文稿、提供的文档等附件(如有)及时在深交所互动易网站刊载，同时在公司网站(如有)刊载。	是	
三、内幕交易的内部控制		
1. 公司是否建立内幕信息知情人员登记管理制度，对内幕信息保密管理及在内幕信息依法公开披露前的内幕信息知情人员的登记管理做出规定。	是	
2. 公司是否在内幕信息依法公开披露前填写《上市公司内幕信息知情人员档案》并在筹划重大事项时形成重大事项进程备忘录，相关人员是否在备忘录上签名确认。	是	
3. 公司是否在年报、半年报和相关重大事项公告后5个交易日内对内幕信息知情人员买卖本公司证券及其衍生品种的情况进行自查。发现内幕信息知情人员进行内幕交易、泄露内幕信息或者建议他人利用内幕信息进行交易的，是否进行核实、追究责任，并在2个工作日内将有关情况及处理结果报送深交所和当地证监局。	是	
4. 公司董事、监事、高管和证券事务代表及前述人员的配偶买卖本公司股票及其衍生品种前是否以书面方式将其买卖计划通知董事会秘书。	是	
四、募集资金的内部控制		

续表

内部控制规则落实自查事项	是/否/不适用	说明
1. 公司及实施募集资金项目的子公司是否对募集资金进行专户存储并及时签订《募集资金三方监管协议》。	不适用	募集资金已使用完毕
2. 内部审计部门是否至少每季度对募集资金的使用和存放情况进行一次审计，并对募集资金使用的真实性和合规性发表意见。	不适用	
3. 除金融类企业外，公司是否未将募集资金投资于持有交易性金融资产和可供出售的金融资产、借予他人、委托理财等财务性投资，未将募集资金用于风险投资、直接或者间接投资于以买卖有价证券为主要业务的公司或用于质押、委托贷款以及其他变相改变募集资金用途的投资。	不适用	
4. 公司在进行风险投资时后12个月内，是否未使用闲置募集资金暂时补充流动资金，未将募集资金投向变更为永久性补充流动资金，未将超募资金永久性用于补充流动资金或归还银行贷款。	不适用	
五、关联交易的内部控制		
1. 公司是否在首次公开发行股票上市后10个交易日内通过深交所业务专区“资料填报：关联人数据填报”栏目向深交所报备关联人信息。关联人及其信息发生变化的，公司是否在2个交易日内进行更新。公司报备的关联人信息是否真实、准确、完整。	是	
2. 公司是否明确股东大会、董事会对关联交易的审批权限，制定相应的审议程序，并得以执行。	是	
3. 公司董事、监事、高级管理人员、控股股东、实际控制人及其关联人是否不存在直接、间接和变相占用上市公司资金的情况。	是	
4. 公司关联交易是否严格执行审批权限、审议程序并及时履行信息披露义务。	是	
六、对外担保的内部控制		
1. 公司是否在章程中明确股东大会、董事会关于对外担保事项的审批权限以及违反审批权限和审议程序的责任追究制度。	是	
2. 公司对外担保是否严格执行审批权限、审议程序并及时履行信息披露义务。	是	
七、重大投资的内部控制		
1. 公司是否在章程中明确股东大会、董事会对重大投资的审批权限和审议程序，有关审批权限和审议程序是否符合法律法规和深交所业务规则的规定。	是	
2. 公司重大投资是否严格执行审批权限、审议程序并及时履行信息披露义务。	是	
3. 公司在以下期间，是否未进行风险投资：(1)使用闲置募集资金暂时补充流动资金期间；(2)将募集资金投向变更为永久性补充流动资金后十二个月内；(3)将超募资金永久性用于补充流动资金或归还银行贷款后的十二个月内。	是	
八、其他重要事项		

续表

内部控制规则落实自查事项	是/否/不适用	说明	
1. 公司控股股东、实际控制人是否签署了《控股股东、实际控制人声明及承诺书》并报深交所和公司董事会备案。控股股东、实际控制人发生变化的，新的控股股东、实际控制人是否在其完成变更的一个月内完成《控股股东、实际控制人声明及承诺书》的签署和备案工作。	是		
2. 公司董事、监事、高级管理人员是否已签署并及时更新《董事、监事、高级管理人员声明及承诺书》后报深交所和公司董事会备案。	是		
3. 除参加董事会会议外，独立董事是否每年保证安排合理时间，对公司生产经营状况、管理和内部控制等制度的建设及执行情况、董事会决议执行情况等进行现场检查。	是	独董姓名	天数
		徐某坚	12
		蔡某清	15
		季某庆	11
		陈某广	16

江苏洋河酒厂股份有限公司董事会

2016 年 04 月 25 日

第八章　古井贡酒并购黄鹤楼酒业案例分析

并购重组是上市公司提升其资产价值、改善经营状况、优化股权结构、完善公司治理，进而发挥管理协同和经营协同效应、提高主营业务盈利能力、实现公司可持续发展的重要手段和战略。目前，监管实践开始对不同类型的并购采用不同的监管取向。比如，对借壳上市监管从严，对整体上市估值作价重点关注，而对产业并购持鼓励态度，监管的重点也从实质性商业判断向信息披露的真实性和完备性调整。在产业政策引导、股市监管层的推动下，越来越多的上市公司正在从“被动重组”转变为“主动并购”，积极借助资本杠杆和工具，主动进行横向、纵向或混合的产业并购，以使公司的基本面得到改善和提升。

1. 并购的概念、目的、类型、方式及程序

1.1　并购的概念

企业并购不是严格的法律概念，只是市场通常说法，在理论界与实务界，并购的概念有广义和狭义之分。

1.1.1　广义的并购

广义的并购概念可以引用 Weston(2003)的结论，即“公司接管以及相关的公司重组、公司控制、公司所有权结构变更等活动。”所以，公司利用资本市场对存量资产进行调节和重新组合的行为也属于广义的并购范畴。换句话说，广义的并购概念实质上也包括了狭义的公司重组，因此，并购和重组在文献及实际应用中经常被统称为“并购重组”。

现实中，针对上市公司在并购重组交易中的地位以及交易的性质不同，会出现对并购交易的不同理解。通常，如果收购企业是上市公司，则可理解为扩张式的并购重组；如果被收购企业股东或资产出售方是上市公司，则会被视为收缩式的并购重组；如果被收购企业(或目标企业)是上市公司，则属于控制权转移的并购重组。

1.1.2　狭义的并购

狭义的并购即兼并、收购，是由英文法律词汇“M&A”，(Merger and Acquisition)翻译过来的。《大不列颠百科全书》的解释是：“兼并(Merger)指两家或更多的独立企业或公司合并组成一家企业，通常由一家占优势的公司吸收一家或更多的公司；收购(Acquisition)指获取特定财产所有权的行为，通过该项行为，一方取得或获得某项财产，尤指通过任何方式获取的实质上的所有权。”

1.1.3　本书对并购的理解

并购作为企业之间的兼并与收购行为，是企业法人在平等自愿、等价有偿基础上，以一定的经济方式取得其他法人产权的行为，是企业进行资本运作和经营的一种主要形式。其主要表现为：公司控制权转让(收购与被收购)、资产重组(购买、出售与置换资产)、企业合并(吸收合并、新设合并、控股合并)、企业分立(存续分立、新设分立)以及其他对公

司股权结构、资产和负债结构、收入及利润产生重大影响的经济活动。

1.2 并购目的与并购类型

1.2.1 并购目的

常见的企业并购目的有很多，如行业整合、横向整合、垂直整合、业务转型、多元化战略、战略合作、收购品牌、资本运作、财务投资、买壳上市、避税、私有化、管理层收购、整体上市、资产调整、获取资质、获取资格牌照、获取知识产权、获取做市库存等。

1.2.2 并购类型

(1) 按法律形式进行分类

并购按法律形式不同可分为吸收合并、新设合并和控股合并。

① 吸收合并

吸收合并也称兼并，是指一个企业通过发行股票、支付现金或发行债券等的方式取得其他一个或若干个企业。吸收合并完成后，只有合并方仍保持原来的法律地位，被合并企业失去其原来的法人资格，而作为合并企业的一部分从事生产经营活动。

② 新设合并

新设合并也称创立合并，是指两个或两个以上的企业联合成立一个新的企业，用新企业的股份交换原来各公司的股份。新设合并结束后，原来的各企业均失去法人资格，而由新成立的企业统一从事生产经营活动。

③ 控股合并

控股合并也称取得控制股权的合并，是指一个企业通过支付现金、发行股票或债券的方式取得另一个企业全部或部分有表决权的股份；在取得控制股权后，原来的企业仍然以各自独立的法律实体从事生产经营活动。

(2) 从并购目的与产业整合角度进行分类

就并购目的与产业整合即并购企业和目标企业[1]的行业关系看，并购可以分为横向并购、纵向并购与混合并购、买壳上市、上市公司私有化五类。

① 横向并购

横向并购是指同属于一个产业或行业，生产或销售同类型产品的企业之间发生的收购行为，其目的在于消除竞争、扩大市场份额，形成规模效应。这种并购方式主要在行业发展的成长阶段被大量运用。近年来，由于全球性行业重组趋势加快，横向并购在香港上市公司并购活动中比例较高。

② 纵向并购

纵向并购是同一行业中属于上下游关系的企业间的并购，其目的在于实现上游供应商向下游供应链的延伸或下游客户进行产业链的升级。纵向并购除了可以扩大生产规模外，还可以节约成本，缩短生产流程和周期，减少对供货商或客户的依赖，加强企业对产业链的控制力。同时，在该并购方式下，并购方与被并购的目标企业通常比较熟悉，这有利于推动企业并购完成后的资源、要素、财务等的整合。

[1] 在国外和国内理论界中，习惯上将并购方(或并购企业)称为收购企业，被并购方(或被收购企业)称为目标企业。

③ 混合并购

混合并购是发生在不同行业企业之间的并购，其目的在于扩大企业自身的产业结构，为企业进入其他行业提供有力、便捷、低风险的途径。企业可通过混合并购进行多元化发展、分散经营风险、提高企业的市场适应能力。这种并购在实务中通常有三种表现：一是产品扩张型的并购，二是市场扩张型的并购，三是纯粹的无关联性的混合并购。

④ 买壳上市

对于未能直接上市的公司，可以通过买壳方式上市。在 2014 年 7 月 11 日中国证监会发布修订的《上市公司重大资产重组管理办法》中，进一步完善了借壳上市(广义)的界定，明确对借壳上市执行与 IPO 审核等同的要求，以遏止规避 IPO 规定的“绕道上市”，进一步净化资本市场环境；同时明确创业板上市公司不允许借壳上市，这进一步突出创业板支持创业创新、优胜劣汰的功能定位。

⑤ 上市公司私有化

上市公司私有化是指持有上市公司股份的控股股东收购上市公司其他股东的股权，以取得公司 100%的股权，然后向证券交易所申请除牌以取消上市公司的上市地位，实现退市目的。如果上市公司的股票价格流动性差，价格长期偏低，未能充分合理的反映上市公司的真实价值，而且维持上市的成本大于上市可持续筹资带来的收益，控股股东将会考虑将上市公司私有化，以降低经营成本。

1.2.3 按支付方式与交易标的不同进行分类

（1）常见的支付方式与交易标的

常见的支付方式有现金、股权、债权、股权+现金、股权+债权、资产、资产+负债、资产+股权、无偿划拨、现金+债权、承兑汇票、现金+承兑汇票、支票、现金+资产、上市公司股份+资产、上市公司股份+现金+资产等。

而常见的交易标的主要有股权、资产、股权+资产、非股权等。

（2）按支付方式与交易标的不同进行分类

因为现实中的支付方式、交易标的通常都具有多样性，所以按这二者的组合进行分类会出现多种并购形式，下面简单介绍实务中常见的类型。

一是现金购买资产式并购。即并购公司使用现款购买目标公司绝大部分资产或全部资产，以实现对目标公司的控制。

二是现金购买股票式并购。是指并购公司以现金购买目标公司的大部分或全部股票，以实现对目标公司的控制。

三是股票购买资产式并购。是指并购公司向目标公司发行并购公司自己的股票以交换目标公司的大部分或全部资产。

四是“换股”式并购。一般是指并购公司直接向目标公司的股东发行股票以交换目标公司的大部分或全部股票，通常通过换股要能达到控股所要求的持股比例。

五是债转股式并购。债转股式并购即债权转股权式的企业并购，是指最大债权人在企业无力归还债务时，将债权转为投资，从而取得企业的控制权。

六是承债式并购。是指并购企业以全部承担目标企业债权债务的方式获得其控制权，此类目标企业多为资不抵债，并购企业收购后注入流动资产或优质资产，使其扭亏为盈。

七是无偿划拨式并购。是指地方政府或主管部门作为国有股的持股单位直接将国有股在国有投资主体之间进行划拨的行为。这种并购方式带有极强的政府色彩，有助于减少国有企业内部竞争，形成具有国际竞争力的大公司、大集团。

1.3　并购方式、作用与程序

1.3.1　并购方式

常见的企业并购方式有很多，如要约收购、管理层收购、回购、股权划拨、二级市场收购、吸收合并、司法裁定、增资、反向收购、资产置换、发行股份购买资产、证券交易、国有股权行政划转或变更、间接收购、取得公众公司发行的新股、继承、赠予等。

1.3.2　并购程序

我国现阶段的企业并购分为上市公司并购和非上市公司(一般企业)的并购，所依据的法律法规有很大不同，其中上市公司收购和出售资产受到《证券法》、《上市公司收购管理办法》等法律限制，其并购程序也更加复杂。

(1) 前期准备阶段

企业根据自身发展战略制定并购策略，初步勾画拟并购的目标企业轮廓，制定出对目标企业的预期标准，如所属的行业、规模大小、市场占有率等。据此在产权交易市场搜寻捕捉并购对象，或通过产权交易市场发布并购意向征集企业出售方，再对各目标企业进行初步比较，筛选出一个或少数几个候选目标，并进一步就目标企业的资产、财务、税务、技术、管理和人员等关键信息深入调查。如果有必要，可以聘请中介机构协助进行并购活动。

(2) 并购策略设计阶段

基于上一阶段调查所得的一手资料，对并购物件的评价结果、并购有关的限定条件(如支付成本和支付方式等)进行多方面的分析评价，设计出相关的并购方案，并对并购的范围、程序、对价、支付方式、融资渠道、税务安排、会计处理、合规审查、潜在风险等进行综合筹划与事务安排。

(3) 谈判签约阶段

依据确定的方案制定收购建议书或意向书，以此为基础与被收购方进行接洽并展开谈判，通过沟通谈判结果，修改意向书或寻找新的收购对象。如果双方在谈判中达成一致意见则签订意向书，相关中介机构可入场协助公司展开尽职调查；如果调查结果符合公司预期，双方则可以签订正式并购合同。

(4) 申报审核

需要注意的是，我国新修订的《上市公司重大资产重组管理办法》(2014 版)明确规定，除借壳上市和发行股份外，上市公司的重大资产重组不再需要经过证监会的行政许可，这意味着上市公司并购重组步入市场化时代，从而有助于进一步提高并购重组的效率。

(5) 交割和整合阶段

并购法律程序完成后，为了实现并购的目的和预期，公司须对合并后的公司治理结构、人事安排、管理制度、企业文化等进一步进行整合，整合时要充分考虑原目标企业的组织文化和适应性，以期最终实现并购效益、达成并购目标。

2. 案例来源与案例简介

2.1 案例来源

2.1.1 白酒行业并购案例初选

目前，白酒行业跨区域并购整合成为一种趋势，有强大品牌影响力和规模实力的名优白酒企业、以及顺应市场变化成功转型的优质酒企，将通过行业并购重组进一步提升实力。在WIND资讯提供的中国并购库中，检索出首次披露日期在2015年4月29日至2016年4月29日，我国白酒与葡萄酒行业上市公司的并购事件见表8-1。从中可以看出，该时间段白酒与葡萄酒行业上市公司作为买方的并购事件共有11项，其中境内并购事件7项、境外并购事件1项、出境并购事件3项。同时，在以白酒类上市公司泸州老窖、皇台酒业、今世缘、青青稞酒、洋河股份作为买方的并购事件中，并购已完成的主要有4个，分别是古井贡酒并购黄鹤楼酒业、青青稞酒并购Napa Chiles(出境并购)、洋河股份并购宁乡汨罗春、洋河股份并购宾州酿酒厂。

表8-1 白酒与葡萄酒行业上市公司并购事件(2015/04/29-2016/04/29)

首次披露日	交易标的	交易买方	跨境并购情形	交易总价值(人民币万元)	最新进度
2016-04-29	黄鹤楼酒业51%股权	古井贡酒(000596，200596)	境内并购	81,600.00	完成
2016-03-22	泸州老窖3.92%股权	兴泸投资；泸州老窖	境内并购	—	进行中
2015-11-25	蜜合花90%股权	张裕(000869，200869)	出境并购	2,260.00	签署转让协议
2015-08-28	爱欧集团75%股权	张裕(000869，200869)	出境并购	19,391.14	董事会预案
2015-08-14	锦绣山庄55%股权；黄金海岸51.5%股权	新丝路文旅(0472.HK)	境外并购	6,557,848.00(韩国万元)	股东大会通过
2015-08-11	新疆沃德100%股权	皇台酒业(000995)	境内并购	15,000.00	股东大会通过
2015-07-08	君证投资10%股权	今世缘(603369)	境内并购	10,000.00	签署转让协议
2015-07-07	Napa Chiles100%股权	青青稞酒(002646)	出境并购	0.0795	完成
2015-06-13	乌毡帽酒业100%股权；唐宋酒业100%股权	会稽山(601579)	境内并购	48,160.00	发审委通过
2015-04-29	宁乡汨罗春	洋河股份(002304)	境内并购	212.90	完成
2015-04-29	宾州酿酒厂	洋河股份(002304)	境内并购	200.00	完成

数据来源：WIND资讯

2.1.2 古井贡酒并购黄鹤楼酒业主要资料来源

考虑到并购事件的时新性，本章以古井贡酒并购黄鹤楼酒业为例进行分析。古井贡酒属于深圳证券交易所主板的上市公司，为此该案例资料来源主要有两个，一个是深交所官网公告的与古井贡酒并购黄鹤楼酒业相关的信息(见表8-2)；一个是安徽古井集团官网(http://www.gujing.com)发布的与并购整合黄鹤楼酒业相关的信息，如古井资讯中的“古井贡酒与黄鹤楼酒业签署战略合作协议(2016/04/29)”、“黄鹤千里展翅归，探亲之旅情意浓(2016/05/12)”等。

表 8-2　深交所官网公告的与古井贡酒并购黄鹤楼酒业相关的信息名录

古井贡酒：关于收购资产进展的公告(197k)[2016-05-18]
古井贡酒：关于收购武汉天龙黄鹤楼酒业有限公司 51%股权的事项获得国资委批复的公告(195k)[2016-05-29]
古井贡酒：收购资产公告(309k)[2016-04-11]
古井贡酒：独立董事关于收购武汉天龙黄鹤楼酒业有限公司 51%股权的独立意见(110k)[2016-04-29]
古井贡酒：2015 年年度报告摘要(463k)[2016-04-26]
古井贡酒：2015 年年度审计报告(6831k)[2016-04-26]
古井贡酒：第七届董事会第八次会议决议公告(227k)[2016-04-26]

数据来源：深交所官网。

2.2　案例简介

2.2.1　古井贡酒、黄鹤楼酒业简介

古井贡酒即安徽古井贡酒股份有限公司，其成立于 1996 年 5 月 30 日，注册地为历史名人曹操与华佗的故里安徽省亳州市，注册资本 50，360 万元。该公司是中国“老八大”名酒企业，也是中国第一家同时发行 A、B 两支股票的白酒类上市公司。古井贡酒起源于明代正德十年(公元 1515 年)的公兴槽坊，1959 年转制为省营亳县古井酒厂。2012 年古井集团荣获“全国文明诚信示范单位”称号；同时，该公司也于 2012 年荣登“品牌中国华谱奖”金榜，荣膺“品牌中国(酒行业)金谱奖”。2015 年，在“华樽杯”中国酒类品牌价值评议活动中，“古井贡”以 375.55 亿元的品牌价值位列安徽省酒企第一名，中国白酒第五名。古井贡酒目前的实际控制人为亳州市人民政府，第一大股东为国家大型一档企业——安徽古井集团有限责任公司，其持有古井贡酒 53.89%的股份，处于绝对控股地位。

黄鹤楼酒业即武汉天龙黄鹤楼酒业有限公司，其成立于 2003 年 6 月 5 日，注册资本 40，000 万元，企业类型是有限责任公司，主要经营白酒的生产与销售。该公司总厂位于湖北省武汉市，其产品黄鹤楼酒在 1984 年和 1989 年蝉联“中国名酒”称号；2010 年，黄鹤楼商标被认定为“武汉市著名商标”、“湖北省著名商标”；2011 年，黄鹤楼酒连续获得“湖北省名牌产品”、“中华老字号”称号等多项殊荣。目前，黄鹤楼酒业拥有武汉、咸宁、随州三大生产基地，员工人数约 2000 余人，其中黄鹤楼酒业咸宁基地的洞穴式酿酒更是开启了中国生态酿酒之先河。

2.2.2　古井贡酒并购黄鹤楼酒业交易简介

2016 年 4 月 27 日，安徽古井贡酒股份有限公司(古井贡酒)与武汉天龙投资集团有限公司(天龙集团)、自然人阎泓冶三方就收购武汉天龙黄鹤楼酒业有限公司(黄鹤楼酒业、目标公司)51%股权(目标股权)的相关事项签署了股权转让协议(并购各参与方信息见表 8-3)。

表 8-3　古井贡酒并购黄鹤楼酒业各交易参与方信息

身份	名称	企业性质	转让前持股(%)	转让后持股(%)	行业
竞买方	古井贡酒	地方国企	0	51.00	白酒与葡萄酒
出让方	天龙集团	—	80.00	44.00	多领域控股
	阎泓冶	—	20.00	5.00	—
标的方	黄鹤楼酒业	—	PE(市盈率)：—	PB(市净率)：7.83	白酒与葡萄酒

数据来源：古井贡酒第七届董事会第八次会议决议、WIND 资讯

2016年4月29日，古井贡酒发布《收购资产公告》(交易进程信息披露见表8-4)，公司拟以现金81，600万元收购天龙集团持有的黄鹤楼酒业36%的股权、阎泓冶所持有的黄鹤楼酒业15%的股权。2016年5月9日，公司收到亳州市人民政府国有资产监督管理委员会《关于同意公司收购武汉天龙黄鹤楼酒业有限公司51%股权》(国资管[2016]10号)的批复，同意公司收购黄鹤楼酒业51%股权的事项。截至2016年5月17日，公司收购黄鹤楼酒业51%股权的事项已完成政府有关部门审批及工商变更登记手续，黄鹤楼酒业51%股权已过户至公司名下。

表8-4　古井贡酒并购黄鹤楼酒业交易进程信息披露情况

时间	时间进度	交易进度
2016-04-29	首次披露	签署转让协议
2016-05-11		国资委批准
2016-05-18	最新披露	完成

数据来源：WIND资讯

3　案例分析

企业并购就像一场婚姻，需要重点解决为什么并购、如何并购、并购后如何整合以及并购产生的绩效怎么样等问题。因为古井贡酒并购黄鹤楼酒业的案例完成时间不长，目前还处在并购后的整合阶段，所以对其并购绩效暂时不好评价。基于此，在对此次并购标的价值评估与股权转让分析的基础上，进一步剖析此次并购的动因、模式及可能产生的影响。

3.1　黄鹤楼酒业的价值评估与股权转让

(1) 评估对象与评估范围

本案例的交易标的是武汉天龙黄鹤楼酒业有限公司(黄鹤楼酒业)，在评估基准日即2015年12月31日，中瑞国际资产评估(北京)有限公司(中瑞国际)以黄鹤楼酒业股东全部权益为评估对象，针对黄鹤楼酒业全部资产及负债(见表8-5)进行评估。

表8-5　武汉天龙黄鹤楼酒业有限公司资产、负债概况

2015年12月31日　　单位：万元

资产类型	账面原值	账面净值
一、流动资产		25,543.68
二、非流动资产		29,440.34
其中：固定资产	26,894.40	25,150.51
无形资产		3,253.23
递延所得税资产		999.10
其他非流动资产		37.50
资产总计		54,984.02
三、流动负债		20,610.78
负债合计		20,610.78

数据来源：安徽古井贡酒股份有限公司收购资产公告(2016-010)

从表 8-5 中可以看出，黄鹤楼酒业流动资产的账面净值为 25,543.68 万元，总资产净值为 54,984.02 万元，其流动资产占总资产净值的比例为 46.46%；而该公司的非流动资产净值为 29,440.34 万元，其非流动资产占总资产净值的比重为 54.54%。在该公司的非流动资产中，固定资产的金额很高，其净值为 25,150.51 万元，固定资产占非流动资产净额的比重高达 85.43%，同时也达到总资产净值的 45.74%；该公司的无形资产净值有 3253.23 万元，占到非流动资产净额的 11.05%。此外，该公司负债全部为流动负债，金额为 20610.78 万元。基于此，可以确定截至 2015 年 12 月 31 日，黄鹤楼酒业的股东权益(所有者权益)的账面净值为 34,373.24(资产总计-负债合计)万元。

(2) 评估方法与评估价值的确定

① 评估方法与对应的评估价值

本次评估的收购标的价值类型为投资价值，中瑞国际分别采用资产基础法和收益法对收购标的进行评估。在资产基础法下，截至评估基准日，黄鹤楼酒业合并股东全部权益账面价值 34,373.24 万元，评估价值 72,185.44 万元，评估增值 37,812.20 万元，增值率为 110.00%。而在收益法下，在评估假设基础上，黄鹤楼酒业股东全部权益于评估基准日投资价值的评估值为 161,438.22 万元。

② 最终评估价值的确定

黄鹤楼酒业股东全部权益投资价值采用资产基础法的评估结果为 72,185.44 万元，采用收益法评估的结果为 161,438.22 万元，两者相差 89,252.78 万元，差异率为 123.64%。

产生这种差异的根本原因在于：资产基础法的评估结果无法涵盖黄鹤楼酒业全部资产的价值，且该方法是以企业资产重置成本为出发点，忽视了企业整体获利能力的可能性；而收益法则基于黄鹤楼酒业未来发展，既考虑了各项资产、负债能否在未来经营中合理充分利用，又考虑了这些资产、负债组合区能否在未来发挥应有作用以及并购后的协同效应。

通过对黄鹤楼酒业的调查了解发现，该公司生产经营稳定，有明确的经营规划和方案，未来收益能够合理预测，与企业未来收益的风险程度相对应的折现率也能合理估算。相对资产基础法，收益法更能客观反映基于公司核心的营销能力与资源整合能力的黄鹤楼酒业价值，因此，此次评估最终以收益法作为本次受让黄鹤楼酒业 51%股权的参考依据，确定黄鹤楼酒业在评估基准日的股东全部权益评估值为 161,438.22 万元。

(3) 股权转让定价、独立董事意见与股权转让

① 股权转让定价

黄鹤楼酒业股权转让价格按照中瑞国际资产评估(北京)有限公司于 2016 年 4 月 22 日出具的中瑞评报字[2016]第 000221 号《安徽古井贡酒股份有限公司拟以现金购买资产涉及的武汉天龙黄鹤楼酒业有限公司股东全部权益投资价值评估项目资产评估报告》(以下简称《评估报告》)所确定的股东全部权益评估值计算，拟转让的黄鹤楼酒业 51%的股权对应的评估价值为 82,333.49 万元(161,438.22×51%)，经双方协商，最终确定本次股权转让价格为人民币 81,600 万元(见表 8-6)。受让方古井贡酒以自有资金分别向天龙集团支付人民币 57,600 万元，即(81,600/51%)×36%万元，向自然人阎泓冶支付人民币 24,000 万元，即(81,600/51%)×15%万元。

表 8-6 古井贡酒并购黄鹤楼酒业股权转让信息

交易价值(人民币万元)	81,600.00	评估价值(人民币万元)	82,333.49
现金支付金额(人民币万元)	81,600.00	评估方式	收益法
现金支付对象	天龙集团、阎泓冶	股权转让比例(%)	51.00

数据来源：WIND 资讯

② 独立董事意见

独立董事对上市公司及全体股东负有诚信与勤勉义务，其应当按照相关法律法规、《关于在上市公司建立独立董事制度的指导意见》以及公司章程的要求，在独立履行职责时不受上市公司主要股东、实际控制人、或者其他与上市公司存在利害关系的单位或个人的影响，积极维护公司整体利益，特别是要关注公司中小股东的合法权益不受损害。本案例中，古井贡酒独立董事关于收购黄鹤楼酒业 51%股权的独立意见如下。

根据《公司章程》、《独立董事工作细则》的有关规定，作为安徽贡酒股份有限公司(以下简称“公司”)的独立董事，我们对公司收购武汉天龙黄鹤楼酒业有限公司(以下简称“黄鹤楼酒业”)51%的股权相关事项进行了认真审议，发表独立意见如下：本次股权收购交易符合公司的战略发展需要，有利于公司的业务开拓及进一步发展。本次交易根据中瑞国际资产评估(北京)有限公司出具的《资产评估报告》确定，《资产评估报告》客观、独立、公正。公司按照资产评估价收购，交易定价原则谨慎合理，不存在损害公司及股东利益的情形。公司此次股权收购事项的审议程序符合《公司法》、《深圳证券交易所股票上市规则》和《公司章程》的相关规定。

我们同意本次收购。

独立董事：王某华、王某、宋某玉

二〇一六年四月二十五日

由此可见，其中公司独立董事发表独立意见，认为本次交易程序合法合规，符合公司整体战略发展要求，交易行为没有侵犯中小股东利益。

③ 股权转让价款的支付

按照古井贡酒与黄鹤楼酒业签署的战略合作协议，自股权转让协议生效日(2016 年 5 月 11 日)起 5 个工作日内，受让方古井贡酒将首笔本次股权转让价款人民币 40,800 万元一次性支付至转让方指定的银行账户，其中向天龙集团支付人民币 28,800 万元，向阎泓冶支付人民币 12,000 万元；自交割日(2016 年 5 月 17 日)起 5 个工作日内，黄鹤楼酒业将本次股权转让价款的尾款人民币 40,800 万元一次性支付至转让方指定的银行账户，其中向天龙集团支付人民币 28,800 万元，向阎泓冶支付人民币 12,000 万元。

3.2 古井贡酒并购黄鹤楼酒业的动因分析

(1) 地方政府推动并购重组的动因

古井贡酒是地方性国有企业，安徽省亳州市国有资产管理部门对此次并购也是积极推动，因为通过这样的并购重组能促进地方产业结构的调整、产业组织的优化。事实上政府除了能够通过增量资金投入建立新的生产能力，形成新的供给能力对产业结构进行调整外，还可以通过推动并购重组对现有产业内存量资产及其分布进行调整，让闲置、低效的资本和生产要素(如土地、厂房、设备、资金、技术、劳动力等)流向发展前景更好、投资收益和社会效益更高的企业或产业部门，从而合理配置资源、提高存量资产运行效率、调整优化产业结构与产业组织等。

(2) 古井贡酒进行横向规模扩张的动因

在白酒企业转型发展、白酒行业不断整合的导向下，古井贡酒此次横向并购黄鹤楼酒业，其主要目的是推动其白酒生产、销售规模的进一步扩张，努力谋求公司的外延性发展。事实上，为了迅速扩大规模、创造规模经济优势，提升其在行业中的竞争能力、提高市场占有率，一些实力强大的优势企业可能会开展以行业内“强强联合”为特征的战略并购。因为通过这种并购可以直接获得正在经营的企业部门，这在产品生产上能获得时间优势；同时还减少了一个竞争者，并能获得其在行业中的位置。

本案例中的古井贡酒、黄鹤楼酒业都是中国名酒品牌，分别是安徽、湖北的经济与文化名片，同时拥有深厚的文化积淀和历史传承。双方的合作是基于时代与市场环境的抉择，这有利于整合双方资源优势，从而强化古井集团白酒主业的发展，加速古井贡酒产品全国化的布局，从而进一步提升公司的品牌影响力和业务规模，更好地引导顾客购买行为，努力形成更加有利的整体竞争力。

(3) 低价并购享受并购重组后资产增值的动因

在古井贡酒并购黄鹤楼酒业的交易中，评估机构中瑞国际确定的交易标的黄鹤楼酒业的评估价值为82,333.49万元，而并购最终的交易价格是81,600.00万元明显低于评估价值。实务中，采用低价收购资产的重要条件之一就是收购企业对目标公司资产的实际价值要有充分了解，并有足够的资源和能力对这样的资产进行最大化价值的开发利用。而本案例中的收购企业古井贡酒与目标公司黄鹤楼酒业同属国内白酒阵营，公司位置都在我国中部地区，古井贡酒作为发展较好的主板白酒上市公司，有能力在并购完成后对自身与黄鹤楼酒业的资源、市场、企业文化、核心技术人才等进行有效整合。

3.3 古井贡酒并购黄鹤楼酒业的模式

(1) 古井贡酒并购黄鹤楼酒业的模式判断

从表8-7中可以看出，古井贡酒并购黄鹤楼酒业采用的是协议收购，支付方式是现金，标的类型是股权，最终通过并购会发生控制权变更，即古井贡酒替代天龙集团成为黄鹤楼酒业最大的股东，从而从形式及实质上控制黄鹤楼酒业。因此，本案例并购模式应该是股权协议收购模式。

表8-7 古井贡酒并购黄鹤楼酒业的模式

并购方式	协议收购	标的类型	股权
支付方式	现金	控制权是否变更	是

数据来源：WIND资讯

(2) 对古井贡酒并购黄鹤楼酒业模式的理解

上市公司古井贡酒通过股权协议收购控制同行业非上市公司黄鹤楼酒业的行为，是收购企业古井贡酒通过与非上市公司黄鹤楼酒业大股东协商，对其控制的非上市公司黄鹤楼酒业的股权以协议转让方式获得，从而达到上市公司控制同行业非上市公司进行横向整合的目的。通过本案例分析不难看出，股权协议转让并购模式具有以下主要优点。

一是收购程序简洁明了。从意向谈判到成功后股权过户的过程相对较短，减少了并购交易双方时间成本和不确定性因素。本案例中，古井贡酒并购黄鹤楼酒业仅用了20天左右(2016/04/27~2016/05/18)的时间就完成了目标股权的收购与过户。

二是若股权未涉及被质押或冻结，则一般不涉及除权力部门以外其他第三方的限制，方便了股权在并购完成后的顺利过户。本案例中，古井贡酒收购黄鹤楼酒业收购事项不构成重大资产重组，其收购的黄鹤楼酒业51%的股权不存在被质押或冻结的情况。所以，从公司层面看，本次交易事项无需经公司股东大会审议批准，只需公司董事会审议通过即可；当然，从监管层面看，因为古井贡酒是地方国有企业，所以此次并购活动在征得安徽省亳州市国有资产管理部门的同意后才可实施。

三是这种并购模式一般以并购交易双方协商的股权作价进行交易，通常会降低收购企业的收购成本。本案例中，收购企业古井贡酒以低于目标公司黄鹤楼酒业经营价值733.49万元(82,333.49-81,600.00)的价格收购黄鹤楼酒业，按照51%的股权转让比例，古井贡酒此次并购单从定价上就可以节省374.08万元。

3.4 古井贡酒并购黄鹤楼酒业的实质

(1) 古井贡酒并购黄鹤楼酒业属于产业并购

古井贡酒收购黄鹤楼酒业51%股权的交易事项是收购企业古井贡酒向独立第三方黄鹤楼酒业进行的市场化并购活动，其交易价格是市场化博弈的结果。所以，从本质上来看，此次并购活动不构成关联方交易，应该将其理解为产业并购(即第三方并购)行为，而这种并购活动一般有利于推动公司的进一步成长和股价上升。

(2) 产业并购的特点

① 产业并购是向独立的第三方进行的市场化并购

从法律角度看，产业并购活动通常是非关联交易，即交易条件是通过市场化博弈谈出来的，这是产业并购最明显的特点。本案例中，在古井贡酒与黄鹤楼酒业进行战略合作之前，双方虽都是白酒企业，但业务上并不存在关联关系与关联交易。

② 产业并购具备一定的产业逻辑

比如横向扩张增加规模和市场占有率，或者上下游拓展延伸产业链，增强抗风险能力，或者基于研发、客户等进行相关多元化拓展，或者纯粹是利益产业并购以实现业务转型等。本案例中，古井贡酒收购黄鹤楼酒业是白酒产业内的横向扩张，目的是进一步扩大市场份额，提升其在行业中的影响力。

③ 产业并购以上市公司为主导

通常，推动产业并购的不是股东而是上市公司，即上市公司作为并购主体而非并购对象，这意味着在交易博弈中大小股东不再对立，因为大股东考虑的出发点就是上市公司的出发点，而上市公司的出发点也符合中小股东的利益。本案例中，古井贡酒收购黄鹤楼酒业始终是由上市公司古井贡酒主导，古井贡酒公司及其董事会全体成员保证此次收购资产公告内容真实、准确、完整，没有虚假记载、误导性陈述或重大遗漏。公司独立董事也发表了独立意见，确认此次交易行为没有侵犯公司中小股东利益。

④ 产业并购的交易条件往往是一种脆弱的平衡

因为借壳上市和整体上市中的并购活动一般是由交易股东主导的关联交易，交易作价和条件的弹性比较大，甚至可以按照监管取向进行修正调整；但产业并购由于其市场化博弈的特点，若审核过程中监管部门对并购实质性商业条款要做调整，那整个交易就有可能崩掉。本案例中，古井贡酒收购黄鹤楼酒业51%股权的交易金额占公司最近一期经审计的净资产的16.88%，根据上市规则及公司章程规定，此次收购活动属于非重大资产重组，既不需要"上会"、也不需要公司股东大会审议批准，公司主管部门亳州市国有资产管理部门对公司实质性商业条款未要求调整，所以古井贡酒此次产业并购的交易条件相对比较牢靠。

3.5　古井贡酒并购黄鹤楼酒业的整合基础与初步行动

并购完成后的整合工作主要包括调整管理层、员工队伍优化与培训、财务制度统一、业务流程重组等。尽管目前古井贡酒并购黄鹤楼酒业后的整合刚刚启动，但这种整合却有着坚实的基础。

(1) 并购后古井贡酒与黄鹤楼酒业整合的基础

首先，古井贡酒与黄鹤楼酒业的战略合作是基于缘分。古井贡酒与黄鹤楼酒的历史有很多重叠基因，目前双方都是中国名酒，具有"酒缘"；黄鹤楼酒业有咸宁基地，亳州有咸宁街、咸宁寺，两地同时又有三国文化，具有"地缘"；双方的合作是在相互、自愿的基础上进行的理性选择，具有"人缘"。

其次，古井贡酒和黄鹤楼酒业的战略合作是基于双方对中国名酒的认知，对中国白酒当前市场状况及未来市场变化的认知。未来两公司将"双品牌运作，两市场共振"，双方团队努力在心理、文化、言辞、行动、步调上一致，以期将两大名酒品牌做得更好。

(2) 并购后黄鹤楼酒业公司管理层的初步调整

自本次股权转让交割日起，目标公司黄鹤楼酒业设董事会，董事会由5人组成，其中转让方天龙集团提名2名董事候选人，受让方古井贡酒提名3名董事候选人，并由古井贡酒所委派董事担任董事长。目标公司黄鹤楼酒业设监事会，监事会由3人组成，其中转让方天龙集团与受让方古井贡酒各提名1名监事候选人，另外选举职工代表监事1名，并由转让方天龙集团委派的监事担任监事会主席。而目标公司的高级管理人员中，总经理、财务总监由受让方古井贡酒委派的人员担任。本次并购后通过对黄鹤楼酒业公司管理层的调整，不断完善黄鹤楼酒业的内部治理制度，积极避免内部人管理现象的发生。

(3) 并购后黄鹤楼酒业首派代表团"探亲"

2016年5月7日，黄鹤楼酒业的管理层、经销商、员工代表130余人来到安徽亳州开始首次"探亲"之旅。黄鹤楼酒业代表团先后参观了古井酒神广场、古井质量科技园、张集生态酿造基地、龙瑞玻璃公司和古井贡酒酿造遗址公园，系统了解了古井贡酒的历史文化、品牌质量和发展情况。古井贡酒素有"中国第一贡"之称，一直以来尊崇"贡献文化"，遵循"做真人、酿美酒、善其身、济天下"的核心价值观，2015年更是以375.55亿元再创品牌价值新高，与"黄山"一起成为安徽仅有的两个入选"2015胡润品牌榜"的优秀品牌。而黄鹤楼酒的历史与古井贡酒的历史有很多重叠的基因，双方人员通过这种零距离接触，有利于相互深入了解，有利于两家的管理团队、公司员工、品牌经销商等在心理上、文化上相互影响、相互交融，有利于双方在行动上、步调上尽量一致，努力将两大名酒品牌做得更好。

3.6 古井贡酒并购黄鹤楼酒业可能产生的影响

(1) 古井贡酒并购黄鹤楼酒业的积极作用

作为公司发展的内在动力或外在压力的表现形式，企业并购的作用具有多样性。以古井贡酒并购黄鹤楼酒业为例，此次并购预期可能产生的重要作用有以下几个方面。一是使企业的总体效益超过并购前两个独立企业效益之和的经营协同效应，以及由于税法和证券市场投资理念等作用而产生的一种纯货币收支上的财务协同效应；二是有利于强化古井集团白酒主业的发展，加速古井贡酒产品全国化的布局扩张，进而提升公司的品牌影响力和业务规模；三是有助于进一步搞活古井贡酒和黄鹤楼酒业，有利于进一步提高上市公司古井贡酒的整体素质，扩大其对所控制的包括黄鹤楼酒业在内的关联企业的辐射力，增强其对国内白酒产业的影响力；四是通过此次并购能进一步强化地方政府和企业家的市场意识，明确双方权责，真正实现政企分开，努力促进资源配置优化、推进产业结构调整、促使经济增长方式转变，以期为投资者创造更多的盈利机会。

(2) 古井贡酒业绩承诺与补偿面临的压力

① 古井贡酒业绩承诺与补偿的约定

古井贡酒承诺，在承诺期——即交割日后五年内(不含目标公司股权交割日所在的年份)黄鹤楼酒业的营业收入(含税)分别为80,500万元、100,625万元、130,812.5万元、170,056.25万元、204,067.5万元；交割日后的五年内(不含目标股权交割日所在的年份)，黄鹤楼酒业每年的销售净利率(净利润/营业收入)不低于11%。若黄鹤楼酒业每年的经营业绩经审计后达不到11%的销售净利率，古井贡酒应就差额部分以现金方式向黄鹤楼酒业补足。

而在古井贡酒对黄鹤楼酒业的业绩承诺期内，经审计后的黄鹤楼酒业连续两年的销售净利率如果低于11%，黄鹤楼酒业有权回购古井贡酒所持自己的全部股权，回购价格为古井贡酒支付的本次股权转让价款总额81,600万元；同时，在并购业绩承诺期内，黄鹤楼酒业应当以现金方式向股东进行分红，每年现金分红比例为预期可分配利润的50%。

② 我国上市公司并购重组业绩承诺兑现现状

上市公司并购重组大多伴随有业绩承诺，根据对WIND资讯提供的统计数据分析发现，2010~2015年上市公司与重组方签订的业绩补偿协议从31份增加到349份，增速高达1025.81%。与此同时，业绩承诺爽约也逐步增多，其中在2012~2015年并购重组业绩承诺未完成率分别为16%、20%、14%、22.34%。此外，自2010年以来，上市公司并购重组业绩承诺未完成率随承诺年度增加而呈上升态势，如首年、次年、第三年和第四年业绩承诺未完成率分别为10%、19%、29%和44%。

③ 古井贡酒业绩承诺与补偿约定面临的压力

2010年以来，我国上市公司并购重组井喷，并购重组业绩承诺也水涨船高。以2013年神州信息通过并购重组买壳*ST太光间接上市为例，其当时的并购业绩承诺期为3年，且只是针对净利润指标进行承诺；而到了2016年，当古井贡酒并购黄鹤楼酒业时，其业绩承诺期限增加到5年，且承诺业绩指标不仅有含税营业收入这样的绝对额指标，同时还有销售净利率这样的相对比率指标。古井贡酒之所以给出这样的业绩“豪诺”，一方面是外在形势所迫，另一方面也表明其对并购黄鹤楼酒业后的经营信心满满。

但在我国宏观经济增速下滑、实体经济经营压力增大的情形下，我国上市公司并购重组的业绩承诺爽约可能会进入爆发期。2016 年以来，我国监管层开始重点关注上市公司并购业绩的稳定性与真实性。通过对 2010 年到 2014 年所发生的并购业绩不达标事件的分析发现，在业绩不达标事件公告后 120 个交易日，并购业绩不达标对超额收益的负面影响达到 15%左右；就算并购业绩承诺有相应的补偿措施，但其承诺不达标往往也会让股价受伤。加上我国“限制三公”、“八项禁令”等政策对白酒消费需求的约束，古井贡酒并购业绩承诺与补偿的约定将使其面临不小的经营压力。

4. 基于并购企业与目标企业视角的上市公司并购建议

结合神州信息买壳 *ST 太光间接上市、古井贡酒并购黄鹤楼酒业横向整合的案例，本书基于并购企业与目标企业视角提出相关的并购建议。

4.1　提高上市公司决策水平，树立恰当的并购重组动机

4.1.1　提高上市公司决策水平

经营正常的上市公司及其大股东应当提高上市公司战略和经营决策水平，做好企业的发展战略规划和产业规划，清晰并购重组的动机，明确企业自身的主导产业、多元化或专业化发展模式、主营业务与核心竞争力的增长方式。在战略和产业发展思路清晰的背景下，能够有效避免盲目、低效的偏离公司发展主线的并购重组行为。

4.1.2　树立恰当的并购重组动机

陷于财务困境的上市公司及其大股东为了保壳、维护上市资格而进行的财务式重组虽然能够在短期内通过债务重组收益、投资收益、财政补贴、非公允的关联交易定价等非经常性损益方式使上市公司少亏或盈利，但这种非实质性的重组并不能给上市公司带来经营业绩的实质性改善，甚至还会损害股东以及地方经济的利益。因此，上市公司的并购重组，应真正立足于能够给企业带来实质性优质资产注入（如 *ST 太光吸收合并神州信息）、能够推动企业经营能力的提高和核心竞争力的提升（如古井贡酒并购黄鹤楼酒业）等。

4.1.3　上市公司治理层要勤勉尽责

在并购重组的意向接触和策划过程中，上市公司的董事会和管理层要本着对公司与全体股东勤勉尽责的态度，对并购企业的背景、实力、盈利能力、产业发展前景、市场竞争力、团队经营能力、并购经营规划、并购整合方案等内容进行尽职调查，并将调查报告在证券监管部门备案（如果需要）。同时，上市公司及其董事会要对并购内容的真实性、准确性、完整性给出保证，其独立董事要对并购重组事宜发表独立意见（古井贡酒并购黄鹤楼酒业有此程序）。上市公司通过执行这些严格的内部审查程序以规避虚假并购、不规范重组及不公允作价、利益输送等违法违规行为，避免损害上市公司及其中小股东利益。

4.2　加强并购后的整合力度，不断提高并购重组质量与绩效

4.2.1　加强并购后的整合力度

首先，并购企业应结合自身与目标企业的具体情况，对总体战略规划进行适当调整，把并购各方纳入到新的战略体系中，并在统一战略指导下，重新整合分配资源，处理好主导产业与非主导产业、主营业务与其他业务、产业扩张与产业升级等重要关系。同时，要

不断整合管理制度和经营模式，并对资产剥离或资产注入后的经营环境变化、主营业务整合、经营协同、管理协同、业绩承诺完成等情况，以及针对所面临的宏观经济环境和市场竞争形势变化的应对措施等做出清晰的调查和研究，以期不断提高整体管理效率。

4.2.2 不断提高并购重组质量与绩效

以古井贡酒并购黄鹤楼酒业为例，在当前环境下，古井贡酒要尽量规避上市公司在并购重组完成后短期内发生业绩变脸、未能达到重组预期目标等不正常现象的发生。为此，并购业绩承诺企业要重点关注并购当年及次年的财务报告及财务指标，要对未能达到业绩承诺或经营下降的情况进行调研，分析原因并提出有效对策或扶持政策。同时，要对主营业务变更或优化对企业经营环境、经营条件的影响进行分析，制订科学合理的企业战略规划，提出清晰的主营业务发展思路，对并购重组后的重点或薄弱环节，如经营、管理、市场、财务等进行重点改造和调整，全力解决上市公司发展后劲问题，努力为其可持续发展创造良好条件。

4.3 健全法人治理结构，完善信息披露制度

首先，要按照《上市公司治理准则》的要求，明确股东大会、董事会、监事会、经理层各自的权责，积极推动上市公司董事、监事、经理层的绩效考核和问责机制的建立健全，以便形成有效制衡的法人治理结构，防止大股东在并购重组中的不公允资产作价、不公允资产置换、利润虚增、内幕交易、占用上市公司资产或资金等侵害中小股东利益的行为。

其次，要积极探索建立和完善上市公司绩效评价体系，不断健全公司经营业绩考核机制，继续强化公司经营决策监督、风险控制及并购相关责任的追究，促使上市公司董事会和管理层在并购重组的意向接洽、策划、实施以及在重组完成后的整合和经营等过程中能做到勤勉尽责，保护公司及股东的利益。

最后，要继续推动上市公司的独立董事制度建设，积极推行独立董事由流通股股东提名和公开选聘的作法；要建立独立董事向股东大会“述职”的制度，以确保已聘用的独立董事工作的独立性和有效性，并定期将独立董事的履行职责情况向投资者公开披露，以充分发挥独立董事对并购重组活动的监督作用。

第九章　泸州老窖再融资案例分析

上市公司作为公众公司，仅仅依靠银行贷款或政府补贴远远不能满足其规模扩张或经营质量提升的要求。在“现金为王”的时代，再融资能力越来越成为衡量上市公司是否能够持续、健康、稳定发展的一项重要指标。现阶段，如何合理有效地利用再融资方式在资本市场中以较低成本获取资金用于项目发展、配套融资、融资收购其他资产、壳资源重组、补充流动资金等方面，或者是根据需要借助再融资引入战略投资者、对公司管理层或员工进行市场化的股权激励等来优化公司治理结构已成为上市公司普遍关注的问题。因为在上市以来再融资的白酒上市企业中，泸州老窖(000568)再融资的次数最多且融资方式多样，加上泸州老窖与贵州茅台、五粮液、洋河股份一起构筑起了中国白酒行业的第一方阵，选择泸州老窖进行分析有利于突现上市公司再融资的正向绩效。

1. 上市公司再融资

1.1　再融资的概念与方式

1.1.1　再融资概念

目前国内学者对上市公司再融资的界定还不尽统一，再融资有广义与狭义之分。

(1) 广义再融资

广义再融资是指公司在向社会首次公开发行股票(IPO)并且上市之后，再经由各种途径从各个方面获取资金的行为，如通过留存收益转增资本进行内部股权融资、通过配股及增发新股进行外部股权融资、通过发行公司债券或向金融机构借款等进行债权方式融资、通过发行可转换债券进行半股权半债权方式的融资。

(2) 狭义再融资

狭义再融资则指的是公司在向社会首次公开发行股票(IPO)并且上市之后，再通过资本市场直接获取资金的一种行为，具体形式包括配股、增发新股和发行可转换债券等。

(3) 本研究对再融资的理解

本研究对上市公司再融资作狭义理解，即认为再融资是指上市公司通过配股、增发和发行可转换债券等方式在证券市场上进行的直接融资。

1.1.2　再融资的方式

在我国目前的资本市场中，配股、增发新股和发行可转债是上市公司再融资的主要方式。

(1) 配股(Rationed Shares)

配股是上市公司根据公司发展需要，依照有关法律规定和相应的程序，向原股东进一步发行新股、筹集资金的行为。作为股票发行的一种形式，配股可以保护现有股东合法的优先购买权。如某上市公司已发行了 8000 万股股票，并希望再发行 2000 万股新股，这样它就必须按1∶4的比率(2000∶8000)向现有股东配售，每个股东都有资格按所持有的每4股认购1股的比例优先购买新股。我国沪市规定，配股数量的限额为截至股权登记日持有的股份数乘以社会公众配售比例后取整数，不足一股的部分按四舍五入取整；而深市则规定，配股不足一股部分不予配售。而配股价格则是根据宣告发行公告时的市场股票价格按一定折扣计算确定的，一般情况下，配股折扣为市场价格的10%至25%，这样做的目的是鼓励原有股东行使配股权利。

总之，配股赋予了公司现有股东对新发股票的优先取舍权，即上市公司原股东享有配股优先权，可自由选择是否参与配股。若选择参与，则必须在上市公司发布配股公告中配股缴款期内参加配股；当不愿参加公司配股，则可以选择将配股权转让给他人；若过期不操作，即视为放弃配股权利。对于老股东来说，上市公司的配股实际上是提供了一种追加投资的选择机会，而不是公司给股民的投资回报。配股通常按承销方式进行，对现有股东未购买的新股，会由承销商以一定价格购买。

由于配股一般不涉及新老股东的利益平衡和制约问题，其发行简便且快捷，是我国上市公司在2000年之前广泛采用的再融资方式。配股一般比较适合净资产规模不大、急需融资而又难觅投资者的上市企业。因为配股发行价格通常低于股价，原股东可以以更低的价格得到更多的股份，因此配股在牛市中容易得到股东的认可。需要注意的是，配股对控股股东的资金要求较高，需要控股股东有足够的资金或资产进行认配；此外，配股对业绩有摊薄效应，这就对募集资金投向的业务或资产的获利能力有较高要求。

(2) 增发(Secondary Public Offering)

增发是股票增发的简称，是指上市公司为了再融资而再次发行股票的行为，其可以通过向指定投资者或全部投资者额外发行股份募集资金，增发股票的发行价格一般为发行前某一阶段的平均价的某一比例。通常，增发有定向增发和公开增发之分。虽然这两种增发方式都是对新股的增量发行，都对股本和股东权益有一定摊薄作用，但是两者还是有较大区别。

① 公开增发

公开增发则是面对社会大众再发新股，其增发配售的对象是包括原有股东在内的整个社会公众，这种增发方式必须以现金认购，购入的股票没有锁定期。公开增发的申购手续一般与在二级市场买入上市股票的方式相同，但在申购数量、申购价格、申购次数等方面有一定限制，所以在申购进要详细查阅公开增发上市公司的发行公告。

总体来说，向不特定对象公开发行股票的缺点是：审批严格，审批时间较长，对业绩摊薄效应明显，会降低控股股东的股权比例，不确定性因素导致的发行风险较大等。优点是：可以募集较多的资金。需要特别注意的是，公开增发会严重稀释分红比例，致使公司股价下跌的可能性很大，为了保证投资者的利益，监管机构需要加大对公开增发的监管力度。

② 定向增发(定增)

定向增发也被称为非公开发行，是指上市公司针对特定对象如大股东或机构投资者发行新股以获取资金，其对价不限于现金，还包括非现金资产(包括权益)、债权等。在证监会推出的《再融资管理办法》中，关于非公开发行，除了规定发行对象不得超过10人、发行价不得低于市价的90%、发行股份12个月~36个月不得转让，以及募资用途需符合国家产业政策、上市公司及其高管不得有违规行为等。这就是说，非公开发行并无盈利要求，即使是亏损公司只要有人购买也可私募。

总体来看，定向增发具有门槛低、速度快的优势，当市场上有较好投资机会时，公司管理层会偏向此种方式筹集资金。其中针对大股东定增可以有效提高大股东的控股比例，但在高股价下，由于大股东认购股份所支付的资产不能大幅提高评估价值，因此不一定有利于大股东价值最大化；而为了引入财务投资人或战略投资人也可以采用定增方式，但在高股价下，发行风险会增大。此外，定增所产生的效应具有长期性，所以短期内定增公司的股价不会发生明显变动。近年来，随着证监会监管趋紧，定增原先具有的“一简三低”的特征(即审核程序简单、发行成本低、信息披露要求低、发行人资格要求低)已不复存在。

(3) 可转换公司债券(Convertible Corporate Bonds)

可转换公司债券简称为可转债，是指按照法定程序，发行人在特定期间依据特定条件转换成普通股股票的特殊公司债券，它具有股票和债券的双重特性，是一种特殊的创新型金融产品。可转换公司债券最大的特点是其为混合式证券，即发行初期为债务，进入转股期后，投资人会根据市场价格和发行条款的约定，自主选择是否转股，如转股，则债务融资转变成为股权融资，如不转，则上市公司在债券到期日时需要偿还债务。

可转债具有以下融资特点。首先，融资成本一般较低。可转债的票面利率不得高于银行同期存款利率，若未被转换，则相当于发行了低利率的长期债券。其次，融资规模一般较大。由于可转债的转股价一般高于发行前一段时期的股票均价，如果可转债被转换成股票，相当于发行了比市价高的股票，因此在同等股本扩张条件下可为发行人筹集更多资金。再次，业绩压力一般较小。可转债至少半年之后方可转为股票，因此股本增加至少有半年的缓冲期，即使进入可转换期后，为避免股权过快稀释，上市公司还可以在发行公告中安排转股的频率，这样不会很快摊薄股本，可避免公司股本在短期内的急剧扩张，同时减轻公司还债压力。

1.1.3 再融资方式优缺点比较

长期以来，配股是我国上市公司再融资的普遍方式。在国际市场上公司股权再融资以增发为主，配股较为少见，仅在公司陷入经营困境，无法吸引新投资者认购时才使用这种方法。

(1) 配股和增发

配股由于不涉及新老股东之间利益的平衡，因此操作简单，审批快捷，是上市公司最为熟悉的融资方式。增发(公开增发、定向增发)一般融资规模较大，发行的成功率较高。同时，增发比配股更符合市场化原则，更能满足公司的筹资要求，但与配股相比，两者本质上没有太大区别，都是股权融资，只是操作方式上略有不同。

增发和配股的共同缺点是：融资后由于股本大大增加，而投资项目的效益短期内难以保持相应的增长速度，企业的经营业绩指标往往被稀释而下滑，可能出现融资后效益反而不如融资前的现象，从而严重影响公司的形象和股价。并且，由于股权的稀释，还可能使得老股东的利益，尤其是控股权受到不利影响。

(2) 可转换债券

可转换债券兼具股票和债券的特点，当股市低迷时，投资者可选择享受利息收益；当股市看好时，投资者可将其卖出获取价差或者转成股票，享受股价上涨收益。因而可转债可认为是一种“推迟的股本融资”。

与增发新股和定向增发相比，其具有发行初期对业绩不摊薄，转股期后业绩陆续摊薄的特点，因而比增发和配股更具技巧性和灵活性。比较适用进行过大规模股本扩张、存在一定业绩摊薄压力的上市公司选择。在实际操作中，一般作为具有较强资金需求的上市公司在进行过大规模股权融资后的辅助融资手段。

当然，可转债要是转股不成功就会面临偿债风险，加大上市公司的财务压力和财务风险，一般债转股未成功可能是因为股价低迷，而股价低迷有可能是受公司业绩滑坡影响，若此时必须偿还本息，公司的财务状况将会进一步恶化。

1.2 我国上市公司再融资发展历程

在金融危机爆发以后，上市公司再融资行为成为了资本市场中炙手可热的话题，探究我国上市公司再融资发展的历程，有助于更深入地了解我国资本市场的发展动向，为更好地解决再融资问题打下一定现实基础。

1.2.1 配股作为再融资唯一渠道的阶段

1993 年到 1998 年是我国上市公司再融资的起步阶段。1993 年，我国证券市场刚刚起步，有 60 家上市公司实施了配股。但当时，由于市场上对配股规定异常宽松，有许多没有资格的公司参与进来，最后由于没有资金而放弃了该权利。这种行为会使上市公司大股东利益受损，所以当时并不被提倡。直到 1994 年颁布了《公司法》，使得配股方式有具体的法律约束，再融资活动变得规范起来。到了 1997 年，配股方式成为了当时各大公司争相使用的筹集资金的手段。在此阶段我国仅有配股这一种股权再融资方式。所以当时我国上市公司再融资只有依靠配股这一种渠道。

1.2.2 配股为主、增发和可转换债券为辅的阶段

为推进发行机制市场化改革，从 1999 年下半年起，中国证监会开始进行上市公司增发新股试点，2000 年 4 月 30 日，证监会颁布了《上市公司向社会公开募集股份的暂行规定》，增发方式开始向规范化的方向发展。在此之后，不少上市公司开始尝试采用增发方式募集资金。但当时实施增发的企业主要局限于高科技、已发行外资股(B 股及 H 股)、社会公众股不足 25%及重大资产重组等四种类型的上市公司。据统计，从 1998 年到 2001 年期间，上市公司采用增发方式一共筹集到的资金约 420 亿元，尽管这一金额不足配股总额的三分之一，但随着证券市场对增发方式开始重视，相应法律法规也在不断完善，增发方式渐渐破冰而出，越来越受到上市公司关注。

1.2.3 增发和可转债为主、配股为辅的阶段

2001 年 3 月 28 日，中国证监会正式颁布了《上市公司新股发行管理办法》及《关于做好上市公司新股发行工作的通知》，取消了增发公司范围限制，明确了主承销商推荐制度，将优胜劣汰的竞争机制引入到资本市场，让真正有竞争力、有投资价值的上市公司再次进入资本市场融资。在该阶段，资本市场再融资采用增发和可转债的优势逐渐凸显，配股方式运用减少，我国上市公司再融资出现配股、增发和可转债三足鼎立局面。想再融资的上市公司可以结合自身需要与优势，灵活进行再融资方式的选择或组合，这无疑扩宽了上市公司的融资渠道。而可转换债券由于其自身独特魅力也逐渐被不少上市公司青睐，该方式运用的主流时期是在 2003 年和 2004 年，现在也有一些上市公司采用这种再融资方式，从总体看，可转债方式被使用的次数和筹集资金额都不及增发和配股。但从我国资本市场长远

发展来看，可转债方式在我国资本市场中所占的地位还是不容小觑。

1.3　我国上市公司股权再融资政策的演进

从我国上市公司再融资发展历程来看，我国上市公司股权再融资的基本方式是配股与增发，加上本章选取的案例公司泸州老窖涉及的再融资方式也是配股方式与增发方式，本着为后面案例分析服务的宗旨，此处重点阐述与配股、增发相关的政策演进。

1.3.1　我国上市公司配股政策的演进

1993年12月，中国证券监督管理委员第一次颁布了《关于上市公司送配股的暂行规定》，它标志着正式的全国性的配股政策的问世。随后，为配合经济发展的需要，关于上市公司配股的相关制度与规定先后出台，并在调整中逐步完善。下面简单阐述相关配股政策发布实施的时点以及配股对上市公司业绩的要求。

1993年12月1日，《关于上市公司送配股的暂行规定》出台，规定配股的业绩要求为上市公司连续两年盈利。

1994年9月28日，《关于执行(公司法)规范上市公司配股的通知》出台，规定配股的业绩要求为上市公司连续盈利、净资产收益率(ROE)每年保持在10%以上。

1994年9月28日，《上市公司办理配股申请和信息披露的具体规定》出台，规定配股的业绩要求同上。

1996年1月24日，《关于1996年上市公司配股工作的通知》出台，规定配股的业绩要求为上市公司最近三年税后ROE高于10%、估计的税后ROE不能低于同期银行个人定期存款利率

1999年3月17日，《关于上市公司配股工作有关问题的通知》出台，其针对上市公司配股的业绩要求有所放松，规定最近三个会计年度平均加权净资产收益率不低于10%。

2001年3月28日，《上市公司新股发行管理办法》出台，其针对上市公司配股的业绩要求条件进一步放松，规定最近三个会计年度平均加权净资产收益率不低于6%。

2006年5月8日，《上市公司证券发行管理办法》实施，规定配股的业绩条件为上市公司最近三个会计年度连续盈利。由此可见，我国现行的配股政策对业绩没有具体要求。

1.3.2　我国上市公司增发政策的演进

1994年4月我国上市公司开始采用增发新股的再融资方式，但当时只有《公司法》和《股票发行与交易暂行条例》两部法规可以参考。直到1998年6月，申达股份、深惠中、龙头股份、太极实业、上海三毛、巴士股份等六家上市公司共同推出了增发再融资，这才标志着我国上市公司增发再融资方式开始受到重视。而且当时的政策导向非常明确，就是给一些经过资产重组后有发展潜力但又达不到配股条件的上市公司找到一个适合自己的融资方式。之后我国增发新股的政策经历几次重要的调整，逐渐被越来越多的上市公司青睐并运用。

(1) 我国上市公司公开增发政策的演进

1999年，《上市公司向社会公开募集股份暂行办法》出台，其针对上市公司公开增发的业绩要求是近三年盈利能力良好，净利润持续为正值。

2000年5月，《上市公司向社会募集股份暂行办法》和《上市公司向社会公开募集股份操作指引(试行)》出台，其针对上市公司公开增发无具体财务指标约束。

2001 年 3 月，《上市公司新股发行管理办法》和《关于做好上市公司新股发行工作的通知》出台，其针对上市公司公开增发的业绩要求是最近三个会计年度 ROE 平均不低于 6%，并且必须经过注册会计师核检。

2002 年 7 月，《关于上市公司增发新股有关条件的通知》出台，其针对上市公司公开增发的业绩要求是最近三个会计年度 ROE 平均不低于 10%、增发新股募集资金额不得超过本公司上年度未经审计的净资产值。

2006 年 5 月，《上市公司证券发行管理办法》开始实施，其针对上市公司公开增发的业绩要求是最近三个会计年度 ROE 平均不低于 6%。

2008 年，《关于修改上市公司现金分红若干规定的决定》出台，其针对上市公司公开增发的业绩要求中提高了拟增发公司的分红要求，即“最近三年以现金方式累计分配的利润不少于最近三年实现的年均可分配利润的百分之三十”。

（2）我国上市公司定向增发政策的演进

在 2006 年《上市公司证券发行管理办法》颁布之后，定向增发逐渐进入上市公司视线并逐渐被大量上市公司使用。定向增发对证券市场有很大影响力，它经常被用于集团公司上市，上市公司引进积极的投资者和战略合作者，以及上市公司进行并购重组的行为中。纵观定向增发进程，其可以分为三个阶段。

① 起步阶段

在股权分置改革之前，我国上市公司曾有过非公开增发新股的经验，但当时是将私募发行和公开增发结合起来，发行对象主要是控股股东，认购对价则是资产。这样做的初衷是为一些性质特殊、小范围的问题提供较好的解决途径，而这些途径很可能是通过政府手段来进行，因此带有强烈的政治意味。需要说明的是，当时的定向增发与公开增发没有严格区分，其并不是现在真正意义上的定向增发。1998 年，大众交通和东软股份增发法人股，成为我国第一批“定向增发”的公司。

② 求索阶段

在首批尝试“定向增发”的公司成功再融资后，我国开始有更多的上市公司迈出了非公开发行证券的脚步，只不过当时因为缺少针对上市公司非公开发行证券的法律条文，使得这些再融资行为不够规范。2005 年 10 月 27 日，新《公司法》和《证券法》正式出台，其中针对证券发行方式、公开发行方式进行了明确界定，这在法律上为接下来的定向增发制度的发布做好了准备，随后我国的定向增发制度逐渐确立，并在规范服务上市公司再融资的实践中不断得到修订与完善。

③ 迅速发展阶段

股权分置改革的启动与进行，推动了定向增发再融资方式的快速发展。随着发展的深入，定向增发的独立性渐渐体现出来，慢慢摆脱了利用此进行政治决策的角色。2006 年 3 月 16 日，证监会印发《上市公司章程指引(2006 年修订)》，其中第二十一条里就上市公司股权再融资方式做了全新的规定，公开发行和非公开发行(定向增发)第一次被放在一起表述，但是对定向增发的准入条件、具体细则以及如何实施都没有详细说明。紧接着，2006 年 5 月 8 日，《上市公司证券发行管理办法》实施，其对非公开发行股票的具体实施细则做了详细说明，这使得上市公司的定向增发有了参照的标准，并很快发展成为资本市场炙手可热的再融资方式，从而对于资本市场的正常运作起到了良好的保障。

(3) 逐步完善阶段

为具体规范上市公司非公开发行股票的行为，中国证监会制定了《上市公司非公开发行股票实施细则》(证监发行字[2007]302号，以下简称《实施细则》)，自2007年9月起执行。作为《上市公司证券发行管理办法》的配套文件，《实施细则》使非公开发行股票制度明朗化，有利于推进以非公开发行为主要方式的资产注入和整体上市，提高上市公司的质量。《实施细则》的政策亮点集中体现在方案审核与定价机制两方面。一是针对非公开发行股票涉及重大资产重组的操作问题，首次引入一次发行、两次核准制度，对并购重组+非公开发行事项实施双重审核，并规定重大资产重组与非公开发行股票筹集资金分开办理、两次发行。二是进一步规范非公开发行定价机制，根据不同发行目的、区分不同发行对象、规定不同定价方式。此外，为确保充分竞争，防止出现利益输送、内幕交易等问题，还首次引入公开询价机制，按照价格优先原则合理确定发行对象、发行价格和发行股数。总之，《实施细则》的实施使得我国资本市场的定向增发进入了更加规范、更加完善的阶段。

1.4　我国上市公司再融资现状

1.4.1　我国上市公司增发再融资现状

(1) 增发再融资概况

① 增发再融资次数统计

根据WIND资讯的统计数据，自2013年7月1日至2016年6月30日的三年期间内，我国上市公司通过增发进行再融资的次数共计1863次。如图9-1所示，2013年7月1日至2014年6月30日定向增发的次数为337次、2014年7月1日至2015年6月30日定向增发的次数为631次、2015年7月1日至2016年6月30日定向增发的次数为895次。这表明我国上市公司增发呈持续扩张态势，这种再融资方式越来越成为国内资本市场再融资的首选方式、主流方式。

② 增发再融资金额统计

根据WIND资讯的统计数据，自2013年7月1日至2016年6月30日的三年期间内，我国上市公司通过增发实际再融资总金额29,963.76亿元，其如图9-2所示，2013年7月1日至2014年6月30日定向增发实际再融资总金额4,429.63亿元、2014年7月1日至2015年6月30日定向增发实际再融资总金额9,605.28亿元、2015年7月1日至2016年6月30日定向增发实际再融资总金额15,928.85亿元。这表明随着我国上市公司定向增发次数的不断增加，上市公司通过增发从我国境内资本市场所筹集到的资金总额快速增涨，从而为上市公司补充流动资金、配套融资、项目融资、融资收购其他资产、引入战略投资者、壳资源重组、集团公司整体上市等目的提供了重要的资金来源。

(2) 定向增发再融资的现状与目的

① 定向增发再融资现状

根据WIND资讯的统计数据，自2013年7月1日至2016年6月30日的三年期间内，我国上市公司定向增发的总次数为1859次，占到增发总次数的99.7853%；该时间段定向增发实际募资总额为29,915.88亿元，占到增发实际募资总额的99.8343%，从而表明定向增发无论是发行次数还是实际募资总额都在我国上市公司增发方式中占绝对统治地位。表9-1列示了2016年6月21日到6月30日10天时间里，我国境内资本市场通过原有A股增发A股实施定向增发的上市公司及其增发数量、实际募资总额，其中6月24日定向增发的上市公司数量最多，有4家；而这10天内增发的20家上市公司中，增发数量排在前三位的分别是*ST金源、东旭蓝天、山鹰纸业，实际募资总额排在前三位的分别是东旭蓝天、*ST金源、康美药业。

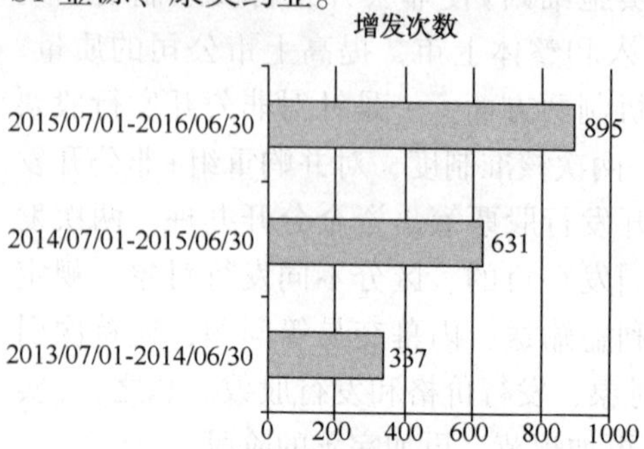

图9-1　我国上市公司增发次数的时间分布

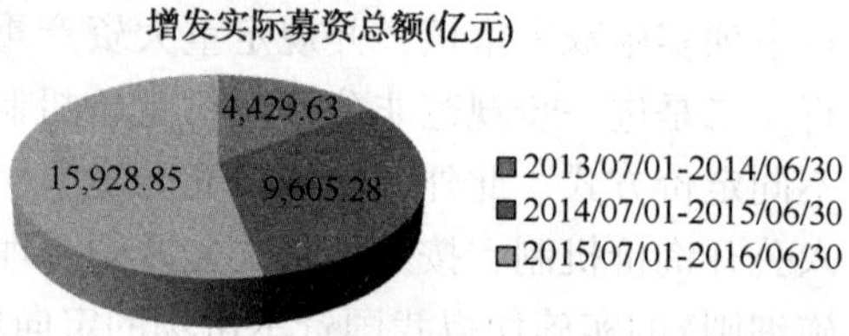

图9-2　我国上市公司增发实际募资总额的时间分布

表9-1　我国上市公司定向增发具体信息(1)

代码	名称	发行日期	增发数量(万股)	实际募资总额(亿元)
300032. SZ	金龙机电	2016-6-30	13,812.1546	25.00
300355. SZ	蒙草生态	2016-6-30	3,977.2727	2.62
300351. SZ	永贵电器	2016-6-29	2,694.1362	8.50
000603. SZ	盛达矿业	2016-6-28	12,547.7100	16.59
000408. SZ	*ST金源	2016-6-28	168,659.6805	89.39
002718. SZ	友邦吊顶	2016-6-28	507.1886	3.36
600869. SH	智慧能源	2016-6-27	13,636.3636	12.00
300379. SZ	东方通	2016-6-24	2,285.2344	8.25
002620. SZ	瑞和股份	2016-6-24	2,500.0000	8.50
300381. SZ	溢多利	2016-6-24	1,552.7023	5.20
002206. SZ	海利得	2016-6-24	3,550.2958	6.00
000040. SZ	东旭蓝天	2016-6-23	86,757.9908	95.00
600567. SH	山鹰纸业	2016-6-23	78,431.3725	20.00
000038. SZ	深大通	2016-6-23	13,467.1886	27.50
603009. SH	北特科技	2016-6-22	2,102.4557	7.36
002413. SZ	雷科防务	2016-6-22	4,786.0962	5.37
600575. SH	皖江物流	2016-6-22	26,296.7316	9.41
603308. SH	应流股份	2016-6-21	3,374.4341	8.65
600376. SH	首开股份	2016-6-21	33,755.2742	40.00
600518. SH	康美药业	2016-6-21	53,010.4709	81.00

数据来源：WIND资讯(2016/06/21-2016/06/30)

而由表9-2可以看出，2016年6月21日到6月30日这10天时间里，我国境内资本市场上市公司定向增发的对象以机构投资者为主，此外还涉及到大股东、境内自然人、大股东关联方；在认购方式上，有17家是现金认购，3家是资产认购。定向增发的股票都有锁定期，其中针对一般投资者，自定向增发发行结束之日起12个月内不得转让；针对控股股东、实际控制人及其控制的企业认购的股份，36个月内不得转让。表9-2中限售解禁日在2017年6月到8月期间的上市公司，其定增主要是一般投资者；而东方通、溢多利、深大通、应流股份、康美药业这5家公司定增股票的限售解禁日是在2019年6月到8月期间，主要是因为其定增对象主要是其控股股东或实际控制人及其控制的企业。

表9-2　我国上市公司定向增发具体信息(2)

名称	发行对象	认购方式	增发目的	限售解禁日
金龙机电	大股东，机构投资者	现金	项目融资	2017-7-26
蒙草生态	机构投资者，境内自然人	现金	配套融资	2017-8-1
永贵电器	机构投资者，境内自然人	现金	配套融资	2017-7-27
盛达矿业	大股东，大股东关联方，境内自然人	资产	实际控制人资产注入	2017-7-18
*ST金源	机构投资者，境内自然人	资产	壳资源重组	2017-7-27
友邦吊顶	机构投资者	现金	项目融资	2017-7-24
智慧能源	机构投资者	现金	配套融资	2017-7-10
东方通	大股东关联方，机构投资者，境内自然人	现金	融资收购其他资产	2019-7-26
瑞和股份	机构投资者，境内自然人	现金	项目融资	2017-7-19
溢多利	机构投资者，境内自然人	现金	配套融资	2019-7-18
海利得	大股东关联方，机构投资者，境内自然人	现金	项目融资	2017-7-18
东旭蓝天	大股东，机构投资者	现金	项目融资	2017-7-28
山鹰纸业	机构投资者	现金	项目融资	2017-7-10
深大通	大股东关联方，机构投资者，境内自然人	现金	配套融资	2019-7-1
北特科技	大股东关联方，机构投资者	现金	项目融资	2017-6-29
雷科防务	境内自然人	资产	融资收购其他资产	2019-8-5
皖江物流	机构投资者	现金	配套融资	2017-6-30
应流股份	大股东关联方，机构投资者	现金	项目融资	2019-6-27
首开股份	大股东，机构投资者	现金	项目融资	2017-6-28
康美药业	大股东，机构投资者	现金	补充流动资金	2019-6-27

数据来源：WIND资讯(2016/06/21-2016/06/30)

② 定向增发的目的

由表9-2可以看出，定向增发的目的有项目融资、配套融资、融资收购其他资产、实际控制人资产注入、壳资源重组、补充流动资金；此外有些公司为了引入战略投资者、对管理层或员工进行股权激励有时也会采取定向增发再融资方式。图9-3中对引入战略投资者、整体上市、项目融资、股权激励4种定向增发目的做了解释。

(3) 公开增发再融资现状

由表9-3可知，自2013年7月1日至2016年6月30日，我国上市公司公开增发的总

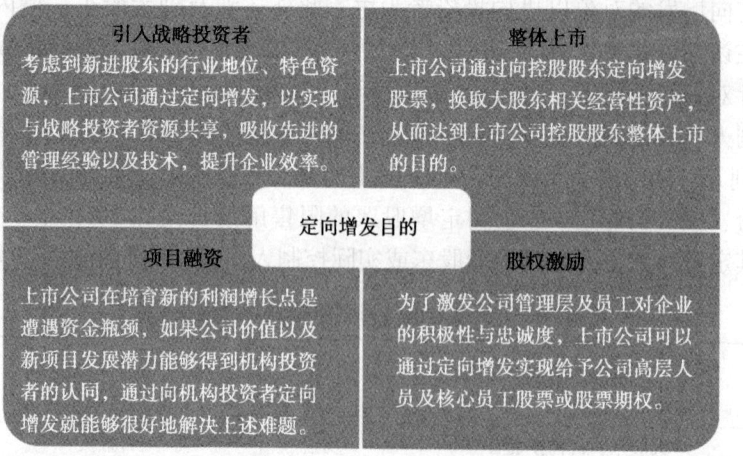

图 9-3　我国上市公司定向增发的部分目的

次数为 4 次，占到增发总次数的 0.2147%；该时间段公开增发实际募资额为 49.6460 亿元，占到增发实际募资额的 0.1657%，表明公开增发方式目前在我国再融资市场中运用很少。同时，我国境内资本市场通过原有 A 股增发 A 股实施公开增发的上市公司在 2013 年下半年有 3 家，分别是昆药集团、成都路桥、新兴铸管，实际募资净额分别为 6.81 亿元、6.79 亿元、31.62 亿元；2014 年*ST 沧大选择公开发行，实际募资额 3.65 亿元、实际募资净额 3.26 亿元；而在 2015 年、2016 年上半年，我国境内资本市场没有上市公司选择公开发行方式进行再融资。

表 9-3　我国上市公司公开增发具体信息(1)

名称	发行代码	发行日期	增发数量（万股）	实际募资额（亿元）	发行费用（亿元）	实际募资净额（亿元）
昆药集团	730422	2013-7-5	2,695.4177	7.00	0.19	6.81
成都路桥	072628	2013-7-26	7,567.5675	7.00	0.21	6.79
新兴铸管	070778	2013-11-21	51,200.0000	32.00	0.38	31.62
*ST 沧大	730230	2014-5-6	3,485.6596	3.65	0.39	3.26

数据来源：WIND 资讯(2013/07/1-2016/06/30)

而由表 9-4 可以看出，我国境内资本市场上市公司公开增发的股票都有发行代码，发行对象都是全体投资者；其中新兴铸管、*ST 沧大这两家上市公司是大股东认购，认购比例分别为 25%、16.4564%。此外，成都路桥网下向 A 类投资者配售的 4,550 万股于向社会公众公开发行股票上市日(2013-08-09)起，锁定一个月后可于 2013 年 9 月 9 日起上市流通。

表 9-4　我国上市公司公开增发具体信息(2)

名称	发行代码	发行对象	是否大股东认购	大股东认购比例(%)	上市公告日	限售解禁日
昆药集团	730422	全体投资者	否		2013-7-15	2013-7-17
成都路桥	072628	全体投资者	否		2013-8-8	2013-9-9
新兴铸管	070778	全体投资者	是	25.0000	2013-12-13	2013-12-16
*ST 沧大	730230	全体投资者	是	16.4564	2014-5-17	2014-5-21

数据来源：WIND 资讯(2013/07/1-2016/06/30)

1.4.2　我国上市公司配股再融资现状

（1）配股再融资的基本情况

根据 WIND 资讯的统计数据，自 2013 年 7 月 1 日至 2016 年 6 月 30 日，我国境内资本市场通过配股进行再融资的上市公司共计 34 家，计划配股数量 1,153,709.59 万股，实际认购数量 1,104,560.46 万股，平均认购比例为 95.7399%；募资合计 800.02 亿元，配售费用 10.77 亿元，实际募资 789.26 亿元。表明在 2013 年 7 月 1 日至 2016 年 6 月 30 日的三年期间内，配股再融资要比定向增发再融资的运用频率与募资总额要小，但比公开增发再融资的运用频率与募资总额要大。

（2）配股再融资的具体情况

由表 9-5 可知，在 2016 年上半年里，我国境内资本市场通过原有 A 股配股再融资的上市公司共计 10 家，除中金黄金的配股比例为 0.18、东北证券的配股比例为 0.20 外，其他 8 家上市公司的配股比例均为 0.30；除中国武夷、太平洋外，其他 8 家上市公司的认购比例均超过认购平均水平 95.7399%；而募资总额排在前三位的分别是兴业证券、太平洋、东北证券，配售费用排在前三位的分别是兴业证券、东北证券、中金黄金，实际募资净额排在前三位的与募资总额排在前三位的上市公司一致，即分别是兴业证券、太平洋、东北证券。

表 9-5　我国上市公司配股再融资具体信息（1）

代码	名称	配股比例	认购比例（%）	募资合计（亿元）	配售费用（亿元）	实际募资净额（亿元）
600489.SH	中金黄金	0.18000	95.87	31.59	0.60	30.99
000661.SZ	长春高新	0.30000	98.45	17.72	0.29	17.43
002101.SZ	广东鸿图	0.30000	97.94	5.38	0.16	5.23
000686.SZ	东北证券	0.20000	97.92	34.80	0.80	34.00
300106.SZ	西部牧业	0.30000	96.73	3.96	0.09	3.88
000797.SZ	中国武夷	0.30000	94.45	10.99	0.24	10.75
002363.SZ	隆基机械	0.30000	97.14	4.85	0.30	4.55
002258.SZ	利尔化学	0.30000	98.37	5.90	0.14	5.76
601099.SH	太平洋	0.30000	95.71	42.98	0.40	42.59
601377.SH	兴业证券	0.30000	95.94	122.58	1.94	120.64

数据来源：WIND 资讯（2016/01/01-2016/06/30）

由表 9-6 可知，在 2016 年上半年里，我国境内资本市场通过原有 A 股配股的 10 家上市公司的承销方式均为代销，都涉及到四个日期，即配股公告日、股权登记日、除权日、配股上市日，这四个日期的时间顺序是配股公告日最早、接下来是股权登记日、随后是除权日、再下来是配股上市日。以太平洋为例，其配股公告日为 2016 年 1 月 12 日、股权登记日 2016 年 1 月 14 日、除权日为 2016 年 1 月 25 日、配股上市日 2016 年 2 月 2 日。

表 9-6 我国上市公司配股再融资具体信息(2)

名称	承销方式	配股公告日	股权登记日	除权日	配股上市日
中金黄金	代销	2016-5-11	2016-5-13	2016-5-24	2016-6-1
长春高新	代销	2016-4-14	2016-4-18	2016-4-27	2016-5-9
广东鸿图	代销	2016-4-8	2016-4-12	2016-4-21	2016-4-29
东北证券	代销	2016-4-1	2016-4-6	2016-4-15	2016-4-22
西部牧业	代销	2016-1-22	2016-1-27	2016-2-5	2016-2-19
中国武夷	代销	2016-1-25	2016-1-27	2016-2-5	2016-2-24
隆基机械	代销	2016-1-19	2016-1-21	2016-2-1	2016-2-18
利尔化学	代销	2016-1-13	2016-1-15	2016-1-26	2016-2-5
太平洋	代销	2016-1-12	2016-1-14	2016-1-25	2016-2-2
兴业证券	代销	2015-12-24	2015-12-28	2016-1-7	2016-1-18

数据来源：WIND 资讯(2016/01/01-2016/06/30)

(3) 太平洋配股提示性公告摘录

重要提示

1. 本次配股简称：太证配股；配股代码：760099；配股价格：4.24 元/股

2. 配股缴款起止日期：2016 年 1 月 15 日(T+1 日)起至 2016 年 1 月 21 日(T+5 日)的上海证券交易所(以下简称“上交所”)正常交易时间，请股东注意申购时间。

一、本次发行的基本情况

1. 配股发行股票类型：人民币普通股(A 股)。

2. 每股面值：1.00 元。

3. 配股比例及数量：本次配股以 2016 年 1 月 14 日(股权登记日，T 日)上交所收市后太平洋股本总数 3,530,467,026 股为基数，按每 10 股配 3 股的比例向全体股东配售……

4. 募集资金数量：本次配股募集资金总额预计不超过 45 亿元(含发行费用)。

5. 公司第一大股东北京华信六合投资有限公司承诺以现金全额认购其可配股份。

6. 配股价格：4.24 元/股。

7. 发行对象：……

8. 发行方式：无限售条件流通股股份采取网上定价发行方式，通过上交所交易系统进行；有限售条件流通股股份采取网下定价方式发行，由主承销商负责组织实施。

9. 承销方式：代销。

10. 本次配股主要日期和停牌安排：

2016 年 1 月 12 日(T-2 日)：刊登配股说明书及摘要、配股发行公告、网上路演公告、停牌公告，当天正常交易。

2016 年 1 月 13 日(T-1 日)：网上路演(上午 09：30-11：00)，当天正常交易。

2016 年 1 月 14 日(T 日)：股权登记日，当天正常交易。

2016 年 1 月 21 日(T+1 日)至 25 日(T+5 日)：配股缴款起止日期、刊登配股提示性公告(5 次，网上网下配股截止于 T+5 日 15：00 点)，全天停牌。

2016 年 1 月 22 日(T+6 日)：获取保荐机构清算数据、发行成功登记公司网上清算，全天停牌。

2016 年 1 月 25 日(T+7 日)：刊登发行结果公告、发行成功的除权基准日或发行失败的恢复交易日及发行失败的退款日，当天正常交易。

(4)太平洋配股股份变动及获配股票上市公告书摘录

证券代码：601099　　证券简称：太平洋　　　公告编号：临 2016-14

二、本次配股股票上市相关信息

上市地点：上海证券交易所

新增股份上市时间：2016 年 2 月 2 日

股票简称：太平洋

股票代码：601099

本次配股发行前总股本：3,530,467,026 股

本次配售增加的股份：1,013,743,887 股，均为无限售条件股份

本次配股完成后总股本：4,544,210,913 股

1.4.3　我国上市公司可转债再融资现状

(1)可转债再融资的基本情况

根据 WIND 资讯的统计数据，自 2013 年 7 月 1 日至 2016 年 6 月 30 日，我国境内资本市场通过可转债进行再融资的上市公司共计 79 家，发行规模合计 1,375.37 亿元，发行期限平均为 3.99 年，票面利率平均为 3.08%。表明在此三年期间里，我国上市公司再融资市场中可转债方式的运用频率与再融资规模要比配股再融资要高但比增发再融资要低。

(2)可转债再融资的具体情况

由表 9-7 可知，我国资本市场中总共有 12 家上市公司发行的可转债上市日期是在 2016 年 5 月 1 日至 2016 年 7 月 31 日这三个月期间，除皖新传媒是上交所上市公司外，其他均为深交所上市公司；可转债的发行方式主要以私募为主，此外还涉及网下发行、优先配售、网上定价和网下配售；而发行规模排在前三位的分别是皖新传媒的 16 皖新 EB、海印股份的海印转债、辉丰股份的辉丰转债，募资金额分别为 25.00 亿元、11.11 亿元、8.45 亿元。

表 9-7　我国上市公司可转债再融资具体信息(1)

代码	名称	转债代码	转债名称	上市日期	发行方式	发行规模(亿元)
601801. SH	皖新传媒	132006	16 皖新 EB	2016-7-29	网下发行	25.00
000008. SZ	神州高铁	117024	15 宝利来	2016-7-19	私募	8.42
300134. SZ	大富科技	117022	16 配投 01	2016-7-19	私募	4.83
000592. SZ	平潭发展	117017	16 山田 01	2016-7-6	私募	5.00
000861. SZ	海印股份	127003	海印转债	2016-7-1	优先配售，网上定价和网下配售	11.11
300261. SZ	雅本化学	117015	15 雅本债	2016-6-24	私募	3.00
002603. SZ	以岭药业	120001	16 以岭 EB	2016-6-16	网下发行	8.00
002557. SZ	洽洽食品	117016	16 华泰 01	2016-6-16	私募	5.15
002650. SZ	加加食品	117019	16 卓越 EB	2016-6-2	私募	8.00

续表

代码	名称	转债代码	转债名称	上市日期	发行方式	发行规模（亿元）
002157.SZ	正邦科技	117020	15 正邦债	2016-5-26	私募	7.60
002008.SZ	大族激光	117014	15 大族 01	2016-5-18	私募	8.00
002496.SZ	辉丰股份	128012	辉丰转债	2016-5-17	优先配售和网上定价	8.45

数据来源：WIND 资讯(上市日期为 2016/05/01-2016/07/30)

由表 9-8 可知，这 12 家上市公司发行的可转债期限主要为 2 年、3 年、5 年、6 年，其中以 2 年与 3 年居多；约定的票面利率差别较大，最高的是神州高铁，票面利率为 10.00%，最低的是海印股份的海印转债、辉丰股份的辉丰转债，票面利率为 0.5%；而规定的可转债利率类型为固定利率的上市公司有 8 家，采用累进利率的则有 4 家。这 12 家上市公司发行的可转债在发行当年就能转股的有 9 家，次年上半年可以开始转股的有 3 家；同时，针对发行的可转债，担保方式以质押担保为主，共涉及 9 家上市公司，另有 3 家上市公司因为有明确的担保人，其担保方式为不可撤销连带责任担保，这 3 家公司分别是海印股份、加加食品、大族激光；此外，包括平潭发展、加加食品、大族激光等在内的 7 家上市公司针对发行的可转债事先约定了相应的补偿利率。

表 9-8　我国上市公司可转债再融资具体信息(2)

名称	期限(年)	票面利率(%)	补偿利率(%)	利率类型	转股起始日	担保方式
皖新传媒	5.00	1.00	3.20	固定利率	2017-6-23	质押担保
神州高铁	2.00	10.00		固定利率	2016-7-19	质押担保
大富科技	3.00	8.00		固定利率	2017-5-30	质押担保
平潭发展	2.00	4.90	7.40	固定利率	2016-9-19	质押担保
海印股份	6.00	0.50	2.58	累进利率	2016-12-17	不可撤销连带责任担保
雅本化学	2.00	4.00		累进利率	2016-7-1	质押担保
以岭药业	5.00	1.00	2.40	固定利率	2017-4-20	质押担保
洽洽食品	3.00	3.80		固定利率	2016-8-29	质押担保
加加食品	3.00	6.00	7.00	固定利率	2016-10-28	不可撤销连带责任担保
正邦科技	2.00	3.00		累进利率	2016-5-26	不可撤销连带责任担保
大族激光	3.00	2.50	3.67	固定利率	2016-6-29	质押担保
辉丰股份	6.00	0.50	1.30	累进利率	2016-10-28	

数据来源：WIND 资讯(上市日期为 2016/05/01-2016/07/30)

2. 案例选择与案例资料来源

2.1　案例的选择

本研究以 2013 年年底已上市且至今(2016 年 6 月 30 日)在股市依然存续的 14 家白酒上市公司作为初选对象，根据表 9-9 统计的信息，发现自上市以来实施再融资的白酒上市企业主要有 6 家，分别是泸州老窖、古井贡酒、酒鬼酒、五粮液、老白干酒、水井坊。这些白酒上市公司在 2003 年之前采取的都是配股方式；而在 2003 年之后采取的都是增发方式且以定向增发为主，如泸州老窖 2007 年的定增、古井贡酒 2011 年的定增、酒鬼酒 2011 年的定增以及老白干酒 2015 年的定增。因为泸州老窖再融资的次数最多且涉及定增与配股方式，故选择泸州老窖再融资进行分析。

表 9-9 我国白酒类上市公司再融资基本信息

证券代码	证券简称	上市时间	再融资
000568	泸州老窖	1994	2006 年定增，2002 年、1997 年配股
000596	古井贡酒	1996	2011 年定增
000799	酒鬼酒	1997	2011 年定增，1999 年配股
000858	五粮液	1998	2001 年配股
000995	皇台酒业	2000	
002304	洋河股份	2009	
002646	青青稞酒	2011	
600197	伊力特	1999	
600199	金种子酒	1998	
600519	贵州茅台	2001	
600559	老白干酒	2002	2015 年定增
600702	沱牌舍得	1996	
600779	水井坊	1996	2001 年公开增发
600809	山西汾酒	1994	

数据来源：WIND 资讯

2.2 案例资料来源

泸州老窖是在深交所主板上市的公司，加上配股与定增需要获得证监会审批，因此，与本案例相关案例资料来源主要有三个，一个是深交所官网公告的与泸州老窖再融资相关的信息（表 9-10、表 9-11），一个是证监会官网公告的与泸州老窖再融资审核结果相关的信息（表 9-12），还有一个泸州老窖官网（http：//www. lzlj. com. cn/）上披露的与其再融资相关的信息。此外，本案例分析的主要数据来源于 WIND 资讯提供的泸州老窖的深度资料。

表 9-10 深交所官网公告的泸州老窖 2002 年配股信息名录

泸州老窖：配股提示性公告（ k）[2002-11-21]
泸州老窖：配股方案提示（ k）[2002-11-08]
泸州老窖：配股获准公告及配股说明书（ k）[2002-11-02]
泸州老窖 2002 年度配股说明书（577k）[2002-11-02]
泸州老窖：配股价格区间调整（ k）[2002-09-21]
泸州老窖：2001 年度不分红、不转增（ k）[2002-07-01]

数据来源：深交所官网

表 9-11　深交所官网公告的泸州老窖 2006 年定增信息名录

泸州老窖非公开发行股票发行情况暨上市报告书(摘要)(211k)[2006-12-01]
泸州老窖非公开发行股票发行情况暨上市报告书(286k)[2006-12-01]
泸州老窖：2006 年非公开发行股票方案实施的法律意见书(103k)[2006-12-01]
泸州老窖：非公开发行股票之发行保荐书(724k)[2006-12-01]
泸州老窖：关于 2006 年度非公开发行股票申请获得中国证券监督管理委员会核准的公告(49k)[2006-11-09]

数据来源：深交所官网

表 9-12　证监会官网公告的泸州老窖 2006 年定增信息名录

关于核准华西证券有限责任公司股权变更的批复	2007 年 08 月 28 日	证监机构字[2007]206 号
关于核准泸州老窖股份有限公司非公开发行股票的通知	2006 年 11 月 03 日	证监发行字[2006]113 号
关于同意国泰君安证券股份有限公司筹建方案的批复(附件)	2006 年 10 月 30 日	

数据来源：证监会官网

3. 泸州老窖再融资案例分析

3.1　泸州老窖简介

泸州老窖即泸州老窖股份有限公司，其前身为泸州老窖酒厂，始建于 1950 年 3 月，1993 年 9 月 20 日经四川省经济体制改革委员会川体改(1993)105 号文批准，由泸州老窖酒厂以其经营性资产独家发起以募集方式设立的股份有限公司。1993 年 10 月 25 日经四川省人民政府川府函(1993)673 号文和中国证券监督管理委员会证监发审字(1993)108 号文批准公开发行股票，于 1994 年 5 月 9 日在深交所挂牌交易。泸州老窖的注册地是四川省泸州市国窖广场，注册资本为人民币 140,225.2476 万元；目前公司的第一大股东为泸州老窖集团有限责任公司，最终实质控制人为泸州市国有资产监督管理委员会。该公司主要经营泸州老窖系列酒的生产、销售，公司的主要产品有：国窖 1573 系列酒、百年泸州老窖窖龄系列酒、泸州老窖特曲、头曲、二曲等系列酒。

泸州老窖是我国大曲酒的发源地，其酿造技艺源于古江阳，兴于唐宋，并在元、明、清三代得以创制、雏型、定型及成熟。“泸州老窖酒传统酿制技艺”作为川酒和我国浓香型白酒的唯一代表，于 2006 年 5 月入选首批“国家级非物质文化遗产名录”。作为中国最古老的四大名白酒之一，泸州老窖拥有我国建造最早(始建于公元 1573 年)、连续使用时间最长、保护最完整的 1573 国宝窖池群，这是行业唯一的“活文物”，于 1996 年被国务院颁布为“全国重点文物保护单位”，也使得“国窖 1573”酒成为我国白酒鉴赏的标准级酒品。2013 年 3 月，泸州老窖 1619 口百年以上酿酒窖池、16 家明清酿酒作坊及三大天然藏酒洞一并入选我国第七批全国重点文物保护单位。目前，公司实施“双品牌塑造、多品牌运作”的品牌战略和可持续发展战略，以酒业为核心，以传统制造业与资本运营有机结合不断进行扩张，以期通过努力把泸州老窖建成融入经济全球化的大型现代集团与全球酒精饮料行业的骨干企业。

3.2　泸州老窖再融资概述

3.2.1　泸州老窖再融资的基本情况

泸州老窖自上市以来，共成功实施了3次股权再融资，共计募资总额101,789.54万元、募资净额98,799.53万元，基本情况见表9-13。其中1997年(最新公告日期为1997年12月19日)、2002年(最新公告日期为2002年11月2日)各配股一次，配股的发行价分别是7元、8元，募资总额分别是35,577.36万元、29,552.18万元，募资净额分别是34,952.30万元、28,415.03万元；2006年定向增发一次(最新公告日为2007年12月7日)，发行价为12.22元，募资总额36,660.00万元、募资净额35,432.20万元。

表9-13　泸州老窖再融资基本信息

最新公告日期	融资方式	年度	发行价(元)	募资总额(万元)	募资净额(万元)
1997-12-19	配股	1997年	7.00	35,577.36	34,952.30
2002-11-02	配股	2002年	8.00	29,552.18	28,415.03
2007-12-07	定向增发	2006年	12.22	36,660.00	35,432.20
合计	—	—	—	101,789.54	98,799.53

数据来源：WIND资讯

3.2.2　泸州老窖股权再融资在其直接融资中的地位

泸州老窖自上市以来的直接融资情况见表9-14，从中可以看出，泸州老窖未曾发行过可转换债券，而是主要通过首发、股权再融资共计募集资金114,545.58万元，其中首发募集资金12,756.04万元，占直接融资总额的11.14%；股权再融资募集资金101,789.54万元，占直接融资总额的88.86%。图9-4对泸州老窖直接融资金额的构成进行了直观展示，很显然股权再融资是该上市公司直接融资资金的主要来源。

表9-14　泸州老窖直接融资基本信息

直接融资类别	金额(万元)	占比(%)
首发	12,756.04	11.14
股权再融资(定增与配股)	101,789.54	88.86
发债券融资	0	0
合计	114,545.58	100

数据来源：WIND资讯

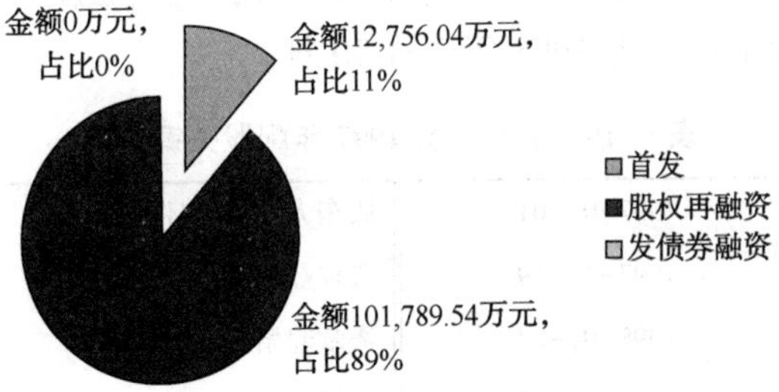

图9-4　泸州老窖再融资基本信息

3.3 泸州老窖再融资具体分析

3.3.1 泸州老窖 1997 年配股再融资分析

(1) 1997 年配股适用的政策

按照配股政策的演进情况，泸州老窖 1997 年配股适用的政策应该是 1996 年 1 月 24 日出台的《关于 1996 年上市公司配股工作的通知》(证监发字[1996]17 号)，按照其规定，上市公司配股的主要业绩要求为该公司最近三年税后 ROE 高于 10%(属于能源、原材料、基础设施类的公司可以略低，但不能低于 9%)、本次募资后估计的税后 ROE 不能低于同期银行个人定期存款利率；同时，配股还需要满足其他基本条件，如公司章程符合《公司法》的规定、配股募集资金的用途必须符合国家产业政策的规定、前一次发行的股份已募足并间隔一年以上、公司最近三年财务会计文件无虚假记载或重大遗漏、配售的股票限于普通股(配售对象为股权登记日登记在册的本公司全体普通股股东)、公司一次配股发行股份总数不得超过该公司前一次发行并募足股份后普通股股份总数的 30%。此外，该通知还规定了上市公司配股申请不予批准的 7 个限制性条款，如申报材料存在虚假陈述、公司所确定的配股价格低于该公司配股前每股净资产、公司上市不足一年等情形。

(2) 泸州老窖的配股条件

泸州老窖最近三年即 1994、1995、1996 年的税后 ROE 分别为 29.78%、42.00%、40.00%，明显高于 10%的要求；该公司 1998 年预测的税后 ROE 高于 10%，实际实现的税后 ROE 为 12.52%，高于 1998 年的一年期银行个人定期存款利率 5.22%；最近三年财务会计文件无虚假记载与重大遗漏，此次配售对象为公司全体普通股股东；公司此次计划配股发行的股份总数为 5,082.48 万股，明显低于其前一次发行并募足股份后普通股股份总数 32,527.872 万股的 30%即 9,758.3616 万股；此次配股募集资金主要用于新建制曲车间、酿酒 1 万吨项目首期 3000 吨工程及配套工程、收购兼并酒类生产及相关企业的生产经营性资产、收购五家酒厂的技改及流动资金，符合国家产业政策。此外，公司配股价格为每股 7 元，高于该公司配股前(1996 年 12 月 31 日)每股净资产 3.61 元；对于证监发字[1996]17 号文件中要求的其他配股条件泸州老窖也都满足，证监会最终核准其配股。

(3) 泸州老窖配股的具体情况

① 泸州老窖配股的关键日期

如表 9-15 所示，1997 年 3 月 1 日是泸州老窖此次配股的预案公告日，同年 3 月 31 日公司股东大会公告了配股方案、12 月 19 日泸州老窖发布配售公告，1998 年 1 月 6 日进行配股的股权登记，此次配股的除权日为 1999 年 1 月 7 日；配股缴款日期为 1998 年 1 月 9 日到 1998 年 1 月 22 日，配股上市日为 1998 年 3 月 20 日。

表 9-15 泸州老窖 1997 年配股关键日期

预案公告日	1997-03-01	股东大会公告日	1997-03-31
配售公告日	1997-12-19	股权登记日	1998-01-06
除权日	1998-01-07	缴款起始日	1998-01-09
缴款截止日	1998-01-22	配股上市日	1998-03-20

数据来源：WIND 资讯

② 泸州老窖配股主要信息

从表9-16中可以看出，泸州老窖此次配股是由君安证券余额包销，主要针对普通股股东以货币进行配股。此次配股价为7元/股，配股比例为0.1563，募资金额35,577.36万元，扣除配售费用625.06万元后的募资净额为4,952.30万元。公司原计划配股5,082.48万股，实际100%认购。

表9-16　泸州老窖1997年配股主要信息

配售对象	普通股股东	配股方式	货币方式
配股价格(元)	7.00	配股比例	0.1563
募集资金合计(万元)	35,577.36	配售费用(万元)	625.06
募集资金净额(万元)	34,952.30	计划配股数量(万股)	5,082.48
实际认购数量(万股)	5,082.48	认购比例(%)	100.00
主承销商	君安证券有限公司	承销方式	余额包销
股本基准日	1997-06-30	基准股本(万股)	32,527.87

数据来源：WIND资讯

③ 泸州老窖配股股东认购情况

从表9-17中可以看出，泸州老窖此次面向流通股股东的可配数量为1,279.98万股，认购比例99.94%，实际认购数量1,279.28万股；持股5%以上大股东的可配数量3,802.50万股，实际以现金认购数量3,802.50万股，认购比例为100%。

表9-17　泸州老窖1997年配股股东认购情况

流通股股东	—	持股5%以上大股东	—
可配数量(万股)	1,279.98	可配数量(万股)	3,802.50
认购比例(%)	99.94	实际认购数量(万股)	3,802.50
实际认购数量(万股)	1,279.28	认购比例(%)	1.00
		认购方式	现金

数据来源：WIND资讯

3.3.2　泸州老窖2002年配股再融资分析

(1) 2002年配股适用的政策

按照配股政策的演进与不同配股政策的适用阶段，泸州老窖2002年配股适用的政策应该是2001年3月28日发布的《上市公司新股发行管理办法》(中国证券监督管理委员会第01号令，已废止)及《关于做好上市公司新股发行工作的通知》，这两个文件针对上市公司配股的业绩要求放松，规定最近三个会计年度平均加权净资产收益率不低于6%。

同时，配股还需要满足其他具体条件，如具有完善的法人治理结构，与对其具有实际控制权的法人或其他组织及其他关联企业在人员、资产、财务上分开；公司章程符合《公司法》和《上市公司章程指引》的规定；股东大会的通知、召开方式、表决方式和决议内容符合《公司法》及有关规定；新股发行募集资金用途符合国家产业政策的规定；新股发行募集资金数额原则上不超过公司股东大会批准的拟投资项目的资金需要数额；不存在资金、资产被具有实际控制权的个人、法人或其他组织及其关联人占用的情形或其他损害公司利益的重大关联交易；公司有重大购买或出售资产行为的，应当符合中国证监会的有关规定等。

（2）泸州老窖的配股条件

泸州老窖1999、2000、2001年的税后ROE分别为10.86%、12.68%、6.7%，其近三年平均税后ROE为10.08%，明显高于6%的要求。此次配股募集资金投向年灌装2.5万吨新型白酒灌装线建设工程等10个工程项目(表9-18)，资金用途符合国家产业政策的规定；同时计划投资额41,768.83万元，而此次配股计划募资29,552.18，再融资金额很显然低于公司股东大会批准项目的资金需要数额。同时，此次配股也符合该时间段有关配股的其他具体要求，不存在中国证监会不予核准新股发行申请的情形。最终，泸州老窖此次配股申请获中国证监会证监发行字[2002]26号文核准。

表9-18　泸州老窖2002年配股募投项目情况

募投项目名称	计划投资额(万元)
年灌装2.5万吨新型白酒灌装线建设工程	4,780.00
南方片区营销网络项目	694.00
年产2.5万吨新型净化酒建设工程	4,845.00
年产2.5万吨新型生态白酒建设工程	4,826.00
年产2.2万吨高纯度基酒建设工程	4,980.00
年产2.0万吨真菌饮料工程	4,013.60
年产3.0万吨生物功能饮品工程	4,907.30
年产3.0万吨茶发酵饮料工程	4,770.03
营销网络指挥中心项目	7,952.90
北方片区营销网络项目	366.00
合计	41,768.83

数据来源：WIND资讯

（3）泸州老窖配股的具体情况

① 泸州老窖配股的关键日期

泸州老窖分别于2001年2月21日、2001年3月27日召开第三届董事会第七次会议和2000年度股东大会，审议通过了本次配股方案。经本公司2002年8月18日召开的第三届董事会第十六次会议和2002年9月20日召开的2002年度第一次临时股东大会审议通过，对本次配股方案进行了修改。从表9-19可知，2002年8月20日是泸州老窖此次配股的预案公告日，同年9月21日公司股东大会公告了配股方案、11月2日发审委通过审核并公告，同日泸州老窖发布配售公告，2002年11月8日公司进行配股股权登记，此次配股除权日为2002年11月11日；配股缴款日期为除权日至2002年11月22日，配股上市日为2002年12月9日。

表9-19　泸州老窖配股的关键日期

股东大会公告日	2002-09-21	发审委通过公告日	2002-11-02
配售公告日	2002-11-02	股权登记日	2002-11-08
除权日	2002-11-11	缴款起始日	2002-11-11
缴款截止日	2002-11-22	配股上市日	2002-12-09

数据来源：WIND资讯

② 泸州老窖配股主要信息

泸州老窖此次配股方案为：以本公司2000年12月31日总股本488,934,574股为基数，以10：3的比例向全体股东配售，共可配售146,680,372股。从表9-20中可以看出，泸州老窖此次针对普通股股东采用货币方式配股，主承销商是光大证券，承销方式是余额包销。此次配股价格为8元/股，实际认购数量3,694.02万股，认购比例为25.18%。此次募资金额29,552.18万元，扣除配售费用1,137.15万元后的募资净额为28,415.03万元。

表9-20　泸州老窖2002年配股主要信息

配股价格(元)	8.00	配股比例	0.3000
募集资金合计(万元)	29,552.18	配售费用(万元)	1,137.15
募集资金净额(万元)	28,415.03	计划配股数量(万股)	14,668.04
认购比例(%)	25.18	实际认购数量(万股)	3,694.02
主承销商	光大证券有限责任公司	承销方式	余额包销
股本基准日	2000-12-31	基准股本(万股)	48,893.46
配售对象	普通股股东	配股方式	货币方式

数据来源：WIND资讯

③ 泸州老窖配股股东认购情况

国家股股东泸州市国资局承诺全部放弃本次配股股份认购权109,740,150股，故本次配股实际向境内上市社会公众股股东配售36,940,222股。从表9-21中可以看出，泸州老窖此次面向流通股股东的可配数量为3694.02万股，实际全部认购，认购比例100%；而本公司国家股股东泸州市国有资产管理局履行承诺，实际认购量为0股。

表9-21　泸州老窖2002年配股股东认购情况

流通股股东	—	持股5%以上大股东	—
可配数量(万股)	3,694.02	持股数量(万股)	36,580.05
认购比例(%)	100	可配数量(万股)	10,974.02
实际认购数量(万股)	3,694.02	实际认购数量(万股)	0

数据来源：WIND资讯

3.3.3　泸州老窖2006年定向增发再融资分析

(1) 定向增发适用的政策

泸州老窖此次定向增发是在2006年5月8日我国证监会发布的《上市公司证券发行管理办法》(中国证券监督管理委员会令第30号)之后启动的，所以其适用的政策应该是该管理办法。该办法第三章指出非公开发行股票的特定对象应当符合股东大会决议规定的条件且发行对象不超过十名，如果发行对象为境外战略投资者应经国务院相关部门事先批准。

同时，该办法列出了上市公司非公开发行股票应当符合的规定：一是发行价格不低于定价基准日前二十个交易日公司股票均价的90%；二是本次发行的股份自发行结束之日起，十二个月内不得转让；控股股东、实际控制人及其控制的企业认购的股份，三十六个月内不得转让；三是募集资金使用符合本办法第十条的规定；四是本次发行将导致上市公司控制权发生变化的，还应当符合中国证监会的其他规定。

(2) 泸州老窖的定向增发

① 发行对象符合规定

由表 9-22 可知，泸州老窖此次定向增发的对象是泸州市兴泸投资集团有限公司、山东国窖酒业销售有限公司等 10 家特定法人投资者，发行对象符合股东大会决议规定条件且未超过 10 名。其中泸州市兴泸投资集团有限公司认购比例最高，为 52.99%；其次是山东国窖酒业销售有限公司，认购比例为 16.98%；此外，认购比例超过 5%的还有保定市隆华商贸有限公司，其认购了本次定向增发股票的 5.53%。

表 9-22　泸州老窖 2006 年定向增发发行对象情况

发行对象	增发数量（万股）	募集资金（亿元）	认购比例（%）
泸州市兴泸投资集团有限公司	1,589.60	1.94	52.99
山东国窖酒业销售有限公司	509.40	0.62	16.98
上海荣生实业公司	125.00	0.15	4.17
佛山市南海区大沥陆升酒类商行	123.00	0.15	4.10
桐乡市糖业烟酒有限公司	82.00	0.10	2.73
石家庄桥西糖烟酒食品股份有限公司	123.00	0.15	4.10
博时基金管理有限公司	100.00	0.12	3.33
深圳蓬鹏实业有限公司	82.00	0.10	2.73
保定市隆华商贸有限公司	166.00	0.20	5.53
汕头市金平区金叶酒类商行	100.00	0.12	3.33

数据来源：WIND 资讯

② 发行条件符合规定

泸州老窖于 2006 年 6 月 6 日发布定向增发预案，其股东大会审议通过后于当年 6 月 23 日对外公告。由表 9-23 可知，该公司此次定向增发的定向基准日为董事会召开日，发行价格为 12.22 元，是依据董事会召开前最后一个交易日股票收盘价 11.11 元上浮 10%制订的，实施价格相对基准价格(定价基准日前二十个交易日公司股票均价)的比例为 125.98%，高于 90%的比例要求；此次定向增发的股份变动日为 2006 年 12 月 4 日，限售股份解禁日、机构所持增发股份上市日为 2007 年 12 月 10 日，符合本次发行股份自发行结束之日起十二个月内不得转让的规定；此次增发活动控股股东与实际控制人并未参与，不存在三十六个月锁定的问题与公司控制权变化的问题。

表 9-23　泸州老窖 2006 年定向增发具体情况

预案公告日	2006-06-06	股东大会公告日	2006-06-23
增发目的	项目融资	增发数量(万股)	3,000.00
增发价格(元)	12.22	增发日收盘价(元)	15.86
募集资金合计(万元)	36,660.00	发行费用(万元)	1,227.80
募集资金净额(万元)	35,432.20	定向配售数量(万股)	3,000.00
增发价格制订依据	董事会召开前最后一个交易日股票收盘价 11.11 元上浮 10%，本次非公开发行股票的发行价格最终确定为 12.22 元/股		

续表

预案公告日	2006-06-06	股东大会公告日	2006-06-23
定向基准日类型	董事会召开日	实施价格相对基准价格比例	125.98%
发行对象	机构投资者	增发类型	原A股增发A股
主承销商	华西证券有限责任公司	证监会核准公告日	2006-11-09
股权登记日	2006-11-10	定向增发发行日	2006-11-29
增发公告日	2006-12-01	定向增发股份变动日	2006-12-04
限售股份解禁日	2007-12-10	机构所持增发股份上市日	2007-12-10

数据来源：WIND资讯

③ 泸州老窖定向增发募资情况

从表9-23中可以看出，2006年11月9日，证监会发文核准泸州老窖此次定向增发。该上市公司此次定向增发聘请的主承销商是华西证券，发行对象为机构投资者，增发类型是原有A股增发A股，增发的目的是项目融资，增发数量为3000万股，全部为定向配售。通过此次定向增发，泸州老窖共计募集资金36,660.00万元，扣除发行费用1,227.80万元后的募资净额为35,432.20万元。

4. 泸州老窖定向增发再融资绩效评价

4.1 再融资绩效评价与指标选择

4.1.1 再融资绩效

融资绩效只是企业绩效中很小的一部分，可以简单定义为融资后为企业带来的发展和成果，它在学术界存在多种界定方式，下面主要介绍三种主要的观点。

第一种观点是从综合角度考虑，认为企业融资对所有经济面发展所产生的影响以及作用力才是企业融资绩效。第二种观点认为企业融资绩效可以从宏观和微观两方面理解，宏观绩效是指企业的融资行为对整个经济体所产生的影响，比如物价、股价等，而微观绩效是指企业的融资行为对企业自身发展所产生的影响。第三种观点认为上市公司融资绩效应分为内在价值和投资价值，内在价值是上市公司财务数据的表现，投资价值是人们应关注的市场对股票价值的诚实反应，对持有再融资股票的投资者来说，其更关注的是投资价值。

综上，不管是那一种观点，都认为上市公司再融资绩效应该反映公司主要利益相关者的目的和需求，为方便再融资绩效评价，此处从三个方面界定再融资绩效：一是从企业自身角度出发，确定能够真实反映企业再融资后绩效变化情况的真实绩效指标；二是从监管机构角度出发，确定能够反映证监会监管能力的传统绩效指标；三是从投资者角度出发，确定能够反映上市公司再融资股票投资价值和市场表现的投资绩效指标。

4.1.2 泸州老窖配股、定增绩效评价指标的选取

(1) 真实绩效评价指标的选取

真实绩效指标是从反映上市公司经济效益的因素中剔除容易被人为操纵的因素，从而使其能真实反映上市公司投入产出能力和获利能力的指标，常用的此类指标主要有经济增

加值 EVA(Economic Value Added)和总资产经营活动收益率 OPA(Operating Activities' Profits of the Assets)。

EVA 一般衡量短期财务绩效，同时该指标计算复杂，仅资本成本这一项就有十多种计算方式，而且没有一个统一的计量口径，导致其真实性欠佳。因为针对泸州老窖再融资的绩效评价的时间区间长达 14 年，因此不适合使用 EVA 指标来进行衡量。

而总资产经营活动收益率 OPA＝经营活动收益/总资产平均余额，其中经营活动收益＝主营业务收入－折扣与折让－主营业务成本－销售费用－管理费用＋折旧与摊销。由计算公式可以看出，经营活动收益剔除了容易被人为操纵的期间费用、投资收益、营业外收支等项目，加上经营活动收益并没有考虑相关税率和资产负债率的影响，避开这两项使得 OPA 能更真实确切的反映公司的经营状况。所以，本研究将总资产经营活动收益率 OPA 作为衡量泸州老窖再融资真实绩效的评价指标。

（2）传统绩效评价指标的选取

传统绩效指标是指数据来源方便，能够直接从监管网站和相关数据库中获得、计算成熟、基本所有上市公司计算方法统一并主要反映上市公司财务效益状况的指标，通常有每股收益、净资产收益率、净利润等。而净资产收益率 ROE＝每股收益/每股净资产，由此可以看出，每股收益和净利润等指标也是净资产收益率计算公式中的一部分。因为监管部门有关股权再融资监管指标的选择一直围绕 ROE(Rate of Return on Common Stock holders' Equity)进行，尽管从 2006 年起，我国境内上市公司采用定增、配股方式没再规定具体的 ROE 要求，但是公开增发对 ROE 仍有要求。因此从监管机构角度考虑，选择 ROE 作为衡量公司再融资绩效的传统指标，这也是反映企业财务报表体现出来的绩效变化指标。

（3）投资绩效评价指标的选取

投资绩效指标是指能衡量上市公司股票在股市上表现能力的指标，一般表现在股价的变动上，可以分为短期投资绩效和长期投资绩效。短期投资绩效对于炒短线的投资者来说尤为重要，其衡量指标一般为超额收益 CAR 指标；长期投资收益是指长期持有上市公司股票带来的收益，是上市公司发展能力的一种体现，其衡量指标一般为年收盘价变动率指标。由于泸州老窖的再融资绩效评价时间区间为 14 年，探究的是泸州老窖的长期投资绩效，所以不考虑用超额收益作为评价指标。

为了研究再融资是否能给投资者带来股价上的高回报，需要用再融资上市公司年收盘价增长率 APR(Annual Closing Price's Growth Rate)来进行衡量；但是股市瞬息万变，即使再融资上市公司的 APR 值为正，但如果涨幅不能领跑大盘，说明其仍是下跌的，所以还要将上证指数变动率的影响考虑进去。为此，本研究以修正的年收盘价增长率($APR_{i'}$)——年收盘价增长率 APR_i 减去上证指数变动率 ASR_i 来计算确定泸州老窖再融资的投资绩效，即 $APR_{i'}=APR_i-ASR_i$，其中年收盘价增长率 $APR_i=(P_i-P_{i-1})/P_{i-1}$；上证指数变动率 $ASR_i=(S_i-S_{i-1})/S_{i-1}$。

4.2 泸州老窖再融资绩效的评价

4.2.1 真实绩效的评价

（1）泸州老窖再融资真实绩效变动情况

2002 年泸州老窖进行了配股再融资，其当年的总资产经营活动收益率(OPA)为

0.58%，2003 年该指标值一下子增加了 21.43 个百分点。在随后的 3 年里，泸州老窖的 OPA 值稳中有增。2006 年该上市公司又进行了定增再融资，其 OPA 值在 2007 年至 2011 年持续增长。但受宏观经济及国家政策因素影响，白酒行业自 2012 年以来出现断崖式调整和快速下滑，特别是 2013 年，白酒行业发展跌入低谷，泸州老窖的 OPA 值也出现急剧下滑，其 2013 年的 OPA 比 2012 年减少了 11.98%，2014 年的 OPA 比 2013 年减少了 20.7%。经过近四年的周期性调整，白酒行业逐步走过了因宏观政策变化所带来的矫枉过正阶段，目前正在逐步回归进入健康、理性发展的新阶段。在当前行业大环境下，泸州老窖的 OPA 值也有所回升，相比 2014 年增长了 6.15%。所以，总体上来看，泸州老窖的再融资真实绩效比较可观，其为包括再融资投资者在内的所有股东创造了较多财富。具体如表 9-24 所示。

表 9-24 泸州老窖总资产经营活动收益率表

单位：万元

年度	营业利润	经营活动收益	总资产平均余额	总资产经营活动收益率(%)
2002	9,872.57	1,330.40	231,029.28	0.58
2003	61,326.54	56,286.91	255,682.39	22.01
2004	67,931.63	59,979.95	257,654.75	23.28
2005	77,864.71	74,642.00	257,823.99	28.95
2006	104,524.63	104,969.03	305,409.53	34.37
2007	156,758.75	157,202.89	397,491.26	39.55
2008	242,411.59	228,506.77	479,246.14	47.68
2009	280,028.31	268,818.80	553,787.61	48.54
2010	356,376.41	361,336.96	700,447.77	51.59
2011	539,636.56	533,442.07	1,025,174.84	52.03
2012	732,038.34	702,422.45	1,402,510.40	50.08
2013	567,549.13	558,245.35	1,465,363.32	38.10
2014	223,446.72	234,036.63	1,345,255.45	17.40
2015	311,177.84	310,364.27	1,317,624.63	23.55

数据来源：WIND 资讯

（2）泸州老窖再融资绩效的主营业务支撑

结合上面的分析，从图 9-5 中可以清晰地看出，泸州老窖在 2002 年配股再融资与 2006 年定增再融资后，其再融资真实业绩均持续上涨，虽然在 2012~2014 年期间因为外部环境因素影响回落明显，但在 2015 年白酒行业呈现探底弱复苏的发展态势下，泸州老窖的总资产经营活动收益率（OPA）开始有所提高。

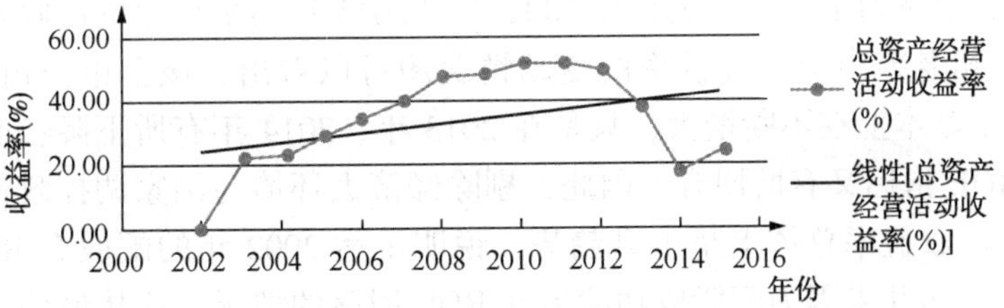

图 9-5 泸州老窖总资产经营活动收益率变动情况

而泸州老窖真实绩效能在较短时间内实现止跌上升，一个很重要的原因，是其主营业务的产品构成较好满足了白酒产品的市场需求。因为最近几年，受经济调控及反腐政策的不断落实，国内以政务消费为主导的高端白酒阵营遭受棒喝，白酒产品回归大众消费已成行业共识，不少白酒企业开始走亲民路线，不断推出大众化产品以开辟新的增长点。

为了对泸州老窖的主营业务构成进行深入分析，根据从 WIND 资讯获取的泸州老窖 2013、2014、2015 年的低、中、高档酒的收入构成、利润构成分别绘制图 9-6、9-7。从图 9-6 中可以看出，近 3 年，泸州老窖的低档酒的销售额占比高于中档酒与高档酒；而中档酒的销售额比重在 2014 年低于高档酒，但在 2013 年、2015 年要略高于高档酒。由此可见，该公司主营业务构成中的低中档酒占据了大半壁江山，这与当前国内白酒消费的市场需求匹配度较高。

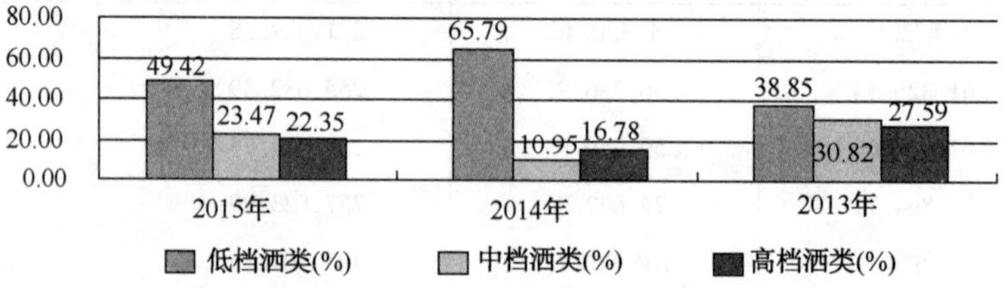

图 9-6　泸州老窖营业收入中低、中、高档酒的构成

而在该上市公司的利润构成中，图 9-6 显示，2013 年、2015 年高档酒的利润创造能力要高于中档、低档酒，而中档酒的利润创造能力要高于低档酒；但低档酒在 2014 年的利润构成中占比最高，这主要是因为该年度低档酒的收入比重最大。总之，泸州老窖与市场需求日趋匹配的产品构成确保了其营业收入的增加与经营活动收益量的获取与质的提升，从而为其代表真实业绩的指标 OPA 的反转上升奠定了良好的基础。

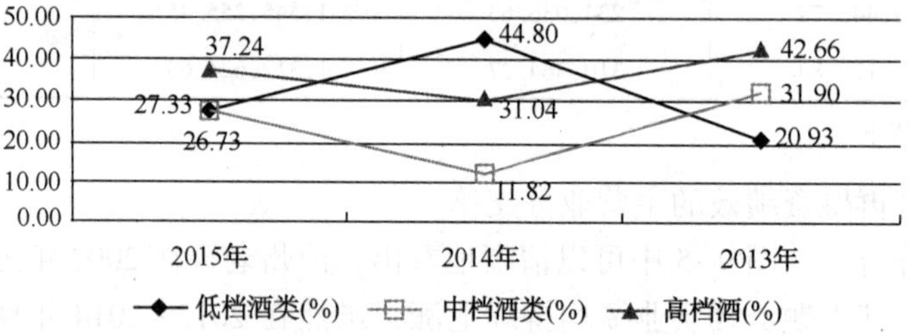

图 9-7　泸州老窖利润构成中低、中、高档酒的比重

4.2.2　传统绩效的评价

根据表 9-25 中所列示的泸州老窖在 2002 年到 2015 年的平均净资产收益率数据，以及图 9-8 绘制的泸州老窖净资产收益率的变动情况图可以看出，该上市公司的平均 ROE 在 2002 年到 2012 年基本上在不断增大，只是在 2013 年、2014 年有所下降；而到了 2015 年，该公司的平均 ROE 指标又有所回升。因此，剔除经济大环境与国家调控政策的影响，泸州老窖的平均净资产收益率总体上呈上升趋势，说明虽然 2002 年的配股有 ROE 的监管业绩要求，但该上市公司并未因为配股成功就出现 ROE 回落的情况，这从另外一个侧面反映出该公司披露的财务信息可靠性较强。

表 9-25 泸州老窖净资产收益率表

报告期时点	2015-12-31	2014-12-31	2013-12-31	2012-12-31	2011-12-31
平均净资产收益率(%)	14.74	8.68	33.92	52.04	45.80
报告期时点	2010-12-31	2009-12-31	2008-12-31	2007-12-31	2006-12-31
平均净资产收益率(%)	45.16	43.32	40.95	31.33	17.11
报告期时点	2005-12-31	2004-12-31	2003-12-31	2002-12-31	
平均净资产收益率(%)	3.01	2.62	2.80	2.23	

数据来源：WIND 资讯

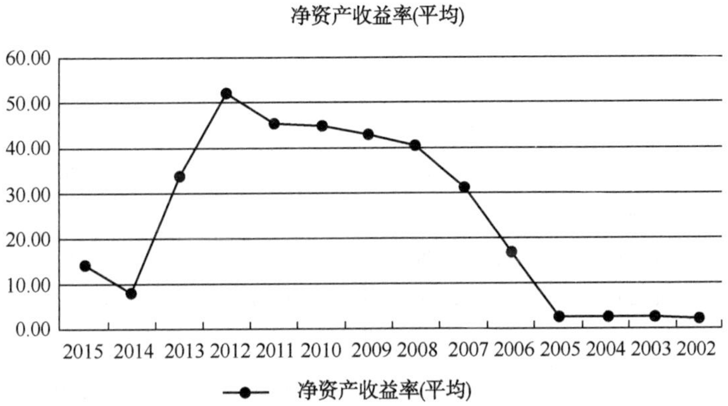

图 9-8 泸州老窖净资产收益率的变动情况

需要注意的是，运用 ROE 考核上市公司再融资绩效存在局限性。首先不能单纯认为 ROE 较高就代表公司获利能力强。因为每股收益不变、每股净资产减少，或者两者同时减少且每股净资产减少更多都能提高 ROE 指标，但分子分母减少都是公司盈利能力变差的表现。其次，由于我国监管部门一直比较看重 ROE，以其作为再融资门槛，这使得一些业绩差、净值低的上市公司可能通过关联交易做大分子、通过连年亏损或多次送股做小分母以提高 ROE 值；而一旦再融资资金到手，这些钱可能会被改变原定投向。最后，过度关注 ROE 会阻碍公司国际化步伐。国际上多用总资产收益率评判企业绩效，在分子不变的情况下，总资产收益率会大大低于净资产收益率，这可能会使我国境内上市公司在国际机构评级中失去竞争力。

4.2.3 投资绩效的评价

理论上，若修正的年收盘价增长率 $APR_{i'}>0$，则修正的再融资公司股价增长率大于 0，对于投资者来说，该上市公司股票具有投资价值，再融资投资绩效为正。若 $APR_{i'}<0$，则修正的再融资公司股价增长率小于 0，对投资者来说，该上市公司股票缺乏投资价值，再融资投资绩效为负。表 9-26 中，泸州老窖在 2002 年配股、2006 年定增再融资后的 $APR_{i'}$ 除了 2003 年、2008 年、2012 年、2013 年、2014 年为负数外，其他年份均为正数。特别是在配股当年、定增当年都有较好的表现，对应的 $APR_{i'}$ 分别为 8.76%、353.44，从而给再融资的投资者带来了较好的投资回报。

表 9-26 泸州老窖修正的年收盘价增长率表

日期	泸州老窖收盘价(元)	上证综指收盘价(元)	APR_i(%)	ASR_i(%)	$APR_{i'}$(%)
2001/12/31	8.68	1,645.97	-29.94	-20.62	-9.33
2002/12/31	7.92	1,357.65	-8.76	-17.52	8.76
2003/12/31	4.09	1,497.04	-48.36	10.27	-58.63
2004/12/31	3.56	1,266.50	-12.96	-15.40	2.44
2005/12/30	4.34	1,161.06	21.91	-8.33	30.24
2006/12/29	25.34	2,675.47	483.87	130.43	353.44
2007/12/28	73.50	5,261.56	190.06	96.66	93.40
2008/12/31	18.20	1,820.81	-75.24	-65.39	-9.84
2009/12/31	39.04	3,277.14	114.51	79.98	34.52
2010/12/31	40.90	2,808.08	4.76	-14.31	19.08
2011/12/30	37.30	2,199.42	-8.80	-21.68	12.87
2012/12/31	35.40	2,269.13	-5.09	3.17	-8.26
2013/12/31	20.14	2,115.98	-43.11	-6.75	-36.36
2014/12/31	20.40	3,234.68	1.29	52.87	-51.58
2015/12/31	27.12	3,539.18	32.94	9.41	23.53
2016-08-16	32.11	3,125.20	18.40	-11.70	30.10

数据来源：WIND 资讯

5. 案例启示

5.1 合理选择再融资模式，恰当确定再融资时点

上市公司应当结合自身条件和我国资本市场的特点，树立股东财富最大化的理念，合理选择合适自身的再融资方式与恰当的再融资时点。

5.1.1 考虑公司规模与成长性的影响

根据我国增发新股的条件，不同规模的公司由于资质不同，经营效益不同，所以达到增发条件的难易程度也不同。不论采用增发还是配股，非流通股股东均会获得正效应；但采用增发方式能够获得高额市场效应，所以资质足够的大公司通常会考虑采用增发方式，而规模较小的公司或处于发展初中期的公司可能会采取发行成本较低、准入条件宽松的配股方式。

同时，因为增发新股会摊薄公司原有股东的收益，造成股东结构变化，稀释原有股东控制权；而配股的认购则是按照原有股东持股比例进行配售的，所以配股前后原有股东数量不会变化，上市公司控制权一般也不会发生变化。所以，对一家成长性好、发展潜力大、经营现状好的公司，为了肥水不流外人田，往往采取配股的再融资方式；而对成长性差的公司，为了摊薄今后可能面临的损失，则更倾向采用增发方式引入新股东共担风险、共享损益；当然，再融资公司也可借助引入的机构投资者加强对公司管理层的监管，以进一步

提高公司经营效率。

泸州老窖在1997年、2002年两次配股，2006年定向增发再融资方式的选择一方面跟我国经济大环境下上市公司再融资的发展历程相匹配，另一方面也主要是考虑了公司规模的不断扩大以及适时引入机构投资者强化对公司管理层的监管。2010年2月，泸州老窖实施股权激励计划，这是白酒行业上市公司实施的为数不多的股权激励措施，从而有利推动了公司经营绩效的提高。

5.1.2 考虑股权集中度的影响

一些规模较大、集中度较高的公司，考虑到流通成本问题，往往会认为增发方式尽管会稀释股权，但带来的损失程度可由较小的流通成本所弥补。如果上市公司有这种思维，他们会倾向于选择增发新股方式而非配股方式，因为配股在融资规模上的限制高于增发，公司管理层为了降低融资成本，同时又满足公司扩张的需求，可能会选择增发方式来降低再融资对利益的摊薄程度。以泸州老窖为例，其在2006年定向增发之前，其控股股东泸州市国有资产监督管理委员会(以下简称"泸州市国资委")持有的本公司国家股占公司总股本的比例为60.43%，处于绝对控股地位；2006年11月公司定向增发获得批准，总股本由841,399,673股增加到871,399,673股，泸州市国资委占公司总股本的比例由60.43%下降到58.35%。

5.1.3 考虑重要财务指标的影响

(1) 从市盈率来看

市盈率高可能会让投资者高估股价与公司价值，此时配股或增发会获得较大市场收益，为此，上市公司会设法取得配股或增发资格以最大限度进行融资。从图9-9中可以看到，泸州老窖的市盈率PE(TTM)即动态市盈率在2002年配股时就比较高，配股后的次年即2003年的市盈率PE(TTM)一下子就高出52.88个百分点；而其在2006年定向增发时的市盈率PE(TTM)也比较高，为91.3.%，定向增发后的次年即2007年的市盈率PE(TTM)一下子又创出了一个新高，达到124.02%。由此可见，如果有再融资需求，建议在市盈率较高时结合市场情况合理选择再融资模式。

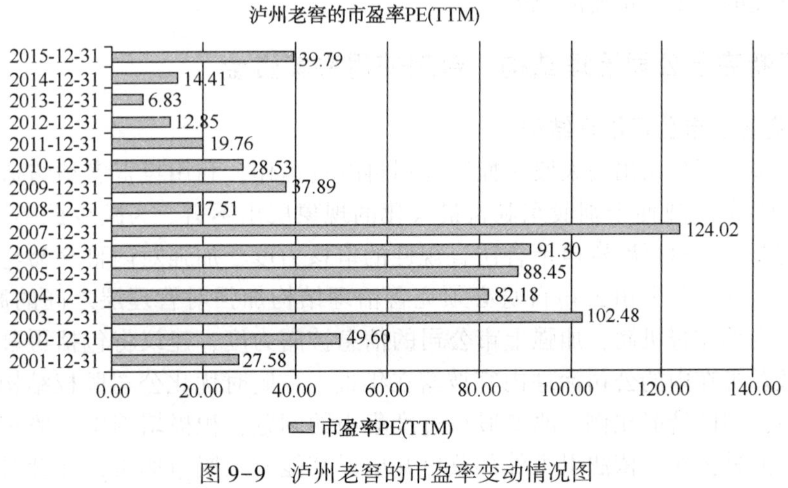

图9-9 泸州老窖的市盈率变动情况图

(2) 从资产负债率来看

资产负债率既是反映企业长期偿债能力的指标，同时也是理解上市公司资本结构的一个很重要的指标。如果一家上市公司的资产负债率较低，一般认为该公司财务杠杆利用较少，这从侧面反映出其财务状况较好、股东对公司股票的认购水平较高，此时如果需要再融资很可能就会出现选择配股方式进行再融资的倾向。而白酒上市公司普遍都是低负债型的资本结构，泸州老窖也不例外，从图 9-10 中可以看到，该上市公司的资产负债率始终在 20%到 40%左右，相对比较低，这也是该公司 1997 年、2002 年两次采取配股方式的一个重要原因。

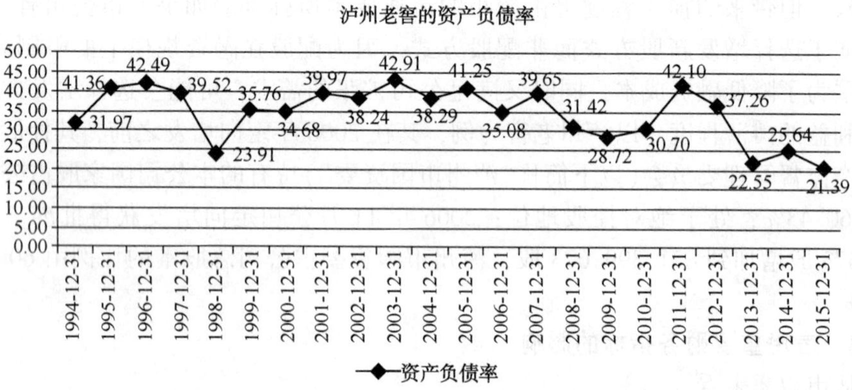

图 9-10 泸州老窖的资产负债率变动情况图

(3) 从净资产收益率来看

2006 以来我国股权再融资主要有三种方式即公开增发、定向增发、配股，目前只有公开增发对发行人的业绩(ROE)有具体要求，如果采取公开增发，有可能给市场传递该上市公司经营状况不佳、不得已而公开发行的错觉，进而影响公司股价与投资者对公司的价值判断。因此，为了获取更多的投资机会，实现更多的经济利益，同时使自己在再融资的大军中不至于太突兀，在当前定向增发一统天下的再融资环境下，上市公司可能会更倾向于选择定向增发进行股权再融资。这也是泸州老窖在本身具有较好 ROE 监管业绩的前提下，却选择定向增发的一个很重要的原因。

5.2 不断完善公司治理结构，合理使用募集资金

5.2.1 完善上市公司治理结构

现阶段许多上市公司出现大股东操纵公司再融资运作，利用投资者情绪造成股价波动达到“圈钱”的目的，致使个别股东利益最大化的现象层出不穷。为减少此类问题的发生，除了监管部门要加大对再融资申请合法合规性的审核力度、加强对内幕交易与股票操纵行为的打击处罚力度外，上市公司自身必须完善治理结构加强对管理层之间的激励与约束。如建立有效的内部监督机制，加强上市公司的信息披露力度，建议将包括再融资资金使用去向与使用效益等在内的公司治理内容披露在年报中；同时优化公司股权结构，适当降低国有股在上市公司的持股比例，改变股权过度集中的问题，积极培养中小股东对公司事务的参与意识；此外公司要依法引入外部董事并确保其能有效履行职责，并针对管理层建立起市场化的激励机制，努力抑制“圈钱”动机及其带来的不良后果。

5.2.2 合理使用募集资金

中国证监会2006年5月6日发布的《上市公司证券发行管理办法》中规定，上市公司募集资金的数额和使用应当符合下列规定：募集资金数额不超过项目需要量；募集资金用途符合国家产业政策和有关环境保护、土地管理等法律和行政法规的规定；除金融类企业外，本次募集资金使用项目不得为持有交易性金融资产和可供出售的金融资产、借予他人、委托理财等财务性投资，不得直接或间接投资于以买卖有价证券为主要业务的公司；投资项目实施后，不会与控股股东或实际控制人产生同业竞争或影响公司生产经营的独立性；建立募集资金专项存储制度，募集资金必须存放于公司董事会决定的专项账户。

为进一步规范上市公司募集资金使用，2007年3月19日，中国证监会制订了《关于进一步规范上市公司募集资金使用的通知》，强调募集资金使用必须符合相关法规规定，禁止上市公司挪用募集资金参与新股配售、申购，或用于股票及其衍生品种或可转换债券等的交易；要求上市公司完善募集资金存储、使用的内部控制制度，并及时履行信息披露义务；强化董事、监事和高级管理人员自觉维护公司资产安全的责任；对擅自或变相改变募集资金用途、挪用募集资金用于股票或可转债券的投资等问题采取相应监管措施，情节严重的追究上市公司和相关人员责任。

总体上来看，规范上市公司募集资金运用，有助于实现证券市场资源的优化配置，有利于优化上市公司产品结构、提高上市公司规模效益、提升上市公司技术优势，从而增强上市公司的核心竞争力和盈利能力，能使公司在实现快速增长的同时，为其投资者提供良好的回报。

5.3 完善股权再融资政策，推动债券融资功能的发挥

相关部门应当秉承发挥资本市场融资和资源配置的功能，考察市场中投资者的融资偏好和融资效果，继而在制定相关规定时有方向性地修改某些条款，给一些融资方式开辟道路，使其更好地发挥优势，达到资本市场效用最大化。

5.3.1 完善股权再融资政策法规

从我国再融资起步阶段起，有关股权再融资的法规与政策就在不断地细化与调整，但现有的相关法规也有一些不尽合理的地方，如主要以净资产收益率作为衡量上市公司增发配股的业绩标准。不可否认，ROE指标明确性强、实用性好，但容易使上市公司投机取巧，通过盈余管理、财务造假等手段粉饰甚至篡改这一数据以达到获取增发配股资格的目的。所以，建议有关部门优化并调整股权再融资准入的指标体系，如从盈利能力、成长性、资本结构等出发，建立更加完善的股权再融资监管指标体系，细化指标并出台相应的可行性实施方案，以便合理衡量上市公司股权再融资的资质，强化对申请再融资上市企业的监管和控制，努力减弱资本市场的利润操控行为。

5.3.2 推动债券融资功能的发挥

长期以来，我国资本市场偏向股权再融资，对债券市场不够重视，导致投资者轻视可转债等再融资方式。实际上，债券市场的快速发展能够增加投资者的融资渠道，缓解上市公司对股权融资的依赖，进而有效均衡证券市场的资金供求，推动国内资本市场健康、快速、稳定发展。为此，监管部门应当进一步完善债券市场的宏观制度，增强对上市公司发行可转债等融资方式的鼓励力度，降低公司发行债券的成本，充分发挥可转债等融资方式

的优越性，积极引导投资者进行中长期投资，以期形成股市和债市遥相呼应的再融资局面。同时，监管部门还要积极完善基金制度与政策，不断规范证券投资基金的运作行为，以便有效保护投资者的利益。

本章附注

1. 经济增加值(Economic Value Added)

经济增加值(EVA)又名为经济附加值，是思腾思特(Stern Stewart)公司在1993年首次提出的一个财务评价指标，其基本理念是企业资本所获得的收益至少要能补偿投资者所承担的风险，该思想不仅关注传统的债务成本，同时也强调股东资本投入的机会成本，从而将股东利益与经营者业绩紧密联系在一起，这有助于强化企业的资本成本和价值创造理念，促使企业关注资本效率。

因为经济增加值是基于企业价值增值这一根本目的，其本质是经济利润而不是传统的会计利润，所以要对依据企业会计准则确定的利润中一些不能真实反映企业经营业绩的部分进行调整，消除人为操纵会计核算的影响。同时积极推动以价值管理为导向的经济增加值考核有利于弱化企业短视行为，遏制盲目投资冲动，引导企业增加科技创新等方面的投入，促使管理者关注企业可持续性发展，推动企业进一步做强主业，有效提升其市场竞争力。

经济增加值的计算公式为：

经济增加值=税后净营业利润-资本成本=税后净营业利润-资本总额*加权平均资本成本

其中：加权资本平均成本率=(股权资本/资本总额)×股权资本成本率+(债务资本/资本总额)×税后债务资本成本率。

2. 泸州老窖再融资 OPA 指标计算原始数据

根据WIND资讯提供的泸州老窖的主营业务构成，该上市公司2001年到2015年财务报告及其附注中的销售费用、管理费用、固定资产折旧、无形资产推销以及资产余额，整理相关数据列表9-27以计算该上市公司最近14年的经营收益净资产比率。

表9-27 泸州老窖再融资 OPA 指标计算原始数据表　　单位：万元

年度	主营业务收入	主营业务成本	销售费用	管理费用	折旧	摊销	总资产平均余额
2002	108,268.93	98,396.36	23,533.35	13,841.75	28,832.93	0.00	231,029.28
2003	114,670.05	53,343.51	25,813.06	12,834.36	33,607.79	0.00	255,682.39
2004	124,805.60	56,873.97	32,118.82	14,427.07	38,594.22	0.00	257,654.75
2005	144,308.56	66,443.85	34,886.58	12,978.36	44,642.23	0.00	257,823.99
2006	183,271.23	78,746.60	29,441.87	13,364.59	43,250.85	0.00	305,409.53
2007	259,666.22	102,907.47	35,241.23	16,780.43	47,888.90	4,576.89	397,491.26
2008	368,967.10	126,555.51	51,278.85	22,730.22	54,848.72	5,255.53	479,246.14
2009	421,670.35	141,642.04	49,937.12	29,042.19	61,732.43	6,037.37	553,787.61
2010	518,872.36	162,495.94	32,336.81	39,046.67	69,395.17	6,948.87	700,447.77
2011	823,244.23	283,607.67	38,954.93	50,064.64	75,693.15	7,131.92	1,025,174.84
2012	1,128,315.38	396,277.05	66,488.00	53,291.45	83,737.26	6,426.31	1,402,510.40
2013	1,014,581.74	447,032.61	67,998.23	41,316.28	93,601.42	6,409.31	1,465,363.32
2014	500,652.97	277,206.26	57,923.60	46,559.02	107,837.17	7,235.35	1,345,255.45
2015	657,134.65	345,956.81	87,387.46	43,886.55	122,397.78	8,062.66	1,317,624.63

数据来源：WIND资讯

3. PE(LYR)与PE(TTM)

PE(LYR)即PE(Last Year Ratio)，一般称之为静态市盈率，表示用去年年度的每股收益来计算市盈率，即用当前股价除以去年(最新年报)年度的每股收益。

PE(TTM)即PE(Trailing Twelve Months)，一般称之为动态市盈率，是指在一个考察期(通常为12个月)内，股票的价格和每股收益的比例。计算方法为：市盈率=普通股每股市场价格÷普通股每年每股盈利。其中每股盈利是该企业在过去12个月的净收入除以总发行已售出股数。因为TTM是一个动态的概念，虽然它的起始点会发生变化，但却始终包括四个不同的季度(如1、2、3、4；2、3、4、1；3、4、1、2；4、1、2、3)，当然这四个季度有可能跨越自然年度。

总体来看，PE(TTM)较PE(LYR)的时效性更强，也更加常用。

4. 盈余管理(Earnings Management)与利润操纵(Profit Manipulation)

西方会计界的盈余管理可以理解为公司管理层为实现自身效用或公司价值最大化等目的进行的会计政策选择，以及基于此进行的调节公司盈余的行为。盈余管理通常具有三个方面的主要特征：一是盈余管理的主体是企业管理当局；二是盈余管理是企业管理当局有目的、有意向的主动选择行为；三是管理当局进行盈余管理的最终目的是使自身利益最大化。

而过度的盈余管理一旦超越会计准则及制度的规定，则被称之为利润操纵。即利润操纵可以理解为公司管理层出于某种动机，利用法规政策的空白或灵活性、甚至违法违规等手段对企业财务利润或获利能力进行操纵的行为。利润操纵通常会导致会计信息不能真实反映企业经济实力和发展前景，误导投资者，危害证券市场优化资源配置功能的发挥。

5. 基金(Fund)

基金有广义、狭义之分，广义的基金是指为了某种目的而设立的具有一定数量的资金，如信托投资基金、公积金、保险基金、退休基金等。狭义的基金主要是指证券投资基金(Securities Investment Fund)，即通过公开发售基金份额募集资金，由基金托管人托管，基金管理人管理和运作，为基金份额持有人的利益而以资产组合方式进行证券投资的一种利益共享、风险共担的集合投资方式。

基金与股票、债券存在明显区别。

首先，三者反映的经济关系不同。股票反映的是所有权关系，债券反映的是债权债务关系；而基金反映的则是信托关系，但公司型基金除外。

其次，三者筹集资金的投向不同。股票和债券是直接投资工具，筹集的资金主要投向实业；而基金是间接投资工具，筹集的资金主要投向有价证券等金融工具。

最后，三者的风险水平不同。股票的直接收益取决于发行公司的经营效益，不确定性强，风险大；债券的直接收益取决于债券利率，而债券利率一般事先确定，投资风险较小；基金主要投资于有价证券，投资选择灵活多样，从而使基金的收益有可能高于债券，投资风险又可能小于股票。

第十章　贵州茅台股利分配案例分析

随着我国证券市场的不断发展与完善，股利政策对上市公司和证券市场的作用力愈加显现。现阶段，国内不少上市公司的股利政策变动大、方式多样、超能力分配、高价转送股等现象在我国资本市场层出不穷。但贵州茅台(600519)自上市以来一直秉持连续稳定派现的股利政策，特别是2010年以来已连续6年位居A股每股派息排行榜首位，这与国外以现金股利为主的股利支付方式有相似之处。贵州茅台股利政策的选择、实施及影响带给我们不少启示，同时也为我国上市公司进一步规范股利政策提供了一些借鉴。

1. 股利分配与股利分配政策

1.1　股利分配的概念与影响因素

1.1.1　股利分配的概念

股利分配是指企业向股东分派股利，这属于企业利润分配的一部分，一般会涉及到股利支付比率的确定、支付现金股利所需资金的筹集、股利支付程序中各日期的确定等。

1.1.2　股利分配的影响因素

股利无关理论(即MM理论)是在完美资本市场的一系列假设下提出的，如果放宽这些假设条件，股利政策就会显现出对公司价值或股票价格的影响，于是就出现了不同流派的股利相关理论，如“一鸟在手”理论、税差理论、客户效应(即追随者效应)理论、代理理论、信号传递理论、股利生命周期理论等，这些理论认为股利分配受到诸多因素影响。

(1) 法律限制

一是资本保全的限制。我国《公司法》规定公司不能用资本(包括股本和资本公积)发放股利。股利的支付不能减少法定资本，如果一个公司的资本已经减少或因支付股利而引起资本减少，则不能支付股利。

二是企业积累的限制。为了制约公司支付股利的任意性，按照法律规定，公司税后利润必须先提取法定公积金。只有当提取的法定公积金达到注册资本的50%时才可以不再提取，提取法定公积金后的利润净额才可以用于支付股利。

三是净利润、超额累积利润的限制。我国《公司法》规定公司年度累计净利润必须为正数时才可以发放股利，也就是说，以前年度的亏损要先足额弥补。同时，由于股东接受股利缴纳的所得税通常高于其进行股票交易的资本利得税，于是很多国家规定公司不得超额累积利润，否则将被加征额外税额，我国法律目前对公司累积利润尚未做出限制性规定。

四是无力偿付的限制。基于对债权人的利益保护，如果一个公司已经无力偿付负债，或股利支付会导致公司失去偿债能力，则不能支付股利。

(2) 股东因素

首先，股东对稳定收入和避税的需求。一些股东的主要收入来源是股利，他们认为通过保留盈余引起股价上涨而获得资本利得是有风险的，所以往往要求公司支付较为稳定的股利。另外，一些股利收入较多的股东处于避税的考虑，往往反对公司发放较多的股利。

其次，对控制权稀释的考虑。公司支付较高的股利，就会导致留存盈余减少，这又意味着公司将来发行新股的可能性加大，而发行新股必然会稀释公司的控制权，这会引起公司控股股东的担忧。如果他们拿不出更多的资金购买新股，他们宁肯公司不分配股利。

(3) 公司因素

一是盈余的稳定性。公司是否能获得长期稳定的盈余，是其股利决策的重要基础。盈余相对稳定的公司相对于盈余不稳定的公司具有较高的股利支付能力，因为盈余稳定的公司对保持较高股利支付率更有信心。收益稳定的公司面临的经营风险和财务风险较小，筹资能力较强，这些都是其股利支付能力的保证。

二是资产的流动性。较多地支付现金股利会减少公司的现金持有量，使资产的流动性降低；而保持一定的资产流动性，是公司经营所必需的。

三是举债能力。具有较强举债能力的公司因为能及时筹措到所需的现金，有可能采取高股利政策；而举债能力弱的公司则不得不多滞留盈余，因而往往采取低股利政策。

四是投资机会。有良好投资机会的公司需要强大的资金支持，因而往往少发放股利；缺乏良好投资机会的公司保留大量现金会造成资金闲置，于是倾向于支付较高股利。正因为如此，处于成长中的公司多采取低股利政策；处于收缩中的公司多采取高股利政策。

五是资本成本。与发行新股相比，保留盈余不需花费筹资费用，是一种比较经济的筹资渠道。所以，从资本成本考虑，如果公司有扩大资金的需要，也应当采取低股利政策。

六是债务需要。具有较高债务偿还需要的公司，可以通过举借新债、发行新股筹集资金偿还债务，也可直接用经营积累偿还债务。如果前者资本成本高或受其他限制难以进入资本市场，公司将会减少股利的支付。

(4) 其他限制

首先，债务合同的约束。公司的债务合同，特别是长期债务合同往往有限制公司现金支付程度的条款，这使得公司只能采取低股利政策。

其次，通货膨胀的影响。通货膨胀下，公司折旧基金的购买力下降，这会导致重置固定资产资金不足，这时盈余往往会被当作弥补折旧基金购买力水平下降的资金来源，因此在通货膨胀时期公司股利政策一般偏紧。

1.2 股利分配政策

股利分配政策即股利政策，是公司经营活动的重要组成部分，其与投资决策、筹资决策并称为现代公司理财的三大决策。上市公司的股利政策是其对盈利进行分配或留存用于再投资的决策问题，其实质是考虑投资、融资所需资金而在股东分配和留存收益之间进行权衡的一个结果。实务中，上市公司会结合本公司特点与需要确定股利政策并予以实施。

1.2.1 股利分配政策的概念

股利分配政策有狭义和广义之分。狭义的股利政策，就是如何确定普通股现金股利的支付比例；而广义的股利政策则包括多个方面，例如现金股利的来源，股利分配的时间以及股利的具体发放形式等。上市公司的股利政策是在公司未来发展战略目标的基础上，综合考虑股票价格和企业内外部之间利益关系，将税后利润提取法定公积金和任意公积金后，对收益进行处置的一种方式。

在实践中，公司股利政策主要包括下面四项内容：确定股利分配形式、确定股利支付率、确定每股股利额、确定股利的支付时间。其中，股利支付率和每股股利额通常是上市公司股利政策的核心内容，因为它决定了上市公司净利润如何分配，多少以现金支付等问题。

1.2.2 股利分配政策的类型

（1）剩余股利政策

剩余股利政策就是在公司有着良好的投资机会时，根据一定的目标资本结构(最佳资本结构)，测算出投资所需的权益资本，先从盈余当中留用，然后将剩余的盈余作为股利予以分配。这样做的目的是为保持理想的资本结构，使加权平均资本成本最低。

该股利政策会受到投资机会及其资本成本的双重影响，可能会导致公司股利分配出现较大波动，不利于向外界传递正确信息。因此，采用这种股利政策的公司，在分配股利时要充分考虑公司目标资本结构和未来资金需求。

（2）固定或持续增长股利政策

这一股利政策是将每年发放的股利固定在某一相对稳定的水平上并在较长的时期内不变，只有当公司认为未来盈余会显著地、不可逆转地增长时，才会提高年度的股利发放额。

采用固定或持续增长股利政策的主要目的是避免出现由于经营不善而削减股利的情况，以便向市场传递公司正常发展的信息，树立公司良好形象，增强投资者对公司的信心，稳定股票价格；另一方面，这种股利政策考虑了股东的心理状态和其他要求，有利于投资者安排股利收入和支出，这对对股利有很强依赖性的股东有很强吸引力。

该股利政策的缺点在于股利的支付与盈余相脱节。由于公司需要保持一个固定或增长的股利，在公司财务状况不好或面对较好的投资项目时，公司可能会面临较大的财务压力。并且一旦股利政策出现中断，可能会引起投资者的恐慌，给股票价格和公司形象带来不利影响。

（3）固定股利支付率政策

固定股利支付率政策是指公司确定一个股利占盈余的比率，长期按此比率支付股利的政策。在这一股利政策下，每年股利额会随公司经营的好坏而上下波动，获得较多盈余的年份股利额高，获得盈余少的年份股利额就低。

主张实行固定股利支付率的人认为，这样做能使股利与公司盈余紧密地配合，以体现多盈多分、少盈少分、无盈不分的原则，才算真正公平地对待了每一位股东。

但是这种股利政策也存在不足，由于企业每年的税后利润是变动的，因此每年的股利也是变动的，这可能会给市场传递一种企业发展不稳定的信息，不利于稳定股票价格。

（4）低正常股利加额外股利政策

低正常股利加额外股利政策是指公司一般情况下每年只支付固定的、数额较低的股利，而在盈余较多的年份，再根据实际情况向股东发放额外股利。这种股利政策实质上是变动股利政策和固定股利政策的一种组合，是一种较为折中的股利政策。

这种股利政策较为灵活，不会给公司造成财务压力，也有利于向市场传达正确信息。即当公司盈余较少或投资需用较多资金时可维持设定的较低但正常的股利，股东不会有股利跌落感；而当盈余有较大幅度增加时则可适度增发股利，把经济繁荣的部分利益分配给股东，增强他们对公司的信心，有利于稳定股价。

这种股利政策可使那些依靠股利度日的股东每年至少可以得到虽然较低但比较稳定的股利收入，从而吸引住这部分股东。

1.2.3 股利分配政策的作用

恰当的股利政策对上市公司的健康、持续、稳定发展着有重要作用。首先，它能够为企业规模扩张提供资金来源，从而协调公司长远发展与股东现实收益的关系。其次，合理的股利政策有利于平衡不同股东之间的利益关系，进而吸引潜在的投资者和债权人，不断增加公司价值，促使股东财富最大化。此外，恰当的股利分配政策能够向市场投资者传递企业盈利能力的信息和信号，帮助企业树立良好的公司形象，增强投资者信心，促进企业长远发展，进一步推动上市公司和证券市场的健康运行。

与之相对应，不合理的股利政策不仅无助于上市公司价值的提升和形象的改善，甚至还有可能使上市公司陷入财务困境甚至破产，严重阻碍我国股票市场的健康成长。

1.3 股利分配方式与发放程序

1.3.1 股利分配方式

在国外成熟的资本市场上，上市公司股利分配方式一般有现金股利、股票股利、财产股利、负债股利四种，其中现金股利方式运用最普遍。在我国股票市场上，公司常见的股利分配方式一般有三种：派发现金股利、送红股、公积金转增股本(不是严格意义上的股利分配)，同时考虑到上述几种方式的混合使用，所以现实中还存在混合股利的形式。

一般来说，在新兴的证券市场上，上市公司比较喜欢用股票股利和转增股本的方式进行分配，以迎合投资者；在成熟的证券市场上，上市公司较多采用现金股利方式进行利润分配，以保证股东收益的稳定性。

(1) 现金股利

现金股利即红利，指的是上市公司向股东支付现金作为股利发放的形式，这也是国外上市公司最基本最常见的股利分配形式。该股利分配方式不会改变公司原有的股权结构，有利于树立良好的公司形象；同时能够向市场传递公司发展良好的信息，有利于促使管理者减少非理性投资，从而在一定程度上降低代理成本。

现金股利的不足在于：一旦宣告发放现金股利，就会形成公司债务，从而潜在地增加公司财务风险；同时发放现金股利时股东要缴纳个人所得税，这会减少股东的净收益。

(2) 股票股利

股票股利即红股，指的是上市公司把公司股票作为股利分配给股东。股票股利来源于公司留存收益，一般通过配股或转送股来完成。股票股利没有现金流出与流入，只是改变了所有者权益的构成，这种分配股利方式不会增加公司股东财富，也不会增加公司价值。

股票股利的优点有三点：一是向投资者传递公司未来发展前景良好的信息；二是能使企业留下更多自有资金用于发展；三是会提高公司股票的流动性，从而吸引更多投资者。

(3) 财产股利

财产股利是上市公司用现金以外的其他资产向股东分派的股息或股利。这种股利可以是上市公司持有的其他公司的有价证券，如股票、债券、基金等；也可以是上市公司拥有的实物资产，如存货、固定资产等。

(4) 负债股利

负债股利是指用公司一定的债权作为股利支付给股东，从而在未来期间，股东作为债权持有者可以向公司索取债权及获得相应的利息收益，以作为其投资的报酬。负债股利在我国上市公司中用的较少，出现过的负债股利形式主要是债权股利、票据股利等。

(5) 公积金转增股本

公积金转增股本是在股东权益内部，把公积金转到“实收资本”或“股本”账户，并按照投资者所持公司股份份额的大小分配到各个投资者的账户中。转增股本实质上不属于利润分配的范畴，它只是增加了股本。所以严格来说，转增股本不属于股利分配方式。

但对一般投资者来说，公积金转增股本与发放股票股利一样都是“送股”，所以往往能博得当前流通股股东的欢心，但由于转增股本与送红股一样，都有摊薄每股收益与每股净资产的效应，这势必会影响下年度的利润分配以及下年度的每股盈余指标。

(6) 混合股利

混合股利是指上述几种股利分配形式的结合。在我国，常见的组合股利形式如派现加送红、派现加转增、送红加转增、派现加送红加转增等。

1.3.2 股利发放程序

股利的支付需要按照相应的法律程序。一般是先由董事会提出股利分配的具体方案，然后提交股东大会进行表决，表决通过后对外宣部股利分配方案，包括确定具体的股权登记日期和股利发放日期。

(1) 宣布日

宣布日指的是董事会宣布股东大会决议发放股利的日期。因为利润分配首先要由上市公司董事会提出分配预案，然后提交股东大会审议，通过表决后对外公布。在宣布分配方案的同时，董事会除了要确定分配年度、范围和形式等，还要宣布股权登记和除息日，何时发放股利。

(2) 股权登记日

股权登记日是划定持股人领取股利权利的日期界线。因为股票具有很强的流动性，所以规定股东领取股利的期限是很有必要的。只有在股权登记日登记在册的股东，才拥有领取本期股利的权利，如果没有登记在册，无论股票何时买入的，持有人都无权获得股利。

(3) 除权日

除权日，也叫除息日，是股票与股利权利分开的日期。通常，在除权日之前购买股票，股票价格包含本次股利，投资者能领取股利，在除息日当日以后购买则无权领取本次发放的股利。因此，一般股票的价格在除息日后会因股利除权而相应降低。

(4) 股利发放日

股利发放日又称付息日，是股东正式领取现金股利的日期。

2. 案例的选择与案例资料来源

2.1 案例的选择

本研究以2013年年底已上市且在股市存续的14家白酒上市公司作为初选对象，从

WIND 资讯获取这些公司的分红统计信息见表 10-1。从中可以看出，上市以来每年都分配股利的公司主要有两个，一个是贵州茅台(600519)、一个是伊力特(600197)；而贵州茅台的分红率比较适中，为 35.48%，接近白酒行业上市公司分红率的平均值 36%，而伊力特的分红率较高，为 55.53%，位居白酒上市公司分红率的第三位。同时，贵州茅台的股利分配形式多样，既有现金股利、股票股利，还涉及转增股；而伊力特只有现金股利与转增股形式；加上贵州茅台品牌影响力强大，其股利政策一直以来较为稳定，故选择贵州茅台股利分配进行深入分析。

表 10-1　白酒上市公司分红情况统计表

证券代码	证券简称	上市时间	上市年数	分红次数	分红次数占上市年数的比重(%)	分红率(%)
000568	泸州老窖	1994	23	19	82.61	56.14
000596	古井贡酒	1996	21	14	66.67	26.97
000799	酒鬼酒	1997	20	5	25.00	42.55
000858	五粮液	1998	19	13	68.42	22.03
000995	皇台酒业	2000	17	0	0.00	0
002304	洋河股份	2009	8	7	87.50	36.40
002646	青青稞酒	2011	6	5	83.33	33.72
600197	伊力特	1999	18	18	100.00	55.53
600199	金种子酒	1998	19	8	42.11	27.49
600519	贵州茅台	2001	16	16	100.00	35.48
600559	老白干酒	2002	15	11	73.33	40.79
600702	沱牌舍得	1996	21	12	57.14	28.70
600779	水井坊	1996	21	12	57.14	61.75
600809	山西汾酒	1994	23	17	73.91	37.85
平均数			17.64	11.21	65.51	36.00

数据来源：WIND 资讯(截至 2016 年 6 月 30 日)

2.2　案例资料来源

贵州茅台(600519)是在上交所主板上市的公司，同时，与本案例相关的分析数据主要从 WIND 资讯获得。基于此，该案例资料来源主要有两个，一个是上交所官网公告的贵州茅台各年度的利润分配实施情况(表 10-2、10-3、10-4)以及该上市公司 2015 年、2014 年的年度报告，还有一个是 WIND 资讯提供的贵州茅台股票的深度资料。

表 10-2　贵州茅台历年分红情况(1)

股权登记日	股权登记日总股本(万股)	除息交易日	除息前日收盘价(元)	除息报价(元)	每股红利	
					含税(元)	除税(元)
2016-06-30	125619.78	2016-07-01	285.75	287.2	6.171	6.17
2015-07-16	114199.80	2015-07-17	224.74	229	4.374	4.15
2014-06-24	103818	2014-06-25	144.72	145.33	4.374	4.15
2013-06-06	103818	2013-06-07	195.24	195.11	6.419	6.10
2012-07-04	103818	2012-07-05	254.66	251.6	3.997	3.60

数据来源：上海证券交易所官网(http：//www.sse.com.cn)

表 10-3 贵州茅台历年分红情况(2)

股权登记日	股权登记日总股本(万股)	除息交易日	除息前日收盘价(元)	除息报价(元)	每股红利	
					含税(元)	除税(元)
2011-06-30	94380	2011-07-01	191.21	192.5	2.3	2.06
2010-07-02	94380	2010-07-05	126.5	126.5	1.185	1.07
2009-06-30	94380	2009-07-01	146.85	146.6	1.156	1.04
2008-06-13	94380	2008-06-16	148.65	147.7	0.836	0.75
2007-07-12	94380	2007-07-13	113.67	114.03	0.7	0.63
2006-05-23	94380	2006-05-24	44.97	0	0.591	0.53
2006-05-18	47190	2006-05-19	45.56	0	0.3	0.27
2005-08-04	39325	2005-08-05	45.84	46.66	0.5	0.45
2004-06-30	30250	2004-07-01	25.81	25.02	0.3	0.24
2003-07-11	27500	2003-07-14	23.18	23.5	0.2	0.14
2002-07-24	25000	2002-07-25	32.55	32.61	0.6	0.48

数据来源：上海证券交易所官网(http://www.sse.com.cn)

表 10-4 贵州茅台历年送股情况

股权登记日	股权登记日总股本(万股)	除权基准日	红股上市日	公告刊登日	送股比例(10:?)
2015-07-16	114199.80	2015-07-17	2015-07-20	2015-07-10	1
2014-06-24	103818	2014-06-25	2014-06-26	2014-06-18	1
2011-06-30	94380	2011-07-01	2011-07-04	2011-06-27	1
2006-05-18	47190	2006-05-19	2006-05-22	2006-05-17	10
2005-08-04	39325	2005-08-05	2005-08-08	2005-08-01	2
2004-06-30	30250	2004-07-01	2004-07-02	2004-06-25	3
2003-07-11	27500	2003-07-14	2003-07-15	2003-07-08	1
2002-07-24	25000	2002-07-25	2002-07-26	2002-07-18	1

数据来源：上海证券交易所官网(http://www.sse.com.cn)

3. 贵州茅台股利分配案例分析

3.1 贵州茅台简介

贵州茅台即贵州茅台酒股份有限公司，是由中国贵州茅台酒厂有限责任公司、贵州茅台酒厂技术开发公司、贵州省轻纺集体工业联社、深圳清华大学研究院、中国食品发酵工业研究所、北京糖业烟酒公司、江苏省糖烟酒总公司、上海捷强烟草糖酒(集团)有限公司等八家公司共同发起，并经过贵州省人民政府黔府函字(1999)291 号文件批准设立的股份有限公司，注册地在贵州省仁怀市茅台镇，注册资本为一亿八千五百万元，该公司股票于 2001 年在上交所主板上市交易。

作为国内白酒行业的标志性企业，贵州茅台主要生产销售世界三大名酒之一的茅台酒，同时进行饮料、食品、包装材料的生产和销售，防伪技术开发，信息产业相关产品的研制开发。茅台酒历史悠久，源远流长，是酱香型白酒的典型代表，享有“国酒”的美称。目前，公司茅台酒年生产量已突破一万吨，43°、38°、33°茅台酒拓展了茅台酒家族低度酒的发展空间，茅台王子酒、茅台迎宾酒满足了中低档消费者的需求，15年、30年、50年、80年陈年茅台酒填补了我国极品酒、年份酒、陈年老窖的空白，在国内独创年代梯级式的产品开发模式。公司产品形成了低度、高中低档、极品三大系列70多个规格品种，全方位跻身市场，从而占据了白酒市场制高点，称雄于中国极品酒市场。公司目前的实际控制人是贵州省人民政府国有资产监督管理委员会，第一大股东是中国贵州茅台酒厂(集团)有限责任公司。

3.2 贵州茅台股利政策概述

贵州茅台自2001年在上海证券交易所上市以来，连续16年分配股利(见表10-5、10-6、10-7)，而且每年都有现金股利，这在我国证券市场是极为罕见的。

表10-5 贵州茅台股利分配方案已实施情况(2011-2015年)

股本基准日期	2015/12/31	2014/12/31	2013/12/31	2012/12/31	2011/12/31
每股税前股利(元)	6.17	4.37	4.37	6.42	4
每股税后股利(元)	6.17	4.15	4.15	6.1	3.6
每股股利排名	1	1	1	1	1
每股红股(股)	–	0.1	0.1	–	–
每股转增(股)	–	–	–	–	–

数据来源：WIND资讯

表10-6 贵州茅台股利分配方案已实施情况(2006-2010年)

股本基准日期	2010/12/31	2009/12/31	2008/12/31	2007/12/31	2006/12/31	2006/5/25
每股税前股利(元)	2.3	1.19	1.16	0.84	0.7	0.59
每股税后股利(元)	2.06	1.07	1.04	0.75	0.63	–
每股派息排名	1	4	5	8	6	–
每股红股(股)	0.1	–	–	–	–	–
每股转增(股)	–	–	–	–	–	–

数据来源：WIND资讯

表10-7 贵州茅台股利分配方案已实施情况(2001-2005年)

股本基准日期	2005/12/31	2004/12/31	2003/12/31	2002/12/31	2001/12/31
每股税前股利(元)	0.3	0.5	0.3	0.2	0.6
每股税后股利(元)	0.27	0.45	0.24	0.14	0.48
每股派息排名	54	11	51	96	2
每股红股(股)	–	–	–	0.1	–
每股转增(股)	1	0.2	0.3	–	0.1

数据来源：WIND资讯

3.2.1 股利政策总体比较积极连续

从表10-5、10-6、10-7中可以看出，贵州茅台自上市以来，始终坚持每年分配现金股利且从未中断，其股利政策具有很好的连续性，每年都会有不菲的现金股利回报给投资者。同时，其分配的每股现金股利水平在2008年之后一直保持在1元以上，除2012年之外，贵州茅台的每股股利基本上呈持续稳定增长态势，表明其股利政策具有很好的延续性。

3.2.2 股利分配方式是以现金为主

从表10-5、10-6、10-7中可以看出，贵州茅台一直实施高现金分红政策，同时在其2014年、2013年、2010年、2002年的利润分配方案中涉及送红股的情况，在其2005年、2004年、2003年、2001年的分配方案中则有公积金转增股本的内容。总之，贵州茅台的股利分配方式是以现金为主、兼顾其他。值得一提的是，贵州茅台在上市后的前5年即2001年~2005年期间，基本上是现金股利、股票股利、转增股本三种方式混合运用；而从2006年起的10年左右的时间里，贵州茅台的股利分配则以现金股利为主，偶尔有送红股现象。

3.2.3 每股股利(即每股派息)排名靠前

从表10-5、10-6、10-7中可以看出，贵州茅台的大手笔分红由来已久，自2010年以来，该上市公司分别以每股派息2.3元(2010年)、4.0元(2011年)、6.42元(2012年)、4.37元(2013年)、4.37元(2014年)、6.17元(2015年)连续6年位居A股每股派息排行榜首位；而其在2006~2009年分配的每股股利排名也位居A股每股派息排行榜前10位，从而使得贵州茅台成为目前沪深两市在现金分红上"最慷慨"的公司。

3.2.4 现金股利支付额(率)呈现分阶段上升趋势

从图10-1中可以看出，贵州茅台自上市以来各年实现的净利润持续增长，就算是在白酒行业发展跌入最低谷的2013年，其净利润也比上年增加了195,644.92万元。在高利润保障下，贵州茅台的现金股利支付率基本上呈现出分阶段上升的趋势。

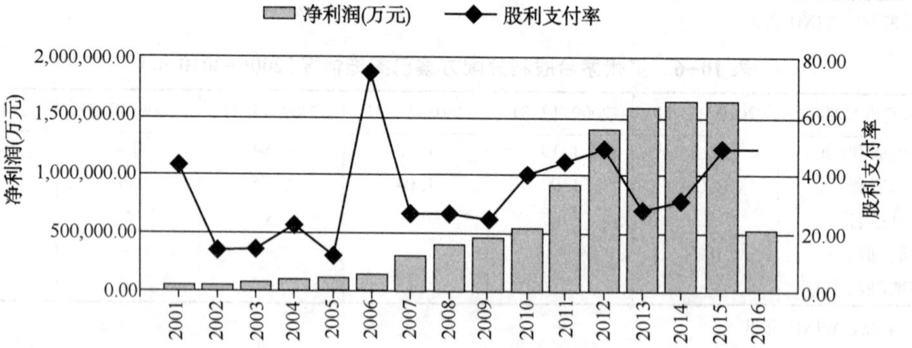

图10-1 贵州茅台历年实现的净利润与其股利支付率趋势图

根据WIND资讯提供的相关数据，整理计算出贵州茅台现金分红的具体量化指标见表10-8，从中可以看出，近10年来，贵州茅台的现金分红总额基本上呈现出分阶段上升的趋势。如在2007~2012期间，贵州茅台的现金分红总额持续增长，2013年白酒行业经营风险加大，贵州茅台的现金分红额度做了回调，确定为454,099.93万元，这也高于其历年的平均现金分红总额234,155.74万元；而在白酒行业初步出现转机时，贵州茅台的现金分红总额又开始逐步提高，其中2014年为499,509.93万元、2015年为775,199.66万元。

就贵州茅台的股利支付率而言，因其股本基准日期为2006年5月25日的股利分配不是年度利润分配的内容，所以此处在计算平均数时未列入其中，使得贵州茅台的平均股利支付率33.40与表10-1中的35.48稍有出入，但还是比较接近白酒行业的平均股利支付率36%。同时，近10年来，贵州茅台的股利支付率虽有一些波动，但总体上在行业平均股利支付率上下10个百分点波动。

表 10-8　贵州茅台历年现金分红总额与股利支付率

报告期	净利润(万元)	现金分红总额(万元)	股利支付率(%)
2015/12/31	1,645,499.66	775,199.66	47.11
2014/12/31	1,626,937.15	499,509.93	30.7
2013/12/31	1,596,489.99	454,099.93	28.44
2012/12/31	1,400,845.07	666,407.74	47.57
2011/12/31	925,032.38	414,960.55	44.86
2010/12/31	533,976.15	217,074.00	40.65
2009/12/31	455,288.89	111,840.30	24.56
2008/12/31	400,075.93	109,103.28	27.27
2007/12/31	296,605.25	78,901.68	26.6
2006/12/31	161,637.52	121,844.58	75.38
2005/12/31	116,912.21	14,157.00	12.11
2004/12/31	85,417.22	19,662.50	23.02
2003/12/31	60,875.35	9,075.00	14.91
2002/12/31	39,258.60	5,500.00	14.01
2001/12/31	34,236.58	15,000.00	43.81
平均数	625,272.53	234,155.74	33.40

数据来源：WIND 资讯

3.3　贵州茅台股利政策财务因素动因分析

影响股利分配的财务因素主要有盈利能力、营运能力、偿债能力、现金需求与现金创造能力等。盈利能力是企业继续经营和稳定发展的基础，也是企业进行现金股利分配的前提；营运能力反映企业的经营状况和资金管理水平，通常企业营运能力越强，其分配股利的可能性和支付率可能越高；而支付现金股利因会导致资金流出而在一定程度上降低企业偿债能力，因此股利政策也要考虑现金流出对企业偿债能力的影响。同时，企业对现金的需求与其现金创造能力也会影响股利分配的方式选择。

3.3.1　基于传统杜邦财务分析体系的分析

(1) 净资产收益率(ROE)的理解

净资产收益率亦称权益净利率或所有者权益报酬率，主要用来反映投资者投入企业的自有资本获取净收益的能力，因为主要反映的是投资与报酬的关系，所以是评价企业资本经营效率的核心指标。其计算公式为：净资产收益率=净利润÷平均净资产×100%

一般认为，企业净资产收益率越高，企业自有资本获取收益的能力越强，运营效益越好，对企业投资人、债权人的保障程度越高。

(2) 对杜邦财务分析法的理解

净资产收益率是一个综合性最强的财务分析指标，是杜邦财务分析系统的核心。企业的投资者可以根据净资产收益率考查企业经营者的经营业绩，预测企业股利分配政策，判断是否对该企业进行投资或是否继续持有该公司的股份。当然，净资产收益率指标对企业的管理者也至关重要，企业的管理者为改善财务状况和进行财务决策，需要运用该指标进行财务分析，将其逐级逐层进行分解，以找到问题产生的主要原因。而杜邦分析法中的几种主要财务指标的关系为：

净资产收益率=资产净利率×权益乘数

=销售净利率×总资产周转率×权益乘数

其中，销售净利率=净利润÷销售收入，用来反映盈利能力；总资产周转率=销售收入÷总资产，用来反映营运能力即资产管理能力；权益乘数=1÷(1-资产负债率)，是反映偿债能力的指标，而该公式中的资产负债率=负债总额÷总资产。

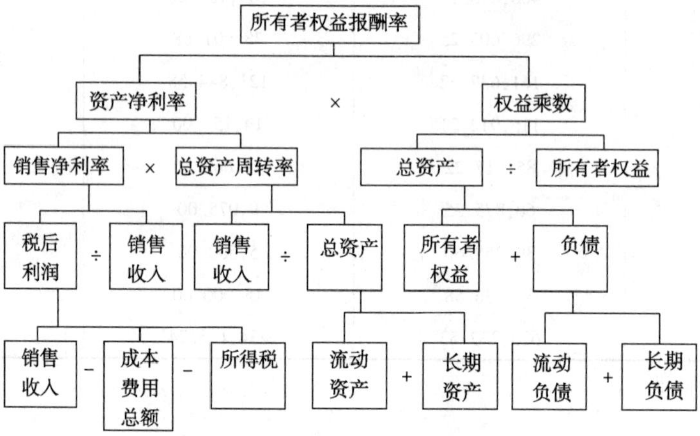

图 10-2　传统杜邦财务分析体系图

如图 10-2 所示，资产净利率是影响权益净利率最重要的指标，具有很强的综合性，而资产净利率又取决于销售净利率和总资产周转率的高低。其中总资产周转率是反映总资产的周转速度，分析资产周转率时需要对影响资产周转的各因素进行分析，以判明影响公司资产周转的主要问题在哪里；销售净利率反映销售收入的收益水平，扩大销售收入、降低成本费用是提高企业销售利润率的根本途径，而扩大销售同时也是提高资产周转率的重要途径。而权益乘数表示企业的负债程度，反映了公司利用财务杠杆进行经营活动的程度。权益乘数越大，表明公司的资产负债率越高，此时公司会有较多杠杆利益，但财务风险也随之提高；反之，资产负债率低，权益乘数就小，公司杠杆利益就少，相应承担的风险也小。

(3) 杜邦财务分析中各二级指标的初步评价

表 10-9 中列示的是贵州茅台 2010 年以来传统杜邦财务分析中涉及到的指标，通过对其分析发现，贵州茅台 2010 年到 2012 年的权益净利率呈上升态势，而在 2013~2015 年间虽有所下滑，但仍然维持在 25%以上，表明贵州茅台的总体盈利能力较强。而与之相关的销售净利率作为浅层盈利能力指标表现出了与权益净利率类似的变动趋势，但总体变动幅度不大，而且 2010 年以来的销售净利率都在 45%以上，由此初步判断贵州茅台的销售获利能力比较强，其有效支撑着公司的经营业绩；而贵州茅台的总资产周转率在各年变动幅度较大，事实上，从 2012 年起，该指标就开始呈现下降趋势，特别是从 2013 年起，其总资

产周转率出现负的增长，由此可初步判断贵州茅台的营运能力有所下降。此外，贵州茅台的权益乘数在 2011 年到 2014 年呈下降态势，只是在 2015 年稍有回升，由此可初步判断贵州茅台的债务负担较轻、财务风险较小、偿债能力较强。

表 10-9　贵州茅台 2010 年以来的传统杜邦财务分析指标

项目	时间	2015	2014	2013	2012	2011	2010
权益净利率	贵州茅台	26.42	31.96	39.43	45.00	40.39	30.74
	增减变动额	-5.54	-7.47	-5.57	4.61	9.65	-2.81
	增减变动率	-17.33	-18.94	-12.38	11.41	31.39	-8.38
销售净利率	贵州茅台	49.20	50.50	51.38	52.95	50.27	45.90
	增减变动额	-1.30	-0.88	-1.57	2.68	4.37	-1.18
	增减变动率	-2.57	-1.71	-2.97	5.33	9.52	-2.51
总资产周转率	贵州茅台	0.44	0.53	0.62	0.66	0.61	0.51
	增减变动额	-0.09	-0.09	-0.04	0.05	0.10	-0.03
	增减变动率	-16.98	-14.52	-6.06	8.20	19.61	-5.56
权益乘数	贵州茅台	1.30	1.26	1.31	1.35	1.39	1.38
	增减变动额	0.04	-0.05	-0.04	-0.04	0.01	0.00
	增减变动率	3.17	-3.82	-2.96	-2.88	0.72	0.00

数据来源：WIND 资讯(因为计算尾数问题，一级指标与二级指标相乘的结果有一些误差)

(4) 杜邦财务分析中各二级指标变动的影响

为了进一步确认各二级指标变动对一级指标权益净利率变动的影响，接下来通过差额计算法分析各二级因素的影响。根据图 10-3 的内容，计算出一级指标权益净利率在 2015 年的变动额为-5.54(26.42-31.96)；而其三个因素变动的影响分别是：销售净利率减少的影响=-1.30×0.53×1.26=-0.86814，总资产周转率减少的影响=-0.09×49.20×1.26=-5.57928，权益乘数增加的影响=0.04×49.20×0.44=0.8659。基于此，各因素的综合影响应该等于以上三个因素各自影响的总和，即全部因素的综合影响=-0.8681-5.5793+0.8659=-5.58，该值与直接确定的权益净利率 2015 年的变动额-5.54 基本相当(稍有偏差，系计算时的尾数所致)。这一方面检验了前面的分析结果，另一方面也进一步表明对贵州茅台 2015 年权益净利率下降影响比较大的因素是总资产周转率与销售净利率。

(5) 贵州茅台权益净利率下降的深层次原因分析

图 10-3 是 WIND 资讯提供的贵州茅台 2014 年、2015 年杜邦财务分析对比图，结合上面的分析结论，对影响销售净利率、总资产周转率的相关因素进行深入分析。在影响贵州茅台销售净利率的因素中，归属于贵州茅台母公司股东的净利润占比(年度变动额为 0.13%)对其影响较小，经营利润率、负债因素的年度变动额分别为-1.96%、0.44%，表明这两个因素对销售净利率的影响较大。贵州茅台的营业总收入本期增加比例为 3.44%，但其经营利润率却在下降，表明该上市公司的成本费用控制工作要进一步加强。

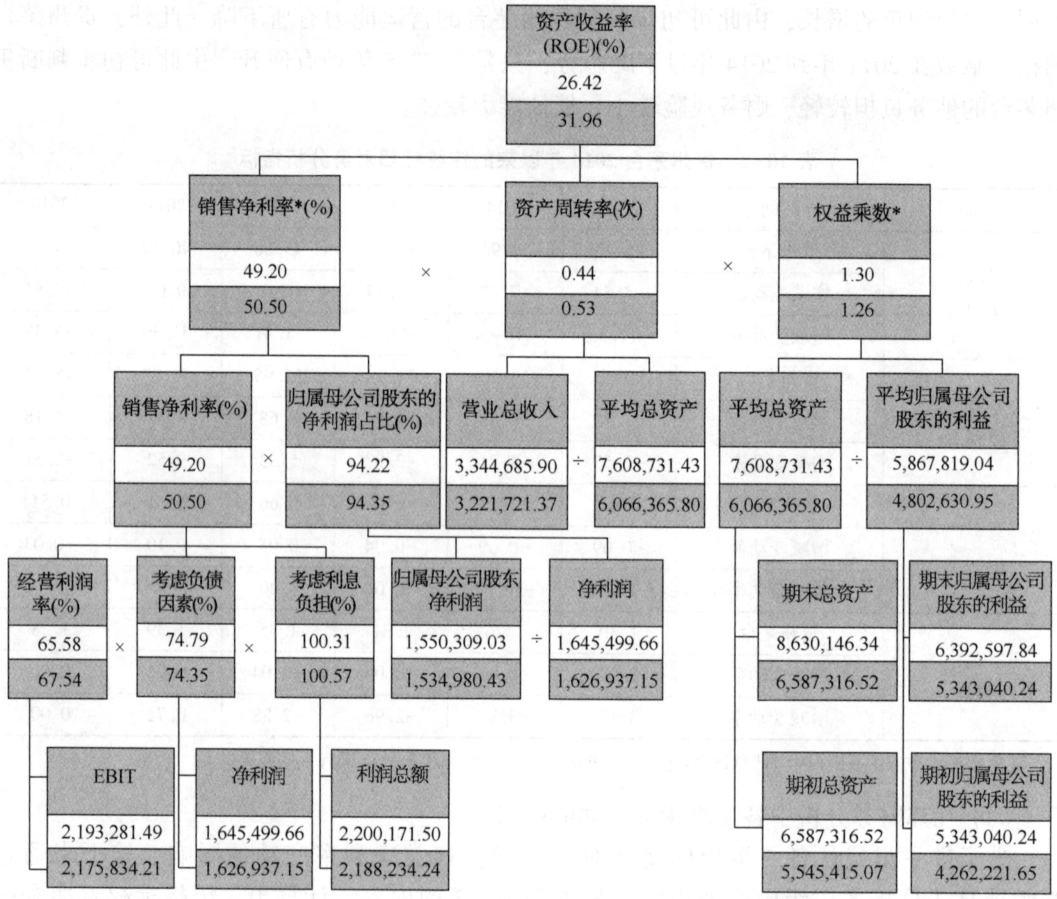

图 10-3　贵州茅台 2014 年、2015 年杜邦财务分析对比图

而从表 10-10 中可以看到，贵州茅台的营业税金及附加、管理费用、营业成本增加幅度较大，而当期的销售费用有所下降。为了确定下一步该上市公司成本费用控制的重点，通过对贵州茅台的年报数据分析发现：该公司营业成本增加主要是本期销量增加所致，营业税金及附加增加主要是本期销量增加及根据《贵州省国税局关于核定部分白酒产品消费税最低计税价格的通知》(黔国税函[2015]387 号)文件确定的公司消费税税基提高所致；管理费用增加主要是公司职工薪酬类费用及固定资产折旧等费用增加所致；销售费用减少主要是本期广告促销费用减少所致。由此可见，针对公司的可控成本，贵州茅台应该重点关注白酒产品的成本构成、管理费用等的控制。

表 10-10　贵州茅台 2015 年营业收入与成本费用

单位：元　币种：人民币

科　目	本期数	上年同期数	变动比例(%)
营业收入	32,659,583,725,28	31,573,928,530,94	3.44
营业成本	2,538,337,449,06	2,338,550,532,33	8.54
营业税金及附加	3,449,170,637,40	2788,994,436,05	23.67
销售费用	1,484,961,519,21	1/674/733,451,06	-11.33

续表

科　　目	本期数	上年同期数	变动比例(%)
管理费用	3,812,852,076,19	3,378,499,544,59	12.86
财务费用	-67,266,800,97	-123,168,793,84	不适用
经营活动产生的现金流量净额	17,436,340,141,72	12,632,522,436,60	38.03
投资活动产生的现金流量净额	-2,048,790,264,59	-4,580,159,580,19	不适用
筹资活动产生的现金流量净额	-5,588,019,638,61,	-5,041,426,729,33	不适用
研发支出	657,228,100,00	652,193,776,00	0.77

数据来源：贵州茅台 2015 年年报

同时，营业总收入与平均总资产对资产周转率的变动均有较大影响，其中平均总资产年度变动额为 1,542,365.63 万元；而造成平均总资产出现较大变动额的主要原因是 2015 年贵州茅台的资产有了 2,042,829.82 万元的增量，正是因为公司资产总额的增加较多，使得贵州茅台的资产管理能力即营运能力有所下降。而从表 10-11 中可以看到，本期贵州茅台资产增加较多的是货币资金、应收票据、存货、长期待摊费用等，其中货币资金增加主要是本期销售商品收到的现金增加所致；应收票据增加主要是本期银行承兑汇票办理销售业务较上年同期增加所致；存货增加主要是本期产品生产的数量增加所致；在建工程增加主要是本期完成的工程进度增加所致；长期待摊费用增加主要是根据第二届董事会 2013 年度第三次会议决议，公司与仁怀市城市开发建设投资经营有限责任公司共同对中枢城区到茅台道路改建项目完成转入摊销所致。据此，贵州茅台要提高流动资产的管理能力，加强应收款项催收，加强存货成本控制与管理；同时积极推动本公司固定资产的合理配置与有效利用。

表 10-11　贵州茅台 2015 年主要资产负债信息　　单位：元

项目名称	本期期末数	本期期末数占总资产的比例(%)	上期期末数	上期期末数占总资产的比例(%)	本期期末金额较上期期末变动比例(%)
货币资金	36,800,749,895.06	42.64	27,710,717,680,21	42.07	32.80
应收票据	8,578,935,406.82	9.94	1,847,838,617.83	2.81	364.27
应收账款	230,768.89	0.0003	4,306,161.24	0.007	-94.64
预付账款	1,477,734,859.90	1.71	2,864,210,404.28	4.35	-48.41
其他应收款	48,219,018.75	0.06	80,888,920.58	0.12	-40.39
存货	18,013,297,022.70	20.87	14,982,364,367.85	22.74	20.23
发放货款及垫款	19,500,000.000	0.02	30,810,000.00	0.05	-36.71
可供出售金融资产	29,000,000.00	0.03	4,000,000.00	0.01	625.00
持有至到期投资			60,000,000.00	0.09	-100.00
固定资产	11,415,953,189.72	13.23	10,375,757,771.59	15.75	10.03
在建工程	4,895,150,716.51	5.67	3,421,774,448.02	5.19	43.03
固定资产清理	682,594.04	0.001			不适用
长期待摊费用	198,603,537.81	0.23	5,408,286.83	0.01	3,572.21

续表

项目名称	本期期末数	本期期末数占总资产的比例(%)	上期期末数	上期期末数占总资产的比例(%)	本期期末金额较上期期末变动比例(%)
递延所得税资产	1,155,336,074.14	1.34	821,601,105.71	1.25	40.62
短期借款			62,552,484.00	0.09	-100.00
吸收存款及同业存放	5,967,622,299.13	6.19	3,956,450,709.19	6.01	50.83
预收账款	8,261,582,073.04	9.57	1,476,233,096.09	2.24	459.64
应付利息	27,409,447.40	0.03	15,365,197.91	0.02	78.39
一般风险准备	218,361,303.43	0.25	98,594,502.37	0.15	121.47
其他综合收益	-13,034,075.47	-0.02	-619,043.99	-0.001	不适用

数据来源：贵州茅台 2015 年年报

最后，贵州茅台的 EBIT 即息税前利润、利润总额的年度变动额为 17,447.28 万元、11,937.26万元，年度变动率分别为 0.82%、0.54%；结合上面对负债因素、利息负担影响的分析，可以判断对公司净利润有较大影响的除了营业总收入外，还有负债因素与税收因素。

（6）贵州茅台盈利能力、营运能力、偿债能力的总体评价

通过上面的分析发现，贵州茅台的盈利能力、偿债能力比较强；其资产周转率虽有下降，但增加最多的货币资金对公司分配现金股利方式的选择是利好消息；同时，该上市公司目前良好的盈利能力、偿债能力有扎实的要素基础，这些财务能力在未来的延续性很强，这为贵州茅台积极的股利分配政策提供了强有力的支持。

3.3.2 贵州茅台现金创造能力与现金需求分析

（1）贵州茅台现金创造能力评价

衡量企业获取现金能力的指标主要有销售现金比率(经营现金流量净额/销售额)、全部资产现金回收率(经营现金流量净额/全部资产)、每股经营现金流量净额(经营现金流量净额/普通股股数)。

从表 10-12、10-13 可以看出，贵州茅台现金创造能力很强，其近 10 年的销售现金比率均在 25%以上，全部资产现金回收率均在 15%以上，每股经营现金流量净额均为正数。这说明贵州茅台有足够的股利支付能力，并且支付股利后仍能够保持大量的现金持有。

（2）贵州茅台满足现金需求指标评价

反映满足企业现金需求的指标即企业财务弹性指标，主要有现金满足投资比率(近 5 年累计经营现金流量净额/同期内的资本支出、存货增加、现金股利之和)、现金股利保障倍数(每股经营现金流量净额/每股现金股利)。

从表 10-12、10-13 也可以看出，近 10 年来，贵州茅台满足现金需求的指标即企业财务弹性指标表现良好，其中现金满足投资比率始终为正数，现金股利保障倍数基本上在 2 倍以上，表明贵州茅台经营活动创造的现金流能满足资本投资需求，并且能为公司发放现金股利提供有力的资金保障。加上贵州茅台总体财务状况良好、品牌影响强大，对外筹措资金也很容易实现。所以，对贵州茅台而言，发放现金股利资金不是问题。

（3）贵州茅台收益质量评价

衡量企业收益质量的指标主要有现金营运指数(经营现金的净流量/经营现金毛流量)、

经营现金净收益比(经营现金流量净额/经营活动净收益)等。

从表10-12、10-13还可以看出，贵州茅台的收益质量很高，其近10年的现金营运指数均为正数，经营现金净收益比均在35%以上，这表明贵州茅台的收益质量硬朗，产生经营活动现金净流量的能力很强，这为贵州茅台维持高派现的股利政策提供了重要保障。

表10-12　贵州茅台现金创造能力与满足现金需求指标(2011-2015)

指标 / 年度	2015	2014	2013	2012	2011
销售现金比率	52.13	39.21	40.73	45.06	55.15
全部资产现金回收率	20.20	19.18	22.82	26.49	29.08
每股经营现金流量净额	13.88	11.06	12.19	11.48	9.78
现金满足投资比率	1.64	0.99	0.85	1.08	1.57
现金股利保障倍数	3.49	2.78	1.90	2.87	4.68
现金营运指数	1.03	0.74	0.77	0.83	1.08
经营现金净收益比	78.70	57.16	58.08	63.32	82.29

数据来源：WIND资讯

表10-13　贵州茅台现金创造能力与满足现金需求指标(2006-2010)

指标 / 年度	2010	2009	2008	2007	2006
销售现金比率	53.31	43.68	63.67	24.09	43.09
全部资产现金回收率	24.24	21.37	33.31	16.63	22.08
每股经营现金流量净额	6.57	4.48	5.56	1.85	2.24
现金满足投资比率	1.41	1.15	1.94	0.97	1.31
现金股利保障倍数	5.54	3.87	6.65	2.64	3.79
现金营运指数	1.11	0.90	1.30	0.53	1.27
经营现金净收益比	86.61	69.54	97.37	38.54	85.02

数据来源：WIND资讯

3.4　贵州茅台股利政策非财务因素SWOT分析

影响股利政策的非财务因素主要包括法律因素、经济环境因素、市场因素股东因素等。

针对影响贵州茅台股利分配的非财务因素，考虑采用SWOT法进行分析。SWOT分析法是用来确定企业自身的竞争优势(S)、竞争劣势(W)、机会(O)和威胁(T)，从而将公司战略与公司内部资源、外部环境有机结合起来的一种科学的分析方法，其中S(strengths)、W(weaknesses)是内部因素，O(opportunities)、T(threats)是外部因素。

根据对贵州茅台内外部因素的分析，确定出影响该上市公司股利分配政策的非财务因素中的优势、劣势、机会和威胁见图10-4。从中可以看出，贵州茅台的非财务优势主要包括品牌影响、公司形象、技术工艺、酱香型白酒市场优势、股东因素、股价因素；劣势主要包括区位因素、单一行业和品牌；面临的机会主要包括法律因素、白酒国际化的发展空间、国内白酒消费的习俗；可能面对的主要威胁与挑战包括经济下行压力、行业竞争激烈、赤水河流域生态环境保护压力增大等。

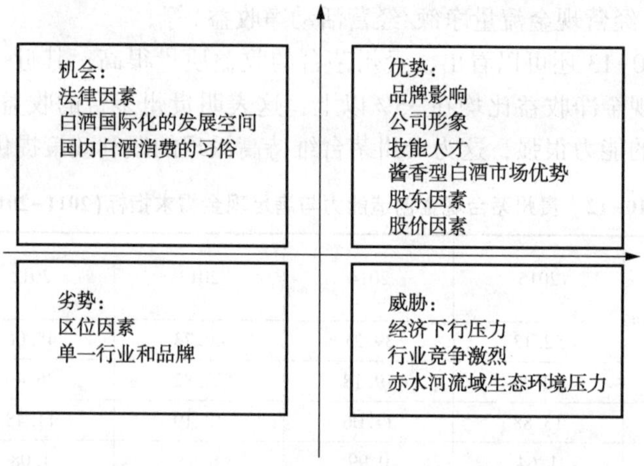

图 10-4　贵州茅台股利分配非财务因素 SWOT 图

（1）优势分析

① 品牌影响与公司形象

茅台酒素有“国酒”之称，与法国科涅克白兰地、苏格兰威士忌并称为世界三大蒸馏酒。贵州茅台具有著名的品牌、卓越的品质、悠久的文化、独有的环境、特殊的工艺等五大核心竞争力，这为公司持续健康发展提供了坚实的保障。

事实上，贵州茅台是我国白酒行业唯一一家国家一级企业，公司积极打造健康高品质白酒品牌，其产品先后 17 次荣获各种国际金奖；公司推崇“爱我茅台、为国争光”的企业精神，设计了具有鲜明厚重特色的厂旗、企徽(见下图 10-5、图 10-6)。公司重视对股东、投资者的利益回报，每年都有高额的现金股利发放；公司注重企业社会责任的履行，在捐资助学、扶贫济困、环境保护、扶农兴农等方面做了大量工作；同时公司也是我国白酒行业上缴税金最多的企业，这些努力使贵州茅台拥有了良好的社会形象。

图 10-5　贵州茅台厂旗

图 10-6　贵州茅台企徽

② 技能人才

贵州茅台聚集了行业领先的技术团队和大量精通制酒、制曲、勾兑、品评等工艺的技能人才，为了提高公司产品品质、开发新型系列酒，公司每年都会在研发上投入大量资金，以 2015 年为例，该年度公司共投入 65，722.81 万元在研发上，同时公司研发人员的比重也较高，占到公司总人数的 8.16%，研究投入资本化转变成产能的比重也高达 22.24%(表 10-14)，这些都为保证企业持续健康发展、以及未来有能力持续分配股利提供了重要保障。

表 10-14　贵州茅台 2015 年研发投入情况　　单位：元

本期费用化研发投入	511,064,000.00
本期资本化研发投入	146,164,100.00
研发投入合计	657,228,100.00
研发投入总额占营业收入比例(%)	2.01
公司研发人员的数量(人)	1.723
研发人员数量占公司总人数的比例(%)	8.16
研发投入资本化的比重(%)	22.24

数据来源：贵州茅台 2015 年年报

③ 酱香型白酒市场优势

贵州茅台拥有较为稳定的消费群体、“茅粉”群体、稳定的销售渠道，目前几乎垄断了酱香型白酒行业。当前，贵州茅台以“酿造高品位的生活”为使命，以“健康永远，国酒永恒”为愿景，以“做强茅台酒，做大系列酒”作为战略定位，着力实施“133”品牌战略，努力创新营销模式，巩固高端白酒优势地位，抢占中低端产品空间，形成品牌强势、销量增加、业绩增长的发展格局，以确保其国际国内市场的领先地位。贵州茅台的这种发展战略风险小，收益稳定、安全性高，能够为公司未来持续成长打下稳固基础，从而有利于增强其发放现金股利的能力。

④ 股东因素

截至 2015 年 12 月 31 日，贵州茅台共发行 125，619.78 万股 A 股普通股，从表 10-15 中可以看出，公司第一大股东是中国贵州茅台酒厂有限责任公司，持股比例 61.99%；第二大股东是香港中央结算有限公司，持股比例 5.53%；第三大股东是中国证券金融股份有限公司，持股比例 2.57%；其他持股比例在 1%以上(含 1%)的股东还有贵州茅台酒厂集团技术开发公司、GIC PRIVATE LIMITED(新加坡政府投资公司私人有限公司)、易方达资产管理(香港)有限公司-客户资金(交易所)。很明显，贵州茅台中小股东股权分散，贵州茅台的第二大股东、第三大股东联合起来对抗不了第一大股东，该上市公司实际上处于“一股独大”状态。这对公司治理是有一定消极影响，但从现金股利分配政策角度看，上市公司股权集中度越高，大股东分红的动机就越强。贵州茅台倡导多赢，重视价值分享，不断提升公司股东的现金分红收益。

表 10-15　贵州茅台前十名股东持股情况

前十名股东持投情况							
股东名称(全称)	报告期内增减	期末持投数量	比例(%)	持有有限售条件股份数量	质押或冻结情况		股东性质
					股份状态	数量	
中国贵州茅台酒厂(集团)有限责任公司	70,979,451	778,771,955	61.99		无		国有法人
香港中央结算有限公司	34,075,105	69,451,395	5.53		无知		其他
中国证券金融股份有限公司	32,287,175	32,287,175	2.57		未知		其他
贵州茅台酒厂集团技术开发公司	-5,471,628	27,812,088	2.21		未知		其他
GIC PRIVATE LIMITED	5,803,082	14,552,200	1.16		未知		其他

续表

<table>
<tr><th colspan="8">前十名股东持投情况</th></tr>
<tr><th rowspan="2">股东名称(全称)</th><th rowspan="2">报告期内增减</th><th rowspan="2">期末持投数量</th><th rowspan="2">比例(%)</th><th rowspan="2">持有有限售条件股份数量</th><th colspan="2">质押或冻结情况</th><th rowspan="2">股东性质</th></tr>
<tr><th>股份状态</th><th>数量</th></tr>
<tr><td>易方达资产管理(香港)有限公司-客户资金(交易所)</td><td>919,395</td><td>12,504,841</td><td>1.00</td><td></td><td>未知</td><td></td><td>其他</td></tr>
<tr><td>中央汇金资产管理有限责任公司</td><td>10,787,300</td><td>10,787,300</td><td>0.86</td><td></td><td>未知</td><td></td><td>其他</td></tr>
<tr><td>奥本海默基金公司-中国基金</td><td>662,962</td><td>7,292,585</td><td>0.58</td><td></td><td>未知</td><td></td><td>其他</td></tr>
<tr><td>全国社保基金一零一组合</td><td>2,007,762</td><td>5,745,502</td><td>0.46</td><td></td><td>未知</td><td></td><td>其他</td></tr>
<tr><td>泰康人寿保险股份有限公司—分红—个人分工—019L-FH002 沪</td><td>3,906,081</td><td>5,658,800</td><td>0.45</td><td></td><td>示知</td><td></td><td>其他</td></tr>
</table>

数据来源：贵州茅台 2015 年年报

⑤ 股价因素

贵州茅台由于其优良的成长性和持续稳定的利润增长，在 A 股市场得到广泛认可。表 10-16 反映的是该上市场公司股价的阶段性表现情况，从中可以看出，公司的最高价一直是 326.80 元，最近三年的最低价也都高于 100 元，其涨幅始终远高于所在行业涨幅，相对于行业涨跌幅，其近三年为 43.49%、近二年为 25.22%、近一年为 25.97%。而表 10-17 反映了 2011~2014 年贵州茅台股利政策宣告当天的市场反应情况，从中可以看出，公司宣布股利政策后，短期内股价波动较小；同时，近几年贵州茅台股利宣告日当天的股票收益率均为正值，高于市场收益率，产生了正的超额收益率，表明贵州茅台股利政策的选择得到了市场认可。所以说，相对于目前公司的高股价，贵州茅台持续的高派现股利政策无疑起到了增强市场信心的作用，这有利于稳定公司股价。

表 10-16　贵州茅台的阶段性市场表现

时　　间	本月	近三月	近六月	近一年	近二年	近三年
开盘价(元)	287.20	244.95	200.99	217.00	164.23	177.00
最高价(元)	326.80	326.80	326.80	326.80	326.80	326.80
最低价(元)	284.00	243.00	195.62	166.20	145.50	118.01
收盘价(元)	311.26	311.26	311.26	311.260	311.26	311.26
涨跌幅(%)	8.93	30.04	56.82	45.06	117.21	125.10
行业涨跌幅(%)	3.20	21.77	38.98	19.08	92.00	81.60
相对行业涨跌幅(%)	5.73	8.27	17.84	25.97	25.22	43.49

数据来源：WIND 资讯

表 10-17　贵州茅台股利政策宣告当天的市场反应

股利宣告日	开盘价(元)	收盘价(元)	股票收益率	市场收益率	超额收益率
2014.6.18	153.80	153.58	0.25%	(0.55%)	0.80%
2013.6.3	198.10	202.08	2.53%	(0.06%)	2.59%

续表

股利宣告日	开盘价(元)	收盘价(元)	股票收益率	市场收益率	超额收益率
2012. 6. 27	238. 00	241. 90	1. 70%	(0. 24%)	1. 91%
2011. 6. 27	207. 20	208. 27	0. 89%	0. 44%	0. 45%

数据来源：WIND 资讯

(2) 劣势分析

① 区位因素

茅台酒独产于中国贵州省遵义市仁怀市西北 6 公里的茅台镇，地处赤水河东岸，寒婆岭下，马鞍山斜坡上，依山傍水，海拔 450 米。茅台酒的质量与这样特殊的环境与产地密切相关，这是茅台酒不可克隆的主要原因。但同时，这样的区位特征使得贵州茅台在交通、能源等方面存在一定短板，市场竞争环境不容乐观。

② 单一行业和品牌

贵州茅台采用的是采购原料——生产产品——销售产品的经营模式，公司的主要产品是贵州茅台酒以及系列产品，在其 2015 年的主营业务构成中，茅台酒的比重达到 96. 59%，而其系列酒的比重仅为 3. 39%。尽管公司也将系列酒列入企业重要发展战略，不断加大对这类产品的费用支持力度，但就目前而言，贵州茅台偏重于一元化的发展战略，这在白酒产品回归大众消费的行业共识下存在单一行业和品牌的劣势。

(3) 机会分析

① 法律因素

为了维护中小股东的利益，避免大股东的肆意侵害行为，中国证券监督管理部门加强了对现金分红的规定，如 2008 年证监会提出的上市公司公开发行股票的条件之一是“上市公司最近三年以现金形式累积分配的利润不少于最近三年年均可分配利润的 30%”。该制度还在不断完善之中，这在一定程度上也规范了上市公司的股利分配行为；同时也给贵州茅台回馈投资者、维持公司良好形象进行积极的“慷慨分红”提供了一个有力的依据。

② 白酒国际化的发展空间

在高档白酒的全球零售量份额中，我国的国际市场份额不到 1%(在 others 即其他中)，尽管目前白酒市场竞争激励，但也应该谨慎乐观地看到，我国白酒产量约占世界烈性酒产量的 38%左右，国内白酒国际化具有较大的发展空间。

2015 年是茅台酒获得巴拿马万国博览会金奖 100 年；同时，2015 年的 11 月 12 日也被定为旧金山的“茅台日”。贵州茅台以此为契机，悄然搅动国际酒类市场，展示着“中国制造”的魅力。贵州茅台的目标是，在未来五年，公司海外市场力争年均增长超过 15%，到 2020 年，茅台酒在海外市场的销量力争占总销量的 10%以上。

③ 国内白酒消费的习俗

尽管我国经济增速放缓，但经济基本面是好的，不会有大的波动。白酒作为中国人情感交流的载体没有变，作为中华民族文化符号之一没有变，作为中国人的日常消费偏爱没有变，消费白酒的传统风俗习惯和文化习惯也没有变，这些都为我国白酒产业的持续健康发展提供了机会。

(4) 威胁分析

① 经济下行压力

从国际看，发达经济体复苏微弱，新兴经济体增速放缓，大宗商品价格仍将持续低位，发展不平衡问题远未解决，外部环境不稳定、不确定因素仍然存在。而国内的主要经济指标增幅回落，GDP 增速跌破 7%，PPI(生产者物价指数)连续 46 个月为负，部分行业产能过剩，企业生产经营困难，经济下行压力持续加大。茅台酒的奢侈品特性决定了其受外部环境的影响较大，“成本上升、需求不足、增速放缓”是贵州茅台目前面对的三重压力。

② 行业竞争激烈

从行业看，2015 年白酒行业虽出现了微弱复苏迹象，但综合预判，白酒行业 2016 年仍将处于持续深度调整期，国内产能持续过剩、中低端白酒市场竞争将异常激烈。

③ 赤水河流域生态环境压力

近年来赤水河流域出现了发展方式粗放、环保基础设施落后、环境监管能力不足、生态环境恶化等问题，而保护好赤水河生态环境是守护茅台酒的绿色生命线。基于此，贵州茅台不断加大对该区域生态环保的投入，如从 2014 年起的连续 10 年内打算出资 5 亿元(每年出资 5000 万)用于赤水河流域的生态环境保护与环境治理。

综上，尽管目前的劣势与面临的威胁会对贵州茅台经营业绩、未来发展产生一定消极影响，但作为拥有强大品牌价值与良好社会形象的国内白酒龙头企业，投资者普遍对其未来利润持续增长和公司持续发展持乐观态度。为此，贵州茅台要利用自身优势，紧抓当前发展机遇，深耕精耕国内市场，积极开拓国际市场，努力补齐短板，力保公司稳步发展，促使公司营业收入、利润水平合理增长，以便为其未来积极股利政策的延续实施提供支撑。

4. 案例启示

4.1 贵州茅台股利政策建议

上市公司的股利政策主要受能力与意愿的影响，贵州茅台财务基本面好，这是其高派现股利政策的前提条件和基本保证；而其股权结构、市场反应、股价因素等则对该上市公司的派现意愿产生了重要影响，促使公司在条件允许时乐意多分配股利特别是现金股利。

4.1.1 贵州茅台要继续坚持稳定的高派现股利政策

贵州茅台持续 16 年的“高分红”政策是在其高质量盈利水平和良好发展情况下，在满足了公司正常投资需求之外而采取的股利政策，这样的股利分配政策与公司实际情况相匹配，对那些看重现金股利的投资者有较大吸引力，从而在一定程度上赢得了投资者的信任。因为发放现金股利较多，这有利于减少管理层利用闲置资金进行寻租的行为，降低了股东和管理者之间的代理成本，同时为贵州茅台的再融资创造了良好声誉。而贵州茅台连续稳定的高派现政策也向外界传递了公司发展良好的信号，有利于提升公司股价与形象。如果改变现有股利政策，可能会向外界传递不良信号而引发股票抛售行为，引起公司股价下滑。因此，为了维持公司股票价格的稳定性和公司良好的社会形象，贵州茅台在财务状况良好、盈利能力很强、现金流非常充裕的情况下有必要坚持目前的高派现股利政策。

4.1.2 贵州茅台应丰富股利分配方式，适当发放股票股利

贵州茅台自上市以来一直秉持高派现、连续、稳定的股利政策，其中在刚上市的几年里，现金股利、股票股利、转增股多种方式结合使用，但近 10 年主要是现金分红。而这种

单一的股利派现政策也是一把双刃剑，在有上述分析中反映出的优势的同时，也给公司来带一些不利影响，如公司股价一直高位运行，一些中小投资者可能会因资金限制无法购买估价过高的股票，而通过股票股利降低每股价格的做法则可以促使更多投资者购买公司股票。基于此，贵州茅台可在坚持现行高派现股利政策的基础上，结合公司实际情况，灵活运用股票股利发放方式，这也是该公司在其 2014 年的利润分配中，执行每 10 股派送 1 股、每 10 股派发现金红利 43. 74 元(含税)的分配方案的一个重要原因。因为贵州茅台股价的绝对值有些偏高，每 10 股送 1 股的股票股利政策会因增加股数而使每股收益下降，这对股价存在一定稀释作用，能在一定程度上避免因股东认知不足而造成股价过高带来大量减持，同时也为日后该公司股价上涨提供了更大空间。

4. 2　完善上市公司股利政策的建议

4. 2. 1　股利政策的制定要有利于公司财务目标的实现

股利政策的制定是个系统工程，上市公司应根据所处生命周期的投资需求和融资渠道，结合自身盈利水平和质量，考虑各利益主体需求等来制定自身的股利政策。因为现行上市公司的财务目标主要是股东财富最大化，这是任何公司制定股利政策的前提条件与根本出发点。因此，在财务状况允许、资金充裕的情况下，上市公司要有“有利愿分”的理念，这样才能增强投资者的投资信心。而从长远来看，公司的利益和股东的利益是一致的，积极的股利政策对上市公司而言是一个双赢的决策。上市公司应根据自身所处的环境及实际情况，特别是所处的公司生命周期阶段，从公司长期发展战略角度出发制定适合自身的股利政策，以促进公司稳定发展、提升公司价值、平衡企业利益相关者之间的利害关系。

4. 2. 2　股利政策的制定或修改要有利于稳定公司股价

公司股利政策是影响股票价格的一个重要的因素，对于上市公司来说，稳定股价对其正常生产经营具有十分重要的意义。因为股价过高会影响股票的流动性，并给投资者造成股价可能急剧下跌的隐患；若股价过低，势必会影响公司声誉，不利于其今后的增资扩股或负债融资；而如果股价波动幅度过大且频繁，则更会动摇投资者的信心。上市公司为了维持公司股票的合理价位，除了要有良好的业绩作为支持外，更需要一个能鼓舞投资者信心的股利政策。而公司股利分配政策不仅是一种分配方案，同时还是一种有效的信号传递工具。股利分配政策的变化往往是公司经营状况发生变化的信号，这些信号有积极的也有消极的市场影响。投资者由于具有不同的股利偏好，往往会选择在适合自己股利偏好的上市公司群落周围聚集。因此，上市公司可能通过坚持或修改股利分配政策，或者在股利分配政策中包含更多信息来为公司树立良好企业形象，稳定或提升公司股票价值。

4. 2. 3　合理搭配股利分配方式满足不同投资群体需求

在财务状况不错、资金充足的情况下，上市公司可结合自身实际，将发放现金股利、股票股利、公积金转增股本等方式合理搭配使用，以满足不同类别投资者对投资收益形式的要求。如果公司现金流不足，但上市公司有足够财务能力时可考虑发放股票股利或转增股，因为这两种分配方式通常被认为是企业向投资者传递公司未来发展前景良好的信息，这有利于增加公司流通股票的数量，从而相应降低每股股票的价格，吸引更多投资者购买公司股票，增强公司股票的流动性和未来股价上涨的空间。同时，在我国，个人投资者获得的现金股利需要按个人所得税税率减半缴纳个人所得税；而收到派发的股票股利如果来自未分配利润，个人股东也需要缴纳个人所得税，但资本公积转增股本不需要缴纳个人所得税，如果这部分股票性质的股利被出售变现，只要交纳印花税和交易费用即可，从而可以给投资者带来资本利得在纳税上的好处。

4.2.4 加强股利分配政策的信息披露与监督约束

目前，我国上市公司的股利分配政策一直缺少有效的监督约束机制，各监管部门对现金股利分配的信息披露要求也不够明确，从而造成一些上市公司现金股利分配政策随意性大、稳定性差。特别是一些有配股需求的上市公司，为了达到证监会的要求，往往通过发放股利来降低自己的未分配利润以提高自身净资产收益率，这使得公司的股利政策成了配股的手段，既不能公允地反映公司的业绩，也不能保护投资者的权益；而一旦配股成功，有些上市公司就回归常态，成了名副其实的“铁公鸡”。为此，建议相关部门不断完善股利分配的监管制度，推动我国上市公司股利分配政策向着合理、稳定的方向发展。如要求上市公司根据自身实际情况制定中长期的股利分配政策，并要求其在招股说明书或年报中披露包括企业所处的发展阶段分析、股利分配的基本规则、股利分配的具体方案等必要内容；如果因特殊情况需要改变股利政策时，公司应公开做出具体的说明并公布新的股利分配方案。而对遭到质疑的上市公司股利分配，相关部门应进行详细调查，对出现的虚假情况予以严惩。

总之，股利支付不是越高越好，合适的股利政策才是企业孜孜不倦所追求的，公司只有做到股利政策与企业发展相适应，同时又兼顾对股东的回报，才能稳定长期地发展下去。

本章附注

1. PPI

生产者物价指数(Producer Price Index，即 PPI)，是衡量工业企业产品出厂价格变动趋势和变动程度的指数，PPI 反映生产环节的价格水平，是评价某一时期生产领域价格变动情况的重要经济指标，也是制定有关经济政策和国民经济核算的重要依据。

通常可根据 PPI 推算预期 CPI，从而估计通货膨胀风险。总之，PPI 上升不是好事，如果生产者转移成本，终端消费品价格上扬，CPI 会通胀上涨；如果不转移，企业利润会下降，经济会出现下行风险。

2. CPI

消费者物价指数(Consumer Price Index，即 CPI)，是衡量与居民生活有关的商品及劳务价格统计出来的物价变动指标，反映的是消费环节的价格水平，通常可作为观察通货膨胀水平的重要指标。一般来说，当 CPI 的增幅大于 3%时称之为通货膨胀(Inflation)；而当 CPI 的增幅大于 5%时称之为严重通货膨胀(Serious Inflation)

第四篇　暂停上市与退市篇

第十一章　我国的退市制度及其实施概况

我国在2001年启动退市制度，同年4月被终止上市的PT水仙成为国内资本市场退市第一股。作为规范证券市场发展的重大举措，退市制度的推行打通了国内资本市场“有进有退”的渠道，有利于提升上市公司整体质量、发挥资本市场优胜劣汰功能、夯实证券市场健康发展基础。具体来看，上市公司因为退市压力可以约束其管理层提高公司运营质量；投资者因为特别处理或退市风险警示可以引导其理性投资；市场和监管层因为优胜劣汰机制、强化监管手段能提高市场运行和监管效率。近年来，我国的监管层与交易所不断完善优化退市制度，但从实践情况来看，因为受多种因素影响，我国资本市场的保壳大战异常激烈，实际退市公司数量非常有限。

1. 我国上市公司的退出机制

1.1　上市公司退出机制的内涵

1.1.1　上市公司退出机制的概念

上市公司退出机制就是股市淘汰制度，它是一套监督、监测并迫使那些已经丧失上市条件和赢利能力的上市公司退出市场，使那些经过努力又具备上市条件和赢利能力的停市公司重新进入市场的法规与制度体系。上市公司退出机制的整个制度体系主要由ST制度(我国特有)、暂停上市制度、恢复上市制度、终止上市制度及相关的法律法规共同组成。基于此，上市公司退市制度在设计时不仅要考虑退市标准，同时还要关注退市程序。

1.1.2　上市公司退市标准、退市程序

(1) 上市公司退市标准

退市标准反映了交易所的监管理念，作为甄别退市公司的依据，退市标准通常包括数量标准和非数量标准。其中数量标准主要从上市公司总资产、净资产、股票市值、营业收入、营业利润、公众持股人数、持股量、持股市值、最小报价等方面做出规定；非数量标准则主要是从公司治理机制、信息披露等方面提出要求。

(2) 上市公司退市程序

退市程序是执行监管理念的具体实施过程，我国股票市场上市公司的退市流程具体见图11-1。即退市流程一般从特别处理开始，包括ST和*ST，一般是先前者再后者。当然，有时也会直接被*ST。被ST(或*ST)的公司如果主要业绩指标得到实质性改善，可对照标准、按照规定依法申请撤销ST或*ST(即所谓的“摘帽”)。如果其业绩继续恶化可能就会面临暂停上市，而暂停上市的公司根据之后的具体表现情况，可能面临恢复上市或终止上市两种命运。

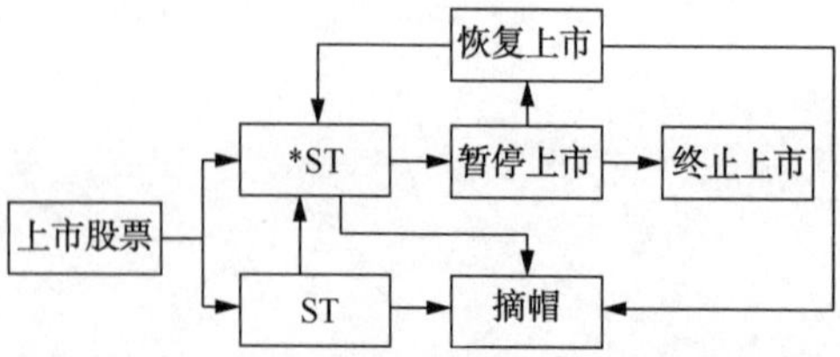

图11-1　我国股票市场的退市流程

1.2　特别处理(ST)制度

1.2.1　对 ST 的理解

1998 年 4 月 22 日，沪深交易所宣布，将对财务状况或其他状况出现异常的上市公司股票交易进行特别处理(Special Treatment)，并在股票简称前冠以“ST”，因此这类股票被称为 ST 股。随着我国资本市场的不断发展与完善，先后出现了几个与 ST 相关的标识：ST——特别处理、*ST——退市风险警示、S*ST——退市风险警示+还没有完成股改、SST——特别处理+还没有完成股改。

随着时代的发展，ST、*ST 的内涵也在不断充实。以上交所 2014 年修订的《上海证券交易所股票上市规则》(以下简称上交所《股票上市规则》)为例，其 13.1.2 条规定的风险警示分为存在终止上市风险的风险警示(即“退市风险警示”)和存在其他重大风险的其他风险警示。而其 13.1.4 条又规定，上市公司股票被实施退市风险警示的，在公司股票简称前冠以“*ST”字样，以区别于其他股票；上市公司股票被实施其他风险警示的，在公司股票简称前冠以“ST”字样，以区别于其他股票，但本所另有规定的除外。

1.2.2　被 ST 的情形

(1) 旧规定中被 ST 的情形

按照 1998 年 4 月下旬沪深交易所规定的 ST 制度，我国上市公司出现财务状况异常会被 ST 的情形主要有：一是最近两个会计年度的审计结果显示的净利润为负值或每股净资产低于股票面值；二是最近一个会计年度的审计结果显示其股东权益低于注册资本；三是注册会计师对最近一个会计年度的财产报告出具无法表示意见或否定意见的审计报告；四是最近一个会计年度经审计的股东权益扣除注册会计师、有关部门不予确认的部分低于注册资本；五是最近一份经审计的财务报告对上年度利润进行调整，导致连续两个会计年度亏损；六是经交易所或中国证监会认定为财务状况异常的。而因“其他状况异常”会被 ST 的情形主要是指自然灾害、重大事故等导致生产经营活动基本中止，公司涉及可能赔偿金额超过公司净资产的诉讼等情况。

(2) 新规定中被 ST 的情形

上交所 2014 年修订的《股票上市规则》中，其第 13.3.1 条规定，上市公司出现以下情形之一的，本所对其股票实施其他风险警示：一是被暂停上市的公司股票恢复上市后或被终止上市的公司股票重新上市后，公司尚未发布首份年度报告；二是生产经营活动受到严重影响且预计在三个月内不能恢复正常；三是主要银行账号被冻结；四是董事会会议无法正常召开并形成决议；五是公司被控股股东及其关联方非经营性占用资金或违反规定决策程序对外提供担保，情形严重的；六是中国证监会或本所认定的其他情形。

1.2.3　我国 ST 股的交易规则

ST 制度是一种过渡性的制度安排，在 ST 制度下，被实施 ST 的上市公司股票交易要遵循以下规则：一是股票报价日涨跌幅限制为涨幅 5%，跌幅 5%；二是上市公司股票名称改为原名称前加 ST，如 ST 华泽；三是上市公司的中期报告必须经过有资质的注册会计师审计。其中设置涨跌幅限制是为在一定程度上抑制庄家的刻意炒作；加“ST”标识的目的在于向投资者提示市场风险，引导投资者进行理性投资。

需要指出的是，特别处理并不是对上市公司的处罚，而只是对上市公司目前所处状况的一种客观揭示，引导投资者进行理性投资，如果公司异常状况消除，可以恢复正常交易；如果上市公司异常状况继续恶化，则可能会面临暂停上市甚至退市的风险。投资者对于ST股票也要区别对待，具体问题具体分析，有些ST股主要是经营性亏损，那么在短期内很难通过加强管理扭亏为盈；有些ST股是由于特殊原因造成的亏损，或者有些ST股正在进行资产重组，则这些股票往往潜力巨大。

1.3 特别转让(PT)制度

1.3.1 对PT的理解

PT(Particular Transfer)，即“特别转让”，是指连续三年亏损的上市公司被暂停上市后，交易所及相关会员在每周五为投资者提供“特别转让”服务。PT制度在风险提示方面的具体要求是，连续三年亏损的上市公司应在披露年报前至少发布三次警示性公告。

1.3.2 我国PT股的交易规则

(1) PT股只在每周五的开市时间内进行委托申报

PT股只在每周五的开市时间内进行委托申报，其申报转让价格为上一次转让价的上下5%。如PT振新1999年7月10日收盘价5.96元，下周五即7月16日股价下跌为5.66元(5.96×0.95)。再如PT振新1999年8月13日收盘价4.80元，8月20股价上升为5.04元(4.80×1.05)。

(2) PT股是按集合竞价方法进行撮合成交

PT股进行的转让不是通常意义上的股票买卖，其于周五9：30开市后只接受申报委托，不进行买卖；待15：00时收市后将有效申报按集合竞价方法进行撮合成交，然后再告知成交回报结果。未撮合成交的申报单无效，等待下周五再重新申报。转让信息在各证券营业部的行情显示栏中无显示，仅在周六指定报刊中公告。

(3) PT股涨停、跌停与指数无关

PT股票的涨跌情况不计入指数，成交数据也不计入市场统计。公司股票被PT期间公司其他权利义务不变，非流通股的协议转让及流通股的定价收购，仍按交易所规定执行；另外委托方式、手续费及相关费用、交割方式均与股票交易相同。

(4) PT股票交易的取消

2000年6月19日，中国证监会颁布了《股票暂停上市相关事项的处理规则》，规定自2000年6月23日起取消PT股票特别转让价格5%的跌幅限制，PT股票申报价格将不设下限，价格跌幅也没有限制，但涨幅限制仍为5%。2001年12月5日中国证监会出台了新的退市制度，明确取消PT股票交易制度，即证券交易所不再为PT股票提供特别转让服务；而PT类股票的交易则从2002年5月1日起正式停止。

1.4 退市风险警示(*ST)制度

1.4.1 退市风险警示制度的出台

为保护投资者合法权益，降低市场风险，上海证券交易所和深圳证券交易所分别于2003年4月2日、4月3日发布《关于对存在股票终止上市风险的公司加强退市风险警示等问题的通知》，并自2003年5月8日起施行。该通知对存在股票终止上市风险的公司，将其股票交易实行“警示存在终止上市风险的特别处理”，简称“退市风险警示”。具体措施是在公司股票简称前冠以“*ST”标记，以区别于其他公司股票；而被*ST的上市公司在上述特别处理期间的权利义务不变，同时在退市风险警示期间内，*ST公司股票报价的日涨跌幅限制为5%。

1.4.2　被实施退市风险警示的情形

以上交所《股票上市规则》为例，其13.2.1条规定，上市公司出现以下情形之一的，本所对其股票实施退市风险警示：

(1) 最近两个会计年度经审计的净利润连续为负值或者被追溯重述后连续为负值；

(2) 最近一个会计年度经审计的期末净资产为负值或者被追溯重述后为负值；

(3) 最近一个会计年度经审计的营业收入低于1000万元或者被追溯重述后低于1000万元；

(4) 最近一个会计年度财务会计报告被会计师事务所出具无法表示意见或否定意见的审计报告；

(5) 因财务会计报告存在重大会计差错或者虚假记载，被中国证监会责令改正但未在规定期限内改正，且公司股票已停牌两个月；

(6) 未在法定期限内披露年度报告或者中期报告，且公司股票已停牌两个月；

(7) 因第12.14条股权分布不具备上市条件，公司在规定的一个月内向本所提交解决股权分布问题的方案，并获得本所同意；

(8) 因首次公开发行股票申请或者披露文件存在虚假记载、误导性陈述或者重大遗漏，致使不符合发行条件的发行人骗取了发行核准，或者对新股发行定价产生了实质性影响，受到中国证监会行政处罚，或者因涉嫌欺诈发行罪被依法移送公安机关(以下简称“欺诈发行”)；

(9) 因信息披露文件存在虚假记载、误导性陈述或者重大遗漏，受到中国证监会行政处罚，并且因违法行为性质恶劣、情节严重、市场影响重大，在行政处罚决定书中被认定构成重大违法行为，或者因涉嫌违规披露、不披露重要信息罪被依法移送公安机关(以下简称“重大信息披露违法”)；

(10) 公司可能被依法强制解散；

(11) 法院依法受理公司重整、和解或者破产清算申请；

(12) 本所认定的其他情形。

其中12.14条是指：上市公司因股权分布发生变化导致连续20个交易日不具备上市条件，本所将于前述交易日届满的下一交易日起对公司股票及其衍生品实施停牌。公司在停牌后一个月内向本所提交解决股权分布问题方案，本所同意其实施解决股权分布问题方案的公司应公告本所决定并提示相关风险。自公告披露日的下一交易日起，公司股票及其衍生品复牌并被本所实施退市风险警示。

1.5　暂停上市制度

1.5.1　暂停上市的概念

暂停上市是整个股市淘汰制度的一个重要组成部分和程序，就是对那些已经失去了法律法规所规定的上市条件的上市公司进行暂时停止股票上市交易的制度规定。如若暂停上市的公司在法律法规规定的期限内通过合法的资本运作、资产重组和经营努力等，已消除了被暂停上市的相关因素并重新满足了上市条件，可以经过法定程序，重新恢复上市。

1.5.2 新修订的证券法中规定的暂停上市情形

新修订的证券法(2014年修订)于2014年8月31日发布并实施，其第五十五条规定，上市公司有下列情形之一的，由证券交易所决定暂停其股票上市交易：一是公司股本总额、股权分布等发生变化不再具备上市条件；二是公司不按照规定公开其财务状况，或者对财务会计报告作虚假记载，可能误导投资者；三是公司有重大违法行为；四是公司最近三年连续亏损；五是证券交易所上市规则规定的其他情形。

1.5.3 《股票上市规则》中规定的暂停上市的情形

以上交所《股票上市规则》为例，其14.1.1条规定，上市公司出现下列情形之一的，由本所决定暂停其股票上市。

(1) 因最近两个会计年度的净利润触及第13.2.1条第(1)项规定的标准，其股票被实施退市风险警示后，公司披露的最近一个会计年度经审计的净利润继续为负值；

(2) 因最近一个会计年度的净资产触及第13.2.1条第(2)项规定的标准，其股票被实施退市风险警示后，公司披露的最近一个会计年度经审计的期末净资产继续为负值；

(3) 因最近一个会计年度的营业收入触及第13.2.1条第(3)项规定的标准，其股票被实施退市风险警示后，公司披露的最近一个会计年度经审计的营业收入继续低于1000万元；

(4) 因最近一个会计年度的审计意见类型触及第13.2.1条第(4)项规定的标准，其股票被实施退市风险警示后，公司披露的最近一个会计年度的财务会计报告被会计师事务所出具无法表示意见或者否定意见的审计报告；

(5) 因未在规定期限内改正财务会计报告中的重大差错或者虚假记载触及第13.2.1条第(5)项规定的标准，其股票被实施退市风险警示后，公司在两个月内仍未按要求改正财务会计报告；

(6) 因未在法定期限内披露年度报告或者中期报告触及第13.2.1条第(6)项规定的标准，其股票被实施退市风险警示后，公司在两个月内仍未披露应披露的年度报告或者中期报告；

(7) 公司股本总额发生变化不具备上市条件；

(8) 因第12.14条股权分布发生变化不具备上市条件，其股票被实施停牌后，未在停牌后一个月内向本所提交解决股权分布问题的方案，或者提交了方案但未获本所同意，或者因股权分布发生变化不具备上市条件触及第13.2.1条第(7)项规定的标准，其股票被实施退市风险警示后，公司在六个月内其股权分布仍不具备上市条件；

(9) 因出现第13.2.1条第(8)项规定的欺诈发行情形，其股票被实施退市风险警示后交易满三十个交易日；

(10) 因出现第13.2.1条第(9)项规定的重大信息披露违法情形，其股票被实施退市风险警示后交易满三十个交易日；

(11) 本所认定的其他情形。

1.6　退市适用情形

1.6.1　国外上市公司退市的情形

在国外，上市公司退市分为三种情况，一种情况是上市公司因不符合上市标准而被交易所宣布退市或称摘牌(Delisting，Cancellation of listing)；另一种情况是原来在多个市场上挂牌交易的公司，经证券交易所批准，上市公司主动提出撤回上市(Withdrawal of Listing)；第三种情况是，上市公司转为非上市公司，又称下市(Going Private)，指上市公司的股票或资产被非上市公司或其他投资者购买，从而终止上市的企业重组交易形式。

1.6.2　新修订的证券法中规定的终止上市情形

根据证券法(2014年修订)第五十六条规定，上市公司有下列情形之一的，由证券交易所决定终止其股票上市交易：一是公司股本总额、股权分布等发生变化不再具备上市条件，在证券交易所规定的期限内仍不能达到上市条件；二是公司不按照规定公开其财务状况，或者对财务会计报告作虚假记载，且拒绝纠正；三是公司最近三年连续亏损，在其后一个年度内未能恢复盈利；四是公司解散或者被宣告破产；五是证券交易所上市规则规定的其他情形。

1.6.3　新修订的《股票上市规则》中有关终止上市条件的规定

(1) 主动退市适用的情形

以上交所为例，其《股票上市规则》14.4.1条规定，上市公司出现下列情形之一的，可以向本所申请主动终止上市：

一是上市公司股东大会决议主动撤回其股票在本所的交易，并决定不再在交易所交易；

二是上市公司股东大会决议主动撤回其股票在本所的交易，并转而申请在其他交易场所交易或转让；

三是上市公司向所有股东发出回购全部股份或部分股份的要约，导致公司股本总额、股权分布等发生变化不再具备上市条件；

四是上市公司股东向所有其他股东发出收购全部股份或部分股份的要约，导致公司股本总额、股权分布等发生变化不再具备上市条件；

五是除上市公司股东外的其他收购人向所有股东发出收购全部股份或部分股份的要约，导致公司股本总额、股权分布等发生变化不再具备上市条件；

六是上市公司因新设合并或者吸收合并，不再具有独立主体资格并被注销；

七是上市公司股东大会决议公司解散；

八是中国证监会和本所认可的其他主动终止上市情形。

已在本所发行A股和B股股票的上市公司，根据前款规定申请主动终止上市的，应当申请其A、B股股票同时终止上市，但存在特殊情况的除外。

(2) 强制退市适用的情形

以上交所为例，其《股票上市规则》14.3.1条规定，上市公司出现下列情形之一的，由本所决定终止其股票上市：

一是因净利润、净资产、营业收入或者审计意见类型触及第14.1.1条第(1)项至第(4)项规定的标准，其股票被暂停上市后，公司披露的最近一个会计年度经审计的财务会计报告存在扣除非经常性损益前后的净利润低者为负值、期末净资产为负值、营业收入低于

1000万元或者被会计师事务所出具保留意见、无法表示意见、否定意见的审计报告等四种情形之一；

二是因净利润、净资产、营业收入或者审计意见类型触及第14.1.1条第(1)项至第(4)项规定的标准，其股票被暂停上市后，公司未能在法定期限内披露最近一年的年度报告；

三是因未在规定期限内按要求改正财务会计报告中的重大差错或者虚假记载触及第14.1.1条第(5)项规定的标准，其股票被暂停上市后，公司在两个月内仍未按要求改正财务会计报告；

四是因未在规定期限内披露年度报告或者中期报告触及第14.1.1条第(6)项规定的标准，其股票被暂停上市后，公司在两个月内仍未按要求披露相关定期报告；

五是在本所仅发行A股股票的上市公司，通过本所交易系统连续120个交易日(不包含公司股票停牌日)实现的累计股票成交量低于500万股，或者连续20个交易日(不包含公司股票停牌日)的每日股票收盘价均低于股票面值；

六是在本所仅发行B股股票的上市公司，通过本所交易系统连续120个交易日(不包含公司股票停牌日)实现的累计股票成交量低于100万股，或者连续20个交易日(不包含公司股票停牌日)的每日股票收盘价均低于股票面值；

七是在本所既发行A股股票又发行B股股票的上市公司，其A、B股股票的成交量或者收盘价同时触及本条第(5)项和第(6)项规定的标准；

八是上市公司股东数量连续20个交易日(不含公司首次公开发行股票上市之日起的20个交易日和公司股票停牌日)每日均低于2000人；

九是公司股本总额发生变化不再具备上市条件，在本所规定的期限内仍不能达到上市条件；

十是因股权分布发生变化不具备上市条件触及第14.1.1条第(8)项规定的标准，其股票被暂停上市后，公司在暂停上市六个月内股权分布仍不具备上市条件；

十一是公司被依法强制解散；

十二是公司被法院宣告破产；

十三是因出现第14.1.1第(9)项规定的欺诈发行或者第(10)项规定的重大信息披露违法情形，其股票已被暂停上市，且未在规定期限内恢复上市；

十四是因净利润、净资产、营业收入、审计意见类型触及第14.1.1条第(1)项至第(4)项规定的标准，其股票被暂停上市后，公司在法定期限内披露了最近一年年度报告，但未在其后的五个交易日内提出恢复上市申请；

十五是因未在规定期限内按要求改正财务会计报告中的重大差错或者虚假记载触及第14.1.1条第(5)项规定的标准，其股票被暂停上市后，公司在两个月内披露了按要求改正的财务会计报告，但未在其后的五个交易日内提出恢复上市申请；

十六是因未在规定期限内披露年度报告或者中期报告触及第14.1.1条第(6)项规定的标准，其股票被暂停上市后，公司在两个月内披露了相关定期报告，但未在其后的五个交易日内提出恢复上市申请；

十七是因股本总额发生变化不再具备上市条件或者股权分布发生变化不具备上市条件触及第14.1.1条第(7)项、第(8)项规定的标准，其股票被暂停上市后，公司股本总额在规定的期限内或者股权分布在六个月内重新具备上市条件，但未在其后的五个交易日内提出恢复上市申请；

十八是符合第 14. 2. 6 条或第 14. 2. 7 条规定的可以申请恢复上市情形，但未在其后的五个交易日内提出恢复上市申请。

除以上情形外，终止上市的其他情形还包括恢复上市申请未被受理；恢复上市申请未获同意；本所认定的其他情形。同时，上交所要求，上市公司董事会预计其股票可能出现终止上市情形的，应当及时提出化解相关风险的应对预案并对外披露。

1. 6. 4　退市公司

上市公司破产、解散会退市，但公司退市并不等同于破产、解散。很多时候，退市后的企业仍是一个股份有限公司，其作为企业法人的主体资格依然存在。在公司终止上市后，如果其没有破产，证监会准许合格的证券公司为终止上市的公司提供代办股份转让服务，使其手中股票在一定范围内依法转让，以使股东权益得到法律保护。

但退市会使公司失去公开发行或配售发行股票再募集资金的条件，也会使公司的市场信誉和财务信用受到影响，进而限制其融资能力、影响其生产经营活动。而对持有此类股票的投资者来说，其所持股票转让会受到一定限制，不能在证券交易所进行集中竞价交易，这会对其利益产生一些影响。总体来看，实施退市制度有利于投资者进一步识别风险、谨慎投资以确保其合法权益。

2. 我国上市公司退市制度的演进

2. 1　我国退市制度的正式启动与初步完善

2. 1. 1　推行退市制度迫在眉睫

我国证券市场成立之初，只有进入机制而没有退出机制，使得问题上市公司退市无法可依。如在 1992 年，在深交所上市的原野公司因财务欺诈行为被停牌，但就如何处理原野股票问题发生很大分歧，最后由当地政府出面对该公司进行重组，并以“世纪星源”的名称于 1994 年 1 月在深交所重新挂牌。1994 年 7 月 1，我国《公司法》正式实施，其中明确规定上市公司不按规定公开其财务状况，或对财务会计报表作虚假记载，或有重大违法行为应强制摘牌。但因重大财务欺诈行为而被暂停上市的“琼民源”最终却被“豁免”退市，并重组为“中关村”于 1999 年 7 月恢复上市。

我国《公司法》实施前后的这两个得到退市“豁免权”的上市公司的重组模式(即行政重组、收购豁免)成了后来不少绩差公司纷纷效法的“蓝本”。由于没有退出机制，导致我国一些新股上市的主要目的就是发行“圈钱”，上市后部分公司不思进取，经营状况每况愈下，业绩年年滑坡，有的甚至到了资不抵债的地步。退市制度是证券市场的一项基础性制度，当时我国股市上这一制度的缺失不仅严重扭曲了证券市场的功能，而且损害了广大投资者的利益。

2. 1. 2　正式启动退市制度

1997 年，我国上市公司退市问题被提了出来，但由于当时的上市配额是一种稀缺性的壳资源，退市意味着剥夺这种资源而会牵涉到各方利益。为了使证券市场朝着规范化的方向发展，自 2000 年起，我国的监管层开始着手这方面的运作尝试。2001 年 2 月下旬，中国证监会发布了《亏损上市公司暂停上市和终止上市实施办法》，对上市公司的暂停上市、恢复上市及终止上市的条件、法律程序、信息披露、处理权限等事宜作了详细规定。

同时，考虑到我国投资者中中小散户多，投资理念不是很成熟，为了保护中小投资者的权益，针对当时《公司法》中规定的应该摘牌的上市企业，我国监管层采取了灵活处理方式，即在向投资者提示投资风险的同时，给予这些公司改善经营业绩的机会，以缓冲即时摘牌带来的社会冲击，从而形成了我国的 ST 制度和 PT 制度。2001 年 4 月，证监会明确 PT 公司继续亏损会被摘牌处理，随后在上交所挂牌上市的上海本地企业 PT 水仙成为我国上市公司中第一家被摘牌的上市企业，这标志着我国证券市场的制度建设向前迈出了重要一步。

2.1.3 退市制度的初步完善

2001 年 12 月上旬，中国证监会对《亏损上市公司暂停上市和终止上市实施办法》进行了修订，发布了《亏损上市公司暂停上市和终止上市实施办法(修订)》。这个新的退市办法在暂停上市和终止上市的批准权限、批准程序、股票交易等方面做了重要修改，具体如下。

首先，根据公司法和证券法的有关规定，中国证监会授权证券交易所依法做出暂停上市、恢复上市和终止上市的决定。这个规定是向国际惯例靠拢，体现了新退市办法的市场化原则。其次，取消了暂停上市宽限期申请的有关程序。公司连续三年亏损其股票即暂停上市，暂停上市后第一个半年度公司仍未扭亏，交易所将直接做出终止上市的决定；当然，如果公司实现盈利，则允许其按照该办法规定的相关程序申请恢复上市。最后，取消了 PT 制度。当时设计 PT 制度的目的是为便利投资者转让股份，实行后在释放市场风险等方面发挥了积极作用；但恶炒 PT 股票的现象也加大了市场风险。新办法取消 PT 制度，即公司暂停上市后证券交易所不再为其股票提供特别转让服务；但终止上市的公司则可以委托中国证券业协会批准的券商为其代办股份转让服务，以起到保障股东依法转让股份权利的重要作用。

2.2 沪深两市出台新退市方案

2.2.1 新退市方案的出台

尽管我国退市制度在 2001 年已经启动，但在随后的 10 年左右，真正退市的上市公司数量并不是很多，退市机制对上市企业优胜劣汰功能的发挥不是很到位。其中退市标准单一是造成退市机制失灵的重要原因，丰富细化退市标准并降低其执行难度成为进一步优化退市机制的重中之重。为保护投资者合法权益，促进证券市场改革创新和健康发展，在总结我国退市实践、借鉴海外市场经验、征求各方意见的基础上，本着稳中求进的原则，我国沪深交易所于 2012 年 6 月 28 日分别发布了完善上市公司退市制度的方案，即《关于完善上海证券交易所上市公司退市制度的方案》和《关于改进和完善深圳证券交易所主板、中小企业板上市公司退市制度的方案》，并在 2012 年年内出台了各自相应的配套措施，从而为新的退市方案的顺利推行打好了基础。

2.2.2 对新退市方案的总体评价

与过去片面强调“连续三年亏损”的单一标准相比，新退市方案借鉴了国际成熟证券市场的通行做法，弥补了现行退市标准和程序的不足。

首先是丰富了退市标准，新增的退市标准有净资产、营业收入、非标准审计意见、股票成交量、股票收盘均价、法定期限披露年度报告等，其中净资产连续三年为负将终止上市是其中的核心方案；其次是明确了更加严格的恢复上市和重新上市条件；再次是通过引入风险警示板(沪市)加大了对重大风险公司的警示力度。此次改革意味着我国资本市场退市制度形同虚设局面的终结，这有益于打通我国资本市场“有进有退”的渠道，有助于提高国内上市公司的整体质量，有利于优化资本市场资源配置的功能。

尽管新退市方案的规定对濒临退市的上市企业起到了很好的警示作用，但由于部分条款仍偏向宽松，使其震慑力仍然不够。在后续退市新规定的实践中，根据证券市场改革和法治环境的变化，进一步降低劣质公司退市的触发条件，建立更加顺畅的市场化退市机制是必然趋势。

2.2.3　沪、深两市退市改革方案的异同

2012 年 6 月，我国沪、深两市进行的退市制度改革方向和思路总体一致，总体框架和主要退市条件基本相同，但在风险警示和退市后续安排方面存在一定差异。

在风险警示方面，沪市通过设置退市风险警示标识*ST 以及风险警示板的方式向投资者警示风险；而深市主板、中小企业板则通过设置退市风险警示标识*ST 的方式进行相关公司的风险警示。在退市后续安排方面，沪市公司股票终止上市后可以选择全国性的场外交易市场外或者其他符合条件的区域性场外交易市场挂牌转让，也可以申请将其股票转入上交所设立的退市公司股份转让系统进行股份转让；而深市公司股票终止上市后可以选择全国性的场外交易市场外或者其他符合条件的区域性场外交易市场挂牌转让。总之，国内的这两大场内交易市场结合自身情况，在具体退市制度安排上进行了一些差异化的探索，这有利于稳妥推进我国的退市制度改革。

2.3　沪深两市上市规则的调整与证监会退市意见的发布

2.3.1　沪深两市上市规则的调整

在沪深两市新退市方案出台后，上交所与深交所结合自身情况，又先后对自身的股票上市规则做了修订。其中上交所在 2012 年 7 月对其股票上市规则做了第七次修订，在 2013 年 12 月做了第八次修订，在 2014 年 10 月做了第九次修订；深交所在 2012 年 7 月对其股票上市规则做了第七次修订，在 2014 年 10 月做了第八次修订。这几次上市规则的修订或多或少涉及部分退市制度的调整，这也体现出我国有关退市制度安排的进一步优化。

2.3.2　证监会退市意见的发布

为了贯彻落实《国务院关于进一步促进资本市场健康发展的若干意见》的有关要求，我国证监会按照市场化、法治化、常态化的原则，通过发布中国证券监督管理委员会令第 107 号确定了《关于改革完善并严格实施上市公司退市制度的若干意见》(以下简称《退市意见》)，该意见从健全上市公司主动退市制度、实施重大违法公司强制退市制度、严格执行不满足交易标准要求的强制退市指标、严格执行体现公司财务状况的强制退市指标、完善与退市相关的配套制度安排、加强退市公司投资者合法权益保护、进一步落实退市工作责任 7 个方面对我国原有的退市制度进行了优化。该意见于 2014 年 10 月 15 日公布，自 2014 年 11 月 16 日起施行。由于其明确规定实施重大违法公司要强制退市，因此被称为我国资本市场有史以来最严格的退市制度。

3. 我国资本市场ST制度(含* ST)实施概况

以2015年1月1日至2016年7月31日期间为例，我国资本市场被实施ST的A股上市公司股票有99只、B股4只、企业债券41只、三板股26只。

3.1 我国资本市场实施ST概况

3.1.1 被实施ST的A股上市公司概况

(1) 因最近两个会计年度审计结果显示净利润均为负值而被ST

2015年1月1日至2016年7月31日期间，我国A股市场因最近两个会计年度审计结果显示净利润均为负值被ST的上市公司股票共有84只，表11-1列示出了2016家5月我国A股上市公被实施ST的具体情况。从中可以看出，此一个月内共有11家A股上市公司因最近两个会计年度的审计结果显示利润均为负值而被实施ST，其中沪市主板5家(600234、600725、601918、600432、600546)，实施ST后的简称分别为*ST山水、*ST云维、*ST新集、*ST吉恩、*ST山煤；深市主板3家(000511、000670、000629)，实施ST后的简称分别为*ST烯碳、*ST盈方、*ST钒钛；深市中小板3家(002069、002423、002289)，实施ST后的简称分别为*ST獐岛、*ST中特、*ST宇顺。同时从表11-2中还可以看出，这11家被实施ST的上市公司有退市风险。

表11-1 最近两个会计年度审计结果显示净利润均为负值被ST的A股

代码	实施日期	实施前简称	实施后简称
000511. SZ	2016-5-4	烯碳新材	*ST烯碳
002069. SZ	2016-5-4	獐子岛	*ST獐岛
002423. SZ	2016-5-3	中原特钢	*ST中特
000670. SZ	2016-5-3	盈方微	*ST盈方
600234. SH	2016-5-3	山水文化	*ST山水
002289. SZ	2016-5-3	宇顺电子	*ST宇顺
600725. SH	2016-5-3	云维股份	*ST云维
601918. SH	2016-5-3	国投新集	*ST新集
600432. SH	2016-5-3	吉恩镍业	*ST吉恩
000629. SZ	2016-5-3	攀钢钒钛	*ST钒钛
600546. SH	2016-5-3	山煤国际	*ST山煤

数据来源：WIND资讯

(2) 因注册会计师出具无法表示意见或否定意见审计报告而被ST

2015年1月1日至2016年7月31日期间，我国A股上市公司因注册会计师出具无法表示意见或否定意见审计报告而被实施ST的有3家，且全部是深交所的上市公司。从表11-2中可以看出，主板上市企业被实施ST有2家，分别是2016年5月4日被ST的华泽钴镍、2015年4月30日被ST的内蒙发展，这两家公司实施ST后的股票简称分别为ST华泽、*ST天首；而中小板被ST的有1家，即2015年4月30日被ST的舜天船舶，其ST后的股票简称为*ST 舜船。

表 11-2 注册会计师出具无法表示意见或否定意见审计报告被 ST 的 A 股

代　　码	实施日期	实施前简称	实施后简称
000693. SZ	2016-5-4	华泽钴镍	ST 华泽
000611. SZ	2015-4-30	内蒙发展	*ST 天首
002608. SZ	2015-4-30	舜天船舶	*ST 舜船

数据来源：WIND 资讯

(3) 因出现其他异常状况而被 ST

2015 年 1 月 1 日至 2016 年 7 月 31 日期间，我国 A 股上市公司因出现其他异常状况被实施特别处理的全部是主板上市公司，如表 11-3 所示，沪市 5 家(600539、600381、600179、600311、600656)，深市 2 家(000691、000155)。其中在 2015 年被实施 ST 的有 3 家，ST 后的简称分别是 ST 荣华、ST 川化、*ST 博元；2016 年前 7 个月被实施 ST 的有 4 家，分别是狮头股份、青海春天、亚太实业、黑化股份，实施 ST 后的简称分别是 ST 狮头、ST 春天、ST 亚太、ST 黑化。

表 11-3 出现其他异常状况被 ST 的 A 股

代码	实施日期	实施前简称	实施后简称
600539. SH	2016-7-15	狮头股份	ST 狮头
600381. SH	2016-6-29	青海春天	ST 春天
000691. SZ	2016-5-4	亚太实业	ST 亚太
600179. SH	2016-3-11	黑化股份	ST 黑化
600311. SH	2015-12-1	荣华实业	ST 荣华
000155. SZ	2015-4-2	川化股份	ST 川化
600656. SH	2015-3-31	博元投资	*ST 博元

数据来源：WIND 资讯

(4) 因其他法定原因而被 ST

由表 11-4 中可知，自 2015 年 1 月 1 日至 2016 年 7 月 31 日期间，我国 A 股上市公司因为其他法定原因而被实施 ST 的上市公司共计 5 家。其中因欺诈发行被实施 ST 的有 1 家，是深市创业板的欣泰电气(300372)，其实施 ST 后的简称为 * 欣泰；因最近一个会计年度审计结果显示其股东权益为负值而被实施 ST 的有 1 家，是沪市主板的国机通用(600444)，其实施 ST 后的简称为*ST 国通；因最近一个会计年度经审计的净利润为负或经更正的净利润为负被实施 ST 的有 1 家，即沪市主板的商业城(600306)，其实施 ST 后的简称为*ST 商城；因最近两年连续亏损且被出具无法表示意见或否定意见而被实施 ST 有 1 家，是深市中小板的中科云网(002306)，其实施 ST 后的简称为*ST 云网；因最近两个会计年度的审计结果显示的净利润均为负值，且最近一个会计年度每股净资产低于股票面值而被实施 ST 有 1 家，是沪市主板的中昌海运(600242)，其实施 ST 后的简称为*ST中昌。

表 11-4　因其它法定原因而被 ST 的 A 股

代码	实施前简称	实施日期	实施 ST 原因	实施后简称
300372	欣泰电气	2016-7-12	欺诈发行	* 欣泰
600444	国机通用	2015-4-20	最近一个会计年度的审计结果显示其股东权益为负值	* ST 国通
600306	商业城	2016-4-27	最近一个会计年度经审计的净利润为负或经更正的净利润为负	* ST 商城
002306	中科云网	2015/4/30	最近两年连续亏损，且被出具无法表示意见或否定意见	* ST 云网
600242	中昌海运	2015/5/4	最近两个会计年度的审计结果显示净利润均为负，且最近一个会计年度每股净资产低于股票面值	* ST 中昌

数据来源：WIND 资讯

3.1.2　被实施 ST 的 B 股上市公司概况

由表 11-5 可知，2015 年 1 月 1 日至 2016 年 7 月 31 日，我国资本市场被实施 ST 的 B 股总共有 4 家，被实施 ST 的原因都是最近两个会计年度的审计结果显示的净利润均为负值。实施 ST 的时间主要集中在 2016 年 3 月份、4 月份，实施前的简称分别是瓦轴 B、珠江 B、深南电 B、宁通信 B，被实施 ST 后的简称分别为 * ST 瓦轴 B、* ST 珠江 B、* ST 南电 B、* ST 宁通 B。

表 11-5　被实施 ST 的 B 股上市公司基本情况

实施前简称	实施日期	实施后简称	实施 ST 原因
瓦轴 B	2016-4-27	* ST 瓦轴 B	最近两个会计年度的审计结果显示的净利润均为负值
珠江 B	2016-4-26	* ST 珠江 B	最近两个会计年度的审计结果显示的净利润均为负值
深南电 B	2016-4-5	* ST 南电 B	最近两个会计年度的审计结果显示的净利润均为负值
宁通信 B	2016-3-30	* ST 宁通 B	最近两个会计年度的审计结果显示的净利润均为负值

数据来源：WIND 资讯

3.1.3　被实施 ST 的企业债券概况

2015 年 1 月 1 日至 2016 年 7 月 31 日，我国资本市场被实施 ST 的上市交易债券共计 41 只，被实施 ST 的时间全部集中在 2015 年 1 月份到 5 月份。

（1）因主体评级或债项评级 AA-级以下（含）或主体评级为 AA 级且评级展望为负被 ST

从表 11-6 中可以看出，在 2015 年 1 月 1 日至 2016 年 7 月 31 日期间，因主体评级或者债项评级为 AA-级及以下，或者主体评级为 AA 级且评级展望为负值而被 ST 的上市交易债券共计 18 只，其中归属于深市的有 13 只、归属于沪市的有 5 只。而被实施 ST 的时间集中在 2015 年 5 月份的共计 14 只，这 14 只上市交易债券在被实施 ST 之后的简称分别为 ST 华孚 01、ST 墨龙 01、ST 大立债、ST 南港债、ST 瑞泽债、ST 华锐 02、ST 华锐 01、ST 海翔债、ST 黑牛债、ST 中桥债、ST 珠海债、ST 安钢 01、ST 万家债、ST 安钢 02。

表 11-6　主体评级或债项评级 AA-级及以下或主体评级为 AA 级且评级展望为负被 ST

代　码	实施前简称	实施日期	实施后简称
112046. SZ	11 华孚 01	2015-5-28	ST 华孚 01
112178. SZ	12 墨龙 01	2015-5-22	ST 墨龙 01
112176. SZ	13 大立债	2015-5-20	ST 大立债

续表

代　码	实施前简称	实施日期	实施后简称
112173. SZ	12 南港债	2015-5-19	ST 南港债
112189. SZ	12 瑞泽债	2015-5-18	ST 瑞泽债
122116. SH	11 华锐 02	2015-5-15	ST 华锐 02
122115. SH	11 华锐 01	2015-5-15	ST 华锐 01
112125. SZ	12 海翔债	2015-5-14	ST 海翔债
112163. SZ	12 黑牛 01	2015-5-14	ST 黑牛债
112116. SZ	12 中桥债	2015-5-14	ST 中桥债
112025. SZ	11 珠海债	2015-5-11	ST 珠海债
122107. SH	11 安钢 01	2015-5-5	ST 安钢 01
112084. SZ	11 万家债	2015-5-5	ST 万家债
122105. SH	11 安钢 02	2015-5-5	ST 安钢 02

数据来源：WIND 资讯

（2）因最近一个会计年度的前一年度亏损，且最近一个会计年度业绩预告或更正业绩预告显示为亏损而被实施 ST

从表 11-7 中可以看出，在 2015 年 1 月 1 日至 2016 年 7 月 31 日期间，因最近一个会计年度的前一年度亏损，且最近一个会计年度业绩预告或更正业绩预告显示为亏损而被 ST 的上市交易债券共计 6 只，其中归属于深市的有 2 只、归属于沪市的有 4 只。其实施 ST 前的简称分别为 12 雅致 01、12 雅致 02、13 金特债、13 潞矿 01、13 潞矿 02、13 晋煤运；而被实施 ST 后的简称分别为 ST 雅致 01、ST 雅致 02、ST 金特债、ST 潞矿 01、ST 潞矿 02、ST 晋煤运。

表 11-7　最近一个会计年度的前一年度亏损且最近一个会计年度业绩预告或更正业绩预告显示为亏损被 ST

代　码	实施日期	实施前简称	实施后简称
112075. SZ	2015-4-14	12 雅致 01	ST 雅致 01
112076. SZ	2015-4-14	12 雅致 02	ST 雅致 02
124287. SH	2015-2-2	13 金特债	ST 金特债
124258. SH	2015-1-29	13 潞矿 01	ST 潞矿 01
124259. SH	2015-1-29	13 潞矿 02	ST 潞矿 02
124350. SH	2015-1-23	13 晋煤运	ST 晋煤运

数据来源：WIND 资讯

（3）因最近一个会计年度经审计的净利润为负或经更正的净利润为负被 ST

从表 11-8 中可以看出，在 2015 年 1 月 1 日至 2016 年 7 月 31 日期间，因最近一个会计年度经审计的净利润为负值或者经更正的净利润为负值而被 ST 的上市交易债券共计 13 只，其中归属于深市的有 11 只、归属于沪市的有 2 只。这些被实施 ST 的企业债券主要有 09 银基债、12 舜天债、12 希努 01、12 南糖债、12 亚夏债、13 荣信 01、10 煤气 02、10 煤气 01、11 安泰 01、12 安泰债、12 建峰债、13 同煤集、10 沈煤债。

表 11-8 最近一个会计年度经审计的净利润为负值或经更正的净利润为负值被 ST

代　码	实施日期	实施前简称	实施后简称
112014. SZ	2015-5-4	09 银基债	ST 银基债
112108. SZ	2015-4-30	12 舜天债	ST 舜天债
112146. SZ	2015-4-28	12 希努 01	ST 希努 01
112109. SZ	2015-4-27	12 南糖债	ST 南糖债
112133. SZ	2015-4-22	12 亚夏债	ST 亚夏债
112145. SZ	2015-4-21	13 荣信 01	ST 荣信 01
112024. SZ	2015-4-15	10 煤气 02	ST 煤气 02
112023. SZ	2015-4-15	10 煤气 01	ST 煤气 01
112049. SZ	2015-4-14	11 安泰 01	ST 安泰 01
112101. SZ	2015-4-14	12 安泰债	ST 安泰债
112122. SZ	2015-3-16	12 建峰债	ST 建峰债
124285. SH	2015-1-29	13 同煤集	ST 同煤集
122868. SH	2015-1-29	10 沈煤债	ST 沈煤债

数据来源：WIND 资讯

（4）因最新债项评级为 AA-级以下(含)被 ST

从表 11-9 中可以看出，在 2015 年 1 月 1 日至 2016 年 7 月 31 日期间，因最新债项评级为 AA-级以下(含)被 ST 的上市交易债券共计 4 只，其中归属于深市的有 1 只、归属于沪市的有 3 只。这些被实施 ST 的企业债券主要有 11 软控债、11 蒙奈伦、10 银鸽债、12 东胜债。

表 11-9 最新债项评级为 AA-级以下(含)被 ST

代　码	实施日期	实施前简称	实施后简称
112029. SZ	2015-4-22	11 软控债	ST 软控债
122811. SH	2015-2-10	11 蒙奈伦	ST 蒙奈伦
122060. SH	2015-1-22	10 银鸽债	ST 银鸽债
122727. SH	2015-1-6	12 东胜债	ST 东胜债

数据来源：WIND 资讯

3.1.4 被实施 ST 的三板股概况

2015 年 1 月 1 日至 2016 年 7 月 31 日，我国资本市场被实施 ST 的三板股共计 26 只。

（1）因被注册会计师出具无法表示意见或否定意见的审计报告而被 ST

从表 11-10 中可以看出，在 2015 年 1 月 1 日至 2016 年 7 月 31 日期间，因为被注册会计师出具无法表示意见或否定意见的审计报告而被 ST 的三板股共计 10 只。这 10 只三板股在被实施 ST 之前的简称分别为鑫秋农业、哥仑步、展唐科技、瑞泽股份、实杰生物、桦清股份、山东巨环、中试电力、赛诺达、奥贝克；其被实施后的简称分别为 ST 鑫秋、ST 哥仑步、ST 展唐、ST 瑞泽、ST 实杰、ST 桦清、ST 巨环、ST 中试、ST 赛诺达、ST 奥贝克。

表 11-10　被注册会计师出具无法表示意见或否定意见的审计报告被 ST

代　码	实施日期	实施前简称	实施后简称
832268. OC	2016-7-1	鑫秋农业	ST 鑫秋
835494. OC	2016-6-30	哥仑步	ST 哥仑步
430635. OC	2016-6-29	展唐科技	ST 展唐
833235. OC	2016-5-3	瑞泽股份	ST 瑞泽
834981. OC	2016-5-3	实杰生物	ST 实杰
430232. OC	2016-4-5	桦清股份	ST 桦清
830967. OC	2016-3-28	山东巨环	ST 巨环
430291. OC	2015-7-6	中试电力	ST 中试
430231. OC	2015-7-1	赛诺达	ST 赛诺达
430188. OC	2015-5-4	奥贝克	ST 奥贝克

数据来源：WIND 资讯

（2）因出现其他异常状况被实施 ST

从表 11-11 中可以看出，在 2015 年 1 月 1 日至 2016 年 7 月 31 日期间，因出现其他异常状况而被 ST 的三板股共计 3 只。其实施 ST 前的简称分别为源渤科技、安普能、鼎讯互动；而被实施 ST 后的简称分别为 ST 源渤、ST 安普能、ST 鼎讯。

表 11-11　出现其他异常状况被 ST

代　码	实施日期	实施前简称	实施后简称
430734. OC	2016-4-11	源渤科技	ST 源渤
430136. OC	2015-5-4	安普能	ST 安普能
430173. OC	2015-4-29	鼎讯互动	ST 鼎讯

数据来源：WIND 资讯

（3）因最近一个会计年度的审计结果显示其股东权益为负值被 ST

从表 11-12 中可以看出，在 2015 年 1 月 1 日至 2016 年 7 月 31 日期间，因最近一个会计年度的审计结果显示其股东权益为负值共计 13 只。这些被实施 ST 的三板股主要有乐创教育、二十度、天涯社区、康之家、亚锦科技、百拓科技、荣腾科技、北汽天华、春秋鸿、万象娱通、逸尚信息、页游科技、激动网；其被实施后的简称分别为 ST 乐教、ST 二十度、ST 天涯、ST 康之家、ST 亚锦、ST 百拓、ST 荣腾、ST 北华、ST 春秋、ST 娱通、ST 逸尚、ST 页游、ST 激动。

表 11-12　最近一个会计年度的审计结果显示其股东权益为负值被 ST

代　码	实施日期	实施前简称	实施后简称
836667. OC	2016-4-29	乐创教育	ST 乐教
835449. OC	2016-4-28	二十度	ST 二十度
833359. OC	2016-4-27	天涯社区	ST 天涯
834888. OC	2016-4-26	康之家	ST 康之家
830806. OC	2016-4-26	亚锦科技	ST 亚锦
430110. OC	2016-4-26	百拓科技	ST 百拓
831110. OC	2016-4-25	荣腾科技	ST 荣腾
430079. OC	2016-4-22	北汽天华	ST 北华

续表

代　码	实施日期	实施前简称	实施后简称
831051. OC	2016-4-8	春秋鸿	ST 春秋
834161. OC	2016-4-1	万象娱通	ST 娱通
834485. OC	2016-4-1	逸尚信息	ST 逸尚
430627. OC	2015-4-28	页游科技	ST 页游
831472. OC	2015-3-30	激动网	ST 激动

数据来源：WIND 资讯

3.2　我国资本市场撤销 ST 概况

2015 年 1 月 1 日至 2016 年 7 月 31 日，我国资本市场被撤销 ST 的共计 122 个，其中 A 股 69 只、B 股 3 只、企业债券 44 只、新三板股 6 只。

3.2.1　被撤销 ST 的 A 股基本情况

2015 年 1 月 1 日至 2016 年 7 月 31 日，我国沪深两市被撤销 ST 的 A 股共计 69 只，其中 2016 年 5 月被撤销的 A 股有 6 只，具体见表 11-13。其中深市 2 只(002306、000557)、沪市 4 只(600539、600984、600779、600401)，分别是*ST 云网、*ST 狮头、*ST 建机、*ST 水井、*ST 广夏、*ST 海润；其撤销后的简称分别为中科云网、狮头股份、建设机械、水井坊、银广夏、海润光伏。

表 11-13　被撤销 ST 的 A 股基本情况(2016-05)

代　码	撤销前简称	撤销日期	撤销后简称	证监会行业
002306. SZ	*ST 云网	2016-5-16	中科云网	CSRC 餐饮业
600539. SH	*ST 狮头	2016-5-11	狮头股份	CSRC 非金属矿物制品业
600984. SH	*ST 建机	2016-5-10	建设机械	CSRC 专用设备制造业
600779. SH	*ST 水井	2016-5-9	水井坊	CSRC 酒、饮料和精制茶制造业
000557. SZ	*ST 广夏	2016-5-6	银广夏	CSRC 铁路运输业
600401. SH	*ST 海润	2016-5-4	海润光伏	CSRC 计算机、通信和其他电子设备制造业

数据来源：WIND 资讯

3.2.2　被撤销 ST 的 B 股基本情况

2015 年 1 月 1 日至 2016 年 7 月 31 日期间，我国沪深两市被撤销 ST 的 B 股共计 3 只，具体见表 11-14。这些 B 股分别是*ST 中毅 B、*ST 大化 B、*ST 三毛 B，其撤销 ST 后的简称分别为中毅达 B、大化 B 股、三毛 B 股。

表 11-14　被撤销 ST 的 B 股基本情况

代　码	撤销前简称	撤销日期	撤销后简称	证监会行业
900906. SH	*ST 中毅 B	2015-5-6	中毅达 B	CSRC 土木工程建筑业
900951. SH	*ST 大化 B	2015-5-4	大化 B 股	CSRC 化学原料和化学制品制造业
900922. SH	*ST 三毛 B	2015-3-3	三毛 B 股	CSRC 纺织业

数据来源：WIND 资讯

3.2.3　被撤销 ST 的企业债券基本情况

2015 年 1 月 1 日至 2016 年 7 月 31 日期间，我国沪深两市被撤销 ST 的企业债券共计 44 只，其中 2015 家 6 月 1 日被撤销的就有 8 家，具体情况见表 11-15。从中可以看出，这些企业债券分别是 ST 金特债、ST 华锐 01、ST 蒙奈伦、ST 天威债、ST 安钢 01、ST 华锐 02、ST 安钢 02、PRST 东胜；其撤销 ST 后的简称分别为 13 金特债、11 华锐 01、11 蒙奈伦、11 天威债、11 安钢 01、11 华锐 02、11 安钢 02、PR 东胜债。

表 11-15　被撤销 ST 的企业债券基本情况(2016-01-01)

代　码	撤销前简称	撤销日期	撤销后简称
124287. SH	ST 金特债	2015-6-1	13 金特债
122115. SH	ST 华锐 01	2015-6-1	11 华锐 01
122811. SH	ST 蒙奈伦	2015-6-1	11 蒙奈伦
122083. SH	ST 天威债	2015-6-1	11 天威债
122107. SH	ST 安钢 01	2015-6-1	11 安钢 01
122116. SH	ST 华锐 02	2015-6-1	11 华锐 02
122105. SH	ST 安钢 02	2015-6-1	11 安钢 02
122727. SH	PRST 东胜	2015-6-1	PR 东胜债

数据来源：WIND 资讯

3.2.4　被撤销 ST 的三板股基本情况

2015 年 1 月 1 日至 2016 年 7 月 31 日期间，我国资本市场被撤销 ST 的三板股共计 6 只，具体见表 11-16。这些三板股分别是 ST 国顺、ST 页游、ST 奥贝克、ST 津伦、ST 鼎讯、ST 复娱；其撤销 ST 后的简称分别为国顺投资、页游科技、奥贝克、津伦股份、鼎讯互动、复娱文化。

表 11-16　被撤销 ST 的三板股基本情况

代　码	撤销前简称	撤销日期	撤销后简称
430136. OC	ST 国顺	2016-5-20	国顺投资
430627. OC	ST 页游	2016-5-10	页游科技
430188. OC	ST 奥贝克	2016-5-3	奥贝克
430197. OC	ST 津伦	2016-4-11	津伦股份
430173. OC	ST 鼎讯	2016-4-8	鼎讯互动
831472. OC	ST 复娱	2016-3-7	复娱文化

数据来源：WIND 资讯

4. 我国 A 股暂停上市、恢复上市概况

2010 年 1 月 1 日至 2016 年 7 月 31 日，我国 A 股上市公司暂停上市的共计 22 家，其中 2010 年暂停上市 8 家，2011 年暂停上市 4 家，2012 年、2013 年、2014 年暂停上市各 2 家，2015 年暂停上市 6 家、2016 年上半年暂停上市 3 家。

4.1　我国 A 股暂停上市概况

4.1.1　我国沪市 A 股暂停上市基本情况

表 11-17 中，自 2010 年 1 月 1 日至 2016 年 7 月 31 日期间，我国沪市有 11 家上市公司对应的 11 只股票暂停上市交易，暂停上市原因均为最近三年连续亏损。其中 2010 年暂停

上市5家，分别为农发种业、鲁北化工、三联商社、浙报传媒、*ST宏盛；2011年暂停上市2家，分别为博通股份、中技控股；2012年、2013年暂停上市各1家，分别为湖南天雁、山东金泰；2016年暂停上市2家，分别为*ST常林、*ST新梅。

表11-17　沪市A股暂停上市基本情况（2010-01-01至2016-07-31）

代　码	名　称	暂停上市日期	暂停上市原因
600710. SH	*ST常林	2016-4-20	最近三年连续亏损
600732. SH	*ST新梅	2016-4-8	同上
600385. SH	山东金泰	2013-5-14	同上
600698. SH	湖南天雁	2012-5-23	同上
600455. SH	博通股份	2011-5-16	同上
600634. SH	中技控股	2011-4-25	同上
600313. SH	农发种业	2010-5-25	同上
600727. SH	鲁北化工	2010-5-25	同上
600898. SH	三联商社	2010-5-25	同上
600633. SH	浙报传媒	2010-5-25	同上
600817. SH	*ST宏盛	2010-4-9	同上

数据来源：WIND资讯

4.1.2　我国深市A股暂停上市基本情况

表11-18中，自2010年1月1日至2016年7月31日期间，我国深市有11家上市公司对应的11只股票暂停上市交易，除了*ST新都暂停上市是因为最近两年连续亏损，且被注册会计师出具了无法表示意见或否定的审计意见外，其他10个上市公司暂停上市都是因为最近三年连续亏损。其中2010年深市暂停上市3家，分别为湖南发展、沙钢股份、中钨高新；2011年深市暂停上市2家，分别为金城股份、*ST五稀；2012年、2013年深市暂停上市各1家，分别为金浦钛业、锌业股份；2014年深市暂停上市2家，分别为协鑫集成、长航凤凰；2015年、2016年深市暂停上市各1家，分别为*ST新都、*ST川化。

表11-18　深市A股暂停上市基本情况（2010-01-01至2016-07-31）

代码	名称	暂停上市日期	暂停上市原因
000155. SZ	*ST川化	2016-5-10	最近三年连续亏损
000033. SZ	*ST新都	2015-5-21	最近两年连续亏损，且被出具无法表示意见或否定的审计意见
002506. SZ	协鑫集成	2014-5-28	最近三年连续亏损
000520. SZ	长航凤凰	2014-5-16	同上
000751. SZ	锌业股份	2013-5-8	同上
000545. SZ	金浦钛业	2012-5-7	同上
000820. SZ	金城股份	2011-4-28	同上
000831. SZ	*ST五稀	2011-3-24	同上
000722. SZ	湖南发展	2010-5-10	同上
002075. SZ	沙钢股份	2010-5-7	同上
000657. SZ	中钨高新	2010-4-9	同上

数据来源：WIND资讯

4.2　我国A股恢复上市概况

2010年1月1日至2016年7月31日，我国A股上市公司恢复上市的共计39家，其中2011年恢复上市11家，2012年恢复上市7家，2013年恢复上市16家，2014年恢复上市3家，2015年恢复上市2家。

4.2.1　我国沪市A股恢复上市基本情况

表11-19中，自2010年1月1日至2016年7月31日期间，我国沪市有15家暂停上市公司对应的11只股票恢复上市交易。其中2011年恢复上市7家，分别为农发种业、大名城、浙报传媒、百川能源、象屿股份、鲁北化工、三联商社；2012年恢复上市4家，分别为中航资本、博通股份、中技控股、海润光伏；2013年恢复上市3家，分别为湖南天雁、*ST宏盛、慧球科技；2016年恢复上市1家，为山东金泰。

表11-19　沪市A股恢复上市基本情况(2010/01/01-2016/07/31)

代码	名称	恢复上市日期	证监会行业
600385.SH	山东金泰	2014-8-6	CSRC医药制造业
600698.SH	湖南天雁	2013-7-5	CSRC汽车制造业
600817.SH	*ST宏盛	2013-2-8	CSRC综合
600556.SH	慧球科技	2013-2-8	CSRC软件和信息技术服务业
600705.SH	中航资本	2012-8-30	CSRC其他金融业
600455.SH	博通股份	2012-7-3	CSRC综合
600634.SH	中技控股	2012-7-3	CSRC非金属矿物制品业
600401.SH	海润光伏	2012-2-17	CSRC计算机、通信和其他电子设备制造业
600313.SH	农发种业	2011-10-19	CSRC农业
600094.SH	大名城	2011-10-11	CSRC房地产业
600633.SH	浙报传媒	2011-9-29	CSRC新闻和出版业
600681.SH	百川能源	2011-9-8	CSRC燃气生产和供应业
600057.SH	象屿股份	2011-8-29	CSRC商务服务业
600727.SH	鲁北化工	2011-8-18	CSRC化学原料和化学制品制造业
600898.SH	三联商社	2011-7-25	CSRC零售业

数据来源：WIND资讯

4.2.2　我国深市A股恢复上市基本情况

表11-20、11-21中，自2010年1月1日至2016年7月31日期间，我国深市有24家上市公司对应的24只股票恢复上市交易，其中22家为主板上市公司、2家即协鑫集成(002506)、沙钢股份(002075)为中小板上市公司。具体到时间分布上，从表11-20中可以看出，2011年我国深市恢复上市的总共有4家公司，分别为大地传媒、银亿股份、新华联、沙钢股份；2012年市恢复上市的有3家公司，分别为华数传媒、三湘股份、湖南发展。

表 11-20 深市 A 股恢复上市基本情况 1(2010/01/01-2012/12/31)

000156. SZ	华数传媒	2012-10-19	CSRC 广播、电视、电影和影视录音制作业
000863. SZ	三湘股份	2012-8-3	CSRC 房地产业
000722. SZ	湖南发展	2012-6-15	CSRC 电力、热力生产和供应业
000719. SZ	大地传媒	2011-12-2	CSRC 新闻和出版业
000981. SZ	银亿股份	2011-8-26	CSRC 房地产业
000620. SZ	新华联	2011-7-8	CSRC 房地产业
002075. SZ	沙钢股份	2011-4-8	CSRC 黑色金属冶炼和压延加工业

数据来源：WIND 资讯

从表 11-21 中可以看出，深市 2013 年恢复上市的有 13 家公司，分别为金浦钛业、上峰水泥、金城股份、建新矿业、浩物股份、*ST 五稀、深大通、*ST 恒立、山东路桥、ST 生化、中钨高新、视觉中国、*ST 盈方；2014 年恢复上市的有 2 家公司，分别为锌业股份、ST 华泽；2015 年恢复暂停上市 2 家，分别为长航凤凰、协鑫集成。

表 11-21 深市 A 股恢复上市基本情况 2(2013/01/01-2016/07/31)

代码	名称	恢复上市日期	证监会行业
000520. SZ	长航凤凰	2015-8-18	CSRC 水上运输业
002506. SZ	协鑫集成	2015-8-12	CSRC 计算机、通信和其他电子设备制造业
000751. SZ	锌业股份	2014-8-6	CSRC 有色金属冶炼和压延加工业
000693. SZ	ST 华泽	2014-1-10	CSRC 有色金属矿采选业
000545. SZ	金浦钛业	2013-7-26	CSRC 化学原料和化学制品制造业
000672. SZ	上峰水泥	2013-4-26	CSRC 非金属矿物制品业
000820. SZ	金城股份	2013-4-26	CSRC 造纸和纸制品业
000688. SZ	建新矿业	2013-4-26	CSRC 有色金属矿采选业
000757. SZ	浩物股份	2013-2-8	CSRC 通用设备制造业
000831. SZ	*ST 五稀	2013-2-8	CSRC 有色金属冶炼和压延加工业
000038. SZ	深大通	2013-2-8	CSRC 房地产业
000622. SZ	*ST 恒立	2013-2-8	CSRC 专用设备制造业
000498. SZ	山东路桥	2013-2-8	CSRC 土木工程建筑业
000403. SZ	ST 生化	2013-2-8	CSRC 医药制造业
000657. SZ	中钨高新	2013-2-8	CSRC 有色金属冶炼和压延加工业
000681. SZ	视觉中国	2013-2-8	CSRC 文化艺术业
000670. SZ	*ST 盈方	2013-2-8	CSRC 计算机、通信和其他电子设备制造业

数据来源：WIND 资讯

5. 我国资本市场终止上市(即退市)概况

从我国证券市场建立至 2016 年 7 月底，我国 A 股上市公司终止上市的共计 90 家，B 股上市公司终止上市的共计 13 家，新三板股公司终止上市的共计 58 家。

5.1　我国资本市场 A 股上市公司终止上市概况

在我国 A 股终止上市的 90 家上市公司中，有 34 家因重组退市后重新在 A 股上市，另外的 56 家上市公司在退市后，有 47 家退入了老三板，有 8 家私有化，还有一家即因重大信息披露违法退市的退市博元(600656. SH)等待退入老三板。

5.1.1　重组退市后重新在 A 股上市

自我国证券市场建立以来，因吸收合并而终止上市的 A 股重新在 A 股市场上市的共计 30 家，其中沪市 20 家、深市 10 家；而因其他原因退市重组在 A 股上市的总共有 4 家。

(1) 因吸收合并重组退市并在沪市 A 股上市

表 11-22 中，自我国证券市场建立至 2009 年年底，我国沪市共有 9 家上市公司因吸收合并退市并随后在 A 股重新上市，这些退市的上市公司分别是承德钒钛(退市)、邯郸钢铁(退市)、新湖创业(退市)、上电股份(退市)、包头铝业(退市)、S 兰铝(退市)、S 山东铝(退市)、上港集箱(退市)、华联商厦(退市)。其中，河钢股份吸收合并承德钒钛(退市)、邯郸钢铁(退市)重新在深市 A 股上市；新湖中宝吸收合并新湖创业(退市)重新在沪市 A 股上市；上海电气吸收合并上电股份(退市)重新在沪市 A 股上市；中国铝业吸收合并包头铝业(退市)、S 兰铝(退市)、S 山东铝(退市)重新在沪市 A 股上市；上港集团吸收合并上港集箱(退市)重新在沪市 A 股上市；百联股份(退市)吸收合并华联商厦(退市)重新在沪市 A 股上市。

表 11-22　沪市因吸收合并退市并重新在 A 股上市的基本情况(1)

代码	名称	退市日期	重组后代码	重组后简称	重组后上市日期
600357. SH	承德钒钛(退市)	2009-12-29	000709. SZ	河钢股份	2010-1-25
600001. SH	邯郸钢铁(退市)	2009-12-29	000709. SZ	河钢股份	2010-1-25
600840. SH	新湖创业(退市)	2009-8-27	600208. SH	新湖中宝	2009-9-4
600627. SH	上电股份(退市)	2008-11-26	601727. SH	上海电气	2008-12-5
600472. SH	包头铝业(退市)	2007-12-26	601600. SH	中国铝业	2008-1-4
600296. SH	S 兰铝(退市)	2007-4-30	601600. SH	中国铝业	2007-4-30
600205. SH	S 山东铝(退市)	2007-4-30	601600. SH	中国铝业	2007-4-30
T00018. SH	上港集箱(退市)	2006-10-20	600018. SH	上港集团	2006-10-26
600632. SH	华联商厦(退市)	2004-11-18	600631. SH	百联股份(退市)	2004-11-26

数据来源：WIND 资讯

表 11-23 中，自 2010 年年初至 2016 年 7 月底，我国沪市共有 11 家上市公司因吸收合并退市并在 A 股重新上市，这些退市的上市公司分别是中国北车(退市)、东方明珠(退市)、天方药业(退市)、广汽长丰(退市)、路桥建设(退市)、莱钢股份(退市)、百联股份(退市)、太行水泥(退市)、上实医药(退市)、中西药业(退市)、*ST 上航(退市)；其通过吸收合并重组后全部在沪市 A 股重新上市，对应的股票简称分别是中国中车、东方明珠、中国医药、广汽集团、中国交建、山东钢铁、百联股份、金隅股份、上海医药[吸收合并了上实医药(退市)、中西药业(退市)]、东方航空。

表 11-23　沪市因吸收合并退市并重新在 A 股上市的基本情况(2)

代码	名称	退市日期	重组后代码	重组后简称	重组后上市日期
601299. SH	中国北车(退市)	2015-5-20	601766. SH	中国中车	2015-6-4
600832. SH	东方明珠(退市)	2015-5-20	600637. SH	东方明珠	2015-6-3
600253. SH	天方药业(退市)	2013-7-15	600056. SH	中国医药	2013-8-1
600991. SH	广汽长丰(退市)	2012-3-20	601238. SH	广汽集团	2012-3-29
600263. SH	路桥建设(退市)	2012-3-1	601800. SH	中国交建	2012-3-9
600102. SH	莱钢股份(退市)	2012-2-28	600022. SH	山东钢铁	2012-3-8
600631. SH	百联股份(退市)	2011-8-23	600827. SH	百联股份	2011-8-31
600553. SH	太行水泥(退市)	2011-2-18	601992. SH	金隅股份	2011-3-1
600607. SH	上实医药(退市)	2010-2-12	601607. SH	上海医药	2010-3-9
600842. SH	中西药业(退市)	2010-2-12	601607. SH	上海医药	2010-3-9
600591. SH	*ST 上航(退市)	2010-1-25	600115. SH	东方航空	2010-2-2

数据来源：WIND 资讯

(2) 因吸收合并退市重组并在深市 A 股上市

表 11-24 中，自我国证券市场建立至 2016 年 7 月底，我国深市共有 10 家上市公司因吸收合并退市并在 A 股重新上市，这些退市的上市公司分别是招商地产(退市)、大华农(退市)、宏源证券(退市)、美的电器(退市)、白云山 A(退市)、盐湖集团(退市)、长城股份(退市)、攀渝钛业(退市)、S 湘火炬(退市)、TCL 通讯(退市)。其通过吸收合并重组后除白云山在沪市重新上市外，其他退市股票在重组后依然选择深市 A 股重新上市，对应的股票简称分别是招商蛇口、温氏股份、申万宏源、美的集团、白云山、盐湖股份、*ST 钒钛[吸收合并了长城股份(退市)、攀渝钛业(退市)]、潍柴动力、TCL 集团。

表 11-24　深市因吸收合并退市并重新在 A 股上市的基本情况

代码	名称	退市日期	重组后代码	重组后简称	重组后上市日期
000024. SZ	招商地产(退市)	2015-12-30	001979. SZ	招商蛇口	2015-12-30
300186. SZ	大华农(退市)	2015-11-2	300498. SZ	温氏股份	2015-11-2
000562. SZ	宏源证券(退市)	2015-1-26	000166. SZ	申万宏源	2015-1-26
000527. SZ	美的电器(退市)	2013-9-18	000333. SZ	美的集团	2013-9-18
000522. SZ	白云山 A(退市)	2013-4-26	600332. SH	白云山	2013-5-23
000578. SZ	盐湖集团(退市)	2011-3-22	000792. SZ	盐湖股份	2011-3-28
000569. SZ	长城股份(退市)	2009-5-6	000629. SZ	*ST 钒钛	2009-5-6
000515. SZ	攀渝钛业(退市)	2009-5-6	000629. SZ	*ST 钒钛	2009-5-6
000549. SZ	S 湘火炬(退市)	2007-4-27	000338. SZ	潍柴动力	2007-4-30
000542. SZ	TCL 通讯(退市)	2004-1-13	000100. SZ	TCL 集团	2004-1-30

数据来源：WIND 资讯

(3) 因其他原因退市重组在 A 股上市

表 11-25 中，截至 2016 年 7 月底，我国沪深两市因其他原因退市重组在 A 股上市的共有 4 家公司，这 4 家退市公司在重组前的简称分别是 ST 东北高(退市)、东方锅炉(退

市)、*ST 云大(退市)、琼民源 A(退市)。其中，吉林高速通过与 ST 东北高(退市)的证券置换重组上市；东方电气通过重组因私有化退市的东方锅炉(退市)重新上市；太平洋重组因连续四年亏损退市的*ST 云大(退市)重新上市；中关村通过与琼民源 A(退市)的证券置换重组上市。

表 11-25　因其他原因退市重组并在 A 股上市的基本情况

代码	名称	退市日期	终止上市原因	重组后代码	重组后简称	重组后上市日期
600003. SH	ST 东北高(退市)	2010-2-26	证券置换	601518. SH	吉林高速	2010-3-19
600786. SH	东方锅炉(退市)	2008-3-18	私有化	600875. SH	东方电气	2008-3-10
600181. SH	*ST 云大(退市)	2007-6-1	连续四年亏损	601099. SH	太平洋	2007-12-28
000508. SZ	琼民源 A(退市)	1999-7-12	证券置换	000931. SZ	中关村	1999-7-12

数据来源：WIND 资讯

5.1.2　我国 A 股市场退市后转入三板的公司概况

截至 2016 年 7 月底，我国 A 股上市公司退市转入三板的公司共计 47 家，其中因连续亏损 3 年退市转入三板的公司有 42 家，因连续亏损 4 年退市转入三板的公司有 2 家，因暂停上市后未披露定期报告退市转入三板的公司有 3 家。

(1) 因连续 3 年亏损从 A 股退市转入三板

① 因连续 3 年亏损退市转入三板的 PT 类公司

表 11-26 中的 5 家公司因连续 3 年亏损在实施 PT 制度期间退市转入三板，其中 PT 水仙(退市)是我国资本市场上真正意义上的第一家退市公司，其于 2001 年 4 月 23 日退市，退入三板后的代码为 400008、在三板的简称为水仙 A5。其他因退市转入三板的 PT 类公司股票分别是 PT 金田 A(退市)、PT 南洋(退市)、PT 中浩 A(退市)、PT 粤金曼(退市)，其在三板的简称分别为金田 A5、南洋 5、中浩 A5、粤金曼 5。

表 11-26　因连续 3 年亏损退市转入三板的 PT 类公司

代码	名称	退市日期	退入三板日期	三板代码	三板简称
000003. SZ	PT 金田 A(退市)	2002-6-14	2004-1-16	400016. OC	金田 A5
000556. SZ	PT 南洋(退市)	2002-5-29	2004-5-28	400023. OC	南洋 5
000015. SZ	PT 中浩 A(退市)	2001-10-22	2002-10-25	400011. OC	中浩 A5
000588. SZ	PT 粤金曼(退市)	2001-6-15	2002-9-20	400012. OC	粤金曼 5
600625. SH	PT 水仙(退市)	2001-4-23	2001-12-10	400008. OC	水仙 A5

数据来源：WIND 资讯

② 因连续 3 年亏损从 A 股退市转入三板的 ST 类公司

由表 11-27 可以看出，因连续 3 年亏损退市转入三板的 ST 类公司共有 11 家，退入三板的时间主要集中在 2004 年 5 月份。其中从上交所退市的 ST 股有 4 家，分别是 ST 长油(退市)、ST 国嘉(退市)、ST 生态(退市)、ST 鞍一工(退市)，其退入三板后的简称分别为长油 5、国嘉 5、生态 5、鞍一工 5；而从深市退市的 ST 股有 7 家，分别为 ST 鑫光(退市)、ST 五环(退市)、ST 中侨(退市)、ST 海洋(退市)、ST 九州(退市)、ST 宏业(退市)、ST 银山(退市)，其退入三板后的简称分别为鑫光 5、五环 1、中侨 5、海洋 3、九州 1、宏业 3、银化 1。

表 11-27　因连续 3 年亏损退市转入三板的 ST 类公司股票

代码	名称	退市日期	退入三板日期	三板代码	三板简称
600087. SH	ST 长油(退市)	2014-6-5	2014-8-6	400061. OC	长油 5
000405. SZ	ST 鑫光(退市)	2004-3-19	2004-5-26	400028. OC	鑫光 5
600646. SH	ST 国嘉(退市)	2003-9-22	2004-3-17	400017. OC	国嘉 5
000412. SZ	ST 五环(退市)	2003-9-19	2004-5-26	400020. OC	五环 1
000047. SZ	ST 中侨(退市)	2003-5-30	2004-5-26	400026. OC	中侨 5
600709. SH	ST 生态(退市)	2003-5-23	2004-5-28	400027. OC	生态 5
000658. SZ	ST 海洋(退市)	2002-9-20	2004-5-21	400022. OC	海洋 3
600813. SH	ST 鞍一工(退市)	2002-9-16	2004-5-26	400021. OC	鞍一工 5
000653. SZ	ST 九州(退市)	2002-9-13	2004-5-21	400019. OC	九州 1
000689. SZ	ST 宏业(退市)	2002-9-5	2004-5-28	400025. OC	宏业 3
000675. SZ	ST 银山(退市)	2002-8-20	2004-5-12	400018. OC	银化 1

数据来源：WIND 资讯

③ 连续 3 年亏损从沪市 A 股退市转入三板的*ST 类公司

从表 11-28 中可以看出，截止 2016 年 7 月底，我国 A 股市场因连续 3 年亏损从上交所退市转入三板的*ST 类公司总共有 13 家，分别是*ST 联谊(退市)、S*ST 金荔(退市)、S*ST 国瓷(退市)、*ST 龙科(退市)、*ST 哈慈(退市)、*ST 信联(退市)、*ST 数码(退市)、*ST 中川(退市)、*ST 华圣(退市)、*ST 达曼(退市)、*ST 斯达(退市)、*ST北科(退市)、*ST 鞍成(退市)；其退入三板后的简称分别为联谊 3、金荔 1、国瓷 5、龙科 1、哈慈 3、信联 1、数码 3、中川 3、华圣 5、达尔曼 1、斯达 1、北科 1、鞍合成 3。

表 11-28　连续 3 年亏损从沪市退市转入三板的*ST 类公司股票

代码	名称	退市日期	退入三板日期	三板代码	三板简称
600065. SH	*ST 联谊(退市)	2007-12-13	2008-4-28	400057. OC	联谊 3
600762. SH	S*ST 金荔(退市)	2007-11-20	2008-1-23	400056. OC	金荔 1
600286. SH	S*ST 国瓷(退市)	2007-5-31	2007-8-3	400055. OC	国瓷 5
600799. SH	*ST 龙科(退市)	2006-1-4	2006-8-4	400048. OC	龙科 1
600752. SH	*ST 哈慈(退市)	2005-9-22	2005-11-29	400044. OC	哈慈 3
600899. SH	*ST 信联(退市)	2005-9-21	2005-11-28	400042. OC	信联 1
600700. SH	*ST 数码(退市)	2005-9-20	2005-11-25	400041. OC	数码 3
600852. SH	*ST 中川(退市)	2005-9-16	2005-11-23	400040. OC	中川 3
600672. SH	*ST 华圣(退市)	2005-8-5	2005-10-12	400039. OC	华圣 5
600788. SH	*ST 达曼(退市)	2005-3-25	2005-6-3	400037. OC	达尔曼 1
600670. SH	*ST 斯达(退市)	2004-9-24	2004-12-1	400033. OC	斯达 1
600878. SH	*ST 北科(退市)	2004-9-15	2004-11-22	400030. OC	北科 1
600669. SH	*ST 鞍成(退市)	2004-9-15	2004-11-22	400031. OC	鞍合成 3

数据来源：WIND 资讯

④ 连续 3 年亏损从深市 A 股退市转入三板的*ST 类公司

从表11-29中可以看出，截止2016年7月底，我国A股市场因连续3年亏损从深市退市转入三板的*ST类公司总共有13家，分别是*ST炎黄(退市)、*ST创智(退市)、S*ST托普(退市)、S*ST佳纸(退市)、*ST龙涤(退市)、*ST大菲(退市)、*ST长兴(退市)、*ST猴王(退市)、*ST华信(退市)、*ST比特(退市)、*ST环保(退市)、*ST石化A(退市)、*ST南华(退市)；其退入老三板后的简称分别为高能5、创智5、托普1、佳纸3、龙涤3、大菲5、长兴1、猴王1、汇绿5、比特1、天创5、石化A1、汇集5。

表11-29　连续3年亏损从深市退市转入三板的*ST类公司股票

代码	名称	退市日期	退入三板日期	三板代码	三板简称
000805. SZ	*ST炎黄(退市)	2013-3-27	2013-6-4	400060. OC	高能5
000787. SZ	*ST创智(退市)	2013-2-8	2013-4-22	400059. OC	创智5
000583. SZ	S*ST托普(退市)	2007-5-21	2007-7-23	400054. OC	托普1
000699. SZ	S*ST佳纸(退市)	2007-4-4	2007-6-13	400053. OC	佳纸3
000832. SZ	*ST龙涤(退市)	2006-6-29	2006-11-8	400050. OC	龙涤3
000769. SZ	*ST大菲(退市)	2005-9-21	2005-11-28	400046. OC	大菲5
000827. SZ	*ST长兴(退市)	2005-9-21	2005-11-28	400043. OC	长兴1
000535. SZ	*ST猴王(退市)	2005-9-21	2005-11-28	400045. OC	猴王1
000765. SZ	*ST华信(退市)	2005-7-4	2005-9-5	400038. OC	汇绿5
000621. SZ	*ST比特(退市)	2004-9-27	2004-12-3	400035. OC	比特1
000730. SZ	*ST环保(退市)	2004-9-24	2004-12-1	400036. OC	天创5
000013. SZ	*ST石化A(退市)	2004-9-20	2004-11-26	400032. OC	石化A1
000660. SZ	*ST南华(退市)	2004-9-13	2004-11-19	400029. OC	汇集5

数据来源：WIND资讯。

(2) 因连续4年亏损从A股退市转入三板

从表11-30中可以看出，截止2016年7月底，我国A股市场因连续4年亏损退市转入三板的公司总共有2家，分别是国恒(退市)、*ST二重(退市)，其退入三板的日期均在2015年的下半年，在三板的代码分别为400064、400062，在三板的简称分别为国恒3、二重5。

表11-30　连续4年亏损从A股退市转入老三板的公司

代码	名称	退市日期	退入三板日期	三板代码	三板简称
000594. SZ	国恒(退市)	2015-7-13	2015-9-16	400064. OC	国恒3
601268. SH	*ST二重(退市)	2015-5-21	2015-7-20	400062. OC	二重5

数据来源：WIND资讯。

(3) 因暂停上市后未披露定期报告从A股退市转入三板

从表11-31中可以看出，截止2016年7月底，我国A股市场因暂停上市后未披露定期报告退市转入三板的公司总共有3家，分别是S*ST精密(退市)、S*ST龙昌(退市)、*ST花雕(退市)，其在三板的代码分别为400051、400052、400049，在三板的简称分别为精密3、龙昌1、花雕1。

表 11-31 暂停上市后未披露定期报告从 A 股退市转入老三板的公司

代码	名称	退市日期	退入三板日期	三板代码	三板简称
600092. SH	S*ST 精密(退市)	2006-11-30	2007-2-2	400051. OC	精密 3
600772. SH	S*ST 龙昌(退市)	2006-11-30	2007-2-9	400052. OC	龙昌 1
600659. SH	*ST 花雕(退市)	2006-3-23	2006-6-2	400049. OC	花雕 1

数据来源：WIND 资讯

5.1.3 我国 A 股市场因私有化退市的公司概况

从表 11-32 中可以看出，截止 2016 年 7 月底，我国 A 股市场因私有化退市的公司总共有 8 家，分别是金马集团(退市)、齐鲁石化(退市)、石油大明(退市)、扬子石化(退市)、中原油气(退市)、吉林化工(退市)、锦州石化(退市)、辽河油田(退市)。其中除了金马集团(退市)是在 2013 年因私有化退市外，其他 7 家因私有化退市的时间都集中在 2006 年；而这 8 家退市公司在退市时的每股净资产均在 1 元以上，都没有跌破股票面值。

表 11-32 我国 A 股市场因私有化退市的公司

代码	名称	退市日期	退市时股价(元)	退市时每股净资产(元)
000602. SZ	金马集团(退市)	2013-8-14	13.41	3.60
600002. SH	齐鲁石化(退市)	2006-4-24	10.09	3.92
000406. SZ	石油大明(退市)	2006-4-21	10.12	5.20
000866. SZ	扬子石化(退市)	2006-4-21	13.84	6.13
000956. SZ	中原油气(退市)	2006-4-21	11.91	6.25
000618. SZ	吉林化工(退市)	2006-2-20	5.24	1.60
000763. SZ	锦州石化(退市)	2006-1-4	4.22	1.01
000817. SZ	辽河油田(退市)	2006-1-4	8.75	2.95

数据来源：WIND 资讯

5.2 我国资本市场 B 股退市公司概况

截止 2016 年 7 月底，我国资本市场 B 股退市公司共计 13 家，其中因吸收合并退市并在重组后上市的有 3 家，因转板上市的有 3 家；而因其他法定原因被退市转入三板的有 7 家。

5.2.1 因吸收合并退市并在重组后上市的公司

表 11-33 中，截至 2016 年 7 月底，我国 B 股市场因吸收合并退市并在重组后上市的公司共有 3 家，分别是招商局 B(退市)、新城 B 股(退市)、东电 B 股(退市)；其重组后全部在 A 股市场重新上市，重组上市后的代码分别为 001979、601155、600023，重组上市后的简称分别为招商蛇口、新城控股、浙能电力。

表 11-33 我国 B 股市场因吸收合并退市并在重组后上市的公司

代码	名称	退市日期	重组后代码	重组后简称	重组后上市日期
200024. SZ	招商局 B(退市)	2015-12-11	001979. SZ	招商蛇口	2015-12-30
900950. SH	新城 B 股(退市)	2015-11-23	601155. SH	新城控股	2015-12-4
900949. SH	东电 B 股(退市)	2013-11-7	600023. SH	浙能电力	2013-12-19

数据来源：WIND 资讯

5.2.2　因转板上市而退市的公司

表11-34中，截至2016年7月底，我国B股市场因转板上市而退市的公司共有3家，全部集中在深市，这些公司股票对应的名称分别是万科B(退市)、丽珠B(退市)、中集B(退市)。其中2012年转板上市的B股是中集B(退市)；2014年转板上市的B股有2只，分别是万科B(退市)、丽珠B(退市)。

表11-34　我国B股市场因转板上市而退市的公司

代码	名称	退市日期	终止上市原因
200002. SZ	万科B(退市)	2014-6-19	转板上市
200513. SZ	丽珠B(退市)	2014-1-10	转板上市
200039. SZ	中集B(退市)	2012-12-14	转板上市

数据来源：WIND资讯

5.2.3　因其他法定原因被退市转入三板的公司

表11-35中，截至2016年7月底，我国B股市场因其他法定原因被强制退市转入三板的公司共有7家，其中因连续4年亏损被强制退市转入三板的公司是武锅B(退市)，其退入三板的时间为2015年9月16日，在三板的简称为武锅B5。因暂停上市后未披露定期报告被强制退市转入三板的公司是*ST本实B(退市)，其退入三板的时间为2010年2月5日，在三板的简称为深本实B1。另外5家B股公司被强制退市转入三板的原因是连续3年亏损，转入三板的时间都是2006年之前，且主要是深市B股，其名称分别为*ST大洋B(退市)、*ST石化B(退市)、PT金田B(退市)、PT中浩B(退市)、PT水仙B(退市)；在三板的简称分别为大洋B1、石化B1、金田B5、中浩B5、水仙B5。

表11-35　我国B股市场因其他法定原因被强制退市转入三板的公司

代码	名称	退市日期	终止上市原因	退入三板日期	三板代码	三板简称
200770. SZ	武锅B(退市)	2015-7-13	连续四年亏损	2015-9-16	420063. OC	武锅B5
200041. SZ	*ST本实B(退市)	2009-12-4	暂停上市后未披露定期报告	2010-2-5	420058. OC	深本实B1
200057. SZ	*ST大洋B(退市)	2005-9-21	连续三年亏损	2005-11-28	420047. OC	大洋B1
200013. SZ	*ST石化B(退市)	2004-9-20	连续三年亏损	2004-11-26	420032. OC	石化B1
200003. SZ	PT金田B(退市)	2002-6-14	连续三年亏损	2004-1-16	420016. OC	金田B5
200015. SZ	PT中浩B(退市)	2001-10-22	连续三年亏损	2002-10-25	420011. OC	中浩B5
900931. SH	PT水仙B(退市)	2001-4-23	连续三年亏损	2001-12-10	420008. OC	水仙B5

数据来源：WIND资讯

5.3　我国资本市场新三板股退市公司概况

截至2016年7月底，我国资本市场三板股退市的共计58只，其中新三板股57只、老三板股一只[为粤传媒5(退市)，其股票代码为400003，于2007年8月27日因转板上市而退市]。

在退市的57只新三板股中，因吸收合并退市22家，因转板上市的有8家；因暂停上市后未披露定期报告被强制退市的有8家；因连续4年亏损被强制退市的有1家，而因其他原因退市的共有 15 家。其中，因连续 4 年亏损被强制退市的是 ST 羊业(退市)，其股票代码为 430013，于 2014 年 5 月 19 日退市。

5.3.1 因吸收合并退市的新三板公司

截至 2016 年 7 月底，我国新三板市场因吸收合并退市的 22 家公司中，属于 2014 年 5 月 19 日做市商改革之前挂牌交易的新三板公司共有 13 家。从表 11-36 中可以看出，这 13 家退市公司分别是招奇维科技(退市)、众合医药(退市)、世纪东方(退市)、激光装备(退市)、铂亚信息(退市)、阿姆斯(退市)、嘉宝华(退市)、福格森(退市)、新冠亿碳(退市)、捷虹股份(退市)、屹通信息(退市)、金豪制药(退市)、瑞翼信息(退市)。这 13 家退市公司中，除了奇维科技(退市)的退市时间是在 2016 年、众合医药(退市)的退市时间是在 2015 年；其他 11 家的退市时间都集中在 2014 年。

表 11-36 因吸收合并退市的新三板公司(1)

代 码	名 称	退市日期	退市时每股净资产(元)
430608. OC	奇维科技(退市)	2016-5-24	1. 83
430598. OC	众合医药(退市)	2015-12-7	1. 28
430043. OC	世纪东方(退市)	2014-11-26	4. 31
430710. OC	激光装备(退市)	2014-11-10	3. 71
430708. OC	铂亚信息(退市)	2014-10-30	4. 75
430115. OC	阿姆斯(退市)	2014-10-22	1. 71
430679. OC	嘉宝华(退市)	2014-9-5	1. 07
430587. OC	福格森(退市)	2014-8-29	1. 03
430275. OC	新冠亿碳(退市)	2014-8-22	1. 49
430295. OC	捷虹股份(退市)	2014-8-20	2. 45
430364. OC	屹通信息(退市)	2014-7-11	1. 79
430026. OC	金豪制药(退市)	2014-6-30	1. 97
430531. OC	瑞翼信息(退市)	2014-5-26	1. 96

数据来源：WIND 资讯

而从表 11-37 中可以看出，属于 2014 年 5 月 19 日之后挂牌交易的新三板公司因吸收合并退市的共有 9 家，分别是新泰材料(退市)、东田药业(退市)、国图信息(退市)、禾健股份(退市)、华苏科技(退市)、雅路智能(退市)、宇寿医疗(退市)、业际光电(退市)、日新传导(退市)。这 9 家退市公司中，除了日新传导(退市)的退市时间是在 2014 年，宇寿医疗(退市)、业际光电(退市)的退市时间是在 2015 年；其他 6 家的退市时间都集中在 2016 年。

表 11-37 因吸收合并退市的新三板公司(2)

代 码	名 称	退市日期	退市时每股净资产(元)
833259. OC	新泰材料(退市)	2016-7-8	1. 44
834435. OC	东田药业(退市)	2016-6-30	0. 93
834724. OC	国图信息(退市)	2016-5-20	3. 25

续表

代　　码	名　　称	退市日期	退市时每股净资产(元)
833045. OC	禾健股份(退市)	2016-5-11	1. 72
831180. OC	华苏科技(退市)	2016-5-3	2. 27
835696. OC	雅路智能(退市)	2016-4-29	4. 52
831812. OC	宇寿医疗(退市)	2015-12-2	3. 04
831966. OC	业际光电(退市)	2015-9-30	2. 01
830804. OC	日新传导(退市)	2014-11-26	2. 58

数据来源：WIND 资讯

5. 3. 2　因转板上市退市的新三板公司

截至 2016 年 7 月底，我国三板挂牌公司成功转板上市总共 12 家，其中新三板挂牌公司成功转板上市 11 家。从表 11-38 可知，这 11 家公司中在 2009 年转板上市的有两家，分别是北陆药业(退市)、久其软件(退市)；在 2010 年转板上市的有 1 家，是世纪瑞尔(退市)；在 2011 年转板上市的有两家，分别是紫光华宇(退市)、佳讯飞鸿(退市)；在 2012 年转板上市的有两家，分别是东土科技(退市)、博晖创新(退市)；在 2014 年转板上市的有 1 家，是安控科技(退市)；在 2015 年转板上市的有 3 家，分别是合纵科技(退市)、康斯特(退市)、双杰电气(退市)。

表 11-38　因转板上市而退市的新三板公司

代　　码	名　　称	退市日期	退市时股价(元)
430018. OC	合纵科技(退市)	2015-6-1	6. 60
430040. OC	康斯特(退市)	2015-4-22	0. 60
430049. OC	双杰电气(退市)	2015-4-20	8. 73
430030. OC	安控科技(退市)	2014-1-9	12. 10
430045. OC	东土科技(退市)	2012-8-29	13. 00
430012. OC	博晖创新(退市)	2012-5-10	7. 00
430008. OC	紫光华宇(退市)	2011-9-28	11. 00
430023. OC	佳讯飞鸿(退市)	2011-4-20	9. 80
430001. OC	世纪瑞尔(退市)	2010-12-6	9. 99
430006. OC	北陆药业(退市)	2009-9-30	5. 50
430007. OC	久其软件(退市)	2009-7-29	15. 00

数据来源：WIND 资讯

5. 3. 3　因暂停上市后未披露定期报告退市的新三板公司

截至 2016 年 7 月底，我国新三板因暂停上市后未披露定期报告退市的公司总共有 8 家，全部属于 2014 年 5 月 19 日之后挂牌交易的新三板公司，退市时间也都集中在 2016 年 6~7 月份。从表 11-39 可知，这 8 家退市公司分别是腾楷网络(退市)、宝莲生物(退市)、扬开电力(退市)、泽辉股份(退市)、卡松科技(退市)、中成新星(退市)、朗顿教育(退市)、华夏科创(退市)。

表 11-39　因暂停上市后未披露定期报告而退市的新三板公司

代　码	名　称	退市日期	退市时每股净资产(元)
831164. OC	腾楷网络(退市)	2016-7-8	1. 48
835424. OC	宝莲生物(退市)	2016-7-8	3. 70
831245. OC	扬开电力(退市)	2016-7-8	1. 65
832122. OC	泽辉股份(退市)	2016-7-8	1. 32
832700. OC	卡松科技(退市)	2016-7-7	1. 94
831610. OC	中成新星(退市)	2016-7-1	3. 53
831505. OC	朗顿教育(退市)	2016-7-1	11. 53
834024. OC	华夏科创(退市)	2016-6-13	2. 00

数据来源：WIND 资讯

5.4　我国退市制度实施情况的总结

成熟的证券市场应该是“有进有退”、能够实现优胜劣汰的市场，退市制度便是保证证券市场淘汰机制发挥作用的制度安排之一，它在很大程度上决定着证券市场运行效率的高低。与国外成熟的证券市场相比，退市制度一直是我国证券市场的短板，尽管我国的退市制度在 2001 年便正式诞生，但是实施 15 年以来的直接效果并不是十分理想。

5.4.1　我国上市公司戴帽摘帽频繁

根据前面的分析会发现，在我国资本市场上，不管是沪深两市的上市股票、企业债券，还是三板市场挂牌交易的股票，都不断呈现出这边披星戴帽、那边脱星摘帽，上市公司几家欢乐几家愁的场面。以我国沪深两市为例，在 2015 年 1 月 1 日至 2016 年 7 月 31 日期间，我国被实施 ST 的 A 股上市股票有 99 只、B 股有 4 只；而在同一时间段，沪深两市被撤销 ST 的 A 股有 69 只、B 股有 3 只。通常，上市公司被实施 ST 或 *ST 的主要原因是其财务状况出了问题，被 ST 的公司为了改善经营业绩，往往存在强烈的整合预期，为了保壳翻身而不断努力。多数公司在“戴帽”压力下，都会进行资产重组或资产优化，部分公司甚至主业彻底转型。

同时，根据相关规定，上市公司被实施“*ST”后，如果下一年度继续亏损，则可能面临暂停上市。因此，大多数公司在被实施“*ST”后会采取多种措施特别是加紧重组以实现扭亏为盈。以 2016 年第一季度为例，之前因连续两年亏损而被实施退市风险警示的 14 家公司已公告撤销退市风险警示。以 *ST 闽能为例，公告表示，2015 年公司成功实现扭亏为盈，各相关指标均不触及退市风险警示条件，也不存在触及其他风险警示的情形，因此被交易所核准撤销退市风险警示。

5.4.2　我国上市公司退市率很低

如表 11-40 所示，从 2001 年至 2015 年年底，我国沪深两市共有 101 家上市公司(包括 A 股与 B 股)完成退市，各年的退市率一直维持在 1%以下，特别是近 5 年的退市率不足 0.5%，这与美国等发达证券市场将近 10%[1]的退市率存在很大差距。证券市场是一个优化

[1] 根据《中国资本市场研究报告(2013)》的统计数据，2009~2011 年美国纽约证券交易所的平均退市率为 7.29%，纳斯达克市场为 9.85%，伦敦证券交易所为 10.58%。

资源配置的场所，优胜劣汰是市场的基本功能之一。但长期以来，我国证券市场这种严重偏低的退市比率使得一些垃圾股“死而不僵”，往往可以通过种种财务调节来规避退市标准，一些地方政府出于自身利益考虑，很多时候也愿意拿出大量资金帮助这些公司“保壳”。由于这些空壳公司存在比较强烈的并购和重组预期，投资者也往往对其趋之若鹜，不断地参与此类股票的投机炒作，形成了“劣币驱逐良币”的效应，严重扭曲了整个A股市场的估值体系。

表11-40 我国沪深两市退市公司数量及退市率

年份	退市公司数量			年末上市公司总数	退市率(%)
	上交所	深交所	合计		
2001	2	3	5	1154	0.43
2002	1	7	8	1123	0.65
2003	2	2	4	1285	0.31
2004	4	7	11	1343	0.80
2005	6	5	11	1377	0.77
2006	6	7	13	1421	0.85
2007	7	3	10	1530	0.62
2008	2	0	2	1604	0.12
2009	3	3	6	1700	0.29
2010	4	0	4	2063	0.17
2011	2	1	3	2342	0.13
2012	3	1	4	2494	0.16
2013	2	5	7	2489	0.28
2014	1	2	3	2613	0.11
2015	4	6	10	2827	0.35
总计	49	52	101	——	——

数据来源：WIND资讯

同时，我国新三板市场近年来发展迅猛，根据WIND资讯提供的数据，2015年我国新三板挂牌公司为5129家，退市公司为13家，退市率为0.25%；2016年6月底我国新三板挂牌公司为7685家，2016年上半年的退市公司为9家，2016年上半年的退市率为0.12%。所以，总体来看，尽管我国的退市制度在不断地完善与优化，但因为各方面因素的影响，这些制度的实际实施与执行情况不是很到位，其对我国资本市场上劣质上市公司的警示作用并没有完全发挥出来。

5.4.3 新一轮强制退市风暴已至

一直以来，我国A股市场以强制退市为主，主要依据是严重亏损的规则，虽然证券法早有“重大违法行为暂停上市”的相关规定，却因缺乏明确标准而一直让违法者逍遥法外。从以往情况来看，上市公司造假欺诈只罚款和上市公司能募集到的资金比起来，违法成本极低。所以，在“亏损——重组——借壳”这样的炒作游戏中，上市公司及其利益相关主体乐此不疲，部分上市公司的价值与股价严重脱离，这扭曲了资本市场的定价机制，使得资本市场的价值投资功能难以有效发挥。

在2014年我国启动的新一轮退市制度改革及交易所配套修改的《股票上市规则》中，上市公司因涉嫌违规披露、不披露重要信息罪被依法移送公安机关的，将被实施暂停上市及终止上市。

2016年5月13日，*ST博元被正式摘牌，这是证监会自2014年《关于改革完善并严格实施上市公司退市制度的若干意见》实施后，A股市场首家因重大信息披露违法而遭强制退市的公司；2016年7月12，身处创业板的欣泰电气因欺诈发行而被实施ST，简称变为*欣泰，直接给出了退市风险预警。

由此可见，我国A股上市公司强制退市的原因，已经从业绩严重亏损触发红线扩至存在欺诈发行或者重大信息披露违法违规；如有被认定为欺诈发行或重大信息披露违法的，将按照重大违法公司强制退市要求启动退市机制。

本章附注

1. 老三板的交易规则

一是不能按时披露年报的公司，每周只能在周五交易1次，股票名称尾带1字，如信联1、猴王1；二是在能够按时披露年报的公司中，净资产为负的公司每周交易三次，即每周一、三、五交易，股票名称尾带3字，如银化3、哈慈3；三是净资产为正的公司每周交易五次，周一至周五，股票名称尾带5字，如长油5、创智5。

老三板的交易规则与二级市场的连续竞价不同，仅在交易当日的收盘(15：00)进行一次性撮合竞价(类似二级市场开盘时的集合竞价)，涨跌幅限制均为5%。投资者在交易日开盘后即可下单，交易系统分别在当日的10：30、11：30、14：00揭示一次可能的撮合成交价格，最后一个小时即14：00后每十分钟揭示一次可能的成交价格，最后十分钟即14：50后每分钟揭示一次可能的成交价格，最终在15：00时只要有对手盘就成交，没有成交的钱就回到账上。

2. 股权分布不具备上市条件

指社会公众股东持有的股份连续二十个交易日低于公司总股本的25%，公司股本总额超过人民币四亿元的，低于公司总股本的10%。

上述社会公众股东指不包括下列股东的上市公司其他股东：一是持有上市公司10%以上股份的股东及其一致行动人；二是上市公司的董事、监事、高级管理人员及其关联人。

3. 企业债券与企业债券上市

本章所讲的企业债券主要是指企业依照法定程序发行，约定在一定期限内还本付息的有价证券(不包括金融债券、外币债券和可转换债券)。像其他有价证券一样，按照规定申请发行企业债券须经过中国证券监督管理委员会核准。

本章所讲的企业债券上市主要是指企业债券经批准在上海证券交易所、深圳证券交易所的交易市场所进行的挂牌买卖。

第十二章　主动退市与强制退市案例分析

作为2014年退市制度改革后的首单实践，*ST二重(601268)因连续4年亏损主动申请退市对证券市场的退市工作产生了三方面的积极示范作用：一是实现了退市制度市场化改革的预期目标；二是树立了以公司自治为基本原则的退市样本；三是提供了化解退市难、实现退市工作常态化的解决方案。而*ST博元(600656)是我国证券市场首家因重大信息披露违法进入暂停上市并最终被强制退市的公司，摘牌后的退市博元背负着“首例重大违法退市”公司的枷锁，其无疑面临着较以往退市公司更为沉重的负担；加上当前投资者对市场大环境的低调预期，退市博元想复制央企退市第一股——退市长油(600087)在三板的涅槃也并非易事。

1. 案例分析涉及到的主要法律制度

本章两个案例在分析时涉及到的主要法律制度包括上交所2012年发布的《关于完善上交所上市公司退市制度的方案》(以下简称《退市方案》)、上交所2014年修订的《上海证券交易所股票上市规则》(以下简称《股票上市规则》)，以及证监会2014年发布实施的《关于改革完善并严格实施上市公司退市制度的若干意见》(以下简称《退市意见》)。上交所《股票上市规则》有关主动退市、强制退市规定的情形在第十一章中已有介绍，故此处重点介绍《退市方案》、《退市意见》中与本案例分析有关的主要内容。

1.1　上交所对退市制度方案的完善

上交所2012年6月28发布了《关于完善上交所上市公司退市制度的方案》，重点提高退市制度的完备性和可操作性，并较为合理地调整了保护投资者权益安排、退市配套机制的内容。

1.1.1　增加退市指标

从退市实践来看，对于退市指标的完善应在适度增加退市指标的同时，着眼于提高退市指标的可操作性，减少退市指标的规避空间。上交所在其退市方案中增加了5个退市指标，即净资产、营业收入、审计意见类型、股票成交量、股票收盘价；新增了6条退市条件，扩大了1条退市条件的适用范围，具体情况见表12-1。

表12-1　上交所新增或扩大适用范围的退市条件

退市条件	退市风险警示处理	暂停上市	终止上市
净资产连续为负(新增)	一年(含追溯重述)	两年	三年
营业收入连续低于1000万(新增)	一年(含追溯重述)	两年	三年
不能在法定期限内披露最近一个会计年度经审计的年度报告(扩大适用范围)	-	-	上交所上市公司因净利润、净资产、营业收入或审计意见类型触及规定的标准被暂停上市后，不能在法定期限内披露最近一个会计年度经审计的年度报告

续表

退市条件	退市风险警示处理	暂停上市	终止上市
财务会计报告连续被会计师事务所出具否定意见或者无法表示意见（新增）	一年	两年	三年
股票成交量(新增)	–	–	(1)在上交所仅发行A股，通过上交所交易系统连续120个交易日实现的累计股票成交量低于500万股； (2)在上交所仅发行B股，通过上交所交易系统连续120个交易日实现的累计股票成交量低于100万股； (3)在上交所既发行A股又发行B股的，其A、B股股票的成交量同时触及前述标准
股票收盘价(新增)	–	–	(1)在上交所仅发行A股的上市公司连续20个交易日每日股票收盘价均低于股票面值； (2)在上交所仅发行B股的上市公司连续20个交易日的每日股票收盘价均低于股票面值； (3)在上交所既发行A股又发行B股的，其A、B股股票的收盘价同时触及前述标准
净利润、净资产、营业收入或审计意见类型触及规定标准被暂停上市后(综合有关财务指标及审计意见类型指标触及规定标准而新增加的退市条件)	–	–	上市公司因净利润、净资产、营业收入或审计意见类型触及规定标准被暂停上市后：最近一个会计年度经审计的扣除非前、后的净利润任一为负；最近一个会计年度经审计的营业收入低于1000万元；最近一个会计年度经审计的期末净资产为负；最近一个会计年度的财务会计报告被会计师事务所出具否定意见、无法表示意见或保留意见等

数据来源：2012年上交所《退市方案》

1.1.2 严格恢复上市要求

上市公司的股票因净利润、净资产、营业收入或审计意见类型触及规定的标准被暂停上市后，公司应当至少同时符合下述条件，方可向上交所提出恢复上市申请。

一是最近一个会计年度经审计的扣除非经常性损益前、后的净利润均为正数；二是最近一个会计年度经审计的营业收入不低于1000万元；三是最近一个会计年度经审计的期末净资产为正数；四是最近一个会计年度的财务会计报告未被会计师事务所出具否定意见、无法表示意见或者保留意见；五是保荐机构经核查后发表明确意见，认为公司具备持续经营能力；六是保荐机构经核查后发表明确意见，认为公司具备健全的公司治理结构、运作规范、无重大内控缺陷；七是不存在上交所《股票上市规则》规定的暂停上市和终止上市情形。

上市公司的股票被暂停上市后，公司不符合前述条件的，上交所不受理其恢复上市申请，其股票应终止上市。上市公司的股票被暂停上市后，公司未在规定的期限内提出恢复上市申请的，其股票应终止上市。上市公司的股票恢复上市后，应在上交所风险警示板交易一定期间。

1.1.3　完善退市程序

(1) 简化终止上市和恢复上市程序

上市公司出现终止上市情形的，上交所在该情形出现后15个交易日内对其股票做出终止上市决定。暂停上市公司向上交所提出恢复上市申请且被受理的，上交所上市委员会根据《股票上市规则》等规定对其申请进行审核；上交所根据上市委员会的审核意见对其股票做出恢复上市或者终止上市的决定。上市公司对前述决定有异议的，可根据上交所相关规定向上交所复核委员会申请复议。

(2) 明确审核期限

对暂停上市公司提出的恢复上市申请或终止上市复核申请，上交所均自受理申请之日起的30个交易日内做出决定。上市公司补充材料的期限不计入审核期限。前述申请人补充材料的期限累计均不得超过30个交易日。申请人未按上交所要求在前述期限内补充材料的，上交所在该期限届满后继续对其所提申请进行审核，并根据上交所《股票上市规则》对其做出相应决定。

1.1.4　设立风险警示板

完善现行的特别处理风险警示制度，设立风险警示板，将被退市风险警示的公司股票及其他重大风险公司的股票安排在风险警示板中集中交易。根据风险警示的需要，上交所对风险警示板采取必要的交易限制措施、市场监控措施和投资者适当性管理措施，对板块内公司实施严格的信息披露监管，其股票行情信息独立显示。上市公司的股票被上交所做出终止上市的决定后，上交所给予其30个交易日的退市整理期，公司股票进入风险警示板交易。公司股票在退市整理期届满后的次日终止上市，上交所对其予以摘牌。

1.1.5　提供退市公司股份转让服务

上市公司的股票被终止上市后，公司应当选择并申请将股票转入全国性的场外交易市场、其他符合条件的区域性场外交易市场或者上交所设立的退市公司股份转让系统进行股份转让；公司不申请的，上交所安排其股票在上交所退市公司股份转让系统进行股份转让。

上交所设立退市公司股份转让系统，为退市公司股份转让和信息披露等提供相应的服务，该系统实施适应退市公司特点的股份转让安排，采取严格的股份转让限制措施、市场监控措施和投资者适当性管理措施，并要求公司通过公司网站、中国证监会指定的非上市公众公司信息披露平台或其他公开媒体公告其重大信息。

1.1.6　建立重新上市制度

上市公司的股票被终止上市后，公司的终止上市情形已消除，且同时符合下列条件的，可以向上交所申请重新上市。

一是股本总额不少于5000万元；二是社会公众持有的股份占公司股份总数的比例为25%以上，公司股本总额超过4亿元的，社会公众持有的股份占公司股份总数的比例为10%以上；三是最近3年无重大违法行为，财务会计报告无虚假记载；四是最近两个会计年度经审计的净利润均为正数且累计超过2000万元(净利润以扣除非经常性损益前后孰低者为计算依据）；五是在申请重新上市前进行重大资产重组且实际控制人发生变更的，须符合中国证监会规定的借壳上市条件；六是最近一个会计年度经审计的期末净资产为正数；七是最近两个会计年度的财务会计报告被会计师事务所出具标准无保留意见的审计报告；八是保荐机构经核查后发表明确意见，认为公司具备持续经营能力；九是保荐机构经核查后发表明确意见，认为公司具备健全的公司治理结构、运作规范、无重大内控缺陷；十是上交所规定的其他条件。

1.2 我国证监会《退市意见》中规定的上市公司退市情形

我国证监会在2014年发布实施的《退市意见》中，将上市公司退市界定为公司股票在证券交易所终止上市交易，并以附件的形式对主动退市与强制退市的情形作了列示。

1.2.1 主动退市的情形

主动退市的情形主要有七种，可以归纳为三小类。

（1）主动提出申请退市

一是上市公司在履行必要的决策程序后，主动向证券交易所提出申请，撤回其股票在该交易所的交易，并决定不再在交易所交易。

二是上市公司在履行必要的决策程序后，主动向证券交易所提出申请，撤回其股票在该交易所的交易，并转而申请在其他交易场所交易或者转让。

（2）因股本回购或收购退市

一是上市公司向所有股东发出回购全部股份或者部分股份的要约，导致公司股本总额、股权分布等发生变化不再具备上市条件，其股票按照证券交易所规则退出市场交易。

二是上市公司股东向所有其他股东发出收购全部股份或者部分股份的要约，导致公司股本总额、股权分布等发生变化不再具备上市条件，其股票按照证券交易所规则退出市场交易。

三是除上市公司股东外的其他收购人向所有股东发出收购全部股份或者部分股份的要约，导致公司股本总额、股权分布等发生变化不再具备上市条件，其股票按照证券交易所规则退出市场交易。

（3）因公司注销或解散退市

一是上市公司因新设合并或者吸收合并，不再具有独立主体资格并被注销，其股票按照证券交易所规则退出市场交易。

二是上市公司股东大会决议解散，其股票按照证券交易所规则退出市场交易。

1.2.2 强制退市的情形

强制退市的情形比较多，主要有二十种，可以归纳为四小类。

（1）因重大违法行为强制退市

一是上市公司因首次公开发行股票申请或披露文件存在虚假记载、误导性陈述或者重大遗漏，致使不符合发行条件的发行人骗取了发行核准，或者对新股发行定价产生了实质性影响，受到证监会行政处罚被暂停上市后，在证监会做出行政处罚决定之日起一年内，被证券交易所做出终止公司股票上市交易的决定。

二是上市公司因首次公开发行股票申请或者披露文件存在虚假记载、误导性陈述或者重大遗漏，致使不符合发行条件的发行人骗取了发行核准，或者对新股发行定价产生了实质性影响，涉嫌欺诈发行罪被依法移送公安机关而暂停上市，在证监会做出移送决定之日起一年内，被证券交易所做出终止公司股票上市交易的决定。

三是上市公司因信息披露文件存在虚假记载、误导性陈述或者重大遗漏，受到证监会行政处罚，并在行政处罚决定书中被认定构成重大违法行为而暂停上市，在证监会做出行政处罚决定之日起一年内，被证券交易所依据其股票《股票上市规则》做出终止公司股票上市交易的决定。

四是上市公司因信息披露文件存在虚假记载、误导性陈述或者重大遗漏，涉嫌违规披露、不披露重要信息罪被依法移送公安机关而暂停上市，在证监会做出移送决定之日起一年内，被证券交易所依据其股票《股票上市规则》做出终止公司股票上市交易的决定。

（2）因不满足交易标准要求强制退市

一是上市公司股本总额发生变化不再具备上市条件，且在证券交易所规定的期限内仍不能达到上市条件。

二是上市公司社会公众持股比例不足公司股份总数的25%，或者公司股本总额超过4亿元，社会公众持股比例不足公司股份总数的10%，且在证券交易所规定的期限内仍不能达到上市条件。

三是上市公司股票在一定期限内累计成交量低于证券交易所规定的最低限额。

四是上市公司股票连续20个交易日（不含停牌交易日）每日股票收盘价均低于股票面值。

（3）因财务状况或审计意见原因强制退市

一是上市公司因净利润、净资产、营业收入、审计意见类型或者追溯重述后的净利润、净资产、营业收入等触及规定标准，其股票被暂停上市后，公司披露的最近一个会计年度经审计的财务会计报告显示扣除非经常性损益前、后的净利润孰低者为负值。

二是上市公司因净利润、净资产、营业收入、审计意见类型或者追溯重述后的净利润、净资产、营业收入等触及规定标准，其股票被暂停上市后，公司披露的最近一个会计年度经审计的财务会计报告显示期末净资产为负值。

三是上市公司因净利润、净资产、营业收入、审计意见类型或者追溯重述后的净利润、净资产、营业收入等触及规定标准，其股票被暂停上市后，公司披露的最近一个会计年度经审计的财务会计报告显示营业收入低于证券交易所规定数额。

四是上市公司因净利润、净资产、营业收入、审计意见类型或者追溯重述后的净利润、净资产、营业收入等触及规定标准，其股票被暂停上市后，公司披露的最近一个会计年度经审计的财务会计报告被会计师事务所出具否定意见、无法表示意见或者保留意见。

五是上市公司在证券交易所规定期限内，未改正财务会计报告中的重大差错或虚假记载。

六是法定期限届满后，上市公司在证券交易所规定期限内，依然未能披露年报或半年报。

七是上市公司因净利润、净资产、营业收入、审计意见类型或追溯重述后的净利润、净资产、营业收入等触及规定标准，其股票被暂停上市，不能在法定期限内披露最近一个会计年度年报。

(4) 因其他原因被强制退市

一是上市公司股票被暂停上市后在规定期限内未提出恢复上市申请。

二是上市公司股票被暂停上市后向交易所提交的恢复上市申请材料不全且逾期未补充。

三是上市公司股票被暂停上市后恢复上市申请未获证券交易所同意。

四是上市公司被法院宣告破产。

五是证券交易所规定的其他情形。

2. * ST 二重(二重重装)主动退市案例分析

2.1 案例资料来源与案例简介

2.1.1 案例资料来源

二重重装是在上交所上市的公司，因为主动退市的决定最终由交易所做出，因此与本案例相关的资料主要来源于上交所官网公告的与二重重装主动退市相关的信息(表 12-2、表 12-3)；此外，本案例还有另外两个资料来源，一个是中国上市公司资讯网(www.cnlist.com)中有关二重重装数据中的风险因素，以及 WIND 资讯提供的二重重装的深度资料。

表 12-2 上交所官网公告的与二重重装主动退市相关的信息名录(1)

关于二重集团(德阳)重型装备股份有限公司 2014 年年度股东大会的法律意见书	2015-06-29
关于二重集团(德阳)重型装备股份有限公司原流通股股东股份确权和托管的催示公告	2015-06-19
二重集团(德阳)重型装备股份有限公司 2014 年年度股东大会会议材料	2015-06-08
二重集团(德阳)重型装备股份有限公司关于召开 2014 年年度股东大会的通知	2015-06-08
上交所顺利完成 * ST 二重和 * ST 博元的退市处置工作	2015-05-29

数据来源：上交所官网

表 12-3 上交所官网公告的与二重重装主动退市相关的信息名录(2)

* ST 二重关于股票终止上市的公告	2015-05-16
* ST 二重关于股票摘牌后转入股转系统相关事项的公告	2015-05-16
关于二重集团(德阳)重型装备股份有限公司股票终止上市的公告	2015-05-15
* ST 二重关于主动终止公司股票上市现金选择权股份清算与交割结果公告	2015-05-07

续表

*ST 二重主动终止公司股票上市现金选择股份清算和交割的提示性公告	2015-05-05
*ST 二重关于主动终止公司股票上市现金选择权申报结果公告	2015-05-05
*ST 二重：中信建投报证券股份有限公司关于二重集团(德阳)重型装备股份有限公司主动退市的财务顾问意见	2015-04-24
*ST 二重：中信建投证券股份有限公司关于二重集团(德阳)重型装备股份有限公司主动退市的财务顾问意见	2015-04-08

数据来源：上交所官网

2.1.2　案例简介

(1) 案例公司简介

*ST 二重(二重重装)的前身为二重集团(德阳)重型装备有限责任公司，2001 年 12 月 30 日，二重集团(德阳)重型装备股份有限公司成立，注册资本 33,163.28，万元。根据二重集团(德阳)重型装备有限责任公司 2007 年第四次股东会决议通过的《关于整体变更设立股份公司的议案》及中国第二重型机械集团公司、中国华融资产管理公司、中国信达资产管理公司签订的《二重集团(德阳)重型装备股份有限公司发起人协议》，以及国务院国有资产监督管理委员会《关于二重集团(德阳)重型装备股份有限公司国有股权管理有关问题的批复》(国资产权[2007]1106 号)，将二重集团(德阳)重型装备有限责任公司截至 2007 年 7 月 31 日经审计后的净资产折合 139,000 万股整体变更为二重集团(德阳)重型装备股份有限公司，变更后公司注册资本为人民币 229,344.9524 万元，公司所在地为四川省德阳市珠江西路 460 号；公司第一大股东为中国第二重型机械集团公司(中国二重)，最终控制人为国务院国有资产监督管理委员会。

作为我国高端的重型装备企业，二重重装主要从事与冶金、电力、石化等行业所需重大技术装备与重型铸锻钢产品的设计、生产与销售。2010 年 1 月，经证监会证监许可[2010]64 号文批准，二重集团(德阳)重型装备股份有限公司公开发行 A 股 30,000 万股并于 2010 年 2 月 2 日在上交所上市交易。根据公司 2012 年第 2 次临时股东大会决议及证监会证监许可[2012]1564 号文批复，公司于 2012 年 12 月 6 日以非公开方式向特定对象中国第二重型机械集团公司发行人民币普通股(A 股)60,344.9524 万股，此次发行后公司注册资本变更为 229,344.9524 万元。2013 年 7 月 18 日，经国务院批准公司与中国机械工业集团有限公司(国机集团)实施联合重组，公司整体产权无偿划入国机集团，成为其全资子公司。重组后，公司依托国机集团 28 所国家级研究院所和 70 多家海外服务机构以及遍布 140 多个国家的国际营销网络，逐渐形成了强大的产品研发、制造，工程总包、系统集成、贸易与服务能力。

(2) *ST 二重退市进程

2010 年 2 月 2 日：二重重装在上交所上市。

2013 年 4 月 24 日：二重重装被上交所实施“退市风险警示”特别处理。由于公司 2011 年度、2012 年度连续两年亏损，根据上交所《股票上市规则》的相关规定，二重重装的股票简称变更为“*ST 二重”。

2014 年 5 月 26 日：*ST 二重股票暂停上市。*ST 二重 2011 年、2012 年、2013 年连续三年亏损，触及股票暂停上市规定，上交所对其实施暂停上市。

2015 年 4 月 30 日：*ST 二重 2014 年年报披露，报告显示公司总资产为 152 亿元，净资产为-61 亿元，2014 年度营业收入为 39 亿元，净利润为-79 亿元，其退市已不可避免。

2015 年 2 月 17 日：*ST 二重披露了以全面要约收购方式实施主动退市的公告。

2015 年 4 月 3 日：要约收购期满，预受要约未达到要约收购生效所需的股数，公司此项主动退市方案失败。

2015 年 4 月 23 日：*ST 二重召开股东大会，审议通过了《关于拟以股东大会方式主动终止公司股票上市的决议》，此次以股东大会决议方式实现主动退市的方案得到投资者普遍认同，并最终得以顺利实施。

2015 年 5 月 21 日：*ST 二重从上交所退市，从而成为 2014 年新退市制度实施后首家成功实现主动退市的上市公司。

2.2 *ST 二重退市原因分析

*ST 二重主要因其财务状况问题提出退市申请，上交所核准其退市的主要原因是该上市公司连续 4 年亏损，下面结合具体退市指标进行分析评价。

2.2.1 上交所与财务状况、审计意见类型相关的退市条件

根据上交所《退市方案》、《股票上市规则》的有关规定，上交所调整后与财务状况、审计意见类型有关的退市条件共 8 条，具体情况见表 12-4。分别是连续亏损 4 年；净资产连续 3 年为负；营业收入连续 3 年低于 1000 万；财务会计报告连续 3 年被出具否定意见或无法表示意见；因净利润、净资产、营业收入或审计意见类型触及规定标准被暂停上市后不能在法定期限内披露最近一个会计年度经审计的年度报告；未改正财务会计报告中的重大差错或虚假记载长达 6 个月；未在法定期限内披露年度报告或中期报告长达 6 个月；以及净利润、净资产、营业收入或审计意见类型触及规定标准被暂停上市后出现最近一个会计年度经审计的扣除非前、后净利润任一为负，最近一个会计年度经审计的营业收入低于 1000 万元，最近一个会计年度经审计的期末净资产为负，最近一个会计年度财务会计报告被会计师事务所出具否定意见、无法表示意见或保留意见等情形中的任一情形的。

表 12-4 上交所与财务状况、审计意见类型相关的退市条件

退市条件	退市风险警示处理	暂停上市	终止上市
连续亏损	两年（含追溯重述）	三年	四年
净资产连续为负	一年（含追溯重述）	两年	三年
营业收入连续低于 1000 万	一年（含追溯重述）	两年	三年
不能在法定期限内披露最近一个会计年度经审计的年度报告	–	–	因净利润、净资产、营业收入或审计意见类型触及规定的标准被暂停上市后，不能在法定期限内披露最近一个会计年度经审计的年度报告

续表

退市条件	退市风险警示处理	暂停上市	终止上市
财务会计报告连续被会计师事务所出具否定意见或无法表示意见	一年	两年	三年
未改正财务会计报告中的重大差错或者虚假记载	两个月	四个月	六个月
未在法定期限内披露年度报告或者中期报告	两个月	四个月	六个月
因净利润、净资产、营业收入或审计意见类型触及规定的标准而被暂停上市后	-	-	上市公司因净利润、净资产、营业收入或审计意见类型触及规定标准被暂停上市后，出现下列情形之一的：最近一个会计年度经审计的扣非前、后的净利润任一为负数；最近一个会计年度经审计的营业收入低于1000万元；最近一个会计年度经审计的期末净资产为负数；最近一个会计年度财务会计报告被会计师事务所出具否定意见、无法表示意见或保留意见等

数据来源：上交所《退市方案》、《股票上市规则》

2.2.2　*ST 二重营业收入、净利润、净资产退市指标分析

（1）营业收入指标

如表 12-5 所示，二重重装自上市以来，其 2010 年至 2014 年的营业收入分别为 672,497.62 万元、722,034.21 万元、398,842.63 万元、489,755.26 万元、390,689.85 万元，连续 5 年高于 1000 万的营业收入退市指标标准。

表 12-5　*ST 二重与财务状况相关的退市指标(1)　　单位：万元

日　期	营业收入	归属母公司股东净利润	扣非后归属母公司股东净利润
2010-12-31	672,497.62	27,978.75	19,138.12
2011-12-31	722,034.21	-14,011.71	-24,220.53
2012-12-31	398,842.63	-288,905.28	-283,382.05
2013-12-31	489,755.26	-320,748.08	-309,174.30
2014-12-31	390,689.85	-789,752.75	-656,679.51

数据来源：WIND 资讯

（2）净利润指标

如表 12-5 所示，二重重装自上市以来，除上市当年归属母公司股东的净利润、扣非后归属母公司股东的净利润为正值外，自 2011 年至 2014 年，该上市公司连续 4 年亏损，按照扣除非经常性损益前后净利润孰低的原则，二重重装在 2011 年到 2014 年的归属母公司股东净利润指标的值应该分别为-24,220.53 万元、-288,905.28 万元、-320,748.08 万元、-789,752.75万元，很明显连续 4 年亏损且趋亏剧烈，已经触发强制退市中有关连续亏损标准的退市条件。

（3）净资产指标

净资产即股东权益、所有者权益。如表 12-6 所示，二重重装上市后的 2010 年到 2013

年，其归属于母公司股东的权益、所有者权益合计均为正值，其中归属于母公司股东权益分别为559,026.06万元、536,014.50万元、501,634.92万元、181,660.24万元；所有者权益合计分别为564,787.96万元、541,975.01万元、501,716.93万元、181,741.18万元。但该上市公司2014年年报中归属于母公司股东的权益、所有者权益合计均为负值，分别为-607，650.17万元、-607，578.74万元。

表12-6　*ST二重与财务状况相关的退市指标(2)　　单位：万元

日　期	归属于母公司股东的权益	所有者权益合计
2010-12-31	559,026.06	564,787.96
2011-12-31	536,014.50	541,975.01
2012-12-31	501,634.92	501,716.93
2013-12-31	181,660.24	181,741.18
2014-12-31	-607,650.17	-607,578.74

数据来源：WIND资讯

从前面*ST二重退市进程中可知，*ST二重股票于2014年5月26日暂停上市。按照上交所《退市方案》的规定，如果上市公司的股票是因净资产原因被暂停上市后、公司最近一个会计年度经审计的期末净资产为负数的，其股票应终止上市。但上交所暂停*ST二重股票上市交易因为其连续3年亏损，所以未触发新增加的净资产指标的退市条件。

2.2.3　*ST二重年报审计[1]意见类型退市指标的分析

(1) 财务报表审计意见类型与审计报告类型

上市公司财务报表审计主要是指年度财务报表审计，即年报审计(ST公司是个例外，其年报、中期报都要审计)，由具有相应资质的会计师事务所承接，其注册会计师依法审计后出具审计报告。财务报表审计对应的审计意见类型通常有4种：即无保留意见、保留意见、否定意见、无法表示意见，其中后三种意见统称为非无保留意见。

而财务报表审计报告的类型有两大类：即标准审计报告与非标准审计报告，其中标准审计报告对应的审计意见是无保留意见，同时报告中没有其他修饰与说明，既不带强调事项段也没有其他说明或解释性的文字；而非标准审计报告包括四种，即带强调事项段或其他事项段的无保留意见的审计报告、保留意见的审计报告、否定意见的审计报告、无法表示意见的审计报告。

由此可见，标准审计报告对应的审计意见肯定是无保留意见，但不是所有的无保留意见都能出具标准审计报告，带强调事项段的无保留意见应该出具非标准审计报告；而三种非无保留意见的审计报告因为都要在审计意见段之前增加说明段说明出具这种非无保留意见的原因，所以其对应的审计报告必然是非标准审计报告。

(2) 公司2010年、2011年、2012年财务报表审计

① 审计意见类型

*ST二重在上市后的2010年、2011年、2012年连续3年里，注册会计师为其年报出具

[1] 年报审计是指注册会计师依法接受委托，按独立审计准则的要求，对被审计单位的年度财务会计报表实施必要的审计，获得充分、适当的审计证据并对年度财务会计报表发表审计意见。

的审计意见均为标准无保留意见，其中2010年、2011年该公司的年报审计由信永中和会计师事务所有限责任公司提供，2012年的年报审计由中瑞岳华会计师事务所提供，具体情况见表12-7。

表12-7 *ST二重2010-2012年报审计意见与执业会计师事务所

年　报	2012	2011	2010
审计意见	标准无保留意见	标准无保留意见	标准无保留意见
审计主体	中瑞岳华	信永中和	信永中和

数据来源：*ST二重2010-2012年年报

② 2012年变更会计师事务所的原因

*ST二重2012年年报显示，公司变更会计师事务所的主要原因是公司聘请的年度财务审计机构信永中和为其提供审计服务已到规定年限。根据国务院国有资产监督管理委员会《关于做好2011年度中央企业财务决算管理及报表编制工作的通知》(国资发评价(2011)173号)和《财政部国资委关于会计师事务所承担中央企业财务决算审计有关问题的通知》(财会(2011)24号)等文件要求，公司更换2012年度财务决算的审计机构。为确保财务决算及会计信息质量，综合分析会计师事务所在执业资质、公司规模、所处地域及费用等方面具备的条件，考虑对公司所处行业的审计经验，最终聘请中瑞岳华会计师事务所承担公司2012年度决算审计和内部控制评价审计。

③ 公司2012年的标准审计报告

中瑞岳华在对*ST二重2012年的年报审计后出具了标准审计报告，从下面*ST二重2012年的标准审计报告中可以看出，标准的财务报表审计报告主要包括9个要素，即标题、收件人、引言段、管理层的责任段、注册会计师的责任段、审计意见段、事务所的名称地址及盖章、注册会计师的签名和盖章、报告日期。

审计报告

二重集团(德阳)重型装备股份有限公司全体股东：

我们审计了后附的二重集团(德阳)重型装备股份有限公司(简称“贵公司”)及其子公司(统称“贵集团”)的财务报表，包括2012年12月31日合并及公司资产负债表，2012年度合并及公司利润表、合并及公司现金流量表和合并及公司所有者权益变动表以及财务报表附注。

一、管理层对财务报表的责任

编制和公允列报财务报表是贵公司管理层的责任。这种责任包括：(1)按照企业会计准则的规定编制财务报表，并使其实现公允反映；(2)设计、执行和维护必要的内部控制，以使财务报表不存在由于舞弊或错误导致的重大错报。

二、注册会计师的责任

我们的责任是在执行审计工作的基础上对财务报表发表审计意见。我们按照中国注册会计师审计准则的规定执行了审计工作。中国注册会计师审计准则要求我们遵守中国注册会计师职业道德守则，计划和执行审计工作以对财务报表是否不存在重大错报获取合理保证。

审计工作涉及实施审计程序以获取有关财务报表金额和披露的审计证据。选择的审计程序取决于注册会计师的判断，包括对由于舞弊或错误导致的财务报表重大错报风险的评估。在进行风险评估时，注册会计师考虑与财务报表编制和公允列报相关的内部控制以设计恰当审计程序。审计工作还包括评价管理层选用会计政策的恰当性和做出会计估计的合理性，以及评价财务报表的总体列报。

我们相信，我们获取的审计证据是充分、适当的，为发表审计意见提供了基础。

三、审计意见

我们认为，上述财务报表在所有重大方面按照企业会计准则的规定编制，公允反映了二重集团(德阳)重型装备股份有限公司及其子公司 2012 年 12 月 31 日的合并财务状况以及 2012 年度的合并经营成果和合并现金流量，以及二重集团(德阳)重型装备股份有限公司 2012 年 12 月 31 日的财务状况以及 2012 年度的经营成果和现金流量。

中瑞岳华会计师事务所(特殊普通合伙)　　中国注册会计师：×××

中国·北京　　中国注册会计师：×××

2013 年 4 月 19 日

(3) 公司 2013 年、2014 年年报审计

① 审计意见类型

从表 12-8 中可以看到，中瑞岳华在对 *ST 二重 2013 年年报审计后出具了"无保留意见+强调事项"的非标准审计报告；2014 年该上市公司重新聘用信永中和会计师事务所(特殊普通合伙)审计公司年报，该审计主体在依法对 *ST 二重 2014 年年报审计后出具了带强调事项的无保留意见。虽然 *ST 二重连续 2 年年报被出具了非标准审计报告，但都是由"无保留意见+强调事项"引起而不是因为非无保留意见造成，所以该审计结果并没有触发强制退市中有关审计意见类型的退市条件。

表 12-8　*ST 二重 2014-2015 年年报审计意见与执业会计师事务所

年报	2014	2013
审计意见	无保留意见+强调事项	无保留意见+强调事项
审计主体	信永中和	中瑞岳华

数据来源：*ST 二重 2014-2015 年年报

② 2014 年年报审计变更会计师事务所的原因

*ST 二重 2014 年年报显示，鉴于公司控股股东中国二重聘请信永中和会计师事务所(特殊普通合伙)承担其 2014~2016 年度决算审计工作，为提高公司决算审计和内部控制审计的工作效率，避免重复审计，经与中瑞岳华会计师事务所(特殊普通合伙)协商，并经公司 2014 年第三次临时股东大会会议决议，终止聘请中瑞岳华会计师事务所(特殊普通合伙)为公司 2014 年度财务决算审计机构及 2014 年内部控制审计机构，改为聘用信永中和会计师事务所(特殊普通合伙)为公司 2014 年度财务决算审计机构和 2014 年度内部控制审计机构。

③ 公司 2014 年的非标准审计报告

从下面 *ST 二重 2014 年年报带强调事项段的无保留意见审计报告中可以看出，这类非标准审计报告是在标准审计报告要素的基础上，在审计意见段之后增加一个强调事项段，增加强调事项段的目的是提醒报告使用者关注相关风险，但这并不影响审计意见的发表。

同时，通过对比*ST二重2012年度和2014年度的审计报告也可以看出，财务报表审计报告的标题不会因审计意见的不同而有所改变；换句话说，不管是那种意见，财务报表审计的标题都是“审计报告”。

审计报告

二重集团（德阳）重型装备股份有限公司全体股东：

我们审计了后附的二重集团（德阳）重型装备股份有限公司（简称“贵公司”）及其子公司（统称“贵集团”）的财务报表，包括2014年12月31日合并及公司资产负债表，2014年度合并及公司利润表、合并及公司现金流量表和合并及公司所有者权益变动表以及财务报表附注。

一、管理层对财务报表的责任

编制和公允列报财务报表是贵公司管理层的责任。这种责任包括：（1）按照企业会计准则的规定编制财务报表，并使其实现公允反映；（2）设计、执行和维护必要的内部控制，以使财务报表不存在由于舞弊或错误导致的重大错报。

二、注册会计师的责任

我们的责任是在执行审计工作的基础上对财务报表发表审计意见。我们按照中国注册会计师审计准则的规定执行了审计工作。中国注册会计师审计准则要求我们遵守中国注册会计师职业道德守则，计划和执行审计工作以对财务报表是否不存在重大错报获取合理保证。

审计工作涉及实施审计程序以获取有关财务报表金额和披露的审计证据。选择的审计程序取决于注册会计师的判断，包括对由于舞弊或错误导致的财务报表重大错报风险的评估。在进行风险评估时，注册会计师考虑与财务报表编制和公允列报相关的内部控制以设计恰当审计程序。审计工作还包括评价管理层选用会计政策的恰当性和做出会计估计的合理性，以及评价财务报表的总体列报。

我们相信，我们获取的审计证据是充分、适当的，为发表审计意见提供了基础。

三、审计意见

我们认为，二重重装财务报表在所有重大方面按照企业会计准则规定编制，公允反映了二重重装2014年12月31日合并及母公司财务状况及2014年度合并及母公司经营成果和现金流量。

四、强调事项

如财务报表附注三所述，二重重装在2014年12月31日的负债总额超过资产总额607，578.74万元，截至2015年4月21日累计银行贷款等债务逾期金额为756，534.85万元；如财务报表附注十四所述，经2015年第二次临时股东大会审议通过后该公司于2015年4月23日向上交所递交了“关于撤回公司股票在上交所交易的申请”，我们提醒财务报表使用者关注相关风险。本段内容不影响已发表的审计意见。

信永中和会计师事务所（特殊普通合伙）　　　　中国注册会计师：×××

中国·北京　　　　中国注册会计师：×××

2015年4月28日

从上述强调事项段的内容中可以看出，在2014年12月31日，*ST二重(二重重装)资不抵债，注册会计师对其持续经营能力产生重大疑虑，但并不影响已发表的审计意见，因此注册会计师在财务报表审计意见段之后增加了强调事项段。

另外需要注意的是，因发表保留意见、否定意见或无法表示意见而出具的非标准审计报告要在审计意见段之前增加说明段说明发表非无保留意见的原因。当然，如果这三种非标准审计报告也涉及了法定的强调事项，同样也需要在审计意见段之后增加强调事项段对相关风险进行强调。

2.2.4 *ST二重退市原因的总结

由于上交所2012年新的退市规则发布后，净资产、营业收入、审计意见类型3项新增指标的计算不溯及以前年度数据，即以2012年的年报数据为最近一年数，以2012年、2013年年报数据为最近两年数，最近三年数和最近四年数以此向后类推；而原规则中已有规定且在新规则中继续沿用的指标如连续亏损退市指标等，不适用新老划断原则，应连续计算相关年度数据。所以，按照该退市规则的有关规定，通过对*ST二重有关财务状况退市指标的分析发现，二重重装于2010年上市，从上市第二年的2011年开始到2013年连续三年亏损，2014年保壳不力，触发了强制退市中有关连续亏损标准的退市条件。

而按照证监会2014年退市意见中有关财务状况退市指标的规定，*ST二重股票因连续3年亏损被暂停上市交易后，公司披露的最近一个会计年度即2014年度经审计的财务会计报告中期末净资产为负值，好像也触发了强制退市中新增的“净利润、净资产、营业收入或审计意见类型触及规定标准被暂停上市”的退市标准。但该退市意见从2014年11月16日起才开始施行，所以*ST二重在申请退市、上交所核准其退市时都是以连续4年亏损作为其退市的主要原因。

2.3 *ST二重主动退市方案的设计与实施

2.3.1 证监会退市意见中关于主动退市的规定

在2014年我国证监会出台的《退市意见》中，对健全上市公司主动退市制度作了如下规定。

(1) 确立主动退市的途径和方式

上市公司通过对上市地位维持成本收益的理性分析，或者为充分利用不同证券交易场所的比较优势，或者为便捷、高效地对公司治理结构、股权结构、资产结构、人员结构等实施调整，或者为进一步实现公司股票的长期价值，可以依据《证券法》和证券交易所规则实现主动退市。

(2) 明确主动退市公司的内部决策程序

上市公司拟决定其股票不再在交易所交易，或者转而申请在其他交易场所交易或者转让的，应当召开股东大会做出决议，须经出席会议的股东所持表决权的2/3以上通过，并须经出席会议的中小股东所持表决权的2/3以上通过。

(3) 规范主动退市申请与决定程序

申请其股票退出市场交易，或者转而申请在其他交易场所交易或者转让的上市公司应当在股东大会做出终止上市决议后的15个交易日内，向证券交易所提交退市申请。证券交易所应当自上市公司提交退市申请之日起5个交易日内，做出是否受理的决定并通知公司；决定受理的，应当自受理上市公司提交的退市申请之日起15个交易日内，做出同意或者不同意其股票终止上市交易的决定。

（4）健全主动退市的配套政策措施

完善上市公司股份回购制度，允许上市公司公开发行优先股以回购发行在外的普通股。制定上市公司吸收合并专门制度规范，研究丰富并购融资工具，完善非上市公众公司并购重组制度，对包括退市公司在内的非上市公众公司并购重组的条件、程序、披露要求等做出规范。

2.3.2 二重重装主动退市的原因与其股权结构

（1）二重重装主动退市的原因

鉴于二重重装2011年、2012年和2013年连续三年亏损，公司股票已被上交所暂停上市，且预计2014年年度经营业绩为亏损。根据上交所《股票上市规则》》规定，若公司2014年经审计的净利润为负值，上交所将在公司披露2014年年度报告之日后的十五个交易日内，做出是否终止公司股票上市的决定。

按照上交所《股票上市规则》的规定，主动终止上市的公司股票不进入退市整理期进行交易。作为大型央企，*ST二重为了化解各方利益冲突，特别是为了维护中小股东利益，避免退市整理期股价波动给中小股东造成影响，在经过市场博弈、相关权衡与比较后，其与实际控制人国机集团根据证监会的《退市意见》以及上交所《股票上市规则》等相关法律、法规规定，在退市不可避免的情形下，最终选择了主动退市。

（2）二重重装的股权结构

从图12-1中可以看出，截至2015年4月16日二重重装的股权结构。其中中国二重为二重重装的控股股东，而中国二重又是国机集团的全资子公司。国机集团通过中国二重间接持有二重重装1,639,089,524股股份，占二重重装总股本的比例为71.47%。其中有限售条件流通股603,449,524股，占二重重装总股本的比例为26.31%，而无限售条件流通股为1,035,640,000股，占二重重装总股本的比例为45.16%。由此可见，二重重装股权结构绝对集中，一股独大现象比较严重，这也是大型国有企业股权结构的常见现象。

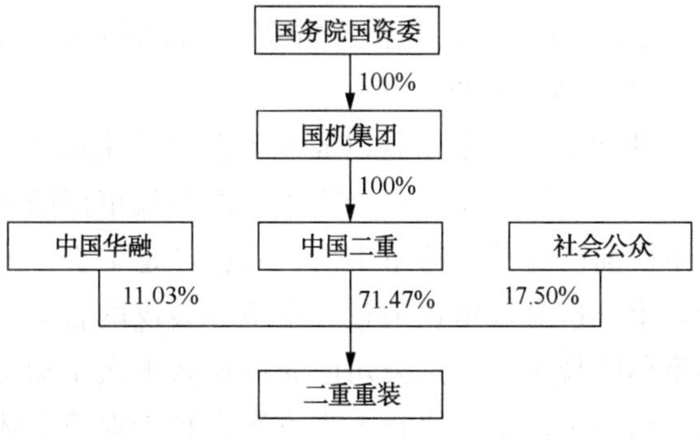

图12-1 二重重装的股权结构(截至2015年4月16日)

2.3.3 二重重装全面要约收购方式实施主动退市失败

2015 年 2 月 17 日，*ST 二重披露了以全面要约收购方式实施主动退市的公告。*ST 二重实际控制人国机集团拟以全面要约收购方式实现公司主动退市。要约收购价格为每股 2.59 元，较暂停上市前的收盘价上浮 10%。

全面要约方案披露后，很多投资者认为 2.59 元的收购价格过低，并没有考虑 IPO 时的发行价、投资者持股成本等因素，明显不公平。2015 年 4 月 3 日，要约收购期满，预受要约股份数量为 112,596,748 股，未达到要约收购生效所需的 171,995,048 股，公司此项主动退市方案失败。

2.3.4 二重重装以股东大会决议方式主动退市的实施

（1）该主动退市方案设计的思路

为保护投资者利益，避免退市整理期股价波动给中小股东造成影响，根据有关法律、法规规定，二重重装拟以股东大会决议方式主动撤回股票在上交所的交易，并在取得上交所终止上市批准后申请在全国中小企业股份转让系统(即全国股转系统)转让。

（2）财务顾问的核查

此次二重重装主动退市的财务顾问中信建投证券先后在 2015 年 4 月 7 日、2015 年 4 月 23 日对该公司实施主动终止上市事项进行核查并出具了结论性的财务顾问意见，认为二重重装本次拟以股东大会决议方式主动撤回股票在上交所的交易，符合证监会《退市意见》、上交所《股票上市规则》的规定，公司已充分披露退市原因及退市后的发展战略，并在《公司章程》中对主动退市股东大会表决机制以及对决议持异议股东的现金选择权做出了专门安排，二重重装本次主动退市有利于保障全体股东利益。

（3）主动退市事项履行的审议程序

二重重装本次主动退市方案已按照《退市意见》的规定，履行了主动退市所需的批准程序；同时，二重重装本次以股东大会方式主动终止上市相关信息披露符合上交所《股票上市规则》中对主动退市信息披露的相关要求。

① 董事会审议通过主动退市议案

2015 年 4 月 7 日，国机集团召开第二届董事会第十二次会议，同意就本次二重重装以股东大会方式主动终止上市事项提供现金选择权。2015 年 4 月 7 日，二重重装召开第三届董事会第十三次会议审议通过《关于主动终止公司股票上市事项的议案》。

② 针对此次主动退市发表独立意见

2015 年 4 月 7 日，二重重装独立董事就以股东大会方式主动终止公司股票上市事项发表独立意见：一是本次提交公司第三届董事会第十三次会议审议的公司主动终止上市之相关议案，在提交董事会审议前已经独立董事事前认可；二是本次公司主动终止上市相关议案经公司第三届董事会第十三次会议审议通过，董事会会议的召集、召开和表决程序符合有关法律、法规和公司章程的规定；三是公司已充分披露本次主动终止上市方案、退市原因及退市后的发展战略，认为本次主动终止上市方案有利于保障全体股东利益；四是同意公司本次主动终止上市的相关议案及事项。

③ 及时披露主动退市相关信息

2015 年 4 月 8 日，二重重装公告披露此次公司退市的原因、退市后的发展战略，以及对异议股东权益的保护机制，并于同日发出《关于召开 2015 年第二次临时股东大会的通知》。

④ 临时股东大会审议通过主动退市议案

2015 年 4 月 23 日，二重重装召开 2015 年第二次临时股东大会会议，审议了《关于以股东大会方式主动终止公司股票上市事项的议案》，并以出席会议全体股东 99.7%的赞成率和中小股东 77%的赞成率(法定要求 2/3 以上)高票通过，同意在本次以股东大会方式主动终止上市事项经股东大会审议通过后，给予异议股东和其他股东保护机制，由二重重装实际控制人国机集团给予异议股东和其他股东现金选择权。

⑤ 上交所批准二重重装股票终止上市

二重重装于 2015 年 4 月 23 日向上交所报送了公司股票主动终止上市的申请及相关文件。根据上交所《股票上市规则》第 14.4.9 条和第 14.4.10 条的规定，上交所上市委员会对二重重装的主动终止上市申请进行了审核。

根据上市委员会审核意见，上交所同意二重重装按照《股票上市规则》第 14.4.1 条第(一)项的规定主动撤回公司股票在上交所的交易，并决定 2015 年 5 月 15 日终止二重重装股票上市(上交所自律监管决定书 2015[191]号)。根据《股票上市规则》第 14.4.12 条的规定，上交所于 2015 年 5 月 21 日对二重重装股票予以摘牌。其中，本终止上市决定的做出与摘牌的实施涉及的法律条文规定见本章附注 3。

2.3.5　二重重装主动退市对异议股东及其他股东的保护机制

二重重装本次以股东大会方式主动终止上市事项经股东大会审议通过后，公司启动异议股东及其他股东保护机制，由国机集团向包括异议股东(在股东大会上对《关于以股东大会方式主动终止公司股票上市事项的议案》投反对票的股东)在内的全体股东提供现金选择权。

(1) 对异议股东及其他股东的保护机制的内容

① 申报主体与现金选择权的股权登记日

从申报主体来看，申报者应为现金选择权股权登记日登记在册的公司全体股东。本次现金选择权的股权登记日与本次股东大会股权登记日为同一日，均为 2015 年 4 月 16 日。

② 中国二重不可撤销的承诺

二重重装控股股东中国二重已于 2015 年 4 月 22 日向国机集团出具《承诺函》，做出如下不可撤销的承诺：二重重装股东大会审议通过以股东大会决议方式主动终止上市的事宜后，中国二重不接受国机集团提供的现金选择权，不向国机集团售出二重重装的股份。

③ 申报时间、申报方式

申报时间为 2015 年 4 月 28 日至 2015 年 4 月 30 日(连续三个工作日)的 9：30-11：30、13：00-15：00，期间二重重装股票停牌；申报方式为通过上交所交易系统进行申报。

④ 申报代码、申报简称、申报方向

申报代码是 706032；申报简称是二重现金；申报方向为“申报卖出”(“申报买入”为无

效申报）。申报有效期内，当天可以撤单，次日开始不得撤回。

⑤ 行权价格与现金选择权的提供

此次现金选择权的行权价格为 2.59 元/股；现金选择权的提供方为国机集团；股东行使现金选择权，相当于以 2.59 元/股将股份出售给国机集团。

⑥ 申报数量

扣除中国二重持有的二重重装 1,639,089,524 股股份，在现金选择权申报时间内，国机集团实际需为不超过654,360,000 股二重重装股份提供现金选择权。申报股份数量的上限是截止本次现金选择权实施股权登记日(即 2015 年 4 月 16 日)收市后除中国二重外其他股东持有公司的股份并剔除被司法冻结、设定质押或其他第三方权利、被司法强制扣划后的股份数量，如有股份送转的则做相应调整。同一股票账户在申报时间内可多次申报，有效申报数量为各次申报卖出数量之和，但不超过申报数量上限。

（2）对异议股东及其他股东保护机制内容的评价

从上面的异议股东及其他股东保护机制的内容来看，二重重装主动退市旨在保障全体股东利益，其现金选择权申报者为现金选择权股权登记日登记在册的公司全体股东；为了保护中小股东的利益，二重重装的母公司中国二重做了不接受国机集团提供的现金选择权、不向国机集团售出二重重装股份的不可撤销的承诺。而申报方向规定为“申报卖出”的规定可以有效避免现金选择权行使时的投机行为；针对申报数量剔除被司法冻结、设定质押或其他第三方权利、被司法强制扣划后的股份数量可避免其他法律纠纷，从而更好地保障投资者的合法权益。

（3）现金选择权股份的清算

二重重装分别于 2015 年4 月 24 日、4 月 28 日及 4 月 30 日公告《二重集团(德阳)重型装备股份有限公司主动终止公司股票上市现金选择权申报公告》、《二重集团(德阳)重型装备股份有限公司关于主动终止公司股票上市现金选择权申报提示公告》，对该公司股东行使现金选择权相关事项予以公告，切实维护公司中小股东的利益。

该公司已向中国证券登记结算有限责任公司上海分公司申请，根据全体股东现金选择权申报结果办理申报行使现金选择权的股份的清算手续，申报现金选择权的股份已于 2015 年 5 月 6 日过户至现金选择权提供方中国机械工业集团有限公司的证券账户中，同时相应的资金于自 2015 年 5 月 6 日起的 5 个工作日内分别转入申报现金选择权股份的股东对应的资金账户中。

2.3.6 终止上市后股票登记、转让和管理事宜

（1）聘请中信建投为代办机构

退市股票的出路包括登陆三板、彻底破产以及重组后重回主板，本次 *ST 二重在公司股票从上证主板终止上市后，选择退入全国股份转让系统进行股份转让。公司聘请中信建投为代办机构，委托其提供股份转让服务，并授权其办理证券交易所市场登记结算系统股份退出登记，办理股票重新确认及全国股份转让系统股份登记结算等事宜。股东可到中信建投或其他具有全国中小企业股份转让业务资格的代办券商(见表 12-9、12-10)办理股份重新确权、登记和托管手续。

表 12-9　具有全国中小企业股份转让业务资格的代办券商(1)

序号	证券公司	托管单元号	序号	证券公司	托管单元号	序号	证券公司	托管单元号
1	申银万国	720100	16	中信证券	721800	31	长城证券	723300
2	国泰君安	720200	17	东海证券	721900	32	万联证券	723400
3	国信证券	720300	18	国元证券	722000	33	东吴证券	723500
4	信达证券	720500	19	东方证券	722100	34	华泰联合	723600
5	东兴证券	720600	20	平安证券	722200	35	东北证券	723700
6	长江证券	720700	21	中银证券	722300	36	国盛证券	723800
7	银河证券	720800	22	上海证券	722400	37	金元证券	723900
8	渤海证券	720900	23	西部证券	722500	38	华西证券	724000
9	海通证券	721000	24	中投证券	722600	39	西南证券	724100
10	广发证券	721100	25	宏源证券	722700	40	国海证券	724200
11	兴业证券	721200	26	南京证券	722800	41	国金证券	724300
12	招商证券	721300	27	齐鲁证券	722900	42	中原证券	724400
13	光大证券	721500	28	国都证券	723000	43	浙商证券	724500
14	湘财证券	721600	29	山西证券	723100	44	国联证券	724600
15	华泰证券	721700	30	中信建投	723200	45	大通证券	724700

数据来源：全国股转系统指定信息披露平台(www. neeqq. com. cn 或 www. neeqq. cc)

表 12-10　具有全国中小企业股份转让业务资格的代办券商(2)

序号	证券公司	托管单元号	序号	证券公司	托管单元号	序号	证券公司	托管单元号
46	安信证券	724800	60	第一创业	726300	74	华福证券	727800
47	民生证券	724900	61	民族证券	726400	75	天风证券	727900
48	方正证券	725000	62	世纪证券	726500	76	德邦证券	900071
49	中金公司(一)	725200	63	中航证券	726600	77	厦门证券	900501
50	东莞证券	725300	64	中金公司(二)	726700	78	银泰证券	900661
51	红塔证券	725400	65	新时代证券	726800	79	英大证券	900671
52	华龙证券	725500	66	江海证券	726900	80	国开证券	900231
53	爱建证券	725600	67	太平洋证券	727000	81	日信证券	900491
54	首创证券	725700	68	华融证券	727100	82	同信证券	900801
55	华安证券	725800	69	华创证券	727200	83	川财证券	900811
56	财富证券	725900	70	华鑫证券	727300	84	中信证券(山东)	900821
57	广州证券	726000	71	华林证券	727400	85	联讯证券	900831
58	财通证券	726100	72	财达证券	727600	86	天源(九州)证券	900851
59	恒泰证券	726200	73	中山证券	727700	87	开源证券	900861

数据来源：全国股转系统指定信息披露平台(www. neeqq. com. cn 或 www. neeqq. cc)

(2) 公司股份确权与登陆三板

公司可在全国股份转让系统转让的仅限于原在上交所挂牌交易的流通股份。公司退市时的流通股份总额 2,293,449,524 股，截至 2015 年 7 月 15 日已办理确权手续的为 1,780,068,213股，股份确权率为 77.62%。2015 年 7 月 20 日，二重重装股票正式转入三板，其转入三板后的代码为 400062，在三板的简称为二重 5。需要注意的是，在 2015 年 7 月 13 日(含 7 月 13 日)之前办理了确权的股票，自 2015 年 7 月 20 日开始可在全国股份转让系统转让；2015 年 7 月 16 日(含 7 月 16 日)之后办理确权的股票，通常在办理确权手续两个转让日后才能转让。

(3) 公司股票在三板的转让安排

首先，从股票转让单位来看，股票转让以“股”为单位，买入申报量须是“手”(1手等于100股)的整数倍；不足一手的股票，只能一次性申报卖出。其次，从股票转让报价单位来看，每股价格报价的最小变动单位是人民币0.01元。股票转让价格实行涨跌幅限制，涨跌幅比例限制为前一转让日转让价格的5%。最后，从股票转让首日报价区间来看，转让首日报价是以二重重装股票在上交所最后一个交易日的收盘价作为基价，设基价5%的涨跌幅价格限制；而二重重装股票在上交所最后一个交易日的收盘价为2.35元/股，因此二重重装股票在三板的转让首日报价区间为2.24元/股到2.46元/股之间；投资者应在此区间内进行申报，否则为无效申报。

2.4 *ST二重主动退市案例启示

2.4.1 国企名份不再是上市公司常生不死的护身符

作为曾经的“不死鸟”，*ST二重由于其央企的光环，让部分投资者心存侥幸。但随着退市制度的逐渐完善，特别是证监会在2014年10月份发布了被称为史上最严“退市新政”的《退市意见》，这对进一步健全资本市场的基础功能，实现上市公司退市市场化、法治化和常态化具有重要意义。上交所为深入贯彻这一退市精神，及时修订了自己交易所的《股票上市规则》并严格执行公司上市、退市的管理。

在此大环境下，就算是央企性质的大型上市公司，只要其经营不善，同样面临退市风险甚至最终被资本市场淘汰的命运。在*ST二重退市之前，同为央企的ST长油因连续3年亏损于2014年6月从A股退市转入三板；而*ST二重的退市进一步破除了央企身份或国企身份在以前特有的护身功效，这对投资者调整投资心态、提高投资风险意识意义重大。同样，我国A股市场上，国有控股公司的接连退市也对部分试图靠继续抱爹娘大腿存续的上市企业也是一种重要的警示。

2.4.2 上市公司主动申请退市属正常行为

主动退市是强制退市的有益补充，其为面临退市的公司提供了多样化的选择路径。这种退市方式在境外成熟的资本市场应用比较普遍，但在我国壳资源异常短缺的大环境下，真正选择主动退市的公司并不多。而“退市新政”以及沪深交易所新的《股票上市规则》对主动退市给予了一定的政策导向，即主动退市公司比强制退市公司享有“优惠政策”，其在满足条件后“可以随时申请重新上市”，这对选择持股等待公司重新上市的投资者来说是有很大的吸引作用。

2015年5月的第三周，我国A股沪市共有包括*ST二重在内的3家公司主动退市，另外2家分别是东方明珠(601299.SH)与中国北车(600832.SH)，前者由百视通以新增股份的形式将其吸收合并，而后者则被中国南车吸收合并。吸收合并后这两家公司不再拥有主体资格，分别向上交所提交主动终止上市申请，并获批在2015年5月20日终止上市。

由此可见，主动退市在我国也逐渐成为正常的市场现象，标志着“能上能下”的市场化流动机制正在形成。今后，随着股票发行注册制的实施，企业融资通道将进一步优化，而完善的退市制度则可以使存在经营不良、欺诈造假等行为的公司被清除出场，从而更有利于更好地发挥A股市场新陈代谢的功能。

2.4.3　加强退市公司投资者合法权益的保护

我国“退市新政”指出，保护投资者特别是中小投资者合法权益是退市的重要政策目标。一是要强化上市公司退市前的信息披露义务。上市公司在退市前应及时、准确、完整地持续披露其股票可能暂停或终止上市的提示性公告，严厉打击虚假陈述、内幕交易、操纵市场等违法行为。二是完善主动退市公司异议股东保护机制。主动退市公司要在其公司章程中，对主动退市股东大会表决机制以及对决议持异议股东的回购请求权、现金选择权等做出专门安排。如*ST二重设计的第一项全面要约收购主动退市方案就因为对投资者利益保护不到位最终未能成行；而其随后启动的以股东大会方式主动终止上市的议案较好地体现了对异议股东及其他股东的保护机制，并由其实际控制人国机集团向公司全体股东提供现金选择权，从而确保了该项退市方案的顺利实施。三是明确重大违法公司及相关责任主体的民事赔偿责任。上市公司存在重大违法行为的，公司及其控股股东、实际控制人、董事、监事、高级管理人员等相关责任主体应当按照相关规定赔偿投资者损失；或根据信息披露文件中的公开承诺内容或其他协议安排，通过回购股份等方式赔偿投资者损失，这在下面*ST博元强制退市的案例中会有所反映。

3. *ST博元强制退市案例分析

3.1　案例资料来源与案例简介

3.1.1　案例资料来源

*ST博元即博远投资是在上交所上市的公司，因为信息披露重大违法被上交所强制终止上市，基于此，与本案例分析相关的案例资料主要来源于上交所官网公告的与*ST博元退市相关的信息(表12-11、表12-12)；此外，本案例还有另外两个资料来源，一个是中国上市公司资讯网(www.cnlist.com)中有关*ST博元数据中的风险因素与公司报道，还有一个是WIND资讯提供的*ST博元的深度资料。

表12-11　上交所官网公告的与*ST博元退市相关的信息名录(1)

600656：*ST博元关于公司股票终止上市后交易安排的公告 PDF	2016-03-23
600656：*ST博元关于股票终止上市的公告 PDF	2016-03-22
600656：*ST博元关于公司股票进入退市整理期交易的公告 PDF	2016-03-22
600656：*ST博元2015年年度报告延期披露的公告 PDF	2016-03-10
600656：*ST博元股票存在被终止上市风险的提示公告 PDF	2016-03-05
600656：*ST博元关于重整进展的公告 PDF	2016-02-27
600656：*ST博元关于近期投资者问题咨询及答复情况的公告 PDF	2016-02-27
600656：*ST博元2016年第一次临时股东大会决议公告 PDF	2016-02-24
600656：*ST博元2016年第一次临时股东大会的法律意见书 PDF	2016-02-24

数据来源：上交所官网

表 12-12　上交所官网公告的与 * ST 博元退市相关的信息名录(2)

600656：退市博元退市情况专项报告	2016-04-29
600656：退市博元监事会对董事会就审计机构出具无法表示意见审计报告所涉及事项的专项说明的意见	2016-04-29
600656：退市博元独立董事对董事会就审计机构出具无法表示意见审计报告所涉及事项的专项说明的独立意见	2016-04-29
600656：退市博元董事会对无法表示意见审计报告涉及事项的专项说明	2016-04-29
600656：退市博元第八届监事会第八次会议决议公告	2016-04-29
600656：退市博元第八届董事会第十六次会议决议公告	2016-04-29
600656：退市博元：控股股东及其他关联方占用资金情况审核报告	2016-04-29
600656：退市博元：关于为珠海市博元投资股份有限公司 2015 年度会计报表出具无法表示意见审计报告的专项说明	2016-04-29
600656：退市博元 2015 年度审计报告	2016-04-29
600656：退市博元关于整理期结束及摘牌暨后续有关事项安排的公告	2016-05-12
600656：退市博元关于公司股票进入退市整理期交易的第十一次风险提示公告	2016-05-11

数据来源：上交所官网

3.1.2　案例简介

(1) 案例公司简介

珠海市博元投资股份有限公司(以下可能涉及的简称有博元投资、* ST 博元、退市博元)原名为浙江省凤凰化工股份有限公司，系经浙江省人民政府和中国人民银行浙江省分行批准，于 1988 年 1 月 21 日在浙江省工商行政管理局登记注册。公司股票于 1990 年 12 月 19 日在上海证券交易所上市交易。2001 年 3 月 14 日，公司更名为上海华源制药股份有限公司，并已办理完毕工商变更登记手续，变更后的营业执照注册号为 3100001006624；公司注册地址也由浙江省兰溪市大阙路 18 号变更为上海市浦东新区张江高科技园区郭守敬路 351 号。自 2001 年 3 月 21 日起，公司在上海证券交易所使用的股票简称已由“浙江凤凰”改为“华源制药”；自 2006 年 5 月 17 日起，该公司证券简称由“ * ST 华药”变更为“ * ST 源药”。

2008 年 6 月 27 日公司实施股权分置改革方案，以资本公积金向全体股东每 10 股转增 2.3 股，再以资本公积金向全体流通股股东每 10 股定向转增 0.7 股，共转增 40,261,981 股，公司转增后股本总额为 190,343,678.00 元，其中已流通股份为 106,659,258 股。2008 年 8 月 5 日，公司名称变更为东莞市方达再生资源产业股份有限公司，取得了东莞市工商行政管理局核发的公司企业法人营业执照，变更后的营业执照注册号为 441900000362984，变更后的注册地址为广东省东莞市松山湖科技产业园区北部工业城中小科技企业创业园第 5 栋 B314。2011 年 9 月 09 日，公司名称变更为珠海市博元投资股份有限公司，取得了珠海市工商行政管理局核发的公司企业法人营业执照，变更后的注册地址为珠海市横琴镇红旗村宝中路 3 号 4 号楼 4030 室。博元投资属投资服务行业，主要的经营活动为创业投资、投资咨询与管理、实业投资、商业的批发与零售。

(2) 博元投资退市历程

2014 年 6 月 17 日：中国证监会对 * ST 博元涉嫌信息披露违规行为进行立案调查；2014

年6月18日，*ST博元收到中国证券监督管理委员会《调查通知书》(编号14067号)。

2015年3月27日：*ST博元收到了上交所发来的《关于通报珠海市博元投资股份有限公司涉嫌信息披露违法违规案被中国证监会移送公安机关的函》(上证公函[2015]0262号)，公司因涉嫌违规披露、不披露重要信息罪和伪造、变造金融票证罪，被中国证监会依法移送公安机关。

2015年3月31日：*ST博元股票被实施退市风险警示，并在风险警示板交易30个交易日。

2015年5月25日：*ST博元接到上交所自律监管决定书《关于对珠海市博元投资股份有限公司股票实施暂停上市的决定》([2015]216号)，上交所定于2015年5月28日起暂停公司股票上市。

2016年3月21日：上交所召开上市委员会审核会议，七名参会委员均为所外法律、会计等领域资深人士，参会委员经审议后一致表决同意*ST博元股票终止上市。同日，*ST博元收到上交所自律监管决定书[2016]77号《关于珠海市博元投资股份有限公司股票终止上市的决定》。

2016年5月13日：*ST博元股票被上交所依法摘牌。根据上证公告(公司股票摘牌)[2016]1号，*ST博元被上交所决定终止上市，其股票于2016年5月12日终止上市交易，并于2016年5月13日正式摘牌。

至此，*ST博元成为我国证监会2014年《退市意见》实施后，证券市场首家因触及重大信息披露违法情形被终止上市的公司。

3.2　上交所对*ST博元的监管与会计师事务所的审计

3.2.1　对*ST博元启动退市程序后上交所的监管

2015年3月26日，*ST博元被移送公安机关后，上交所及时启动了对公司股票的退市程序。在公司股票退市风险警示至暂停上市期间，上交所继续督促公司充分揭示退市风险，保护中小投资者权益。根据*ST博元的自身情况和重大违法退市机制的特点，上交所主要做了四方面的监管工作。

(1) 加强上市公司信息披露事前监管

公司被移送公安机关后，考虑到退市程序将启动，公司公告信息是否准确完整对投资者做出理性判断十分重要，上交所监管部门根据规定暂停了*ST博元直通车公告业务，对公司公告实施事前审核。公司股票退市风险警示及暂停上市期间，交易所对公司披露的2014年年报、股东捐赠资产等事项均加大了审核力度，要求公司补充完善投资者关心的重要信息，并有针对性地做出风险揭示。

(2) 切实维护风险警示期交易秩序

*ST博元在风险警示交易期间，股价波动较大，换手率高，投机炒作氛围浓厚。对此，上交所加大市场监察力度，及时警示及处置异常交易和违规交易行为，并根据需要适时公开交易信息，对提醒投资者理性参与交易发挥了积极作用。

(3) 持续督促公司充分揭示退市风险

*ST博元进入退市程序后，公司股东及市场舆论十分关心公司情况变化和退市进展。为更好地满足投资者的知情权，上交所督促公司加大风险揭示力度，并增加风险揭示频次。

公司股票被退市风险警示至暂停上市期间，公司披露风险提示公告40余份。同时，还要求公司每月一次集中公告对投资者咨询问题的答复情况。

(4) 及时处理公司和相关责任人的违规行为

*ST博元披露2014年年度报告以及2015年第一季度报告时，公司董事会、监事会及董事、监事、高级管理人员均声明称，无法保证相关内容的真实、准确、完整，引起市场广泛关注。就此，上交所已督促公司完成整改，并对公司及相关责任人进行了公开谴责。另外，对于公司第一大股东庄某在退市风险警示期间的违规减持行为，也及时采取了交易限制措施，并予以通报批评。

3.2.2 *ST博元2015年年报审计

(1) *ST博元2015年报被出具无法表示意见的原因与依据

① 出具无法表示意见的原因

*ST博元2015年年报由亚太(集团)会计师事务所(特殊普通合伙)提供审计，因无法确定损赠人与博元投资实际控制人之间的关系、无法确认捐赠行为是否成立、无法确认福建旷宇评估值的真实性及其对财务报表的影响；无法判断博元投资对华矿商贸等3家单位的出资是否真实及其对财务报表的影响；无法判断博元投资应收票据及其置换业务的真实情况及对财务报表的影响；无法判断公安机关立案调查结果对博元投资财务报表的影响程度；博元投资因上交所决定终止其股票上市，公司持续经营能力存在重大不确定性，注册会计师无法通过其他程序就管理层运用持续经营假设编制财务报表的合理性获取充分、适当的审计证据，因此无法判断博元投资管理层继续按照持续经营假设编制财务报表是否适当。为此，亚太(集团)对*ST博元2015年报发表了无法表示意见。

② 出具无法表示意见的依据

根据《中国注册会计师审计准则第1502号——在审计报告中发表非无保留意见》第一条规定，如果注册会计师在审计过程对某些事项无法获取充分、适当的审计证据，这些事项对财务报表产生或可能产生的影响重大且具有广泛性，注册会计师应发表无法表示意见的审计报告。亚太(集团)及其注册会计师对博元投资2015年财务报表出具的审计报告中无法表示意见的事项对博元投资财务报表产生或可能产生的影响重大且具有广泛性。因此，根据审计准则相关规定的要求，亚太(集团)及其注册会计师对博元投资公司财务报表不发表意见❶。

(2) 亚太(集团)针对*ST博元2015年年报出具的审计报告

审计报告

珠海市博元投资股份有限公司全体股东：

我们审计了后附的珠海市博元投资股份有限公司(以下简称博元投资)财务报表，包括2015年12月31日的合并及公司资产负债表，2015年度的合并及公司利润表、合并及公司现金流量表、合并及公司股东权益变动表以及财务报表附注。

一、管理层对财务报表的责任

编制和公允列报财务报表是博元投资管理层的责任，这种责任包括：(1)按照企业会计

❶亚太(集团)会计师事务所(特殊普通合伙)：关于为珠海市博元投资股份有限公司2015年度会计报表出具无法表示意见审计报告的专项说明，2016-04-29。

准则的规定编制财务报表，并使其实现公允反映；(2)设计、执行和维护必要的内部控制，以使财务报表不存在由于舞弊或错误导致的重大错报。

二、注册会计师的责任

我们的责任是在执行审计工作基础上对财务报表发表审计意见。我们按照中国注册会计师审计准则规定执行了审计工作。中国注册会计师审计准则要求我们遵守中国注册会计师职业道德守则，计划和执行审计工作以对财务报表是否不存在重大错报获取合理保证。

审计工作涉及实施审计程序，以获取有关财务报表金额和披露的审计证据。选择的审计程序取决于注册会计师的判断，包括对由于舞弊或错误导致财务报表重大错报风险的评估。在进行风险评估时，注册会计师考虑与财务报表编制和公允列报相关的内部控制，以设计恰当审计程序，但目的并非对内部控制的有效性发表意见。审计工作还包括评价管理层选用会计政策的恰当性和做出会计估计的合理性，以及评价财务报表的总体列报。

我们相信，我们获取的审计证据是充分、适当的，为发表审计意见提供了基础。

三、导致无法表示意见的事项

1. 2015 年 12 月，博元投资接受股东郑伟斌先生无偿捐赠的福建旷宇建设工程有限公司(以下简称"福建旷宇")95%股权。以 2015 年 8 月 31 日为基准日，福建旷宇股东全部权益价值评估值为人民币 90,407.00 万元，博元投资以 95%股权对应评估值 85,886.65 万元作为长期股权投资，同时增加资本公积。我们执行了询问、检查等程序，无法确定郑伟斌先生与博元投资实际控制人之间的关系，无法确认捐赠行为是否成立，无法确认福建旷宇评估值的真实性及其对财务报表的影响。

2. 截至 2015 年 12 月 31 日，博元投资逾期借款及利息 44,118.33 万元；2015 年度归属于母公司股东的净利润-2,201.24 万元，流动负债大于流动资产 52,652.18 万元；2016 年 3 月 21 日，公司已收到上海证券交易所自律监管决定书[2016]77 号《关于珠海市博元投资股份有限公司股票终止上市的决定》，上海证券交易所决定终止公司股票上市。上述情况表明博元投资持续经营能力存在重大不确定性。

3. 2015 年博元投资分别对华矿商贸(天津)有限公司、深圳前海中金阿尔法资产管理有限公司投资、深圳前海中金国融互联网金融服务有限公司投资 1,300.00 万元、3,000.00 万、3,000.00 万，计入可供出售金融资产或长期股权投资，我们执行了询问、函证等程序，但无法判断博元投资对上述单位的出资是否真实及其对财务报表的影响。

4. 博元投资 2011~2014 年度使用股改业绩承诺资金购买应收票据，累计形成利润 4,575.14 万元、递延收益 320.90 万元。截至 2015 年 12 月 31 日应收票据已全部背书转让，我们未能取得被背书方的询证函回函，未能获取应收票据出票银行的完整背书信息，因此无法判断应收票据及其置换业务的真实情况及其对财务报表的影响。

5. 博元投资于 2015 年 3 月 27 日收到了上海证券交易所发来的《关于通报珠海市博元投资股份有限公司涉嫌信息披露违法违规案被中国证监会移送公安机关的函》(上证公函[2015]0262 号)，截至审计报告日，相关部门对博元投资立案调查尚未有最终结论，我们无法判断立案调查结果对博元投资财务报表的影响程度。

由于存在上述情况，同时我们也无法通过其他程序就管理层运用持续经营假设编制财务报表的合理性获取充分、适当的审计证据，因此无法判断博元投资管理层继续按照持续经营假设编制财务报表是否适当。

四、审计意见

由于"三、导致无法表示意见的事项"段所描述事项的重要性，我们无法获取充分、适当的审计证据以为发表审计意见提供基础，因此，我们不对博元投资 2015 年度财务报表发表意见。

亚太(集团)会计师事务所　　　　中国注册会计师：×××
(特殊普通合伙)　　　　中国注册会计师：×××
中国　北京　　　　二〇一六年四月二十九日

事实上，*ST 博元在 2014 年就被出具了"无法表示意见"的审计报告，而在 2015 年的年报审计中，*ST 博元再次被注册会计师出具无法表示意见的审计报告，这意味着该公司最近 2 年的财务报告质量不高，会使信息使用者对该公司财务信息的认可度与信赖度大大降低。

3.3　上交所决定*ST 博元退市的主要依据❶

在 2014 年《退市意见》颁布后，上交所配套修改了《股票上市规则》，明确将因重大信息披露违法被移送公安作为对公司实施强制退市的具体情形之一。*ST 博元因重大信息披露违法被移送公安后，证监会按照法定程序最终对该公司股票实施终止上市。

3.3.1　证监会行政调查结果显示*ST 博元违法行为十分严重

经证监会调查，公司违法行为十分严重。从目的上看，公司为掩盖股改业绩承诺资金未真实履行到位的事实，伪造银行承兑汇票，导致其 2011 年年报虚增银行存款、股东权益 3.8 亿余元；从手段上看，公司 2011 至 2014 年多次伪造银行承兑汇票，并虚构票据贴现、置换交易，且多次使用虚假银行进账单和虚假银行承兑汇票入账；从金额上看，2011 年至 2014 年，公司在其相关定期报告中虚增资产、负债、收入和利润，金额巨大；从后果上看，公司 2010 年年报披露的净资产为-3.62 亿元，追溯调整后，2010 年至 2013 年连续 4 个会计年度净资产均为负值。上述违法事实已由中国证监会通过新闻发布会方式对外公布，公司也因上述违法事实被依法移送公安机关。

3.3.2　对*ST 博元股票实施终止上市符合相关法律制度规定

对*ST 博元股票实施终止上市符合证监会《退市意见》和上交所《股票上市规则》的相关规定。《退市意见》要求对重大违法暂停上市公司限期实施终止上市，其第(七)条将"限期实施"规定为"在证监会做出行政处罚决定或者移送决定之日起一年内，证券交易所应当做出终止其股票上市交易的决定"。与此相衔接，《股票上市规则》第 14.3.1 条第(十三)项规定，因涉嫌重大信息披露违法被证监会移送公安机关的公司，出现"其股票已被暂停上市，且未在规定期限内恢复上市"情形的，上交所将决定其股票终止上市。《股票上市规则》第 14.3.13 条还规定，上交所应当在中国证监会做出移送公安决定之日起"届满十二个月前的十五个交易日内"，做出是否终止其股票上市的决定。*ST 博元自 2015 年 3 月 26 日被中国证监会移送公安机关已届满 12 个月，其股票仍处于暂停上市状态，所以决定对该公司股票终止上市符合上述规定和要求。

❶ 上海证券交易所：上交所就*ST 博元股票终止上市答记者问，2016-03-21。

3.3.3　*ST 博元在上交所做出终止上市决定时不具备恢复上市条件

《退市意见》第(八)条规定，公司股票因重大信息披露违法移送公安机关暂停上市后，公司"全面纠正违法行为、及时撤换有关责任人员、对民事赔偿责任承担做出妥善安排的"，可以向证券交易所申请恢复上市。上交所《股票上市规则》对上述规定作了具体细化，其中"对重大信息披露违法行为的责任追究已处理完毕"，是"全面纠正违法行为"中的一项要求。但在规定期限届满时，司法机关尚未就*ST 博元案件做出生效裁决，该要求未能满足。此外，公司尚未对已被行政调查查明的违法违规事实进行改正，也未对可能的民事赔偿承担做出安排。

综上所述，上交所将*ST 博元股票予以终止上市，符合《退市意见》及上交所《股票上市规则》的规定，充分彰显了证监会对重大违法行为零容忍的坚定决心，表明了上交所严格执行退市制度的基本态度，有利于警醒上市公司依法履行信息披露义务，有利于更好地保护投资者的合法权益，有利于促进资本市场持续稳定健康发展。

3.4　*ST 博元股票退市整理与摘牌后的转让问题

退市整理期是为方便已被决定退市公司的投资者退出而做出的交易安排，上交所于2016 年 3 月 21 日公告对*ST 博元股票的终止上市决定。根据上交所《股票上市规则》规定，*ST 博元于 3 月 29 日进入退市整理期，交易 30 个交易日后于 2016 年 5 月 13 日被正式摘牌。

3.4.1　*ST 博元股票进入退市整理期的情况

(1) 退市整理期股票及其交易的特殊安排

*ST 博元退市整理期股票及其交易的特殊安排主要包括：(1)公司股票简称由"*ST 博元"变更为"退市博元"，涨跌幅限制为 10%；(2)交易期限为 30 个交易日，在此期间的全天停牌不计入退市整理期，但累计停牌不得超过 5 个交易日；(3)上交所将每日公布当日买入、卖出金额最大的五家会员证券营业部的名称及各自的买入、卖出金额；(4)*ST 博元在退市整理期间不得筹划或者实施重大资产重组。

(2) 投资者参与退市整理期交易应遵守的要求

投资者需要熟悉上交所《退市整理期业务实施细则(2015 年修订)》的规定，认真阅读*ST 博元发布的相关公告，特别关注交易机制的特殊安排，遵守适当性管理方面的要求，理性参与投资，注意交易风险。在投资者参与退市整理期交易后，应遵守的要求主要包括：①个人投资者买入退市整理股票的，应当具备 2 年以上的股票交易经历，且以本人名义开立的证券账户和资金账户内的资产(不含通过融资融券交易融入的证券和资金)在人民币 50 万元以上；②不符合以上规定的个人投资者，仅可卖出已持有的退市整理股票；③首次买入退市整理股票的投资者，需签署《退市整理股票风险揭示书》；④遵守上交所有关业务规则的规定，不得从事异常交易行为。

(3) *ST 博元在退市整理期间的信息披露

*ST 博元在股票被摘牌前，仍为在上交所上市的公司，在退市整理期期间，公司仍应按照有关法律法规和业务规则的规定及相关监管要求，及时、公平地披露临时公告和定期公告，并保证所披露信息的真实、准确和完整。进入退市整理期后，公司按上交所《股票上市规则》要求，对退市整理期的交易安排和股票将被摘牌的风险进行了披露。整个退市整理

期共披露临时公告和定期公告合计31份，其中公司2015年年报于2016年4月29日对外公告，并在同日公告了董事会、会计师事务所亚太(集团)分别针对退市博元2015年度会计报表出具无法表示意见审计报告的专项说明，以及公司独立董事、监事会对此专项说明的意见；而对公司股票进入退市整理期交易的风险，*ST博元共发布提示公告11次，在退市整理期的最后一周即2016年5月4日至11日，该公司按规定每天发布一次风险提示公告；而针对公司整理期结束及摘牌暨后续有关事项安排的公告、关于公司股票摘牌的公告则在2016年5月12日披露。

(4) *ST博元在退市整理期间的交易情况

退市博元在退市整理期的表现最大的特点是其股价被“激活”的时间早于预期。在最初的三个交易日，公司股价连续走出三个无量跌停；而到第四个交易日即4月1日跌停被打开，全天成交额放量至1.69亿元；从2016年4月5日开始，退市博元的股价呈现震荡格局，4月6日~4月18日震荡上行，累计涨逾两成；4月19日以来则震荡下行，累计跌近12%。

值得注意的是，在即将谢幕的最后两个交易日，退市场博元股价出现异动。其中5月10日在大盘跌幅逼近3%的情况下，退市博元却逆市涨逾3%。5月11日，公司股票以4.43元红盘开出，半小时后跳水翻绿；午盘股价再度翻红且出现几波拉升，在接近涨停后有所回落；随后公司股价依然保持强势，临近收盘出现微幅下调，最后收盘于4.49元，涨2.75%；公司股票当日成交1975万股，较前几个交易日略有放量。

回顾退市博元在整个退市整理期的交易情况，公司股票交易量达到2.96亿股，交易金额13.2亿元，下跌幅度为31.5%，区间换手率155.8%；截至最后一个交易日收盘，该公司对应总市值约8.5亿元❶。由上面的分析可见，退市博元在停牌前股价起落明显，呈现出机构逃离，散户买入的局面。

3.4.2 *ST博元股票摘牌后的转让问题

上市公司被终止上市是正常的市场行为，证监会《退市意见》第十七条有明确规定，强制退市公司股票应当统一在全国股转系统挂牌转让。*ST博元被摘牌后，其股份也应当转入全国股转系统。需要说明的是，尽管退市博元的股票不在上交所市场交易，但其资产、负债、经营、盈亏等情况并不因此而改变，公司并没有破产或解散，公司股东仍然可以依法行使股东权利。

对退市博元而言，公司应当按照《股票上市规则》14.3.27条和14.3.28条的要求，聘请具有主办券商业务资格的证券公司(以下简称代办机构)并与其签订相关协议，并及时准备股票转入股转系统的相关事宜，保证公司股票在摘牌之日起四十五个交易日内可以挂牌转让。

退市博元于2016年6月19日与川财证券有限责任公司(川财证券)签订《推荐恢复上市、委托股票转让协议书》，约定退市博元办理股份确权和托管的开始时间为2016年7月1日；2016年7月22日，川财证券对退市博元原流通股股份的确权和托管发布了催示公告，提醒原流通股股东公司将于2016年8月24日起在全国股转系统进行股份转让。

需要注意的是，按照上交所《退市公司重新上市实施办法(2015年修订)》的规定，如

❶上海证券报：退市博元(600656)“谢幕”明日正式摘牌，2016-05-12。

果 * ST 博元未按上交所规定安排股份转入股份转让系统进行转让，上交所自其股票进入股份转让系统转让之日起的三十六个月内，不受理公司的重新上市申请。

3.5　* ST 博元退市案例总结

3.5.1　* ST 博元退市不是被判“死刑”

* ST 博元退市不是被判“死刑”，而是让它从现有的市场里“出去”。按照上交所《股票上市规则》中对退市公司重新上市的原则性规定，以及上交所《退市公司重新上市实施办法（2015 年修订）》中有关重新上市的具体制度安排，如果 * ST 博元在未来符合条件还是可以在上交所重新上市的。但至 2016 年 7 月底，在上交所被强制退市的 22 家公司中，至今没有一家能实现重新上市，所以该公司想要在短期内满足条件重新上市相当难。

根据相关规定，退市博元股票想在上交所重新上市需要满足的条件有以下三个方面。

（1）申请重新上市的时间间隔条件

根据《退市公司重新上市实施办法》规定，退市博元如申请重新上市，应在其股票进入股份转让系统转让之日起届满一个完整会计年度后提出，也就是至少经过 2017 年会计年度后，才可以提出重新上市申请。

（2）针对违法退市公司的特别条件

针对违法退市公司的特别条件主要包括已全面纠正重大违法行为、已撤换与重大信息披露违法行为有关的责任人员、已对相关民事赔偿承担做出妥善安排、不存在《股票上市规则》规定的暂停上市或者终止上市情形、中介机构进行核查验证并出具专项意见等条件。

（3）针对已退市公司的一般条件

针对已退市公司的一般条件主要包括公司股本总额、股东分布、无重大违法行为、最近三个会计年度盈利、最近三个会计年度现金流量、最近一个会计年度期末净资产、最近三个年度的审计报告、最近三年公司主营业务等方面的要求。

3.5.2　* ST 博元退市发挥了重要的标杆作用

中国证券市场成立至今（2016 年 7 月底），总共有 90 家 A 股上市公司退市，其中因为亏损退市的公司为 45 家，退市率仅 3%，年均约 0.1%。证监会与上交所将那些严重损害投资者权益的重大信息披露违法公司纳入退市情形，是 2014 年我国新一轮退市制度改革中的重要举措。而 * ST 博元恰好赶上“史上最严的退市新规”，对 * ST 博元依法实施强制退市可称之为证监系统落实这一要求的“第一炮”。此事彰显了交易所等各方“依法监管，从严监管，全面监管”的态度，这对威慑其他不法上市公司、净化市场环境、树立市场信心具有重要标杆作用，有利于“缓冲”未来注册制出台对证券市场的影响。

值得一提的是，退市博元的前身浙江凤凰是首批挂牌上市的“老八股”，也是首只异地上市的公司；几年后浙江凤凰业绩下滑，公司股权几经易手成为壳股，其曾用名包括：华源制药、* ST 华药、* ST 源药、S * ST 源药、ST 源药、ST 方源、ST 博元、博元投资、* ST 博元、博元退市。该公司的不断重组易名尽管也有庆幸，但也包含了太多无奈，经过 20 多年的兜兜转转，这只元老级 A 股股票最后还是黯然走到了退场的地步。而我国 A 股市场上类似 * ST 博元的信息披露不规范、业绩差的公司还有不少，* ST 博元退市事件对这些类似上市公司敲了警钟，强制 * ST 博元退市有利于保护该公司投资者的利益，同时也有利于促使其他也存在信息披露违法等重大问题的公司尽早采取措施以免被清场，从而有利于推动我国上市公司质量的提高。

3.5.3 上市公司通过规范运作提高绩效至关重要

2014年之前，我国退市机制运行的政策环境相对宽松，就算是绩效差的公司也没有太多后顾之忧，不少上市公司借助盈余管理、资本运作、债务重组、并购整合等屡次脱险。因为退市的重要指标之一"连续亏损"是短期性指标，易被问题公司操纵利用，在上市公司戴帽、摘帽问题中，一些ST、*ST公司不断玩"二一二"式的报表重组游戏以达到摘帽的目的，即一些上市企业连续出现两年亏损甚至巨亏，但通常会在第三年通过"重组"实现赢利，之后又连续二年亏损，接下来又能奇迹般再赢利。即便是连续三年亏损被暂停上市的部分公司，也有可能在第四年通过运作实现微利以有效规避退市，从而使证券市场出现了不少带病生存的"不死鸟"。

总体来看，我国资本市场还不完善，依然存在重视发行上市、轻视持续经营与内部治理的普遍问题。证监会《退市意见》的推出与调整、退市条件的强力执行，有利于资本市场保持有进有退、吐故纳新的合理状态，从而更好地发挥市场的优胜劣汰功能，促使资源从低效率的公司流向优质公司，这有利于改善资本市场的主体结构，优化市场的资源配置功能。当然，这也会对绩差公司或不规范运作公司形成很大压力。为此，上市公司要不断完善公司治理，规范经营行为与信息披露行为，关注资金使用效益，注重市场形象塑造，自觉消除风险隐患，不断提升公司绩效，同时合理均衡或协调公司各相关方的利益关系，积极维护广大投资者的合法权益，重视对投资者的利益保护与利益回馈，从而使上市公司的总体质量不断提高。

3.5.4 严格退市机制有利于投资者树立正确的投资理念与风险意识

成熟的资本市场可以帮助投资者树立正确的投资理念，引导其进行长期投资和价值投资。但在我国的证券市场上，由于一些绩差公司连年亏损却能通过重组或借壳上市起死回生，资本市场频繁的重组、屡禁不止的财务造假行为催生了大量内幕交易，助长了市场的不良风气。一些机构和庄家在二级市场上恶炒ST股，通过挖掘垃圾股重组题材使"乌鸡变凤凰"的事例时有发生，这不仅不利于市场的健康发展，也削弱了投资者的风险意识，使理性投资受到挑战。

以*ST博元为例，其在上交所存续期间，也出现过内幕交易问题，相关责任人被证监会以[2014]47号、[2014]48号文做了行政处罚决定。而在该公司股票退市整理期内，在大盘下跌超过5%的大环境下，其股票除了刚开始连续4个"一"字跌停外，其他26个交易日虽有跌落、上涨交替，但总体表现比较坚挺，不断实现逆市上涨，上涨幅度超过5%。作为一只退市股，*ST博元股票出现这样的涨幅令人诧异。这或许与此前退市长油在老三板市场的连续涨停表现有关，因为退市博元在退市后也会进入三板市场转让，这也从另一侧面反映出我国资本市场比较浓重的投机色彩。

而现阶段已经开始严格执行的退市机制将从制度上保证上市公司的质量，从而巩固投资者的信心。这有利于完善股市的定价功能，培育投资者的风险意识；有利于抑制市场爆炒绩差股的投机之风，使"壳资源"的价值回归理性，减少内幕交易和市场操纵；能使证券市场传递出更加正常的价格信号，帮助投资者形成健康的投资文化，树立以业绩为基础的价值投资理念，让投资者学会合理规避经营不善的公司，理性选择投资对象，把目光更多地聚集在成长性好、盈利能力强、业绩稳定增长、有长期投资价值的公司股票身上。

本章附注

1. 财务报表审计的不同审计意见类型及其出具的条件与常见术语

财务报表审计的审计意见有无保留意见、保留意见、否定意见、无法表示意见之分，不同类型的审计意见出具的条件差异较大。同时，审计报告不会明确写出是什么审计意见，不同的审计意见需要根据其在审计报告中表述时的常用术语进行判断，具体情况见表12-13。

表12-13 财务报表审计的不同审计意见类型及其出具的条件与常见术语

项目	出具不同审计意见的条件	审计报告中常见的术语
无保留意见	同时符合下述情况时： 1. 财务报告既合法又公允； 2. 审计范围未受限制(或低于重要性水平)	“我们认为”、“上述报表符合……规定”、“在所有重大方面公允地反映了……”
保留意见	整体公允，但存在下列情形之一时： 1. 政策、估计或披露不合法，影响重大但不广泛； 2. 审计范围受到局部限制，无法取得充分、适当的审计证据，影响重大但不广泛	“除……的影响外”
否定意见	财务报告不合法且整体不公允	“由于上述问题造成的重大影响”或“由于受到前段所述事项的重大影响”
无法表示意见	审计范围受到严重限制、影响重大且广泛，不能获取充分、适当的审计证据，无法对财务报表(告)发表意见	“由于审计范围受限产生的影响非常重大和广泛”、“我们无法对上述会计报表发表意见”

2. 财务报表审计报告中需要增加强调事项段的情形

当存在下列两种情形中的任一情形时，注册会计师需要在财务报表审计报告中的审计意见段之后增加强调事项段予以强调。

一是对持续经营能力产生重大疑虑，即当存在可能导致对持续经营能力产生重大疑虑的事项或情况，但不影响已发表的审计意见时。

二是存在重大不确定事项，即当存在可能对财务报表产生重大影响的不确定事项(持续经营问题除外)，但不影响已发表的审计意见时。其中不确定事项是指其结果依赖于未来行动或事项，不受被审计单位的直接控制，但可能影响财务报表的事项。

除上述两种情形以及其他审计准则规定的增加强调事项段的情形外，注册会计师不应在审计报告的审计意见段之后增加强调事项段或任何解释性段落，以免财务报表使用者产生误解。

3. 上交所批准二重重装终止上市的法律依据

《股票上市规则》第14.4.1条是指：上市公司出现下列情形之一的，可以向上交所申请主动终止上市：一是上市公司股东大会决议主动撤回其股票在上交所的交易，并决定不再在交易所交易；二是上市公司股东大会决议主动撤回其股票在上交所的交易，并转而申请在其他交易场所交易或转让；三是上市公司向所有股东发出回购全部股份或部分股份的要约，导致公司股本总额、股权分布等发生变化不再具备上市条件；四是上市公司股东向所有其他股东发出收购全部股份或部分股份的要约，导致公司股本总额、股权分布等发生变化不再具备上市条件；五是除上市公司股东外的其他收购人向所有股东发出收购全部股份或部分股份的要约，导致公司股本总额、股权分布等发生变化不再具备上市条件；六是上市公司因新设合并或者吸收合并，不再具有独立主体资格并被注销；七是上市公司股东大会决议公司解散；八是中国证监会和上交所认可的其他主动终止上市情形。

《股票上市规则》14.4.9条是指：上交所在受理上市公司主动终止上市申请之日后的十五个交易日内，做出是否同意其股票终止上市的决定。在此期间，上交所要求公司提供补充材料的，公司提供补充材料期间不计入上述做出有关决定的期限，但累计不得超过三十个交易日。因全面要约收购上市公司股份、实施以上市公司为对象的公司合并、上市公司全面回购股份，导致公司股票退出市场交易的，除另有规定外，上交所在公司公告回购或者收购结果、完成合并交易之日起十五个交易日内，做出是否终止其股票上市的决定。

《股票上市规则》14.4.10条是指：上交所上市委员会对上市公司股票主动终止上市事宜进行审议，重点从保护投资者特别是中小投资者权益角度，在审查上市公司决策程序合规性的基础上，做出独立专业判断并形成审核意见。上交所根据上市委员会审核意见做出是否终止股票上市的决定。

《股票上市规则》第14.4.12条是指：主动终止上市公司股票不进入退市整理期交易，上交所在公告公司股票终止上市决定之日起五个交易日内对其予以摘牌，公司股票终止上市。

4. *ST博元重整与退市的关系

从相关规定看，重整和退市属于目的各有侧重、程序相互独立的制度安排。对于重大信息披露违法退市，《退市意见》和《股票上市规则》有明确的程序和要求，依法对上市公司股票做出终止上市决定不受公司是否重整影响。

从*ST博元披露情况看，2015年8月18日，公司向法院申请重整，但目前尚未被裁定受理，从而尚未进入正式法定程序；公司申请破产重整历时近7个月未有实质进展，也未做出有约束力的具体安排。另外，前期公司披露了股东捐赠资产公告，但与公司因重大信息披露违法退市无必然联系，*ST博元也在有关公告中也对此给予了明确说明。

5. 上交所的信息披露直通车

“直通车”是指上市公司通过上交所信息披露电子化系统自行登记公告并直接提交给交易所网站及其他指定媒体的信息披露方式。具体包括两方面含义：一是路径传递直通，即借助互联网通过电子化方式实现公告传递物理路径的直通；二是监管方式改变，即对于上市公司公告，交易所不再进行事前审核，而由上市公司直接披露，交易所事后监管。

上交所信息披露直通车2013年7月启动以来运行平稳，系统逐步完善，基本功能趋于完备，绝大多数公司已经能够熟练操作信息披露直通车业务系统，上传披露各类事前、事后审核公告，得到市场各方高度评价。

2015年4月24日，上交所发布《关于扩大上市公司直通车公告范围的通知》，将14个一级公告类别中共58个二级类别的事前审核公告调整为事后监管公告，主要包括股东、监事会自行召集股东大会，异常波动及澄清或说明，股东增持或减持股份，权益变动书和收购，再融资与重大资产重组，破产重整与风险警示等。

扩大“直通车”范围有助于进一步推进上市公司信息披露自律监管转型，进而强化上市公司作为信息披露第一责任人的意识，增强其履行信息披露义务的主动性和有效性；此举也有助于全面改变监管机构在信息披露监管中的“保姆”角色，将监管重心进一步转移到事中和事后。而对于滥用信息披露直通车公告的，上交所将及时采取暂停直通车资格、通报批评、公开谴责等自律监管手段，加大事后监管和处罚力度。

参 考 文 献

[1] 邵新建，贾中正，赵映雪，江萍，薛熠. 借壳上市、内幕交易与股价异动——基于 ST 类公司的研究[J]. 金融研究，2014(05)：126-142.

[2] 马骁，刘力臻. 中美及香港证券市场借壳上市监管制度比较[J]. 证券市场导报，2013，03：67-72.

[3] 戴娟萍. 绿地集团借壳上市的决策动因探析[J]. 财务与会计，2015，22：29-31.

[4] 张俊瑞，贾宗武，孙玉梅. 上市公司盈利能力的因子分析[J]. 当代经济科学，2004(06)：53-59.

[5] 张继袖. 我国上市公司盈利能力行业特征的实证研究[J]. 管理科学，2004(03)：39-45.

[6] 刘义鹃. 财务分析：方法与案例[M]. 大连：东北财经大学出版社，2012.

[7] 斯蒂克尼. 财务呈报、报表分析与公司估值：战略的观点：第 6 版[M]. 朱国泓译. 北京：中国人民大学出版社，2014.

[8] 李兰云，马燕. 杜邦财务分析体系改进及应用——基于海尔集团的案例[J]. 财会通讯，2015(23)：85-88.

[9] Barry D. Smith. Using a Modified DuPont System of Analysis for Understanding Property-Liability Insurance Company Financial Performance[J]. Risk Management and Insurance Review, 2008(03).

[10] Stephen H. Penman. Financial Statement Analysis and Security Valuation[M]. 5th ed. NewYork：McGowan-Hill Higher Education, 2013.

[11] 约馀. G. 赛莱克. 应收账款管理最佳实务[M]. 经济科学出版社，2013.

[12] Rose, Carol, Randolph, Jordan, Bradford. Fundamentals of Corporate Finance [M]. China Machine Press, 2010.

[13] Frank M. Z., Goyal V. K. Testing the Pecking Order Theory of Capital Structure [J]. Journal of Financial Economics, 2003 (67)：217-248.

[14] 张维迎. 企业理论与中国企业改革[M]. 北京：北京大学出版社，2011.

[15] 曼昆. 经济学原理[M]. 北京：北京大学出版社，2012.

[16] 傅元略. 中级财务管理[M]. 上海：复旦大学出版社，2005.

[17] Maria Creme, Anna Nosella. Intangible Assets Management and Evaluation：Evidence from SME [J]. Engineering Management Journal, 2014, 26(1).

[18] 叶陈刚. 公司治理视角的内部控制机制研究[J]. 企业经济，2011(03)：5-9.

[19] 李向前. 机构投资者、公司治理与资本市场稳定研究[J]. 南开经济研究，2002(02)：69-73.

[20] 周清杰. 公司治理效率：一个基于制度经济学的分析[J]. 财经科学，2003(03)：57-62.

[21] 肖淑芳，喻梦颖. 股权激励与股利分配——来自中国上市公司的经验证据[J]. 会计研究，2012(08)：49-57.

[22] 吕长江，张海平. 上市公司股权激励计划对股利分配政策的影响[J]. 管理世界，2012(11)：133-143.

[23] 徐寿福. 产权性质、独立审计与上市公司现金股利分配[J]. 审计研究，2012(06)：71-81.

[24] 宋福铁，屈文洲. 基于企业生命周期理论的现金股利分配实证研究[J]. 中国工业经济，2010(02)：140-149.

[25] 易颜新，柯大钢，王平心. 股利分配动因与股利决策——基于上市公司股利分配决策的实证分析[J]. 经济管理，2008(04)：45-54.

[26] 易颜新，柯大钢等. 我国上市公司股利分配决策的调查研究分析[J]. 南开管理评论，2008(01)：48-57.

[27] 王志强，张玮婷. 上市公司财务灵活性、再融资期权与股利迎合策略研究[J]. 管理世界，2012(07)：151-163.

[28] 张祥建，徐晋. 股权再融资与大股东控制的“隧道效应”——对上市公司股权再融资偏好的再解释

[J]. 管理世界，2005(11)：127-136.
[29] 郭牧炫，魏诗博. 融资约束、再融资能力与现金分红[J]. 当代财经，2011(08). 119-128.
[30] 肖成民，吕长江. 市场监管、盈余分布变化与盈余管理——退市监管与再融资监管的比较分析[J]. 南开管理评论，2011(01)：138-147.
[31] 章卫东. 上市公司股权再融资方式选择：配股、公开增发、定向增发新股[J]. 经济评论，2008(06)：71-81.
[32] 黄晓薇，郭敏. 股权再融资门槛变迁与政策诱导型盈余管理——基于双重倍差法的经验研究[J]. 中国软科学，2014(08)：162-172.
[33] 管征，卞志村等. 增发还是配股？上市公司股权再融资方式选择研究[J]. 管理世界，2008(01)：136-144.
[34] 程凤朝，刘旭等. 上市公司并购重组标的资产价值评估与交易定价关系研究[J]. 会计研究，2013(08)：40-46.
[35] 唐兵，田留文等. 企业并购如何创造价值——基于东航和上航并购重组案例研究[J]. 管理世界，2012(11)：1-8.
[36] 程凤朝，刘家鹏. 上市公司并购重组定价问题研究[J]. 会计研究，2011(11)：40-46.
[37] 陈骏，徐玉德. 并购重组是掏空还是支持——基于资产评估视角的经验[J]. 财贸经济，2012(09)：76-84.
[38] 薛健，窦超. 并购重组过程中的信息泄露与财富转移[J]. 金融研究，2015(06)：189-206.
[39] 张新. 并购重组是否创造价值？——中国证券市场的理论与实证研究[J]. 经济研究，2003(06)：20-29.
[40] 陈华东，唐丽. 对我国上市公司退出机制的探讨[J]. 当代经济科学，2001(03)：25-30.
[41] 李刚. 关注我国上市公司的“退出机制”[J]. 经济管理，2001(07)：61-63.
[42] 2016 年 2 季度上市公司行业分类结果[EB/OL].（2016-07-20）. http：//www.csrc.gov.cn/pub/newsite/scb/ssgshyfljg/201607/t20160720_300984.html.